"产教融合 MPAcc 教学智库实验平台建设"系列成果
"小班+案例"教学模式改革系列教材

◎ 邓彦　张军波　丛书主编

高级财务管理教学案例

GAOJI CAIWU GUANLI JIAOXUE ANLI

● 黄青山　李华军　曹晗抒　罗漫玲　编著

·广州·

内容简介

本系列教材案例均由广东工业大学管理学院案例开发中心开发完成,涵盖财务会计、财务管理、管理会计和审计等专业核心课程,以及高等学校的会计、银行会计、财税管理、财务报表分析、内部控制与风险管理、资本运营、重组并购等专业课程。适用于 MBA(工商管理硕士)、MPAcc(会计硕士)、工程硕士、全日制研究生以及本科高年级学生案例研讨;可作为理论研究的参考书,供从事财务管理理论研究的专家学者以及企业管理咨询机构使用;同时也是了解中国企业管理实践的必读书,可供企业所有者和管理者参考借鉴。

本系列教材案例为中央财政支持地方高校发展专项资金项目"产教融合 MPAcc 教学智库实验平台建设"(项目编号:400180039)、广东省哲学社会科学规划项目(GD16XGL53 & GD18YGL02)阶段性成果之一。

图书在版编目(CIP)数据

高级财务管理教学案例/黄青山等编著. —广州:华南理工大学出版社,2020.5
ISBN 978 - 7 - 5623 - 6294 - 4

I. ①高… Ⅱ. ①黄… Ⅲ. ①财务管理 – 案例 – 高等学校 – 教学参考资料 Ⅳ. ①F275

中国版本图书馆 CIP 数据核字(2020)第 039663 号

高级财务管理教学案例

黄青山　李华军　曹晗抒　罗漫玲　编著

出 版 人:卢家明
出版发行:华南理工大学出版社
　　　　　(广州五山华南理工大学 17 号楼,邮编 510640)
　　　　　http://www.scutpress.com.cn　E-mail:scutc13@scut.edu.cn
　　　　　营销部电话:020 - 87113487　87111048(传真)
策划编辑:吴兆强
责任编辑:吴兆强
责任校对:袁桂香
印 刷 者:广东虎彩云印刷有限公司
开 　 本:787mm×1092mm　1/16　印张:22.25　字数:570 千
版 　 次:2020 年 5 月第 1 版　2020 年 5 月第 1 次印刷
定 　 价:65.00 元

版权所有　盗版必究　　印装差错　负责调换

"产教融合 MPAcc 教学智库实验平台建设"系列成果
"小班 + 案例"教学模式改革系列教材

主编委员

邓 彦　　张军波

副主编委员

黄 蓉　　许 慧　　张 卓　　陈文涓

编委会

蔡植群	曹晗抒	陈 沉	陈少杏	陈伟晓	陈文涓
陈忆平	陈 越	邓 彦	范俊麟	郭菡墨	郭建明
郭铭芝	何冠星	贺 晋	黄 灿	黄江峡	黄青山
黄 蓉	霍 茵	金 舜	李英贵	李泽平	刘 思
刘志渊	罗漫玲	罗 薇	罗伟峰	彭 玫	彭晓辉
彭 镇	丘 山	饶 静	谭三艳	唐 丽	陶璐雅
王永霞	魏姗琳	温宇冬	吴 乐	许金花	许梅英
曾琼军	鲁祖艳	张绍婉	温韵柔	张 源	张 卓
郑伟健	肖 鑫	陈观康	李华军	阎雪菲	何施陶
张军波	何瑞卿	钟淑萍	罗美娟	高虹圆	祁明德
何柳萍					

本辑案例开发学生团队

李丽娟	彭紫婷	陈正豪	施苏洋	廖艳雯	王 达
黄粤川	姜柳婷	李 爽	黄国宁	潘欢瑜	刘 昊
黄金慧	吴冬霞	龙秋如	林文娣	林俊孜	廖紫薇
李虹萱	谢佳容	吴 璋	潘星玫	李化宇	唐铭波
叶颖颖	曹子靖	钟明秀	骆卓为	李文康	叶诗琪
陈曦明	李迪迪	周雯君	张颖圣	伍璘睿	林佳涵
刘秋娟	张思缘	陈雪婉	黎绮华	钟 颖	

序言

广东工业大学管理学院依托广东工业大学的工科优势，扎根我国社会经济转型的热土，以探索管理理论与实践前沿、服务地方社会经济发展为宗旨，持续为广东经济建设提供有力的人才支持、智力支持和决策支持，成为广东地区管理人才的重要培养基地以及广东经济管理的重要研究基地。目前，学院处于快速上升期，正努力建设成为拥有知名学科的高水平学院。

得益于广东省在国家改革开放和转型升级中的前沿地位，学院在学科建设、人才培养的过程中得以接触到大批具有"敢为天下先"精神的优秀企业家，他们在经营管理中遇到的问题颇具代表性、时代性，甚至超前性，他们在这些问题的处理上有宝贵的经验，也有刻骨的教训。他们个人的成长及其企业的发展历程对管理理论形成了很好的诠释、印证。将这些宝贵实践整理提炼形成案例，让更多管理学实践者、教育者和研究者学习、反思，使之发挥更大的作用是我们一直以来的心愿。

在广东省教育厅和学校的高度重视及大力支持下，广东工业大学管理学院一批知名教授和年轻博士组成企业管理案例开发小组，并正式立项撰写本系列教材案例集。项目团队凭借对管理学理论的独到见解和深入管理现场获得的翔实资料，提炼、撰写了100余个会计与财务案例，形成本套财会教学案例系列教材。案例主题既含战略管理、财务管理、财务会计等经典管理话题，又包括创新创业、并购重组、物流与供应链管理等具有时代特色和本土特色的热点话题，从借壳上市、并购重组、资本运营、合并报表、财务分析、税务管理、审计等角度，再现了企业家和管理者在财会实际工作中面临的典型情景、需要解决的典型问题和需要做出的典型决策，有助于读者更好地了解企业所面临的内外部环境的复杂性，认识有效管理者在新时代下所要具备的系统性和前瞻性思维。

本系列教材案例适用领域广泛：用于教学，有助于训练学生对实践的观察，深化其对管理理论、财务管理、财务会计的理解，提高其对问题的分析和解决能力；用于科研，有助于学者们捕捉具有转型期特色的管理现象、提炼管理问题、归纳新的管理规律；用于指导实践，有助于启发管理者思维、扩展视野，获得有借鉴性的管理措施。

德鲁克说："有效管理者的自我发展，是组织发展的关键所在。"我们谨以此书奉献给有志于成为卓越管理者的商学院学生，对服务企业、服务社会负有责任的学者和教师，以及在管理一线探究有效解决问题途径的实践者。愿广大读者与我们一起推动财务管理理论与实务的发展！

广东工业大学管理学院（执行院长）

张德鹏 教授

2020年2月

前　言

为进一步推动案例研究及案例教学的开展，开发出更多、更好、更适用于财会教育的高质量教学案例，提高人才培养质量，由广东工业大学承担的"产教融合 MPAcc 教学智库实验平台建设"项目启动了财会教学案例开发与评选的工作，旨在深化产教融合、校企合作，构建教学智库实验平台，引领学科发展，以学科发展支撑智库建设，促进专业教育决策科学化，为专业教学提供智力支持，培养高素质应用型高端会计人才。

本系列教材案例均由广东工业大学管理学院案例开发中心开发完成，涵盖财务会计、财务管理、管理会计和审计等专业核心课程，以及高等学校会计、银行会计、财税管理、财务报表分析、内部风险控制与管理、资本运营、重组并购等专业课程。项目组成员由具有管理实践经验的企业管理相关领域的教授、博士以及部分企业高管组成。案例均在团队成员深入企业调研、采编并与企业经营者或员工深度访谈的基础上完成。入选案例必须是没有进入国内外案例库、亦未发表过的原创案例。本次开发的案例同时进入广东工业大学管理学院案例库，也是"产教融合 MPAcc 教学智库实验平台建设"系列成果。

1. 案例开发的背景

中国经济实现了跨越式发展，而今成为世界第二大经济体，这其中蕴含的中国特色管理现象与问题同样吸引了全世界的目光。中国企业对于管理相关理论和方法从模糊到熟悉，并且逐渐在实践中予以应用和创新，为经济建设积累了宝贵的经验。

财会教学案例是对企业真实运作场景与管理活动的再现，展现出具有典型性的中国式情境、问题和经验。案例在管理学科领域的教学研究和人才培养中得到了广泛认可和重视，是将管理理论与实践相结合、培养应用型高级管理人才的有效手段。案例开发是接触中国企业真实情景的有效途径，是"实践—认识—再实践—再认识"的过程；案例的真实性、实战性可以帮助学生充当决策者的角色，提升学生处理问题的能力。案例教学能让学生深刻领会到理论在实践中的生命力，愬近教学情境与职业工作情景的有效途径。可以说，离开案例，管理教育的目标就很难实现。

2. 案例的内容框架

本系列教材的编写以管理学涉及的主要内容为范围和框架，几乎涵盖了企业管理和财务管理的各个学科领域。内容涉及创新创业、企业战略管理、财务管理、成本管理、财务会计、税务管理、审计等方面。案例类型多样，既有描述性案例，又有决策性案例。所选案例客观展现了企业某种经营行为的背景、过程、结果和存在的问题，并未对企业的经营管理做出决策，亦无暗示或说明现有管理行为是否有效。案例后附有启发思考题和案例说明书，在教学中可用于专题或综合性的课堂讨论，为案例教学方法的实施提供了有效素材，加快了教学改革的进程。

3. 案例的鲜明特色

相较于众多的企业管理案例，本次开发的案例具有以下鲜明的特色：

第一，浓厚的本土特色。本书所选案例均来自国内上市公司，代表了依托本土资源、政策和技术特点兴起的不同类型的企业，对本土企业认识、解决管理问题具有直接的参考价值。但这并不影响案例的普适性，而恰恰提示广大管理者在决策时必须关注内外部环境的独特性，对于其他地区企业利用地缘特征、地方特色资源形成竞争优势亦具有借鉴作用。

第二，可靠、充实的信息。本书所有案例均由项目组成员在深入企业调研或认真采编上市公司公开数据，并对企业经营者或员工深度访谈的基础上完成，数据可靠、充实、深入。案例展示的不仅是管理事件的经过，也体现了管理者的思想过程，有利于读者嵌入情境，对管理问题形成更深层次的认知。

第三，新鲜的时代气息。本书对近年来的新兴行业给予了充分关注，包括房地产行业、电商行业、物流行业、旅游地产行业，同时也关注了处于转型升级中的传统企业。这些企业在新时代下面临的新挑战往往不能从既有的管理学理论中找到突破口，需要通过实践案例分析来找到解决方案，这样有利于读者进行开放的、发散的、多视角的思考，系统训练思维能力。

4. 案例的适用性

本系列教材案例可满足高等院校经济管理领域的多种教学与科研需求：适用于MBA（工商管理硕士）、MPAcc（会计硕士）、工程硕士、全日制研究生以及高年级本科学生案例研讨；可作为理论研究的参考书，供从事财务管理理论研究的专家学者以及企业管理咨询机构使用；同时也是了解中国企业管理实践的必读书，可供企业所有者和管理者参考借鉴。

在此，对各企业在案例开发过程中给予的信赖和支持表示衷心的感谢！如果没有各企业的慷慨协作，要顺利完成本次案例开发是不可能的。希望所开发的案例能给企业管理提供帮助，同时引导企业经营者对相关经营行为展开探索。

广东工业大学管理学院案例开发中心负责本案例系列教材的出版工作，在此向参与编辑和出版的所有工作人员表示衷心的感谢。

案例编写过程中参考了诸多学者的研究成果，由于篇幅限制，这里不再一一列出。

广东工业大学管理学院案例开发中心
广东工业大学产教融合 MPAcc 教学智库实验平台
2020 年 2 月

目　录

案例1 "双车"并轨，变身中国中车——中国南北车换股合并之路 ·········· 1
  案例封面 ··· 2
  案例正文 ··· 3
    一、引言 ··· 3
    二、背景介绍 ··· 3
    三、案例概况 ··· 4
    四、结语 ·· 10
    五、参考资料 ·· 11
    六、讨论问题 ·· 11
  案例说明书 ·· 12

案例2 "水送山迎入富春，一川如画晚晴新"——发展循环经济背景下富春环保的并购之路 ·· 15
  案例封面 ·· 16
  案例正文 ·· 17
    一、绿意画卷，拉开序幕——背景介绍 ······························ 17
    二、层层叠翠，江天一色——案例概况 ······························ 18
    三、返璞归真，启发领悟——结语 ·································· 27
    四、参考资料 ·· 27
    五、讨论问题 ·· 28
  案例说明书 ·· 29

案例3 供给侧改革下钢铁行业财务风险防范的分析——以宝武集团为例 ······ 33
  案例封面 ·· 34
  案例正文 ·· 35
    一、引言 ·· 35
    二、政策背景——供给侧结构性改革 ································ 35
    三、行业背景 ·· 35
    四、公司背景 ·· 36
    五、财务风险基本分析 ·· 36
    六、财务风险评价 ·· 42
    七、财务风险成因分析 ·· 45
    八、财务风险防范措施 ·· 48
    九、小结 ·· 50
    十、讨论问题 ·· 50
    十一、附录 ·· 50
    十二、参考资料 ·· 53

  案例说明书 ··· 54

案例4　境外上市企业如何回归A股市场——以迈瑞医疗为例 ············· 67
  案例封面 ··· 68
  案例正文 ··· 69
   一、引言 ·· 69
   二、案例背景 ·· 69
   三、案例概况 ·· 72
   四、迈瑞医疗的融资情况 ··· 82
   五、迈瑞医疗的绩效分析——市场与财务绩效 ····························· 82
   六、参考资料 ·· 85
   七、讨论问题 ·· 86
  案例说明书 ··· 87

案例5　去杠杆背景下债券违约原因分析——以永泰能源为例 ············· 97
  案例封面 ··· 98
  案例正文 ··· 99
   一、引言 ·· 99
   二、永泰能源的历史沿革与背景 ··· 99
   三、"17永泰能源CP004"的发行及违约过程 ····························· 100
   四、违约原因分析 ··· 106
   五、启示 ·· 111
   六、问题思考 ·· 112
  案例说明书 ··· 113

案例6　从酒钢宏兴固定资产会计估计两度变更看盈余管理 ··············· 115
  案例封面 ··· 116
  案例正文 ··· 117
   一、引言 ·· 117
   二、行业背景 ·· 117
   三、会计估计变更与盈余管理概述 ·· 118
   四、酒钢宏兴简介 ··· 118
   五、2010年酒钢宏兴会计估计变更分析 ···································· 120
   六、2014年酒钢宏兴固定资产会计变更分析 ····························· 124
   七、参考资料 ·· 126
   八、讨论问题 ·· 127
  案例说明书 ··· 128

案例 7　环环剖析——AG 股份有限公司之价值链成本管理"良方" ……… 135
　　案例封面 ……………………………………………………………………… 136
　　案例正文 ……………………………………………………………………… 137
　　　一、背景介绍 ……………………………………………………………… 137
　　　二、公司简介 ……………………………………………………………… 137
　　　三、AG 股份的价值链成本管理 ………………………………………… 139
　　　四、AG 股份的价值链成本管理成效 …………………………………… 143
　　　五、小结 …………………………………………………………………… 146
　　　六、讨论问题 ……………………………………………………………… 146
　　　七、参考资料 ……………………………………………………………… 146
　　案例说明书 …………………………………………………………………… 147

案例 8　阿里 95 亿元吃了饿了么，还饿吗? ………………………………… 153
　　案例封面 ……………………………………………………………………… 154
　　案例正文 ……………………………………………………………………… 155
　　　一、引言 …………………………………………………………………… 155
　　　二、背景介绍 ……………………………………………………………… 155
　　　三、案例概况 ……………………………………………………………… 156
　　　四、企业并购的效应 ……………………………………………………… 160
　　　五、并购后的风险 ………………………………………………………… 162
　　　六、结语 …………………………………………………………………… 163
　　　七、讨论问题 ……………………………………………………………… 163
　　　八、参考资料 ……………………………………………………………… 163
　　案例说明书 …………………………………………………………………… 165

案例 9　开足马力拥抱资本，我爱我家的曲线上市之路 …………………… 171
　　案例封面 ……………………………………………………………………… 172
　　案例正文 ……………………………………………………………………… 173
　　　一、事件概览 ……………………………………………………………… 173
　　　二、背景介绍 ……………………………………………………………… 173
　　　三、并购过程 ……………………………………………………………… 175
　　　四、参考资料 ……………………………………………………………… 179
　　案例说明书 …………………………………………………………………… 180

案例 10　多措并举——A 高校税务管理优化之路 ………………………… 185
　　案例封面 ……………………………………………………………………… 186
　　案例正文 ……………………………………………………………………… 187
　　　一、案例背景 ……………………………………………………………… 187

二、A 高校纳税现状分析 ······ 189
　　三、A 高校纳税管理优化过程 ······ 194
　　四、税务管理优化成果 ······ 203
　　五、启示 ······ 204
　　六、参考资料 ······ 205
　　七、讨论问题 ······ 205
　案例说明书 ······ 206

案例 11　教育与慈善共赢——慈善组织认定对 G 高校基金会财务管理的影响 ······ 209
　案例封面 ······ 210
　案例正文 ······ 211
　　一、案例背景材料 ······ 211
　　二、G 高校基金会的现状及其财务分析 ······ 214
　　三、慈善组织认定对 G 高校基金会财务管理的影响 ······ 218
　　四、认定为慈善组织的高校基金会财务管理新思路 ······ 221
　　五、总结 ······ 224
　　六、参考资料 ······ 224
　案例说明书 ······ 226

案例 12　科技为先成清流——博世科"海淘"RX 公司成功的秘诀 ······ 229
　案例封面 ······ 230
　案例正文 ······ 231
　　一、引言 ······ 231
　　二、环保行业的一股清流：科技为先的博世科 ······ 231
　　三、并购动机："本地郎"博世科"迎娶外来媳妇"RX 公司 ······ 232
　　四、并购战略与博世科的总体战略相辅相成 ······ 236
　　五、博世科并购前后财务绩效变化 ······ 237
　　六、结语 ······ 242
　　七、参考资料 ······ 242
　　八、讨论问题 ······ 242
　案例说明书 ······ 243

案例 13　抛砖引玉——G 大学 A 学院暂付款管理之路 ······ 247
　案例封面 ······ 248
　案例正文 ······ 249
　　一、引言 ······ 249
　　二、案例背景 ······ 249
　　三、案例概况 ······ 251

  四、暂付款理论背景 255
  五、参考资料 257
 案例说明书 258

案例 14　从中国平安采用新金融工具会计准则看其对金融资产重分类的影响 265
 案例封面 266
 案例正文 267
  一、理论背景 267
  二、案例概况 267
  三、讨论问题 270
  四、参考资料 270
 案例说明书 271

案例 15　大族激光盈利能力的驱动因素分析 277
 案例封面 278
 案例正文 279
  一、行业概况 279
  二、公司概况 279
  三、大族激光盈利能力概况 280
 案例说明书 282

案例 16　政府补助"新桃"换"旧符"，异在何处？——以比亚迪为例 289
 案例封面 290
 案例正文 291
  一、案例背景 291
  二、案例概况 297
  三、案例结语 301
  四、讨论问题 301
  五、参考资料 301
 案例说明书 303

案例 17　完美布局，完美回归——完美世界私有化退市回归 A 股 311
 案例封面 312
 案例正文 313
  一、引言 313
  二、案例公司概况 313
  三、旅美八年，游子思归 314
  四、资本无忧，挥手退市 315

五、完美布局，火速回归 …… 316
　　六、讨论问题 …… 318
　案例说明书 …… 319

案例18　从云南白药混改看国企混改之路 …… 327
　案例封面 …… 328
　案例正文 …… 329
　　一、引言 …… 329
　　二、案例介绍 …… 329
　　三、混改后公司的变化 …… 333
　　四、机遇还是挑战 …… 334
　　五、讨论问题 …… 335
　案例说明书 …… 336

案例 1

"双车"并轨,变身中国中车——中国南北车换股合并之路*

---

* 1. 本案例由广东工业大学的陈观康、邓彦、郑伟健、李丽娟、彭紫婷、陈正豪、施苏洋,广东外语外贸大学的温韵柔撰写,作者拥有著作权中的署名权、修改权、改编权。
2. 本案例授权广东工业大学产教融合 MPAcc 教学智库实验平台使用,广东工业大学产教融合 MPAcc 教学智库实验平台享有复制权、修改权、发表权、发行权、信息网络传播权、改编权、汇编权和翻译权。
3. 由于企业保密的要求,在本案例中对有关名称、数据等做了必要的掩饰性处理。
4. 本案例只供课堂讨论之用,并无意暗示或说明某种管理行为是否有效。

[案例封面]

专业领域：财务管理

适用课程：财务管理理论与实务

选用课程：财务管理理论与实务

编写目的：本文以中国南北车换股合并为例，旨在帮助学员通过研究、分析，理解和掌握换股合并方式、换股动因、风险、财务绩效等相关知识，引导学员进一步关注我国国企产权及改制问题。通过对本案例的学习和探讨，为今后其他双重上市公司之间换股合并提供一些建设性意见。

知 识 点：并购支付方式；并购风险；财务绩效分析

关 键 词：换股合并；合并动因；财务绩效

中文摘要：高铁行业作为我国高新技术的代表，在中国"走出去"的战略号召下，如何提高竞争力，扩大市场份额，适应市场的发展需要，是必须直面的问题。在现行世界经济的运行模式下，做大做强是企业走向国际市场的关键，而资源的合并重组，无疑是实现企业走向国际化的重要途径。通过"去库存""去产能"的方式，促使国有企业积极参与国际竞争，在竞争中不断进步，进而实现国有企业的优化升级。在国资委的参与下，国有企业加快了改革步伐，积极进行并购重组，旨在促进国企又快又好地发展。本文以中国南车换股合并中国北车为例，对国企尤其是上市国企换股合并的过程进行研究与分析。中国南车和中国北车作为轨道交通装备制造业的两大巨擘，有必要肩负国企改革探路者的责任，率先启动国企改革进行整合重组，为以后的国企改革树立标杆。本次合并案例也合乎我国"一带一路"策略计划以及优化产业结构、向高端装备制造业不断发展的产业政策，不断提升我国国企在国际资源分配中的占比，提升国际竞争力。

[案例正文]

一、引言

2014年12月30日晚,中国南车与中国北车双双发布重组公告,正式宣布双方以南车换股吸收北车的方式进行合并,合并后的新公司更名为"中国中车股份有限公司"。这一消息无疑让业界哗然,其实南车、北车整合以后,有利于高铁的发展,更有利于高铁"走出去"策略的实施。这一合并不仅能加速中国轨道交通装备业由"中国制造"向"中国创造"的转变,还将有力推动中国高端装备业的产业升级,推进中国由"制造大国"向"制造强国"迈进。

铁路轨道交通方面,2008年以来,我国在大规模铁路建设投资的带动下,铁路制造业呈逐年高速增长态势。城市轨道交通方面,由于经济实力和技术水平的限制,中国城市轨道交通建设起步较晚,但随着中国经济的飞速发展和城市化进程的加快,城市轨道交通也进入大发展时期。我国轨道交通装备制造业企业已形成较完整的产业链条。在整车制造方面,南北车的结合也推动了行业的大发展,轨道交通装备产业通过引进消化吸收再创新,整体研发能力和产品水平大幅提升。伴随我国持续加大对轨道交通的投入,轨道交通装备产业将进入黄金发展期。其中,城市轨道交通即将迎来井喷式发展,我国的城市轨道交通行业将步入一个跨越式发展的新阶段。中国已经成为世界最大的城市轨道交通市场。

接下来,让我们一起揭开中国南北车合并的层层面纱。

二、背景介绍

自2003年国务院国有资产监督管理委员会(简称"国资委")成立以来,政府就对大批国有企业进行"强强联合""强弱合并",很多大规模的企业集团也应运而生。这在很大程度上提升了国有企业的国际竞争力,优化了产业结构。之后,国资委始终坚持国有企业战略性并购重组,这一举措与2006年国家发布的《关于推进国有资本调整和国有企业重组指导意见》确定的"将央企数量调整至80~100家甚至30~50家"的并购目标相一致。截至2015年底,我国央企数量为106家,减少了将近100家。

央企作为各行业的龙头企业,是我国进行全球经济战略部署的关键部分,很大程度上代表了国家竞争力。中国南车和中国北车作为我国铁路装备制造业的龙头企业,自从脱离原铁道部各自为营之后,因为双方业务高度相似,竞争也越来越激烈,尤其在国际市场中的恶性竞争已完全违背了双方分立打破垄断、激发良性竞争的目标。因此,2014年10月27日,由国资委主导的中国南车和中国北车宣布停牌,开始进行合并整合。根据中国南北车共同发布的《合并报告书(修订版)》,双方拟通过增强协同性、拓展多元化的方式,进行资源分配、技术融合、业务多元化的拓展等,最终真正实现国际化的目标,提升我国铁路装备制造企业在国际市场中的竞争地位。

2014年末,南北车正式宣布进行重组,由中国南车作为主并公司,中国北车作为目标公司进行合并。南车公司采用向北车公司股东定向发行股票的方式来合并北车公司,由于南北车都是双重上市公司,最终南车公司采用在港交所和上交所分别向北车公司原股东定向发行A股和H股的方式进行合并。如果北车公司有股东对合并方案产生异议,南车公司许诺采用市场价格对其股票进行回购。合并完成后北车公司进行注销，南车公司名称变化为中国中车，原股东南车集团合并后持股 28.91%，北车集团合并后持股比例为 27.01%。该案例是国内资本市场上第一家 A + H 股上市公司间的换股合并，其合并方案和合并过程相比非上市公司的合并上市有自己独特的特点，值得我们进行深入的探究。

三、案例概况

（一）换股双方介绍

1. 中国南车

中国南车和中国北车的前身是 2000 年成立的中国铁路机车车辆工业总公司（又被称为中车公司）。当时的中国整体经济是央企一家独大的局势，央企的垄断地位制约了资源的合理流转。与央企相比，民营企业由于体格过小，根本无法与央企形成竞争。为了改变僵化体制、扭转央企垄断的局面，国家进行了一系列的改革。在铁路装备行业，中车占据了绝对垄断地位，是当时市场上唯一的大型铁路机车制造企业。为激活市场活力，在国资委的监管下，中车被拆分为中国南车和中国北车。其中，中国南车于 2007 年 12 月 28 日正式成立，

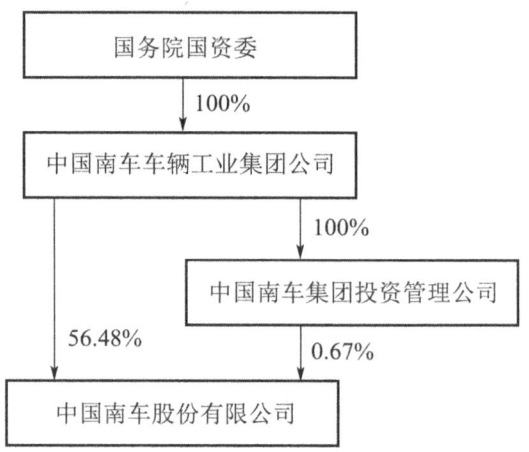

图 1-1　中国南车股权结构

并于 2008 年 8 月成功登陆 A 股和 H 股市场。在主营业务方面，中国南车主要从事轨道交通装备（含动车组及轨道交通车辆）、机械交通设备、核心部件的生产与修缮，提供技术支持及设备租赁等。中国南车主营业务收入、合并前股权结构情况见表 1-1、表 1-2 和图 1-1。

表 1-1　中国南车 2012—2014 年主营业务收入

项目	2014 年		2013 年		2012 年	
	收入金额/万元	占比/%	收入金额/万元	占比/%	收入金额/万元	占比/%
机车业务	2 270 897	18.9	1 997 573	20.1	1 449 732	16.1
客车业务	777 469	6.5	661 864	6.7	777 675	8.6
货车业务	743 378	6.2	1 146 860	11.5	1 047 037	11.6
动车业务	3 776 949	31.6	1 933 811	19.4	2 164 383	23.9
城际轨道	1 239 396	10.4	829 320	8.4	798 857	8.8
新产业务	1 336 334	11.1	1 311 506	13.2	1 095 941	12.1
其他业务	1 828 002	15.3	2 056 664	20.7	1 712 198	18.9
总计	11 972 427	100	9 937 603	100	9 045 624	100

表 1-2 中国南车 2014 年合并前股本结构

股东	持股数量/千股	持股比例/%	股东	持股数量/千股	持股比例/%
一、南车集团及其下属集团	7 889 416	57.25	H 股股东	2 024 100	15.66
二、其他股东	5 923 593	42.75	全体股东	13 813 002	100.00
其中：其他 A 股股东	3 899 593	27.18			

2. 中国北车

中国北车于 2008 年 6 月 26 日正式成立，并于 2009 年 12 月成功在上交所上市，又于 2014 年 5 月在香港联合交易所上市。在主营业务方面，中国北车主要从事铁路机车、客车、货车、动车组，城轨地铁车辆及重要零部件的研发、制造、修理、租赁，以及轨道交通装备专有技术延伸产业。

中国北车主营业务为铁路机车、城轨机车、工程机械、机电设备及相关部件的研发、制造、修理，以及提供技术服务、设备租赁等。如表 1-3 所示，2012—2014 年，公司的主营业务收入中，轨道交通相关业务占据 70% 以上的份额，其次是现代服务业务，占据业务收入 20% 左右的比率，两者占据北车不少于 90% 的业务收入。中国铁路总公司（含所属铁路局及公司）是中国北车公司最大的客户，占公司营业收入的 50% 左右。中国北车合并前股本结构和股权结构如表 1-4、图 1-2 所示。

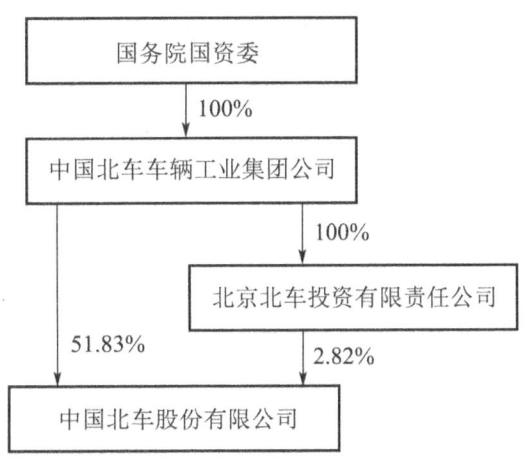

图 1-2 中国北车股权结构图

表 1-3 中国北车 2012—2014 年主营业务收入

项目	2014 年		2013 年		2012 年	
	收入金额/万元	占比/%	收入金额/万元	占比/%	收入金额/万元	占比/%
轨道交通	7 827 983	75.1	6 852 271	70.5	6 685 393	72.5
通用机电	169 372	1.6	179 960	1.8	226 215	2.4
现代服务	1 900 605	18.2	2 274 488	23.4	2 030 319	22
新兴战略	531 087	5.1	417 347	4.3	284 165	3.1
总计	10 429 048	100	9 724 065	100	9 226 092	100

表 1-4 中国北车 2014 年合并前股本结构

股东	持股数量/千股	持股比例/%	股东	持股数量/千股	持股比例/%
一、北车集团及其下属集团	6 770 258	54.91	H 股股东	2 123 696	16.40
二、其他股东	5 559 522	45.09	全体股东	12 329 780	100.00
其中：其他 A 股股东	3 435 925	28.95			

（二）合并过程

从 2014 年 10 月 27 日起，中国南车和中国北车公司宣布停牌，开始整合重组。

2014 年 12 月 29 日至 30 日，双方董事会议审议通过合并议案，宣布南车换股吸收北车。

从 2014 年 12 月 31 日起，合并双方股票复牌交易。

2015 年 1 月 20 日，合并涉及的中国南车和中国北车员工安置方案获得双方职工代表大会审议通过。

2015 年 3 月 3 日，国务院国资委批准了中国南车和中国北车的合并议案。

2015 年 3 月 10 日，并购双方获得根据当地法律的规定需要在本次合并完成之前获得的所有必要的境外反垄断审查机构的相关批准。

2015 年 4 月 3 日，合并议案通过商务部的反垄断审查。

2015 年 4 月 27 日，获得中国证监会对本次合并涉及的相关事项的核准。

从 2015 年 5 月 7 日起，为确保异议股东现金选择权和本次合并的顺利进行，中国北车 A 股股票将连续停牌，直至完成 A 股终止上市手续。

2015 年 5 月 20 日，中国北车 A 股股票被上海证券交易所摘牌，A 股股票终止上市；当日下午 4 时，香港联合交易所批准撤回其 H 股股票的上市地位。中国南车与中国北车的 A 股和 H 股开始停牌换股。

2015 年 6 月 8 日，南北车合并换股工作完成，中国中车复牌。

2015 年 9 月 28 日，由中国南车集团公司和中国北车集团公司重组合并而成的中国中车集团公司正式宣告成立，历时将近一年的南北车重组工程圆满完成。

（三）合并方式

本次合并采取中国南车吸收合并中国北车的方式进行，即中国南车向中国北车全体 A 股换股股东发行中国南车 A 股股票、向中国北车全体 H 股换股股东发行中国南车 H 股股票，并且拟发行的 A 股股票将申请在上交所上市流通，拟发行的 H 股股票将申请在香港联交所上市流通，中国北车的 A 股股票和 H 股股票相应予以注销。合并后，新公司同时继承及承接中国南车与中国北车的所有资源和一切权利义务，在法人治理结构、战略定位、管理体系等方面实现双方的对等合并。

（四）换股价格及定价依据

本次合并中，换股对象为换股实施股权登记日收市后登记在册的中国北车的全体股东。中国南车和中国北车的 A 股和 H 股拟采用同一换股比例进行换股,以使同一公司的所有 A 股股东和 H 股股东获得公平对待,同一公司的不同类别股东持有股票的相对比例在合并前后保持不变。本次合并的具体换股比例为 1∶1.10,即每 1 股中国北车 A 股股票可以换取 1.10 股中国南车将发行的中国南车 A 股股票,每 1 股中国北车 H 股股票可以换取 1.10 股中国南车将发行的中国南车 H 股股票。上述换股比例由合并双方在以相关股票于首次董事会决议公告日前 20 个交易日的交易均价作为市场参考价的基础上,综合考虑历史股价、经营业绩、市值规模等因素,经公平协商而定。之所以选择首次董事会决议公告日前 20 个交易日的交易均价作为参考价,主要的考虑是,前 20 个交易日的交易均价最能反映市场的最新情况,特别是体现了近期的铁路行业的发展现状和前景,因此能够较好地体现合并双方股东的权益,维护双方股东的利益。中国南车和中国北车的换股价格均不低于相关市场参考价的 90%,符合《上市公司重大资产重组管理办法》(简称《重组办法》)的规定,不存在损害中国南车及其股东、中国北车及其股东合法权益的情形,可见本次交易定价公允。具体而言,中国南车 A 股和 H 股的市场参考价分别为 5.63 元/股和 7.32 港元/股;中国北车 A 股和 H 股的市场参考价分别为 5.92 元/股和 7.21 港元/股;根据该等参考价并结合前述换股比例,中国南车的 A 股股票换股价格和 H 股股票换股价格分别确定为 5.63 元/股和 7.32 港元/股,中国北车的 A 股股票换股价格和 H 股股票换股价格分别确定为 6.19 元/股和 8.05 港元/股。

(五)并购动因

1. 世界发展潮流的引导

从全球市场分布来看,中国、美国、俄罗斯是全球轨道交通装备制造业最大的市场,中东、南非、亚洲等欠发达地区则呈现出对轨道交通装备的巨大需求。图 1-3 为 2010—2018 年全球轨道交通装备市场的规模,从图中可看出,市场规模呈现逐年递增的态势。

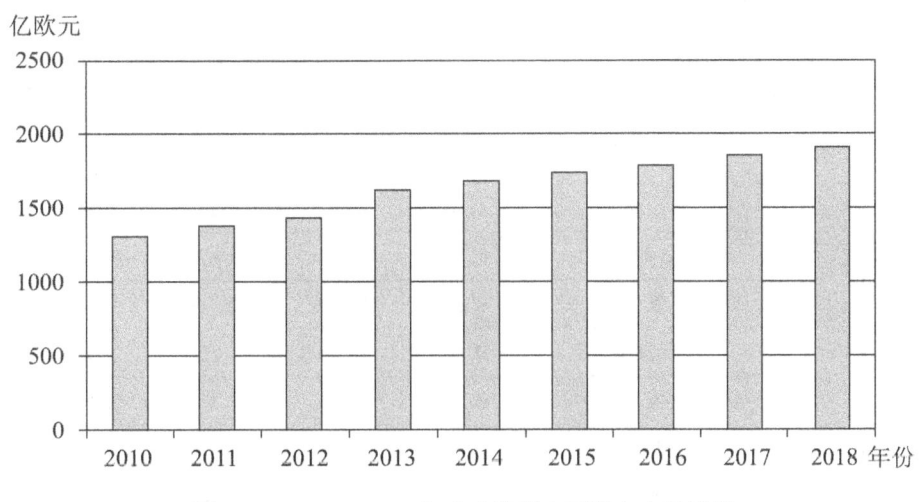

图 1-3 2010—2018 年全球轨道交通装备市场规模

2. "一带一路"战略的要求

"一带一路"沿线以发展中国家为主,大多数国家都急需大规模基础设施建设,中国过剩的产能、先进的基建技术正好可以与沿线国家的需求对接，这正是"一带一路"倡议得以顺利实施的基础。"一带一路"涵盖亚洲、中东欧及非洲等地区，总人口约44亿，经济总量约21万亿美元。面对如此庞大的经济总量和稠密人口，要实现"一带一路"的货畅其流，大运量高速度的铁路交通是最经济最可靠的选择。

3. 央企合并遏制恶性竞争

在中国现行经济体制下，央企占有我国绝大多数资源，有实力入选世界五百强的中国企业也是央企居多，而多数排名靠前的行业为建筑、原油、钢铁等传统行业，尖端装备制造等新兴行业排名均相对靠后。中国要想占据产业链高端位置，就要抓住当前全球经济再平衡与国际分工重新构建的机遇，依托央企雄厚实力获得研发和销售优势，由低附加值产业向高端产业升级。央企要顺应时代要求，把握"一带一路"建设带来的机遇，在各关键领域筹谋资产整合，强强联合，打造具有国际竞争力的"国家品牌"。

（六）并购效果

1. 对财务状况的影响

企业通过并购可以改善财务水平，对企业财务状况形成较为积极的影响。本文选择合并前后4年南北车的财务数据，通过定量分析企业在偿债能力、盈利能力、营运能力和发展能力四方面的财务能力，来判断南北车合并后财务能力是否提升，是否产生了财务协同效应。

（1）偿债能力。由表1-5可知，中国中车流动比率2011年到2013年实现了稳步增长，说明企业可能扩大生产规模，利用自有资金释放产能；在2014年和2015年，流动比率趋于平稳，合并后经营状况稳定。资产负债率除2011年外，在2012年后趋于稳定；而利息保障倍数有较大幅度的增长，说明企业现金流较为充足，资金结构也比较合理。利息保障倍数在2015年已经高达26.82，说明企业的短期偿债能力很好，其负债在一定程度上是为了实现财务杠杆而实施的。由此可见，南北车合并后企业的偿债能力总体上得到增强，有利于原有债权方的利益，所以债权人在本次合并事件中对南北车合并持支持态度。

表1-5 南北车并购前后财务指标的变化情况

指标类型	指标名称	合并前			合并后	
		2011年	2012年	2013年	2014年	2015年
偿债能力	流动比率	1.07	1.17	1.24	1.21	1.21
	资产负债率	0.70	0.62	0.62	0.66	0.64
	利息保障倍数	6.75	12.35	13.93	17.33	26.82
盈利能力	营业利润率	0.61	0.55	0.52	0.60	0.66
	净资产收益率	0.17	0.13	0.12	0.14	0.12
营运能力	存货周转率/次	3.67	4.04	4.41	3.91	4.27
	总资产周转率	0.97	0.91	0.86	0.88	1.047
发展能力	营业收入增长率	0.24	0.12	0.08	0.22	1.02
	总资产增长率	0.26	0.13	0.15	024	1.07

（2）盈利能力。企业合并的重要目的之一是为了获取利润。企业合并优势资源有助于提升企业经营能力，通过分析相关盈利指标可以反映企业获利能力的发展状况。从表1-5可知，企业营业利润率2011—2013年逐年下降，说明在这3年间企业的产能得到了释放。这在一定程度上影响了企业的议价能力，造成了营业利润率的降低。而2013年后，该指标回升，说明市场对释放的产能消化良好。净资产收益率与营业利润率有相似的趋势，2011—2013年逐年下降，说明企业较为快速的生产扩张并未使资金得到有效利用，市场来不及消化新增产能，致使企业议价能力降低，从而降低了利润率。2014年，企业的净资产收益率有所回升，而2015年又出现了下降，说明企业的侧重点由产能转移到营销，单位利润率上升，但2015年中国北车的财务数据被并入报表，拉低了中国中车整体的净资产收益率。由此可见，2015年报告期内营业利润率的提升可能有两方面原因：一方面，市场复苏，政策层面红利释放，使市场需求增加；另一方面，企业有新产品投入市场，且表现良好。

（3）营运能力。存货周转率可以体现资产的流动性。由表1-5可知，前三年的存货周转率明显上升，而总资产周转率却下降了，这可能是中国南车采取了例如降价等营销策略来面对激烈的市场竞争，这一点在上述财务指标的分析中也得到了验证。而在2014年，存货周转率下降明显，总资产周转率却小幅上升，说明企业开始注重单位产品的利润率，发展技术提升产品附加值。2015年，中国北车的财务数据被纳入报表也使这两个指标实现大幅增长。由此可见，从2015年资产周转率在报表上不降反升可以推测出，中国南北车双方并未进行实质性整合，没有产生整合效用使营运能力降低，所以整合只停留在集团层面。

（4）发展能力。发展能力主要体现了企业长期发展的可能，发展能力越强，企业越能依靠平稳运营进行扩张，获得股东和债权人的信任与青睐。由表1-5可知，企业的营业收入增长率在前三年呈下降趋势，说明企业在应对市场需求下降时是通过降低价格来获得销量，这进一步验证了企业的产能过剩现象；而该指标在2014年增幅巨大，这很可能是我国"一带一路"倡议的提出为中国中车带来了扶持，促进了企业的发展。而在2015年一倍的增幅是因为中国南车吸收了北车。总资产增长率可以体现企业的投资力度。企业总资产增长率在2012年有较大幅度下降，可能是2011年高铁事件影响造成的。而自2012年之后均是快速稳步增长，说明投资者恢复了对中车的信任。对总资产增长率的分析可以看出，由于装备制造产业已经比较成熟，2011—2013年中国南车扩张有所放缓，但2013年之后受到政策扶持影响，总资产增长率又出现了大幅上涨，结合营业收入增长率来看，中国中车的产品单价有所提高，技术优势开始显现。

（七）合并后新公司的相关风险

1. 财务风险

此次合并后的新公司资产和负债的规模都会大幅度上升，流动比率及速动比率有所降低；同时资产负债率有所上升，2014年10月31日的资产负债率从交易前的66.40%上升至交易后的67.35%。合并后新公司面临由于一定的资本结构变化而带来的整合风险。

2. 股票价格波动风险

股票的价格在此次合并活动中受到很多因素的影响，影响因素除了合并后企业的发展策略与经营方式，还有市场利率、制度因素等，甚至也会由于投资者的不同想法而产生波动。所以由于股价受到不确定因素的影响颇多，投资者应该进行谨慎判断。

3. 经营风险

合并之后的新企业在规模增大的同时，随着行业的不断发展，国际竞争压力将逐步加大。而且中国中车合并后更容易进入国外的市场，从而产生更多的竞争对手以及竞争业务。合并后企业对产品的质量也相对提高，有可能由于产品质量所引起消费者的不满对企业经营造成不好的影响。轨道交通运输装备的产品需要持续的升级换代，也对合并后企业的创新能力提出了更高的要求；跟随着产品不断进步，产品质量也越来越被人们所重视，导致企业的技术方面面临着更大的挑战。

4. 内部整合风险

首先，中国南北车各自的业务板块散布在全国不同的区域，并且有很多子公司，导致合并之后新公司的整合出现很大的复杂性的困难，这对以后企业在各个生产环节和不同板块的良好衔接造成了一定的难度；其次，合并之后的企业还需要按照新公司的结构和业务将合并前南北车的老员工进行妥善的人事安排，它和业务板块相同，都需要很长的时间。所以说，这些潜在的问题都有可能给企业高效整合造成消极的影响，使合并的预期效果打折扣。

四、结语

从中国南车换股并购中国北车实际情况来看，两者合并的动机主要是为了避免恶性竞争，进行多元化经营和提高抗风险能力。其合并方案相对于普通公司换股并购的合并方案，主要增加了异议股东现金选择权，充分保护了两地投资者的利益。定价由合并双方根据市场化价格评估确定。本次中国南车合并中国北车，由于双方都是A+H上市公司，因此本次定价基础选取了基准日前20个交易日的均价。由于双方A股与H股价格存在差异，且中国南车在定价基准日H股股价高于中国北车H股股价，而与此同时，中国南车A股定价基准日的价格却低于中国北车定价基准日的价格，形成了复杂的剪刀差局面。即定价基准日中国南车的H股股价高于中国北车，而中国南车的A股股价低于中国北车。

对于双重上市公司而言，由于其在两地上市，具有多个市场价值，换股比例相对普通公司更加难以确定，企业应多探索新方法、新思路，找到新思维、新解法。另外，在融资过程中，要坚持以市场为导向，杜绝行政"一刀切""乱点鸳鸯谱"的情况，才能更好地发挥并购的价值。并购有很多种方式，横向、纵向、或者混合并购；支付也包括多种支付方式，如股票支付、现金支付、混合支付等。各类行业的企业在不同条件下都有适合其的支付方式，并购的环境是影响支付方式选择的重要客观因素。各支付方式成功与不成功的例子都为数不少。企业一定要根据自己的财务状况、行业属性、市场环境等多方面因素选择最适合的方式进行探索和创新，不能生搬硬套，否则极有可能导致合并不能达到预定的效果。

五、参考资料

[1] 鞠秋芳. 企业合并中财务问题研究 [J]. 企业研究, 2012 (3): 21-23.
[2] 何叶. 基于财务决策视角的企业内在价值评价方法分析 [J]. 财会研究, 2016 (5): 69-71.
[3] 陆桂贤. 我国上市公司并购绩效的实证研究——基于 EVA 模型 [J]. 审计与经济研究, 2012 (2): 104-109.
[4] 徐斯诗, 谢会丽. 我国上市公司换股合并的动因分析 [J]. 现代企业, 2014 (1): 50-51.
[5] 徐明磊. 换股吸收合并实现重组的策略和价值研究 [J]. 经济研究, 2013 (5): 9-11.
[6] 余光, 杨荣. 企业并购股价效应的理论分析和实证分析 [J]. 当代财经, 2012 (1): 55-63.
[7] 刘焰. 生命周期、并购模式与并购绩效的关系——基于收购公司的视角 [J]. 华南师范大学学报 (社会科学版), 2014 (4): 100-107.
[8] 徐大为. B 转 A 吸收合并中的换股比例问题研究 [J]. 时代金融, 2014 (6): 122-125.
[9] 孔垂玢. 城市轨道交通行业经济效益增值方法探讨 [J]. 技术与市场, 2016 (6): 372-374.
[10] 杨子健. 我国轨道交通行业发展需深化推进市场化改革 [A]. 中国经济分析与展望, 2012: 2-3.

六、讨论问题

1. 你对中国高铁行业发展趋势有何见解？通常企业并购的动因有哪些？此次中国中车换股合并的真正动因是什么？
2. 企业吸收合并的方式有哪些？中国中车所采取的吸收合并方式合适吗？
3. 中国南北车合并的风险有哪些？
4. 根据财务指标如何评价中国中车案例？除了财务指标还有哪些方法可以评价中国中车合并的价值效应？
5. 同行业企业能从中国中车的并购案例中获得哪些启示或者借鉴？

[案例说明书]

一、本案例要解决的关键问题

从国内外案例和实际情况来看，我国高铁的海外发展之路可谓困难重重，新问题会不断出现，因此，借鉴国内外已有的成功经验是不错的选择，比如学习借鉴美国波音和德国空客的已有经验，逐渐向海外转移高铁装备、技术和产能，一方面，能很大程度上减少海外扩张的种种限制；另一方面，能更好地改善中国企业的全球经营效益。

本案例旨在通过研究、分析，理解和掌握中国中车换股合并带来的财务绩效等相关知识；在此基础上，结合中国南北车合并的情况，对中国中车的并购方式及风险进行评价。

理解并购的真实目的。中国北车与中国南车的此次并购事件，是央企改革的标志性事件，也是进一步巩固我国高铁全球竞争力的里程碑事件。通过查找资料以及分析公司并购前后的财务绩效变化，发现其真实目的所在。

二、案例讨论的准备工作

为了有效实现本案例目标，学员应该具备下列相关知识背景。

（一）理论背景

1. 换股并购

换股并购是指并购主体的股票与标的公司的股票进行互换，标的公司在合并以后注销，或者标的公司最终成为主并公司的子公司而进行的并购。股票是换股并购的支付方式。换股并购的种类包括库藏股换股并购、非公开发行股票、母子公司交叉换股。库存股换股并购是指并购主体用自己库存股与标的公司的股票互换，而不是传统的向投资者发行新股。非公开发行新股换股并购是指并购主体向标的公司股东非公开发行股票。母子公司交叉换股是指并购主体母公司和标的公司进行股票互换，换股完成后，标的公司将成为并购主体母公司的子公司。企业并购支付方式主要分为股票支付、现金支付这两种方式，股票支付是比较特殊的一种支付方式，不需要支付现金，因此对主并公司的现金流要求较低。此外，股票支付还有一个优点，并购完成以后，标的公司股东依然享有他们的所有者权益，只不过换成了合并后公司的所有者权益，成为合并公司的新股东，但是原有股东依然掌控着合并后公司的控制权。

2. 双重上市

双重上市（在学术领域也可称作交叉上市、跨境上市），意为同一家公司或企业，在国内及国外两地或两地以上的证券交易市场上发行股票上市。本文主要是对在中国境内与境外从事生产经营的公司做研究，主要包括：在境内的深交所或上交所上市的企业同时又在境外的港交所上市。所以本文的研究对象既不包括在香港和国外同时上市的公司，也不包括A股和B股、A股和H股等其他在国内与国外同时上市的企业。

（二）行业背景

当前中国的经济发展已经进入了转型期，供给侧结构性改革和过剩产能的去除成为时下两大热点话题。在此基础上，我国并购市场快速崛起并成为国际并购市场中举足轻重的一员，国企战略层面的并购引领中国的并购市场，如今，并购行为有很大一部分都是为了行业整合。

从轨道交通行业的发展与现状来看，我们认为它是国内近年来较早进入供给侧结构性改革的行业之一，在"供给侧结构性改革"口号响彻全国之前，轨道交通行业，随着高铁技术的快速发展，其已经基本完成了蜕变，并且后劲十足。从当前的实际情况来看，国内铁路网络密度尚有1倍以上的提升空间。高铁的出现与快速发展正在深刻改变国人的出行方式，"四纵四横"网络已经基本形成，国家中长期铁路规划的"八纵八横"高铁网络将全面把中国带入高铁时代。2013年，我国首次提出"一带一路"倡议，这将带来中国未来至少10年的发展。受益于国家"一带一路"建设，轨道交通的国际市场必定逐步地打开局面。面对国际化、全球化的形势，对中国公司自身来说是机遇也是挑战，是提高也是磨炼，更是快速成长为国际强者和跨国企业的捷径。

（三）公司背景

中国南车与中国北车两大轨道交通制造业的合并不仅是自身的发展壮大，更是代表中国轨道交通制造行业的企业加速"走出去""飞起来"，进入到更广阔的发展空间。因此，对中国南车和中国北车并购重组的绩效成果进行正确而科学的评估就显得尤为迫切和重要。

经过多年的不断发展，一方面，中国装备制造业的技术水平显著提高，国际市场占有率逐步提升，这在诸多层面上说明了中国企业核心竞争力和抵抗风险能力的提高；另一方面，我国许多行业尤其是制造业仍然存在着"大而不精""大而不优""大而不强"等问题，依然处于全球产业链的中低端，急需着力发展更加前沿、更加先进的制造业。从发展壮大与国际市场竞争的视角来看，中国南北车的合并无疑是中国高铁史上的一座重要里程碑，能大大地推动中国轨道交通装备业从"中国制造"逐步向"中国创造"转变，大大推动中国高端装备业的结构优化、产业升级，进而实现我国由制造业大国向制造业强国转变。中国北车、中国南车是重要的全球轨道交通装备制造商、轨道交通高端装备制造业的代表企业及相关方案的提供商，在这次合并之后，形成的新公司技术实力、业务水平及效益创造能力会有很大的提升，依托高端轨道交通装备制造业，打造以全球化、综合性的全球产业集团。

三、教学组织方式

本案例可以在专门的案例讨论课中使用。以下是按照时间进度提供的课堂计划建议，仅供参考。

（一）问题清单及提问顺序、资料发放顺序

本案例探讨的题目依次为：

（1）你对中国高铁行业发展趋势有何见解？企业并购的动因通常有哪些？此次中国中车换股合并的真正动因是什么？

（2）企业吸收合并的方式有哪些？中国中车所采取的吸收合并方式合适吗？

（3）中国南北车合并的风险有哪些？

（4）根据财务指标如何评价中国中车案例？除了财务指标还有哪些方法可以评价中国中车合并的价值效应？

（5）同行业企业能从中国中车的并购案例中获得哪些启示或者借鉴？

（二）讨论方式

本案例可以采用小组式的讨论，或者进行小组上台演示、讲解、分析的 PPT 演示。

（三）课堂计划

本案例可供独立的案例讨论课使用，课堂时间控制在 60~90 分钟为佳。以下是课时分配建议，可以结合实际调整进度。

（1）梳理案例：由任课老师简单梳理案例内容，明确思考问题（5分钟）。

（2）分组讨论：学生间进行交流，形成发言提纲（20分钟）。

（3）小组发言：组长发言，其他成员补充。在黑板上简要写明每个小组的观点，以利于后面的分析评价以及归纳总结（35分钟）。

（4）小组展示：分组上台展示 PPT，展示小组的讨论成果（20分钟）。

（5）案例总结：教师就讨论情况进行点评，并就案例提出延伸问题，引导大家进行课后探究（10分钟）。

（四）课堂讨论总结

课堂讨论总结的关键是：根据小组发言与辩论情况，进行归纳总结并重申其重点及亮点；教师就学员的讨论情况进行点评，就如何运用理论知识去解决实际问题提出建议并引导学员对案例的后续发展做出展望，建议大家对案例素材进行扩展研究和深入分析。

案例 2

"水送山迎入富春,一川如画晚晴新"——发展循环经济背景下富春环保的并购之路[*]

---

[*] 1. 本案例由广东工业大学的邓彦、许慧、阎雪菲、李丽娟、廖艳雯、王达、黄粤川、姜柳婷、李爽撰写,作者拥有著作权中的署名权、修改权、改编权。
2. 本案例授权广东工业大学产教融合 MPAcc 教学智库实验平台使用,广东工业大学产教融合 MPAcc 教学智库实验平台享有复制权、修改权、发表权、发行权、信息网络传播权、改编权、汇编权和翻译权。
3. 由于企业保密的要求,在本案例中对有关名称、数据等做了必要的掩饰性处理。
4. 本案例只供课堂讨论之用,并无意暗示或说明某种管理行为是否有效。

[案例封面]

专业领域：财务管理
适用课程：财务管理理论与实务
选用课程：财务管理理论与实务
编写目的：本文以富春环保收购浙江清园生态为例，旨在帮助学员通过研究、分析，理解和掌握经济新常态背景下环保企业的并购动因和并购后财务绩效的相关知识，引导学员进一步关注同行业的并购后竞争战略。通过对本案例的学习和探讨，为我国其他环保企业的发展提供参考。
知 识 点：并购支付方式；并购风险；财务绩效分析；竞争战略
关 键 词：并购动因；并购绩效；税收效应；循环经济
中文摘要：在我国经济进入发展新常态后，处于升级与转型中的节能环保产业也面临新的发展形势。随着我国社会和经济的发展，大气雾霾、水污染和土壤污染日益成为生态问题，环境治理问题日益凸显出来，节能环保产业面临的内外部环境也在发生转变并呈现出了"常态化"的趋势。得益于社会对环境保护的日益重视和环境资本市场的有力推动，环保产业出现并购热潮，以获取协同效应。2015年8月26日，浙江富春江环保热电股份有限公司收购了浙江清园生态热电有限公司60%股权，就此被誉为"中国白板纸基地"的富阳区中的两家重量级环保企业成功联姻。本案例以富春环保收购浙江清园生态为例，通过研究此并购案例，分析其并购过程、并购策略、并购效果等，从而引发对有关环保企业发展的探讨，并针对出现的问题提出创造性的解决方案。

[案例正文]

浙江富春江环保热电股份有限公司（以下简称"富春环保"）地处杭州富江区，因一幅《富春山居图》而闻名遐迩的富春江流经此，15年来这一条波光潋滟的河流一直滋润着这个企业，陪伴着它的成长。

2015年8月，富春环保跨出了公司关键性的一步，决定以2.4亿元价格收购浙江清园生态热电有限公司（以下简称"清园生态"），公司未来将聚焦于"固废处理+节能环保"的新循环经济发展方式。回顾公司收购清园生态的前后历程，我们会发现其与那幅《富春山居图》有异曲同工之妙。

首先，这幅现代版的富春山居图从一座象征着富春环保的浑厚大山开始，拉开了序幕。画中浑厚的大山峰峦收敛锋芒，画中浑圆敦厚，缓缓而向上的土堆，层层叠叠渐进堆砌着，意指富春环保的并购过程和并购绩效。画中墨色变化最大，空间变化最丰富，略用皴染的坡与平静的江面，又向后延伸，画面由密变舒，疏离秀丽，又用浓墨细笔勾勒出画中水波、丝草，阔水细沙，风景灵动。最后，我们还原了自然的本真，这本真代表着并购对企业乃至行业市场的启示及建议，将企业的线描，市场发展的拖带，交织在一起，一直延续在后面的大段留白中，既有自己的抒发，也为各位留下无限的遐想。接下来，请跟随我们的脚步，一起步入这幅美轮美奂的现代版富春山居图之中。

一、绿意画卷，拉开序幕——背景介绍

富春环保全称为浙江富春江环保热电股份有限公司，是浙江富春江通信集团旗下控股子公司，是国内大型的环保公用型垃圾、污泥发电及热电联产循环经济型的高新技术企业。公司成立于2003年，并于2010年9月21日在深圳证券交易所挂牌上市。公司控股股东浙江富春江通信集团是一家大型制造企业，综合实力跻身于中国民营企业竞争力50强、中国大企业集团竞争力100强、全国电子信息百强等。

富春环保主营固废（垃圾、污泥）处置协同发电及热电节能环保业务，所形成的"固废处置+节能环保"产业属于节约能源、改善环境、增强城市基础设施功能的高新产业，具有良好的环境和社会效益。现已拥有富阳、衢州、常州、溧阳、南通五大产业基地，合计装机规模为"二十九炉十八机"，装机容量为286.5兆瓦，蒸汽供应能力为2500吨/小时，污泥（80%含水率）日处理能力为7000吨，垃圾日处理能力1000吨。

通过15年的经营发展，富春环保主营业务表现突出，规模优势明显。未来，富春环保将继续秉承"拓展循环经济，实现持续发展"的经营理念，搭建并深度开发以固废处置为核心的环境治理综合平台，争取打造国内固废与节能行业新标杆。富春环保发展历程如图2-1所示。

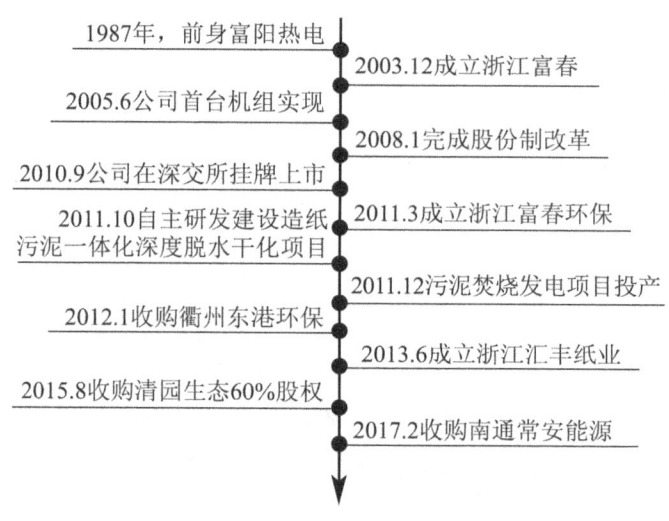

图 2-1 富春环保发展历程

二、层层叠翠,江天一色——案例概况

(一) 公司并购过程

富春环保整体财务状况非常好,现金流较好,资金很充裕,资产负债表存在较大的扩张可能性,加之企业发展速度快,逐步跻身环保行业前列。2015 年 8 月公司"阔气"地以自由资金 2.4 亿元收购浙江清园生态热电有限公司(以下简称"清园生态")。

清园生态是一家专业从事各类污泥、废渣无害化焚烧处置的环保科技型企业。为支撑富阳本地乃至更大范围内的区域经济发展,打造国内固废与节能行业新标杆,公司以自有资金 24 000 万元(共分三期支付),收购清园生态股东杭州板桥纸业有限公司(以下简称"板桥纸业")、富阳市清园城市综合污水处理有限公司(以下简称"清园污水")以及浙江板桥清园环保集团有限公司(以下简称"板桥集团")持有的清园生态 45.46%、9.09%、5.45%股权,合计占清园生态全部股权的 60%。并购前原股东出资比例如表 2-1 所示。

表 2-1 并购前原股东出资比例

序号	股东名称	出资额/万元	出资比例/%
1	杭州板桥纸业有限公司(板桥纸业)	5 000.00	45.46
2	富阳市清园城市综合污水处理有限公司(清园污水)	3 000.00	27.27
3	浙江板桥清园环保集团有限公司(板桥集团)	3 000.00	27.27
	合计	11 000.00	100.00

股权收购完成后,清园生态重新组建董事会,首届董事会由 5 人组成,富春环保推荐 3 人,占首届董事会成员的 3/5,清园生态首届管理层人员由改组后的首届董事会重新聘任,清园生态将对现有的日常生产经营流程、财务系统、公司管理系统以及制度、会计制

度、重大事项决策流程按富春环保规范治理要求进行修订和完善,并严格执行。

公司收购清园生态不仅为公司在富阳造纸工业功能区内进一步完善循环经济产业体系提供了保障,同时扩大了富春环保的污泥处置业务规模,加大了富春环保固废焚烧处置业务的比重,为搭建以固废处置为核心的环境治理综合平台奠定了基础。

收购完成后,公司污泥处置处理能力将大幅提升,日处理污泥(含水率80%)可达6000吨,成为国内污泥焚烧处置行业的龙头企业。通过技术交流、整合上下游资源、共享固废处置与供热市场的客户资源,提升公司的市场开发能力,提高市场占有率,进一步夯实公司的核心业务。同时公司将借助国家环保产业政策红利,进一步深化"干化+焚烧+供热+发电"的深度融合和战略协同,实现资源优化配置,增强公司的核心竞争力,巩固行业地位。

(二) 并购动因

1. 外部动因
(1) 发展循环经济是我国重要的战略举措。
(2) 发展污泥处置产业符合国家循环经济发展战略。
(3) 我国未来几年污泥处理市场空间巨大。

2. 内部动因
(1) 有助于公司中长期战略目标的实现。
(2) 清园生态在污泥焚烧处置领域已具有一定的竞争优势。
(3) 发挥协同效应,有助于进一步夯实公司的核心业务。
(4) 增强上市公司整体实力,提升上市公司价值。

(三) 并购策略

1. 支付方式

并购支付方式即并购公司为得到对目标公司的控制权而采用的支付方式。在企业并购活动中,支付方式的选择关系到并购的成功与否和并购双方的利益。

目前,我国上市公司主要采用的支付方式有自有资金(现金)支付、股份支付(普通股、优先股)和混合支付。在实际并购活动中,公司根据战略规划、财务状况以及目标公司愿意接受的支付对价等因素设计并购支付方式。但无论采取何种支付方式,都是通过优化配置资源,以实现改善经营绩效和增加股东财富的目标。

(1) 交易基本情况。2015年8月26日富春环保以自有资金(现金)24 000万元收购清园生态股东板桥纸业、清园污水以及板桥集团持有的清园生态45.46%、9.09%、5.45%股权,合计占清园生态全部股权的60%。

此次收购之前,公司不持有清园生态股权;本次收购完成之后,公司将持有清园生态60%股权,清园生态将成为公司控股子公司。上述收购不构成关联交易,不构成《上市公司重大资产重组管理办法》规定的重大资产重组。

(2) 现金支付。现金支付是并购企业支付特定数量的现金,并在此基础上获得目标企业所有权的并购方式,是当前我国企业并购最为重要的支付方式。这种支付方式对企业流动资金的规模提出很高的要求。同时,大额的现金流出在某种程度上增加了财务风险,若其他支付方式发展不健全，会极大阻碍资本市场的发展。根据富春环保2014年资产负债表，我们发现公司自身盈利情况较好，具有大量的货币资金，具备现金支付能力（表2-2、表2-3）。

表2-2　2014年富春环保货币资金余额　　单位：元

项目	期末余额	期初余额
货币资金	505 879 215.13	445 839 679.59

表2-3　付款时间及付款条件

付款时间	付款条件
第一期付款	包括股权质押解除、工商变更资料递交、公司印章变更等均已完成或者满足后的10个工作日内，公司支付金额为股权收购总价的55%，计人民币13 200万元
第二期付款	包括对外担保逐步解除、有关债权债务全部结清、补充审计等均已完成或者满足后的10个工作日内，公司支付金额为股权收购总价的25%，计人民币6 000万元
第三期付款	包括对外担保全部解除、二期项目验收、各项许可文件及证照变更或者办理、所有资产拥有完整的权属均已完成或者满足后的10个工作日内，公司支付金额为股权收购总价的20%，计人民币4 800万元

2. 支付价格

根据坤元资产评估有限公司出具的评估基准日为2015年3月31日的《资产评估报告》（坤元评报〔2015〕391号），本次评估最终采用收益法评估结果的40 034.05万元作为清园生态股东全部权益的评估值。经交易双方充分协商确认100%的股权价格为40 000万元，60%的股权对价为24 000万元，本次股权收购总价确定为24 000万元。完成并购后清园生态股权结构如图2-2所示。

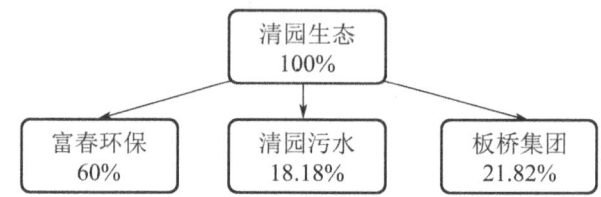

图2-2　完成并购后清园生态股权结构图

我国企业价值评估的基本方法有市场法、资产基础法（成本法）、收益法三种。对富春环保最终选择收益法做如下分析：

（1）市场法。市场法是以市场近期出售的相同或类似的资产交易价格为基础，通过比较被估资产与近期售出相同或类似资产的异同，将类似资产的市场交易价格进行调整，进而确定被估资产价值。这种方法的参照物需要有一个充分发育的活跃公开市场。

本案例中，与清园生态处于同一行业的上市公司具有详细的相关行业研究报告、上市公司年报等市场公开信息。但由于清园生态业务规模大，其污泥处置业务占了绝大部分，公司业务比较单一，而大多数上市环保公司的业务类型较多，与污泥处置的业务构成差别较大，而且国内极少有类似的股权交易案例，同时在市场上也难以找到与清园生态在资产规模及结构、经营范围及盈利水平等方面类似的可比上市公司，故本次评估不宜用市场法。

（2）资产基础法。资产基础法是指以被评估单位评估基准日的资产负债表为基础，合理评估企业表内及表外各项资产、负债价值，确定评估对象价值的评估方法。它是以重置各项生产要素为假设前提，根据委托评估的分项资产的具体情况选用适宜的方法分别评定估算各分项资产的价值并累加求和，再扣减相关负债评估值，得出股东全部权益的评估价值。

由于清园生态各项资产、负债能够根据会计政策、企业经营等情况合理加以识别，评估中有条件针对各项资产、负债的特点选择适当、具体的评估方法，并具备实施这些评估方法的操作条件，本次评估可以采用资产基础法（表2-4）。

表2-4 资产基础法的评估价值

项目	账面价值/元	评估价值/元	评估减值/元	减值率/%
资产	900 673 713.29	895 485 354.41	5 188 358.88	0.58
负债	673 088 406.59	673 088 406.59	0	0
股东权益	227 585 306.70	222 396 947.82	5 188 358.88	2.28

（3）收益法。收益法是指通过将被评估单位的预期收益资本化或折现以确定评估对象价值的评估方法。采用收益法有三个前提：

①投资者在投资某个企业时所支付的价格不会超过该企业（或与该企业相当且具有同等风险程度的同类企业）未来预期收益折算成的现值。

②能够对企业未来收益进行合理预测。

③能够对与企业未来收益的风险程度相对应的折现率进行合理估算。

在本案例中，选择收益法从商业的角度思考是合理的，因为评估需要选择能够反映未来收益的方法。清园生态业务已经趋于稳定，在延续现有的业务内容和范围的情况下，未来收益能够合理预测，与企业未来收益的风险程度相对应的折现率也能合理估算，故本次评估宜采用收益法。采用收益法对清园生态股东全部权益价值的评估结果为400 340 500.00元。

资产基础法与收益法两种方法评估结果的比较分析和评估价值的确定。清园生态股东全部权益价值采用资产基础法的评估结果为222 396 947.82元，收益法的评估结果为400 340 500.00元，两者相差177 943 552.18元，差异率为80.01%。

经分析，评估人员认为上述两种评估方法的实施情况正常，参数选取合理。资产基础法得出的股东全部权益的评估价值，反映的是企业基于现有资产的重置价值。由于资产基础法固有的特性，采用该方法是通过对被评估单位申报的资产及负债进行评估来确定企业的股东全部权益价值，而对于企业未申报的运营资质、行业竞争力、人力资源、商誉等无形资产，由于难以对上述各项无形资产对未来收益的贡献进行分割，难以对其单独进行评估，评估结果未能涵盖企业的全部资产的价值，由此导致资产基础法与收益法两种方法下的评估结果产生差异。

收益法是从企业未来发展的角度，通过合理预测企业未来收益及其对应的风险，综合评估企业股东全部权益价值，在评估时，不仅考虑了各项资产是否在企业中得到合理和充分利用、组合在一起时是否发挥了其应有的贡献等因素对企业股东全部权益价值的影响，也考虑了企业运营资质、行业竞争力、人力资源、商誉等资产基础法无法考虑的因素对股东全部权益价值的影响。采用收益法评估得到的价值是企业整体资产获利能力的量化，运用收益法评估能够真实反映企业整体资产的价值。

收益法能够弥补资产基础法仅从各单项资产价值加和的角度进行评估而未能充分考虑企业整体资产所产生的整体获利能力的缺陷，避免了资产基础法对效益好或有良好发展前景的企业价值被低估、对效益差或企业发展前景较差的企业价值被高估的不足。以收益法得出的评估值更能科学合理地反映企业股东全部权益的价值。

因此，本次评估最终采用收益法评估结果 400 340 500.00 元（大写为人民币肆亿零叁拾肆万零伍佰元整）作为清园生态股东全部权益的评估值。

（四）并购风险

1. 造纸行业面临产业升级

受国内外经济大环境的影响，造纸行业的需求增长缓慢。同时，造纸行业面临结构性调整，纸制品价格一路走低，挤压造纸企业的利润空间。再者，造纸行业属于高能耗、高污染行业，在国家节能减排的大背景下，面临着产业升级、技术改造、战略调整等一系列的挑战，因此，造纸行业的景气度在短期内难以快速回升，将对公司的经营业绩产生一定的影响。

同时，富阳造纸行业正处于技术更新、产业升级阶段，未来富江区造纸行业的升级改造，对公司未来的发展既是机遇，又是挑战。公司将抓住此次产业升级的机会，提升自身环保要求，朝着向构建完善富阳造纸产业循环化发展体系的方向发展。

2. 环保政策风险

未来几年，环保问题将成为社会发展的重大问题之一。国家对企业的环保要求也越来越高，环保控制标准将更加严格。公司属于环保领域的领军企业，也将依法执行更严格的环保标准，深化改造烟气、除尘、脱硫、脱汞等设备，因此公司未来在环保改造方面的投入将加大。

垃圾、污泥协同发电和热电联产属于实现资源循环利用的环保行业，国家长期以来给予政策扶持，但不排除因行业政策调整带来的利润波动风险。公司将密切关注国家宏观经济政策的变化，对其进行分析研究，加强与地方政府的沟通和联系，提高公司的应变能力和抗风险能力。

3. 管理风险

目前，清园生态已经培养和积累了一批具有管理经验的核心管理人才和技术骨干，已经建立了较为规范的管理体系，但是各个企业的管理模式有所不同，需要经过一定时间的磨合。对此，公司将结合清园生态以及富春环保的实际情况，进一步完善内部管理结构，提高经营效率；同时，完善激励机制，建立人才培养体系，确保人员稳定发展。

（五）并购效果

1. 盈利能力得到较大提高

富春环保 2012—2017 年盈利能力见表 2-5。

表 2-5　富春环保 2012—2017 年盈利能力衡量指标变化情况

年份	2012	2013	2014	2015	2016	2017
净资产收益率/%	12.42	7.17	8.22	7.52	8.83	12.29
销售净利率/%	9.38	5.71	5.86	8.10	11.42	12.32
每股收益/元	0.5500	0.1900	0.2400	0.2400	0.3100	0.4300

从图 2-3 中可见，富春环保在 2012—2013 年，净资产收益率、销售净利率、每股收益均急剧下降；2014 年，净资产收益率、每股收益小幅回升，销售净利率几乎持平；2015—2017 年，销售净利率出现拐点，呈现大幅上升态势，净资产收益率小幅下降后大幅上升，每股收益平稳后大幅上升。这意味着，在并购前几年，富春环保的盈利能力总体呈波动下降的趋势，不论是自有资金的运用效率，还是经营获利能力，整体上都在下降。但在 2015 年 8 月并购清园生态后，当年盈利能力基本平稳；

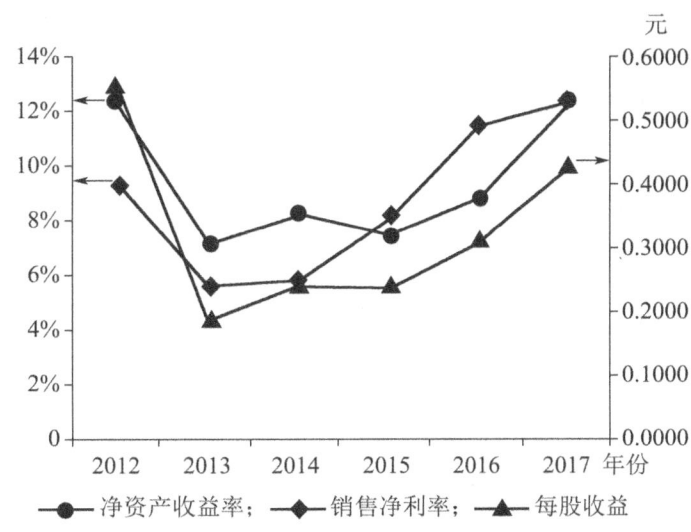

图 2-3　富春环保 2012—2017 盈利能力衡量指标变化折线图

而 2016—2017 年，盈利能力大幅上升。由表 2-6 可见，2015—2017 年除销售净利率增速在放缓外，净资产收益率和每股收益增长率仍呈加速上升趋势。

表 2-6　富春环保 2015—2017 年盈利能力衡量指标变化率比较表

财务指标	2015 年	2016 年	2017 年	2016 年较 2015 年增长率	2017 年较 2016 年增长率
净资产收益率/%	7.52	8.83	12.29	17.42%	39.18%
销售净利率/%	8.10	11.42	12.32	40.99%	7.88%
每股收益/元	0.2400	0.3100	0.4300	29.17%	38.71%

富春环保三项盈利能力指标在并购前几年呈现下降趋势，是由于其传统业务煤炭、冷轧钢卷等在市场中竞争力减弱，导致利润水平下降；2015 年 8 月并购清园生态后，盈利能力仍未及时好转，是因为自 2015 年起公司"瘦身"降低了煤炭等传统业务量，同时并购后时间尚短，不能达到立竿见影的效果，需要一定的时间来整合资源、逐步显现价值；到了 2016 年，经过了磨合，富春环保的各项盈利能力衡量指标均大幅上升，并购所带来的效益逐步显现。

2. 短期偿债能力下降，资本结构逐步完善

富春环保 2012—2017 年偿债能力衡量指标变化情况如表 2-7 所示。变化趋势如图

2-4 所示。由表可见，2012—2013 年，流动比率和速动比率急剧下降，产权比率急剧上升；2014—2017 年，流动比率和速动比率继续缓慢下降，产权比率缓慢上升。同时，2013—2017 年，流动比率均小于 2；速动比率在 2013—2014 年大于 1，2015—2017 年小于 1；产权比率均低于 1。

表 2-7　2012—2017 年富春环保偿债能力衡量指标变化情况

年　份		2012	2013	2014	2015	2016	2017
短期偿债能力	流动比率/%	4.75	1.40	1.35	1.02	0.75	0.50
	速动比率/%	4.42	1.22	1.21	0.96	0.68	0.44
长期偿债能力	产权比率/%	0.36	0.63	0.62	0.68	0.68	0.66

这表明，2012—2017 年，公司短期偿债能力大幅度下降后降速减缓，但仍稳步下降，2015 年并购清园生态并未能扭转短期偿债能力下降趋势。公司把内部资产转化为现金流的能力较弱，短期偿债能力仍需提升。同时，公司长期偿债能力良好，但长期债务较少，资本结构不够合理。产权比率大幅上升后在 2014 年回落，2015 年并购后扭转上升，2017 年又略为回落，可见并购后公司增加了长期债务，完善了资本结构。

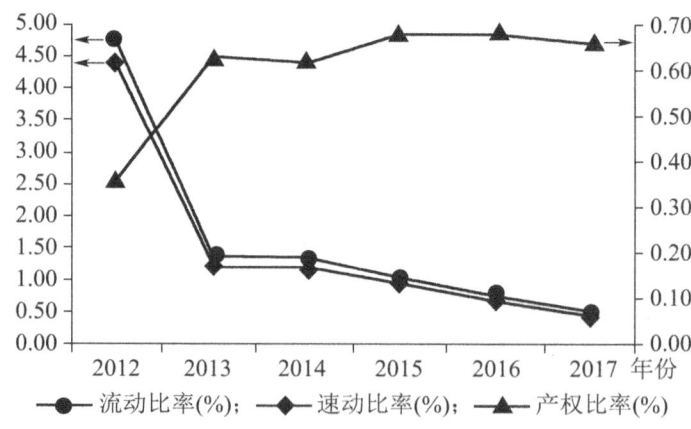

图 2-4　2012—2017 年富春环保偿债能变化趋势

3. 营运能力影响不大，优势仍保持

富春环保 2012—2017 年营运能力衡量指标变化情况如表 2-8 所示，由表可见，2012—2017 年，富春环保存货周转率（次）均保持在 20～30 之间，呈下降趋势，并购并未能改变该趋势，直至 2017 年，应收账款周转率（次）才小幅度回升；应收账款周转率（次）均在 5～10 之间，变化不大，总体呈平稳态势，并购亦未对该趋势产生显著影响。可见，并购前后富春环保营运能力略呈现下降态势，但并购对该态势影响不大，至 2017 年，下降趋势才有所改善。

表 2-8　2012—2017 年富春环保营运能力衡量指标变化情况

年份	2012	2013	2014	2015	2016	2017
应收账款周转率/次	6.78	6.95	8.98	8.74	5.75	6.11
存款周转率/次	29.18	23.92	24.81	23.96	20.35	21.41

4. 成长能力提升

富春环保 2012—2017 年成长能力衡量指标变化情况如表 2-9 所示，变化趋势如图

2-5 所示。可见,富春环保的营业收入增长率在 2012—2015 年呈下降趋势,2016 年起回升;净利润增长率呈现波动上升趋势,2016 年起上升且态势趋向平稳。其中,2013 年两项指标均大幅度降低,可能是由于公司原有煤炭业务已处于衰退期,成长前景差,因而公司开始舍弃煤炭业务。2015—2016 年,营业收入呈现负增长,但净利润仍呈现正增长,且并购后的次年即 2016 年,净利润增长率超过并购前最高值,达到 35%。可见,并购在短期虽降低了营业收入的增速,但由于毛利率上升等因素的拉动,净利润增长率稳步上升并创新高,营业收入的效率提高,总体成长能力有所提升。

表 2-9 2012—2017 年富春环保成长能力衡量指标变化情况

年份	2012	2013	2014	2015	2016	2017
营业收入增长率/%	132.17	17.06	17.75	-22.87	-6.17	23.13
净利润增长率/%	22.87	-38.84	20.83	5.00	35.03	40.63

5. 并购后税收效应

(1) 税收协同效应。根据浙江省科学技术厅、浙江省财政厅、浙江省国家税务局和浙江省地方税务局联合下发的《关于浙江省 2015 年第一批高新技术企业备案的复函》(国科火字〔2015〕256 号),公司通过高新技术企业复审,自 2015 年度起三年内企业所得税减按 15%的税率计缴。富春环保公司可以利用上述税收优惠政策,并购拥有较多税收优惠的公司,降低实际所得税率,获得税收协同效应。

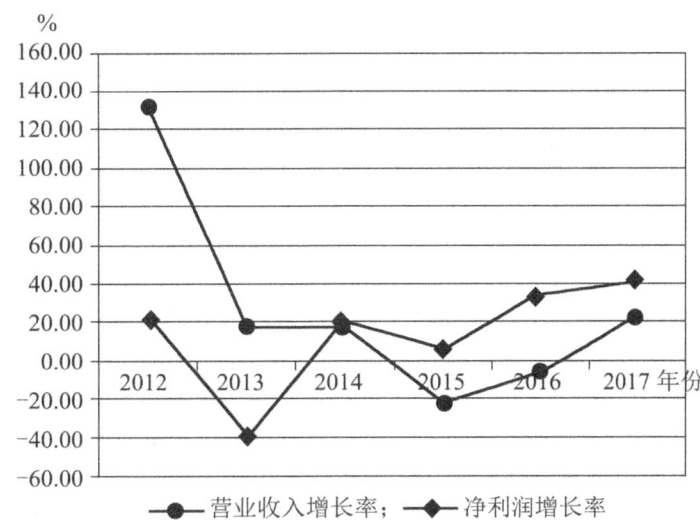

图 2-5 2012—2017 年富春环保成长能力变化趋势

(2) "三免三减半"。税收优惠根据《中华人民共和国企业所得税法实施条例》(2007 年 12 月 6 日国务院令第 512 号),企业从事企业所得税法第二十七条第三项规定的符合条件的环境保护、节能节水项目的所得,自项目取得第一笔生产经营收入所属纳税年度起,第一年至第三年免征企业所得税,第四年至第六年减半征收企业所得税。子公司浙江清园生态热电有限公司自 2010 年度起,污泥焚烧一期项目享受企业所得税 "三免三减半" 税收优惠,2015 年度企业所得税适用税率为 12.5%;子公司浙江清园生态热电有限公司污泥焚烧二期项目享受企业所得税 "三免三减半" 税收优惠,2016 年度为第二个免税期,2017 年度为第三个免税期。

(3) 退税优惠。公司以垃圾为燃料生产的电力和热力,实行增值税即征即退政策,原退税比例为 100%,公司污泥处理处置劳务原免征增值税。根据财政部、国家税务总局关于印发《资源综合利用产品和劳务增值税优惠目录》的通知(财税〔2015〕78 号),自 2015

年7月1日起,垃圾处理、污泥处理处置劳务享受增值税即征即退政策,退税比例为70%。本期公司共收到2014年6月—2015年8月的垃圾处理增值税退税3 706 615.56元和2015年7—8月污泥处理处置劳务增值税退税330 480.10元。2016年污泥处理处置劳务增值税退税11 359 139.96元,2017年污泥处理处置劳务增值税退税7 478 327.92元。根据财务部、国家税务总局《关于资源综合利用及其他产品增值税政策的通知》(财税〔2008〕156号),自2008年7月1日起,公司以垃圾为燃料生产的电力和热力享受增值税即征即退政策,退税比例为100%。本期公司以垃圾为燃料生产的电力和热力劳务增值税退税4 461 869.91元(表2-10)。

表2-10 增值税退税额

年 份	2015	2016	2017
以垃圾为燃料生产的电力和热力劳务(增值税退税比例:100%)/元	—	—	4 461 869.91
垃圾和污泥处理处置劳务(增值税退税比例:70%)/元	4 037 095.66	11 359 139.96	7 478 327.92

(六)并购后竞争战略

2015年,公司的发展方向是继续坚持"拓展循环经济,实现持续发展"的经营理念,围绕固废处置、资源综合利用和节能产业,积极布局环保业务。在"十三五"期间将企业打造成:以节能环保产业为战略导向,加大固废处置领域的投入,做大环保产业规模,推广和复制"固废处置+节能环保"循环经济模式,努力打造以固废再生资源集约利用和先进环保技术产业为两翼,以节能环保循环经济和异地复制构建区域性能源网络体系为目标的节能环保综合运营商,力争成为国内有影响力的固废处置、节能环保和先进环保技术产业的新标杆。公司发展战略SWOT分析如图2-6所示。

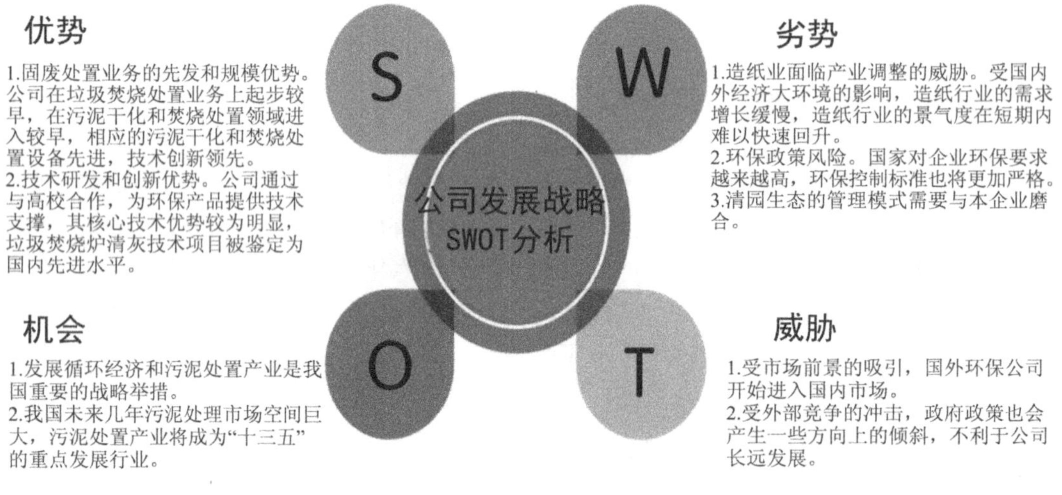

优势
1.固废处置业务的先发和规模优势。公司在垃圾焚烧处置业务上起步较早,在污泥干化和焚烧处置领域进入较早,相应的污泥干化和焚烧处置设备先进,技术创新领先。
2.技术研发和创新优势。公司通过与高校合作,为环保产品提供技术支撑,其核心技术优势较为明显,垃圾焚烧炉清灰技术项目被鉴定为国内先进水平。

劣势
1.造纸业面临产业调整的威胁。受国内外经济大环境的影响,造纸行业的需求增长缓慢,造纸行业的景气度在短期内难以快速回升。
2.环保政策风险。国家对企业环保要求越来越高,环保控制标准也将更加严格。
3.清园生态的管理模式需要与本企业磨合。

机会
1.发展循环经济和污泥处置产业是我国重要的战略举措。
2.我国未来几年污泥处理市场空间巨大,污泥处置产业将成为"十三五"的重点发展行业。

威胁
1.受市场前景的吸引,国外环保公司开始进入国内市场。
2.受外部竞争的冲击,政府政策也会产生一些方向上的倾斜,不利于公司长远发展。

图2-6 公司发展战略SWOT分析

三、返璞归真，启发领悟——结语

近几年，我国生态环境治理水平不断提高，节能环保产业也开始迅速发展，并购项目随着公司的规模扩大而不断增加。自2012年起，我国环保企业并购项目数量逐年增加，这意味着行业正通过并购步入行业整合期。并购也因为行业的变化成为企业发展壮大的最快途径，将是企业发展的重要推动力，无论是碧水源、启迪桑德这样的国内巨头还是威立雅、WM这样的国际巨鳄都曾通过并购的方式实现成长。同时随着"新环保法""水十条"等政策的逐步出台，让广大的投资者看到了巨大的环保市场。数万亿的投资涌入，解决了企业并购过程中的资金短缺问题，也促成企业的发展。但是在并购过程中，对于环保行业而言，也应多关注以下问题：①加强对溢价收购行为的监管；②加强信息披露监管；③避免盲目追求协同效应；④对宏观环境、行业环境、自身状况做出准确分析；⑤确定企业发展战略及并购动机；⑥对被并购企业做好调查及其所属行业的全面了解。

四、参考资料

[1] 黄思琪. 东方园林并购申能环保的动因及绩效分析[D]. 南昌：江西财经大学，2018.

[2] 刘映荻. 产业链延伸背景下J环保集团收购X公司的案例研究[D]. 北京：对外经济贸易大学，2016.

[3] 伍瑞斌. 企业并购后财务整合方案设计[J]. 财会通讯，2015（26）：14-16.

[4] 魏炜. 不同支付方式对上市公司并购长期绩效的影响[J]. 商业会计，2018（14）：37-40.

[5] 杨淑敏. 上市公司并购支付方式研究[J]. 经济师，2018（10）：90-91.

[6] 徐艺. 环保企业税收优惠政策的实施效果研究[J]. 财会通讯，2017（36）：120-123.

[7] 程浩. 并购业务中的五力模型[J]. 企业管理，2015（2）：117-119.

[8] 史安明. 企业并购的财务效应分析[J]. 中国商论，2018（17）：98-99.

[9] 岳东林，杨利莎. 企业并购绩效的多元协同效应评价[J]. 商业时代，2013（10）：88-89.

[10] 中华人民共和国国民经济和社会发展第十三个五年规划纲要[R]. 新华网，2016.

[11] 李碧浩. 基于产业链整合的节能环保产业创新模式研究[J]. 上海节能，2011（11）：20-24.

[12] 袁栋栋. 我国环保产业现状及环保企业商业模式[J]. 中国环保产业，2014（10）：16-20.

[13] 贾斌，李雪. 基于产业链整合的节能环保产业创新方式分析[J]. 科技与创新，2016（1）：37-41.

[14] 国务院关于印发水污染防治行动计划的通知——水污染防治行动计划[J]. 国务院，2015.

[15] 2015—2020年中国污水处理行业前景研究与投资战略研究报告 [R]. 智研咨询集团，2015.

五、讨论问题

1. 你对中国环保行业产业发展趋势有何见解？企业并购的动因通常有哪些？此次富春环保并购的真正动因是什么？
2. 企业并购的支付方式有哪些？富春环保所采取的支付方式合适吗？
3. 富春环保并购后的税收效应有哪些？
4. 根据财务指标如何评价富春环保案例，富春环保并购案例是否算是成功的呢？
5. 同行业企业能从富春环保的并购案例中获得哪些启示或者借鉴？

[案例说明书]

一、本案例要解决的关键问题

本案例旨在通过研究、分析，理解和掌握富春环保并购及财务风险的相关知识；在此基础上，结合富春环保并购的情况，对公司的并购方式及风险进行评价。

理解并购的真实目的。通过资料的查找以及公司并购前后的财务绩效变化情况，公司战略布局以及对行业的影响，发现其真实目的所在。

二、案例讨论的准备工作

为了有效实现本案例目标，学员应该具备下列相关知识背景。

（一）理论背景

并购支付方式即并购公司为得到对目标公司的控制权而采用的支付方式。在企业并购活动中，支付方式的选择关系到并购的成功率和并购双方的利益。目前，我国上市公司主要采用的支付方式有自有资金（现金）支付、股份支付（普通股、优先股）和混合支付。在实际并购活动中，公司根据战略规划、财务状况以及目标公司愿意接受的支付对价等因素设计并购支付方式。但无论采取何种支付方式，都是通过优化配置资源，以实现改善经营绩效和增加股东财富的目标。

税收协同效应是指通过并购使并购双方的总体税负降低，从而产生并购收益。如果主并公司并购后通过税收属性资源整合后节约了税收，则认为获得了并购后的税收协同效应。具有税收属性的资源主要有目标公司亏损继承、债务利息税盾、各种税收优惠、折旧与摊销的税收挡板、内部交易的利润转移等。税收优惠是指国家在经济发展的一定阶段出于有别于财政目的的政治、社会发展目标要求，在税收法律或行政法规中特别规定，给予特定纳税人和课税对象减免或免除税收负担的一种措施，是国家运用税收政策影响经济发展的工具之一。企业所得税的税收优惠方式及具体内容主要包括免税、减税、减计收入、加计扣除、加速折旧、税额抵免等。

（二）行业背景

2015年是环保行业并购活动极为火爆的一年，一年内环保公司并购案例多达136起，涉及交易金额超400亿元。环保行业在政策的扶助、需求提升等诸多的宏观和行业大背景下，开始崭露头角，正可谓"小荷才露尖尖角"。

进入21世纪以来，整个世界的环保行业继续不断发展，进入了发展的快车道。近几年，国务院针对环保行业发布了一系列政策法规，持续加强和推进我国环保行业的快速发展。在《关于加快培育和发展战略性新兴产业的决定》中，环保行业位列其中，并居于首位，这体现了政府的高度重视，更是环境问题日益凸显的必然要求。

"十三五"期间，我国生态文明建设体制机制逐步健全，创新发展和绿色发展深入实施，环保行业面临重要战略机遇。党的十九大报告中重点强调了绿色发展，壮大节能环保产业、清洁生产产业、清洁能源产业。在各项环保政策的推动下，我国环保行业发展迅速。然而，与国外环保行业相比，我国环保行业仍然处于成长初期，总体规模还较小，未来发展空间大。

环保产业出现并购热潮，得益于社会对环境保护日益增长的需要和环境资本市场的有力推动。近几年，环保行业并购整合热潮迭起。纵向整合上，企业通过延伸环保产业链，逐步成为具备环境咨询、装备制造、工程设计、资源回收等能力的综合性服务商；横向联合上，企业借并购的机会进一步实现产业规模化发展和精细分工，不断提升企业核心竞争力。

在我国经济进入发展新常态后，处于升级与转型中的节能环保产业也面临新的发展形势。随着我国社会和经济的发展，大气雾霾、水污染和土壤污染日益成为生态问题，环境治理问题日益凸显，节能环保产业面临的内外部环境也在发生转变并呈现出了"常态化"的趋势。

（三）公司背景

1987年，富春环保的前身富阳热电厂成立，是富江区第一家公用热电企业。1996年，富春江集团承债式兼并该公司，并改制为有限公司。浙江富春江环保热电有限公司因此成立，注册资本为1亿元。2005年6月，公司的首台机组实现并网发电，并入供电电网运行，随后逐步对外联片供热。其电力根据并网协议全部供给华东电网，蒸汽则用于当地造纸企业生产过程中的加热、烘干。2006年10月，富春环保的"7炉4机"基本建成并投入运行，也标志着公司规模的成型。公司在之后的三年不断完善，迅速发展，着手准备上市。2008年1月，公司完成了股份制改革，并正式更名为"浙江富春江环保热电股份有限公司"，并于2010年9月在深交所挂牌上市交易，实现飞跃。

富春环保上市以来积极扩展自身经营结构，致力于打造循环环保经济新模式。公司首先在2011年3月成立新材料分公司——浙江富春环保新材料有限公司，主营业务为精密冷轧薄板的生产和销售，这是公司尝试新发展的第一步。2011年10月，公司利用募投资金，自主研发建设造纸污泥一体化深度脱水干化项目，促成富阳造纸企业转型升级，也为后续的循环经济模式打下了理论基础；而公司2011年污泥焚烧发电项目投产则意味着循环经济的构思具有可行性。随后的2012年、2013年和2014年陆续收购了衢州东港环保热电有限公司和常州市新港热电有限公司以及成立了江苏富春江环保热电有限公司。这些都是公司异地复制热电联产项目的成功探索。为了贯彻拓展循环经济的经营理念，公司将生态造纸纳入企业的战略规划之中，成立了浙江汇丰纸业有限公司。

通过之前数十年的探索，公司在热电联产的节能环保领域和污泥处理的固废领域，储备了丰富的经验和技术，在2015年，公司决定将自身业务结构"瘦身"，收购清园生态60%的股权，打造"固废处置+节能环保"新模式，聚焦环保业务。随后两年，公司发展成绩喜人，公司于2017年收购南通常安能源有限公司92%股权，进一步扩大主营业务。

三、教学组织方式

本案例可以在专门的案例讨论课中使用。以下是按照时间进度提供的课堂计划建议，仅供参考。

（一）问题清单及提问顺序、资料发放顺序

本案例探讨的题目依次为：

1. 你对中国环保行业产业发展趋势有何见解？企业并购的动因通常有哪些？此次富春环保并购的真正动因是什么？
2. 企业并购的支付方式有哪些？富春环保所采取的支付方式合适吗？
3. 富春环保并购后的税收效应有哪些？
4. 根据财务指标如何评价富春环保案例，富春环保并购案例是否算是成功的呢？
5. 同行业企业能从富春环保的并购案例中获得哪些启示或者借鉴？

（二）讨论方式

本案例可以采用小组式的讨论，或者进行小组上台演示、讲解、分析的PPT演示。

（三）课堂计划

本案例可供独立的案例讨论课使用，课堂时间控制在60～90分钟为佳。以下是课时分配建议，可结合实际调整进度。

1. 梳理案例：由任课老师简单梳理案例内容，明确思考问题（5分钟）。
2. 分组讨论：学生间进行交流，形成发言提纲（20分钟）。
3. 小组发言：组长发言，其他成员补充。在黑板上简要写明每个小组的观点，以利于后面的分析评价以及归纳总结（35分钟）。
4. 小组展示：分组上台展示PPT，展示小组的讨论成果（20分钟）。
5. 案例总结：教师就讨论情况进行点评，并就案例提出延伸问题，引导大家进行课后探究（10分钟）。

（四）课堂讨论总结

课堂讨论总结的关键是：根据小组发言与辩论情况，进行归纳总结并重申其重点及亮点；教师就学员的讨论情况进行点评，就如何运用理论知识去解决实际问题提出建议并引导学员对案例后续发展做出展望，建议大家对案例素材进行扩展研究和深入分析。

案例 3

供给侧改革下钢铁行业财务风险防范的分析——以宝武集团为例*

---

* 1. 本案例由广东工业大学管理学院的陈沉、黄国宁、潘欢瑜、刘昊共同撰写,作者拥有著作权中的署名权、修改权、改编权。
2. 本案例授权广东工业大学 MPAcc 教学智库实验平台使用,广东工业大学 MPAcc 教学智库实验平台享有复制权、修改权、发表权、发行权、信息网络传播权、改编权、汇编权和翻译权。
3. 由于企业保密的要求,在本案例中对有关名称、数据等做了必要的掩饰性处理。
4. 本案例只供课堂讨论之用,并无意暗示或说明某种管理行为是否有效。

[案例封面]

专业领域：财务管理/财务会计
适用课程：财务管理，管理会计
选用课程：财务管理，管理会计
编写目的：财务风险是全面反映企业财务资本状况和经营状况的重要信号，正确分析和把控企业的财务风险，对于企业的长远发展具有重要意义。本项目研究，旨在通过分析供给侧改革对钢铁行业的影响。以宝武钢铁集团为对象，研究其财务状况，并对其财务风险进行分析和评价，在此基础上提出钢铁企业财务风险防范的对策。
知 识 点：财务风险；风险管理；套期保值
关 键 词：供给侧改革；钢铁行业；财务风险；风险防范
中文摘要：本案例通过对宝武钢铁集团的财务风险形成原因和防范举措进行研究，揭示企业财务风险水平和财务风险的具体成因，结合国家供给侧改革和产业转型升级的要求，针对钢铁行业内外部环境发展趋势，提出合理的风险防范策略，以期对钢铁企业财务风险防范起到预警和启示作用。

[案例正文]

一、引言

钢铁行业是我国国民经济的支柱产业,其发展的程度决定着整个社会经济的发展程度。但近年来,我国钢铁企业的发展遇到了前所未有的困难,高额的资产负债率、偏低的盈利水平、逐渐减少的固定资产投资、市场机制难以短期改变低效率格局,说明钢铁行业的财务风险水平比较高。2015年底,我国政府提出目标:到2020年,钢铁行业减少粗钢产能1.5亿吨。自此,钢铁行业的去库存、去杠杆目标提上日程。随着供给侧结构性改革的推行,我国钢铁产能利用率由71%提升到目前的84.88%,提高近14个百分点,随之而来的是钢材价格由57.52点提高到113.66点,上涨97.60%。整个钢铁产业链受供给侧结构性改革红利影响取得了巨大发展。但这样的进步是否能够持续下去——这将是我们目前最需要考虑的问题。在供给侧结构性改革的宏观背景下,钢铁企业想要稳定发展,必须把财务风险防范的问题提上日程。因此,本案例以宝武钢铁集团为例,对现阶段钢铁行业财务风险的具体情况以及形成原因作了深入分析,并提出了一些相应的解决措施。

二、政策背景——供给侧结构性改革

供给侧结构性改革,旨在提高社会生产力水平,落实好以人民为中心的发展思想。在适度扩大总需求的同时,去产能、去库存、去杠杆、降成本、补短板,从生产领域加强优质供给,减少无效供给,扩大有效供给,提高供给结构适应性和灵活性,提高全要素生产率,使供给体系更好适应需求结构变化。

供给侧结构性改革经历了一段时间的发展后形成了一个较为完善的系统。2015年11月10日上午,中共中央总书记、国家主席、中央军委主席、中央财经领导小组组长习近平主持召开中央财经领导小组第十一次会议,研究经济结构性改革和城市工作。习近平总书记首次提出"供给侧改革"的概念。2017年10月18日,习近平同志在十九大报告中指出,深化供给侧结构性改革。建设现代化经济体系,必须把发展经济的着力点放在实体经济上,把提高供给体系质量作为主攻方向,以增强我国经济质量优势。在"十三五"规划纲要工作会议上,李克强总理强调,要着力推进供给侧结构性改革,针对供需不平衡的矛盾,从供给端发力,实施创新驱动发展战略,全面提高供给质量和效率。

供给侧结构性改革实质上就是改革政府公共政策的供给方式,按照市场导向的要求来规范政府的权力,以更好地与市场导向相协调,充分发挥市场在配置资源中的决定性作用。钢铁行业作为我国重点支柱产业之一,立足供给侧的产业改革有着极其重大的现实意义。

三、行业背景

中国钢铁行业供给侧结构性改革无疑是影响大宗商品市场最重要的政策之一。在实施供给侧改革之前的数年里,全球钢铁行业严重供大于求,企业大面积亏损。我国绝大部分钢铁企业都面临着低销量、高成本、低利润、高产能、难融资、高负债的状况，企业经营压力不断增加，企业财务风险日益加大。如果企业无法在财务风险发生时及时采取有效的风险防范措施，企业将面临严重的财务危机。

如今改革成效显著，行业整体的盈利状况大为改善。2015年底，我国政府提出目标：到2020年，钢铁行业减少粗钢产能1.5亿吨。在初始阶段，主要着眼于淘汰闲置电弧炉和老旧转炉炼钢的产能。随后，中央公布第二轮举措：2016年内关停全国超过1.2亿吨中频炉产能。在终端需求仍较为强劲的情况下，这一举措使得钢铁市场的供需关系趋于紧张。随着供给侧改革的推行，中国钢铁产能利用率从周期低谷上涨了约15个百分点（从低于70%提高至85%左右）。尽管由于煤炭行业也受到供给侧改革政策的积极影响，冶金煤价格大幅上涨，但是钢铁行业的利润率仍随着产能利用率的上涨而大幅提升。

四、公司背景

中国宝武钢铁集团有限公司是国务院国有资产监督管理委员会监管的国有重要骨干企业。公司以钢铁为主业，形成普碳钢、不锈钢、特钢三大产品系列，应用于汽车、家电、石油化工、机械制造、能源交通、金属制品、航天航空、核电、电子仪表等行业。宝武钢铁集团的子公司宝山钢铁股份有限公司（简称宝钢股份），是宝钢集团在上海证券交易所的上市公司。宝钢集团公司（简称"宝钢"）是中国目前最大、最现代化的钢铁联合企业之一。2016年9月，经报国务院批准，宝钢集团与武钢集团实施联合重组，宝钢更名为中国宝武钢铁集团有限公司，武钢集团整体无偿划入成为其全资子公司。2016年12月1日，中国宝武钢铁集团有限公司在上海成立。2017年7月12日，中国宝武钢铁集团有限公司获国资委2016年度经营业绩考核A级。

五、财务风险基本分析

（一）偿债能力

企业的偿债能力指企业用其资产偿还长期债务与短期债务的能力。企业有无支付现金的能力和偿还债务能力，是企业能否生存和健康发展的关键。

1. 短期偿债能力

（1）流动比率。流动比率是流动资产和流动负债的比率，反映企业用可在短期内转变为现金的流动资产偿还到期流动负债的能力。按照长期经验，流动比率在2:1较为适宜。表3-1显示，集团的流动比率略高于行业值；由图3-1可看出，2009—2010年，集团的流动比率上升了20个百分点，到2011年下降了14个百分点，2012—2014年保持平稳，在2015年略有下降，2016年之后又有反弹，总体而言，流动比率的趋势变化不大，但一直处于较低水平。由于流动资产各项目的变现能力不同，其中占流动资产很大比重的存货变现所需时间较长且容易受到市场和销量的影响，在一定程度上可以说明宝武钢铁集团的短期偿债能力不够强，钢材等产品可能存在较为严重的滞销问题。从宏观角度看，尽管供给侧改革已经初见成效，工业、投资、地产等各项宏观经济数据超预期回升，钢铁行业利润整体有所好转，但钢材市场仍然呈现"供强需弱"的现象，因此集团的销售情况表现欠佳。

（2）速动比率。速动比率能更加精确地描述企业流动资产的短期偿债能力。根据经验，一般认为速动比率1:1较为理想。由表3-1和图3-1可以看出，2009—2017年集团的速动比率高于行业值且总体呈平稳上升趋势，但比值低于1:1，说明虽然企业的流动资金变现能力不断增强，但集团的短期偿债能力仍然有所欠缺。

表3-1 2017年钢铁行业短期偿债能力情况

项目	流动比率	速动比率	现金流动负债比率
行业均值	0.8	0.48	0.08

数据来源：公开资料整理。

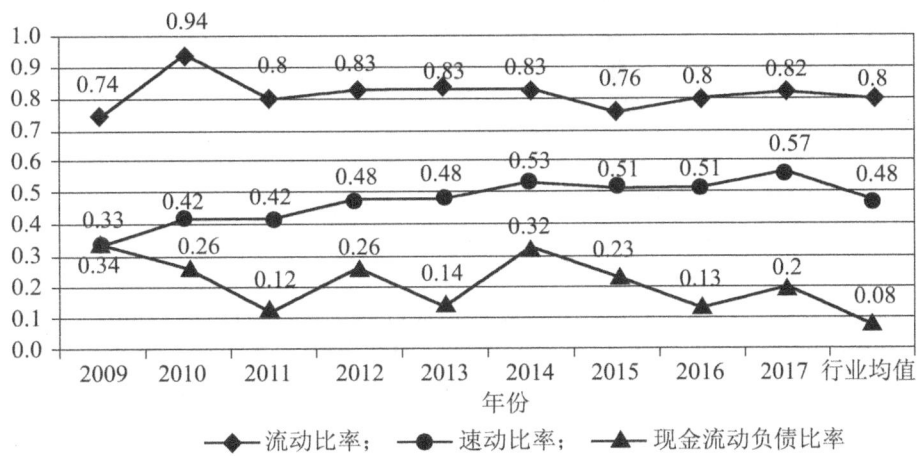

图3-1 2009—2017年宝武钢流动比率、速动比率、现金流动负债比率变化趋势

数据来源：2009—2017年宝武钢铁集团年报。

（3）现金流动负债比率。现金流动负债比率是企业经营现金净流量与流动负债的比率，反映企业经营活动现金净流量用于偿还短期债务的能力。年经营现金净流量是指一定时期内，由企业经营活动所产生的现金及现金等价物的流入量与流出量的差额。由表3-1可以看出，宝武钢铁集团的现金流动负债比率远高于行业值，说明与同行相比，集团年经营现金净流量增长较快，可用于偿债的动态资金较多。图3-1显示，2009—2017年现金流动负债率波动比较大，2009—2011年指标快速下降，2012—2016年经历了两个较大的起伏后，2017年有所回升，但是相比2009年下降了14个百分点，集团的现金流动负债率总体呈下降趋势，说明宝武钢铁集团的经营资金利用效率不够高，经营现金净流入量明显减少，进一步可以推出集团的短期经营情况不容乐观。

2. 长期偿债能力

（1）资产负债率。资产负债率是企业负债总额与资产总额的比率，表明企业资产总额中，债权人提供资金所占的比重，以及企业资产对债权人的保障程度，也可以表示企业对债权人资金的利用程度。由图3-2可以看出，在过去的近十年里，钢铁行业平均资产负债率达到60%～70%的高位区间且呈上升趋势，远高于其他行业，说明行业债务负担过重，偿债压力过大。同时，集团的资产负债率接近平稳发展，与行业平均水平相比较低，但比值仍然超过了45%，说明集团的负债水平较高。这一方面说明集团长期偿债能力强，利用较少的自有资本投资就形成了较多的经营用资产，扩大了经营规模；另一方面，虽然集团可以利用财务杠杆获取一定的杠杆效益，但是要注意规避经营风险和财务风险。

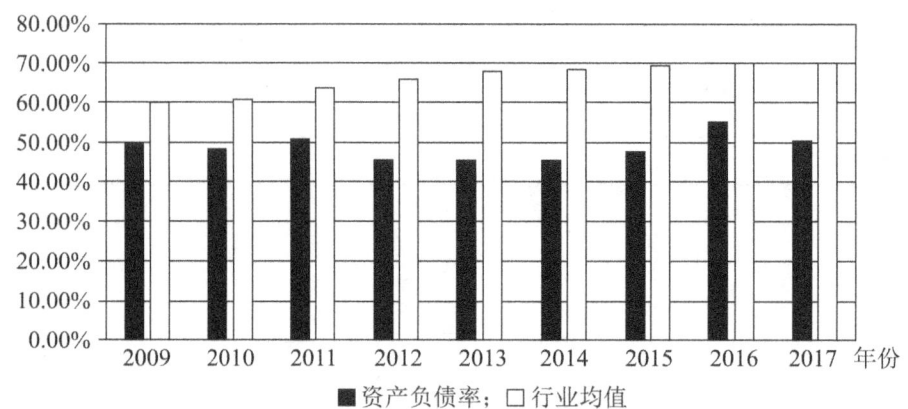

图3-2　2009—2017年资产负债率变化趋势

数据来源：2009—2017年宝武钢铁集团年报。

（2）已获利息倍数。已获利息倍数是指企业经营所获取的息税前利润与利息支出的比率，它是衡量企业偿付负债利息能力的指标。根据经验，该指标一般为3～5倍时较为合适。

由图3-3的已获利息倍数趋势线可以看出，2009—2017年，虽然宝武钢铁集团的已获利息倍数呈缓慢下降趋势，但基本维持在4～6之间，2017年的已获利息倍数达到7.43，说明集团的经济实力较强，长期来看，债务利息压力较小。

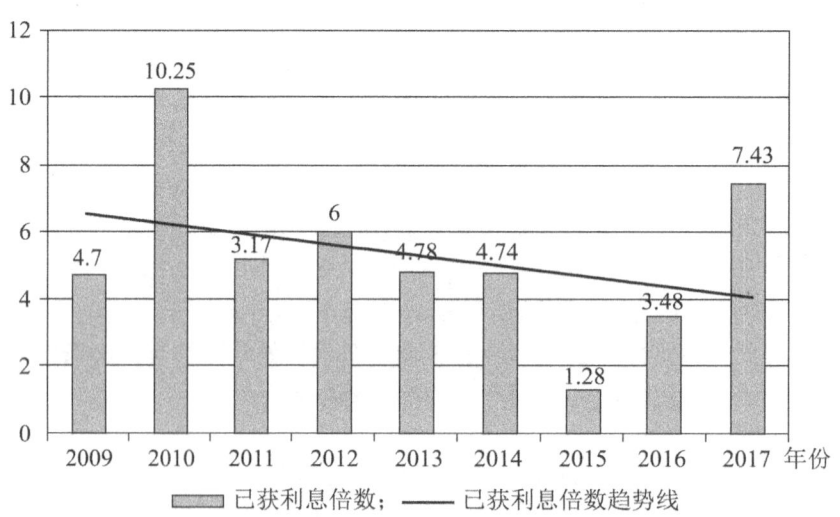

图3-3　2009—2017年已获利息倍数变化趋势

数据来源：2009—2017年宝武钢铁企业年报。

(二) 营运能力

1. 应收账款周转率

应收账款周转率表明一定时期内（通常为一年）企业营业收入与平均应收账款的比率，它有两种表示方法：一种是应收账款在一年内的周转次数；另一种是应收账款的周转天数，即应收账款账龄。由表3-2可知，2012年起，集团的应收账款周转率不断下降，周转天数逐年增加，说明集团应收账款的变现能力下降，赊销信用政策有所放松。由于钢铁需求下降，集团适当放松信用条件有利于提高顾客偏好，抓住目标顾客，扩大销售以增加利润，但是要注意提高应收账款的管理效率，减少坏账的可能性。

表3-2 宝武钢集团应收账款周转率及存货周转率变化趋势

年份	2009	2010	2011	2012	2013	2014	2015	2016	2017
应收账款周转率/次	27.38	32.88	32.45	24.61	22.18	20.15	17.06	19.99	20.99
应收账款周转率/天	13.15	10.95	11.09	14.63	16.23	17.86	21.11	18.01	17.15
存货周转率/次	4.13	5.20	5.38	5.34	5.95	6.07	5.93	5.97	5.58
存货周转率/天	87.24	69.26	66.86	67.43	60.53	59.34	60.70	60.30	64.54

数据来源：2009—2017年宝武钢铁集团年报。

2. 存货周转率

存货周转率反映企业营销能力和存货的流动性，并衡量企业存货管理的工作。由表3-2可知，集团的存货周转率呈上升趋势，在2010年后维持在较高水平，2017年上升到5.58次，说明集团存货变现能力不断增强，钢铁产品的销售量不断提高。

3. 资产现金回收率

资产现金回收率是经营现金净流量与全部资产的比率，用以衡量某一经济行为发生损失大小。该指标旨在考评企业全部资产产生现金的能力。由图3-4可看出，集团的资产现金回收率在2009—2014年波动较大，在2015年供给侧改革后，钢铁行业在经历了供需失衡、市场低迷的困境后进入了产业整合和优化的阶段，集团的经营水平有所改善，资产现金回收率开始稳步回升，但是整体较以前年度资产现金回收率有所降低。因此集团需要改善经营管理水平，通过适当缩减应收账款回收期限、控制成本费用、降低付出资金额度等方式来提高资产现金回收率。

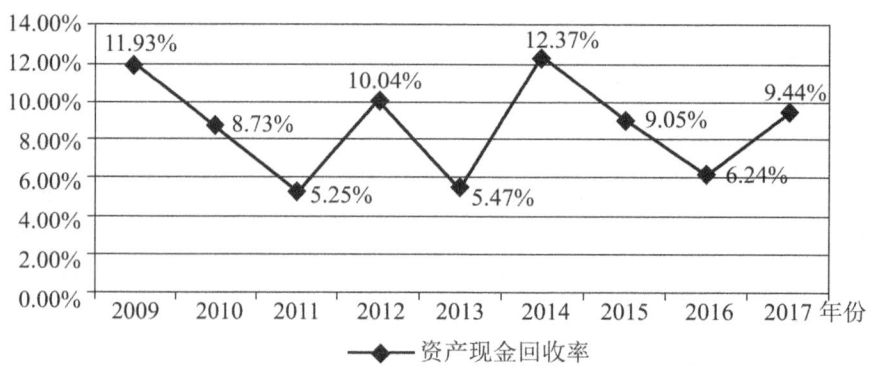

图 3-4 资产现金回收率变动情况

数据来源：2009—2017 年宝武钢铁集团年报。

（三）盈利能力

盈利能力是企业所有者取得投资收益、债权人获取本息的资金来源，也是经营者经营业绩和管理效能的表现，集中体现企业财务能力。如果企业赚取的利润不足以偿还到期债务，企业就丧失了偿债能力，从而导致企业商业信誉的下降，直接影响企业的筹资和投资。

毛利率是毛利与销售收入（或营业收入）的百分比，其中毛利是收入和与收入相对应的营业成本之间的差额。在其他条件不变的情况下，毛利额大，毛利率高，则意味着利润总额也会增加，从而企业获利能力增加。由图 3-5 可看出，宝武钢铁集团的毛利率整体呈现稳健增长趋势，2015 年后毛利率增速大幅提高，截至 2017 年达到了 14.07%，另外，集团的毛利率一直高于行业水平，说明集团的行业竞争力较强。

图 3-5 毛利率变动情况

数据来源：2009—2017 年宝武钢铁集团年报。

（四）成长能力

1. 营业收入同比增长率

营业收入同比增长率是指本期的主营业务收入减去上期的主营业务收入之差再除以上期主营业务收入的比值。如果一家公司能连续几年保持 30% 以上的主营业务收入增长率，基本上可以认为这家公司具备成长性。由图3-6可看出，集团的营业收入同比增长率波动极大且低于30%的标准，2009年增长率为负数，至2010年快速上升到36.29%，随后持续下滑，至2015年下降了约50个百分点，2016年迅速反弹到了50.30%，到2017年又下降至7.44%，说明集团的营业收入极不稳定，集团的成长能力不强，甚至有可能面临财务危机。

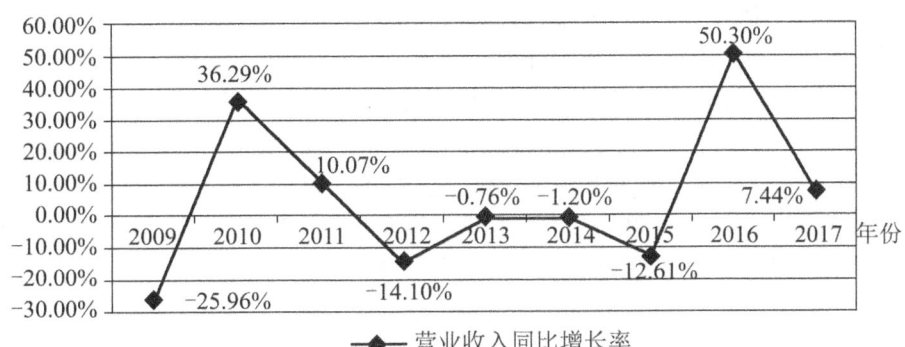

图3-6　营业收入同比增长率变动趋势分析

数据来源：2009—2017年宝武钢铁集团年报。

2. 净利润增长率

净利润增长率是指本年净利润减去上年净利润之差再除以上年净利润的比值。净利润是公司经营业绩的最终结果，如其增幅较大，表明公司经营业绩突出，市场竞争能力强。若净利润增幅小甚至出现负增长就谈不上具有成长性。由图3-7可看出，集团的净利润增长率波动也相当大，2013—2015年净利润增长率创新低，2016年飙升，2017年迅速回落，说明集团的净利润也很不稳定。盈利能力波动过大加大了财务风险，不利于集团的稳定发展。

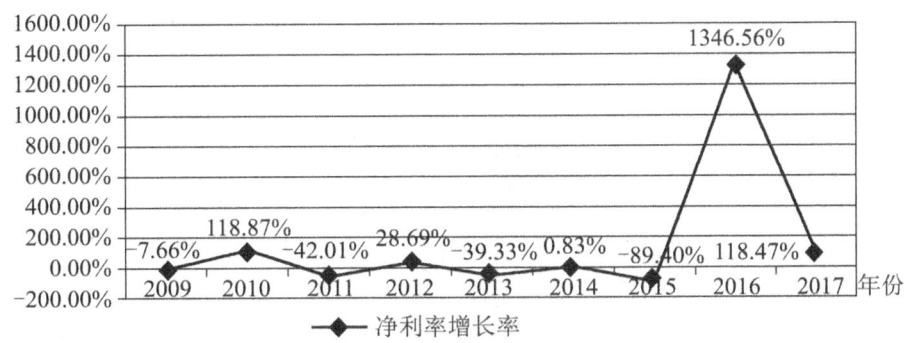

图3-7　净利润增长率变动趋势分析

数据来源：2009—2017年宝武钢铁集团年报。

六、财务风险评价

(一) 财务风险评价模型

钢铁产业是我国国民经济的重要支柱产业。在我国经济多年持续高速增长的带动下，钢铁产业也经历了多年的持续快速增长。然而自 2005 年以来的铁矿石价格大幅上涨以及自 2008 年开始的全球经济危机，致使我国钢铁行业持续多年的效益高增长态势发生变化，出现了增长放缓、盈利水平下降的局面，因此有必要找出问题的根源，并提出解决办法。

本案例采用杜邦分析法对宝武钢铁集团的财务状况进行分析。杜邦分析法是利用各个主要财务比率之间的内在联系，来综合分析企业财务状况的方法。杜邦分析体系的作用旨在解释指标变动的原因和变动趋势，为采取措施指明方向。因此，将企业连续若干年的各种财务比率之间的关系绘制成杜邦分析图，如图 3-8 所示。

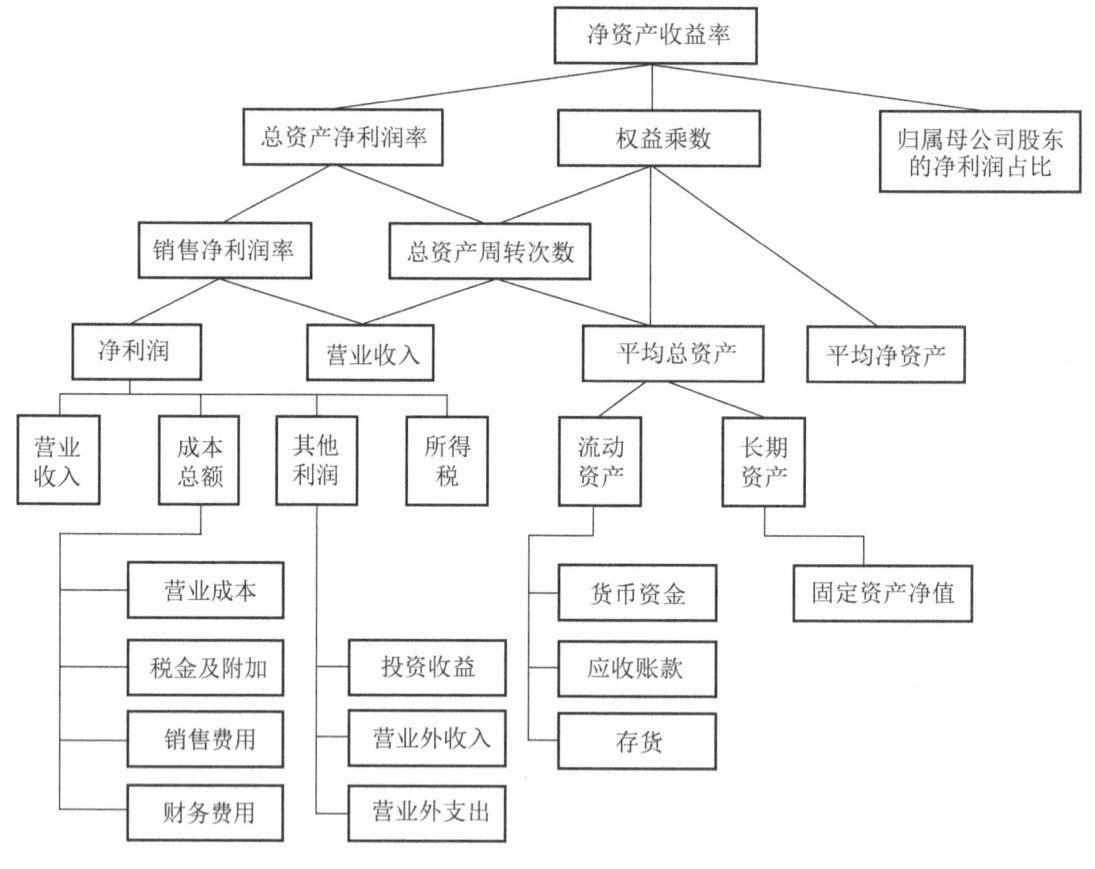

图 3-8 杜邦分析体系

数据来源：公开资料整理。

杜邦分析法的基本思路如下：

(1) 净资产收益率，也称权益报酬率，是一个综合性最强的财务分析指标，是杜邦分析系统的核心。

(2) 资产净利率是影响净资产收益率的最重要的指标，具有很强的综合性，而资产净利率又取决于销售净利率和总资产周转率的高低。总资产周转率是反映总资产的周转速度。对资产周转率的分析，需要对影响资本周转的各因素进行分析，以判明影响公司资本周转的主要问题在哪里。销售净利率反映销售收入的收益水平。扩大销售收入、降低成本费用是提高企业销售利润率的根本途径，而扩大销售，同时也是提高资产周转率的必要条件和途径。

(3) 权益乘数表示企业的负债程度，反映了公司利用财务杠杆进行经营活动的程度。资产负债率高，权益乘数就大，说明公司负债程度高，公司会有较多的杠杆利益，但风险也高；反之，资产负债率低，权益乘数就小，说明公司负债程度低，公司会有较少的杠杆利益，但相应所承担的风险也低。

(二) 财务风险评价模型的计算

1. 相关指标的计算

在杜邦分析图里，包含了以下几种主要指标之间的关系：

(1) 净资产收益率 = 净利润/平均净资产 = 净利润/营业收入 × 营业收入/平均总资产 × 平均总资产/平均净资产 = 销售净利润率 × 总资产周转率 × 权益乘数

(2) 权益乘数 = 平均总资产/(平均总资产 – 平均负债) = 1 ÷ (1 – 平均负债/平均总资产) = 1 ÷ (1 – 平均资产负债率)

对于宝武钢铁集团而言，在分析财务数据时还应该考虑子公司归属于母公司的净利润对母公司的影响，因此可以把上式调整为：

净资产收益率 = 净利润/平均净资产 × 归属母公司股东的净利润占比 = 净利润/营业收入 × 营业收入/平均总资产 × 平均总资产/平均净资产 × 归属母公司股东的净利润占比 = 销售净利润率 × 总资产周转率 × 权益乘数 × 归属母公司股东的净利润占比

运用连环替代分析法，能够计算出实际值与基期值的差异，从而能够纵向分析各项影响因子变动对净资产收益率的影响程度，为了便于取数和计算，一般以上年度为基期，以本年度为现期展开计算。根据表 3 – 3 的数据，按照连环替换法计算，有以下公式：

以 2013 年和 2014 年的数据为例，以 2013 年为基期，2014 年为现期。

基期净资产收益率 = 3.21% × 0.87 × 1.96 × 96.62% = 5.29%　　①
第一次替换：3.25% × 0.87 × 1.96 × 96.62% = 5.35%　　②
第二次替换：3.25% × 0.82 × 1.96 × 96.62% = 5.05%　　③
第三次替换：3.25% × 0.82 × 1.84 × 96.62% = 4.74%　　④
第四次替代：3.25% × 0.82 × 1.84 × 95.10% = 5.16%　　⑤

第四次替换得到的即为 2014 年净资产收益率。则 2014 年销售净利润率较 2013 年变动的影响：② – ① = 5.35% – 5.29% = 0.06%

2014 年权益乘数较 2013 年变动的影响：③ – ② = 5.05% – 5.35% = – 0.31%

2014 年归母净利润占比较 2013 年变动的影响：④ – ③ = 4.74% – 5.05% = – 0.31%

2014 年归母净利润占比较 2013 年变动的影响：⑤ – ④ = 5.16% – 4.74% = 0.42%

2017 年各项财务数据对净资产收益率较 2014 年变动的影响：0.06% – 0.31% – 0.31% + 0.42% = – 0.13%

用净资产收益率实际值与基期净资产收益率进行验证：5.16% – 5.29% = – 0.13%

表 3-3　宝武钢铁集团 2014—2017 年的杜邦分析指标

年　份	2014	2015	2016	2017
净资产收益率/%	5.16	0.90	7.68	12.24
总资产净利润率/%	2.66	0.31	3.67	5.75
销售净利润率/%	3.25	0.44	4.96	7.05
总资产周转次数	0.82	0.71	0.74	0.82
权益乘数	1.84	1.91	2.15	2.26
平均资产负债率/%	45.68	47.64	50.96	55.75
归属母公司股东的净利润占比/%	95.10	146.83	97.18	93.96

数据来源：2014—2017 年宝武钢铁集团年报。

2015 年、2016 年与 2017 年的杜邦分析指标差异计算方法同上，为了更加清晰地看出各因素对钢铁行业净资产收益率的影响，现将三个因素对净资产收益率的影响列为表 3-4。

表 3-4　2014—2017 年数据的杜邦分析计算表

基期	基期净资产收益率/%	销售净利润率的变动对净资产收益率的影响/%	总资产周转率对净资产收益率的影响/%	权益乘数对净资产收益率的影响/%	归母净利润占比对净资产收益率的影响/%	合计/%
2014 年	5.16	0.06	-0.31	-0.31	0.42	-0.13
2015 年	0.90	-4.53	-0.08	0.02	0.33	-4.26
2016 年	7.68	8.98	0.42	1.29	-3.91	6.78
2017 年	12.24	3.22	1.18	0.62	-0.46	4.56

数据来源：表 3-3 计算结果整理。

2. 杜邦分析指标差异的比较分析

表 3-3 中显示，2015 年与 2014 年相比，净资产收益率大幅下降，2015 年至 2017 年净资产收益率有所增长，但增幅明显放缓，原因可以由其影响因子的增减幅度的变化来体现：2015 年销售净利润率、总资产周转次数明显下降，权益乘数增长甚微，归属母公司股东的净利润占比涨幅明显，但是仍然无法抵消其他因素降低带来的负向效应。2015—2017 年，销售净利润率、权益乘数的增幅明显放缓，归属母公司股东的净利润占比下降幅度明显，总资产周转率变动不大，因此该阶段净资产收益率增幅较小。由总体分析得出，由于中国钢铁行业供给侧结构性改革取得重大突破，集团的整体盈利水平有所上升，但是销售净利润率和权益乘数的增速放缓说明集团仍然存在较大的财务风险。

由表 3-4 可以看出，2014 年和 2015 年销售净利润率、总资产周转次数、权益乘数及归属母公司股东的净利润占比对净资产收益率的综合影响值（合计）为负，2016 年和 2017 年综合影响值为正。从单项影响因子情况来看：在 2014 年，总资产周转次数、权益乘数对净资产收益率的负向影响起决定作用，销售净利润率、归属母公司股东的净利润占比对净资产收益率的正向影响被其抵消。在 2015—2017 年销售净利润率对净资产收益率的影响起到决定性作用，总资产周转次数、权益乘数及归属母公司股东的净利润占比对净资产收益率的影响不明显。

销售净利润率、总资产周转率、权益乘数以及归母净利润占比对净资产收益率的影响程度是不同的。从杜邦分析系统可以看出，企业的获利能力涉及到生产经营活动的各个方面。股东净资产收益率与企业的筹资结构、销售规模、成本水平、资产管理等因素密切相关，只有协调好这些因素之间的关系，才能使净资产收益率得到提高，从而实现集团价值最大化的目标。

七、财务风险成因分析

（一）经营成本过高

为了进一步说明销售净利润率对净资产收益率的影响，本案例选取了下列反映盈利能力的数据，如表 3-5 所示。

表 3-5　盈利能力指标

年　份	2014	2015	2016	2017
净资产收益率/%	5.16	0.90	7.68	12.24
营业利润率/%	4.80	1.13	6.25	8.63
成本费用利润率/%	4.62	1.15	6.62	9.08
每股收益/元	0.35	0.06	0.55	0.86

数据来源：2014—2017 年宝武钢铁集团年报。

（1）营业利润率。它是指经营所得的营业利润占销售净额的百分比，这种百分比能综合反映一个企业或一个行业的营业效率。

（2）成本费用利润率。它是企业一定期间的利润总额与成本、费用总额的比率。对于营业利润率的分析，可以从销售数量、单位产品平均售价、单位产品制造成本、控制管理费用的能力、控制营销费用的能力入手。

由表 3-5 可以看出，集团的营业利润率 2015—2016 年增长了 5.12%，2016—2017 年增长了 2.38%，虽然逐年增长，但是增幅明显下降；2015 年后集团的成本费用利润率呈现出逐年增长的趋势，但是增幅从 5.47% 下降到 2.46%。结合两者的变化幅度说明集团的产品销售规模可能有所减小，同时也存在成本费用过高的问题。得益于中国经济的复苏，钢材价格同比上涨明显，但是由于用钢需求仍然相对疲软，集团整体的营业利润增幅并不明显。如果集团不能很好地控制成本，可能会导致利润率的下降。对营业利润率和成本费用利润率进一步分析，可以从营业收入、营业成本、营业利润等项目入手，相关数据如表 3-6 所示。

表 3-6　盈利能力分析　　　　　　　　　　　　　　　　单位：亿元

年　份	2014	2015	2016	2017
全部营业收入（含其他业务收入）	1 878	1 641	2 464	2 895
营业收入	1 847	1 638	2 462	2 891

续上表

年 份	2014	2015	2016	2017
营业成本	1 689	1 493	2 182	2 484
营业税金及附加	4.705	4.662	6.537	18.80
期间费用:				
销售费用	22.00	21.53	29.28	33.66
管理费用	77.28	72.87	91.55	96.32
财务费用	4.877	23.93	39.77	33.70
营业利润	76.41	17.59	119.2	249.2
净利润	60.91	6.456	93.39	204

数据来源：2014—2017年宝武钢铁集团年报。

由表3-6可知，与2014年相比，2017年宝武钢铁集团的营业收入累计增长了1044亿元，营业利润累计增加了172.79亿元，成本费用合计（营业成本＋营业税金及附加＋期间费用）累计增长了868.618亿元，说明钢铁行业的成本费用增长幅度大于营业利润的增长幅度，成本费用过高加大了集团的财务负担和经营风险，不利于集团的长远发展。

（二）内部控制不够完善

针对归属母公司股东的净利润占比对净资产收益率的影响，本案例选取了归属于母公司股东的净利润、归属于母公司股东的其他综合收益、每股收益、净利润总额的相关数据作比较分析。具体数据如表3-7所示。

表3-7 盈利能力分析

年 份	2014	2015	2016	2017
归属母公司股东的净利润/亿元	57.92	9.444	90.76	191.70
归属于母公司股东的其他综合收益/亿元	-0.5847	0.7570	5.267	-0.1845
每股收益/元	0.35	0.06	0.41	0.86
净利润/亿元	60.91	6.456	93.39	204.0

数据来源：2014—2017年宝武钢铁集团年报。

由表3-7可以看出，截至2017年，集团归属于母公司股东的净利润、每股收益及净利润逐年上升，但是三个指标的增幅均有所减小，而2017年归属于母公司股东的其他综合收益出现了大幅下滑，说明集团子公司的盈利能力有所下降。根据前面的基本分析可以得出，虽然集团的毛利率有所上升，但集团子公司的盈利能力与集团的成长能力密切相关。由于钢铁行业长期存在供大于求、产品结构不合理、产能严重过剩的情况，加上供给侧结构性改革的实施，导致钢铁产品销量下降，利润下滑，对于一部分竞争力较弱的子公司而言，无疑是致命的打击。如果集团对子公司的管理不到位，极有可能影响到集团整体的成长能力。为了获取规模效益,集团应该加强对子公司的内部控制和管理,保证子公司在未来一段时间内给母公司带来比较稳定的收益;同时母公司可以结合子公司的实际情况以及一定经营期间所能达到的业绩,确定子公司合理的投资回报率,核定子公司的利润指标,促使子公司达到保值增值的目的。

(三) 资产管理效率不够高

为了进一步分析总资产周转率对净资产收益率的影响,本案例选取了下列的营运能力指标,具体数据如表3-8所示。

表3-8 营运能力指标

年 份	2014	2015	2016	2017
总资产周转率	0.82	0.71	0.74	0.82
流动资产周转率	2.46	2.27	2.16	2.14
固定资产周转率	2.22	1.89	1.78	1.82
主营业务收入/亿元	1 847	1 638	2 462	2 891
流动资产/亿元	743.9	699	1 368	1 333
平均固定资产净值/亿元	845.6	869.85	1 274.85	1 590.5

数据来源:2014—2017年宝武钢铁集团年报。

流动资产周转率指企业一定时期内主营业务收入净额与平均流动资产总额的比率。固定资产周转率,是企业销售收入与固定资产净值的比率。由表3-8可看出,与2015年相比,2017年主营业务收入增幅约为76%,而流动资产上升超过90%,主营业务收入增幅低于流动资产增幅,说明集团的流动资产负债率并未实现良性变动,集团资产的流动性仍有待提高,集团的流动资产管理存在一定的缺陷。2014—2017年集团的平均固定资产净值逐年上升,与2015年相比,2017年平均固定资产净值增幅超过80%,平均固定资产净值增幅低于主营业务收入增幅,说明集团的固定资产比较陈旧,经营条件较差,可能会增加集团的维修成本并影响获利能力,同时也说明了集团的固定资产管理不够合理。

(四) 资本结构有待改善

为了进一步分析权益乘数变动对净资产收益率的影响,本案例选取了下列资本结构项目和指标,具体数据如表3-9和表3-10所示。

表3-9 资本结构分析　　　　　　　　　　　　　　　单位:亿元

年 份	2014	2015	2016	2017
货币资金	121.0	78.17	140.2	178.6
存货	268.2	235.2	495.8	394.9
其他流动资产	44.99	80.33	210.9	153.7
流动资产合计	743.9	699	1 368	1 333

续上表

年 份	2014	2015	2016	2017
长期股权投资	49.63	50.10	104.8	172.9
固定资产	829	910.7	1 639	1 542
非流动资产合计	1 543	1 642	2 223	2 169
流动负债	892.5	918.6	1 703	1 632
非流动负债	151.9	201.2	285.1	125.6

数据来源：2014—2017 年宝武钢铁集团年报。

表 3-10 资本结构指标

年 份	2014	2015	2016	2017
资产负债率/%	45.68	47.83	50.96	50.18
流动资产/总资产/%	32.53	29.86	38.14	38.06
流动负债/负债合计/%	85.45	82.03	87.79	92.06

数据来源：2014—2017 年宝武钢铁集团年报。

从表 3-9 可以看出，流动资产和非流动资产逐年上升，同时通过数据的比较得出，流动资产的增幅小于非流动资产的增幅，再结合前面的基本分析得出集团资产变现能力不够强；由表 3-9 和表 3-10 可知，流动负债比流动资产多，流动负债占比远高于流动资产占比，说明集团短期偿债压力较大。由于集团的资产结构偏向于非流动资产，负债结构偏向于流动负债，说明集团属于高负债企业，风险水平较高，极容易受到宏观经济波动的影响。集团的资本结构不够合理，将会带来极大的财务风险。

八、财务风险防范措施

面对不可避免的财务风险，在越来越激烈的国内外竞争中，想要在供给侧改革的背景下取得先机，就必须建立完善的风险管理体系，加强企业财务风险管理。只有全面提高集团的市场竞争力，才能从根本上控制和规避企业风险，因此必须改变生产经营模式，放弃对产量和规模的过度追求，改善企业资产结构和产品结构，提高资产质量和产品质量。在去产能、去库存的同时，加强产品创新，努力适应市场需求，顺势而为，制定切实可行的企业发展对策，采取有效措施，提高产品市场占有率。

（一）构建以产供销风险防范为核心的全面风险管理体系

（1）构建产供销信息管理体系，加强财务风险监控和管理。加强财务部门和其他部门的有效沟通及信息管理系统的建设。加强各部门之间的信息联动，建立有效的信息管理系统，使财政部门和企业其他部门进行有效的沟通。随着信息技术的发展和完善，集团应建立自身的信息管理系统，提高系统的信息共享能力；并加强不同部门之间的信息联动功能，注重加强财务人员与相关部门人员的信息共享，加强各部门之间的有效合作，通过组织相互学习的方式，增强各个部门之间的联动性。

（2）利用好期货工具，做好市场风险管理。对于宝武钢铁集团这样的加工制造企业来说，采购、销售两端的市场风险都会冲击企业利润，当一端现货合同价格锁定时，另一端势必直接面对市场风险冲击，这时可以通过期货来锁定另一端价格，从而锁定利润。通过期货套期保值，集团可以锁定采购成本和销售价格，熨平企业风险，实现国有资产长期稳定保值增值，并在此基础上，提升集团与供应商和用户的合作深度，从而提升企业竞争力。

（3）在保证产销平衡的前提下做好市场营销管理，应对企业风险。按照紧密型供应链对流程的要求，从需求、生产、物流和销售一体化入手，加快营销管理信息系统的开发和升级，实现系统高度集成、产销高度衔接、信息高度共享。针对各钢材品种盈利能力和区域价格差异化特点，灵活运用价格、资源等营销策略，实现资源效益最大化。加强合同管理，合理安排资金，严格控制投资额度，把有限的资金用在关键技术和装备上，提高资金的使用效率。加强营销团队培养，储备既懂管理又懂技术、既懂销售又懂生产的复合型营销人才，为提高营销水平提供人才支撑。

（二）建立完善的成本管理体系

（1）建立起完善的成本控制体系。加强采购、销售、生产、设备、技术、核算等各个环节的成本管理，通过强化措施实现效益最大化。应全方位降低综合运行成本，以降低工序成本为重点，创新思维，强化措施，尤其是加强采购、销售、生产、设备、技术、核算等各个重要环节的融通，寻求更为有效的降本途径。

（2）大力降低采购成本。在切实抓好采购过程控制的同时，把着眼点放在工艺的优化上，通过改变配煤、配矿等举措，实现炉料结构的优化，为进一步大幅降低采购成本提供支撑。同时，制订原材料采购计划，完善原材料储备管理。利用电子商务平台，及时了解采购信息，改进采购模式，大力降低库存资金占用率，提高资金使用效率。

（3）建立完善的物流管理系统。集团要想降低物流成本，就必须建立完善的物流管理体系，改善钢铁企业的物流管理。首先，对原材料的采购环节要进行严格控制。在供应商的选择上不能只强调原料的价格，更应考虑原料的质量以及供应商的信誉。应与供应商建立长期合作，保证原料的及时供应。为避免资金的沉淀，应做好生产物流管理，安排好生产各个环节的物流管理，保持生产流程顺畅，减小各环节停工待料发生的概率；完善运输管理体系，避免车辆空载运输和重复搬运带来的成本费用。

（4）应深入对标挖潜。对照行业先进指标，立足自身找差距、挖潜力，促进指标晋等升级，提高指标降本的比重。推进节能降耗，按照发展循环经济的要求，积极推进清洁生产，推广应用新型节能技术，抓好资源综合利用，大力降低工序能耗，力争年吨钢综合能耗降至千克标煤。与此同时，高度重视挖掘现有人力资源的潜力，减少劳务费用支出。

（三）通过提高资产管理水平积极去库存

（1）面对钢铁行业产能严重过剩、产业结构不合理、高端钢材供应不足、低端钢材遍地泛滥、能源和污染排放高的现状，集团应采取转型升级、技术改造、引进优良资产、加快淘汰落后产能等措施，提高企业适应环境变化能力和抵御风险能力。

（2）改变"宁做鸡头不当凤尾"传统思想，踏出兼并重组、合作共赢的一步。钢铁公司的大规模、专业化决定了它们不可能兼顾首尾，完整掌握整条产业链。集团要进一步发展，就必须放下成见，兼并合作。2017年3月，中国钢铁行业国际产能合作企业联盟成立，中国钢铁行业未来的发展离不开企业与企业之间的合作，开展国际产能合作是钢铁行业推进供给侧结构性改革，实现产能优化配置、产业转型升级和创新发展的有效途径。企业想要更好地发展，防范风险，就应该积极投入合作的浪潮中。

（四）增加融资方式，改善资本结构

针对钢铁企业负债率高、权益比例失调的情况，企业应转向资本市场的融资方式，增加钢铁企业的融资渠道，促进企业的发展。在供给侧改革的背景下，企业管理者及员工首先应全面了解供给侧改革的相关法规政策，了解供给侧改革给企业带来的影响，在政府部门的协助下，制订更有效的投资计划，利用一些优惠政策和措施，吸引更多的外商进行投资。增加融资方式，例如企业外部的银行信贷资金、非银行金融机构资金等，从而实现集团产权多元化发展。

九、小结

综上所述，财务管理水平对钢铁企业的发展和进步有着重要的影响，在供给侧改革的背景下，钢铁企业应认识到财务风险控制的重要性，结合国家相关政策法规和社会实际的发展情况，进行合理的转型。同时，针对转型过程中存在的问题，钢铁企业应制定有效的解决措施，加强财务管理工作方面的执行力，使财务管理工作能够发挥自身的作用。总体来说，在供给侧改革下钢铁企业应加快对财务转型的研究，促进企业长期稳定发展，为促进我国钢铁行业发展奠定良好的基础。

十、讨论问题

1. 试从积极和消极两方面概括分析供给侧改革对钢铁行业带来的影响。
2. 结合案例分析杜邦分析法存在哪些不足之处，并简要说明应如何弥补这些不足。
3. 如何理解以产供销为核心的财务风险防范体系。
4. 结合案例分析套期保值对钢铁行业防范财务风险的作用。

十一、附录

附表1　宝武钢集团2014—2017年资产负债表数据

年　份	2014	2015	2016	2017
流动资产				
货币资金/亿元	121.0	78.17	140.2	178.6
以公允价值计量且其变动计入当期损益的金融资产/亿元	1.806	8.729	11.23	17.26

续上表

年 份	2014	2015	2016	2017
应收票据/亿元	92.22	81.93	172.4	318.6
应收账款/亿元	100.5	91.58	154.7	120.8
存货/亿元	268.2	235.2	495.8	394.9
其他流动资产/亿元	44.99	80.33	210.9	153.7
流动资产合计/亿元	743.9	699.0	1 368	1 333
非流动资产				
可供出售金融资产/亿元	104.5	109.2	132.6	130.2
长期应收款/亿元	90.12	45.79	2.645	3.234
长期股权投资/亿元	49.63	50.10	104.8	172.9
固定资产/亿元	829.0	910.7	1 639	1 542
无形资产/亿元	91.37	92.51	124.2	123.8
长期待摊费用/亿元	11.00	10.57	11.70	13.31
其他非流动资产/亿元	45.53	45.14	18.32	9.694
非流动资产合计/亿元	1 543	1 642	2 223	2 169
资产合计/亿元	2 287	2 341	3 591	3 502
流动负债				
短期借款/亿元	314.8	271.1	520.8	602.8
应付票据/亿元	54.17	44.34	170.0	105.2
应付账款/亿元	199.1	213.9	349.7	291.6
应付税费/亿元	21.62	16.98	35.64	46.99
其他流动负债/亿元	—	100.6	181.4	0.529 1
流动负债合计/亿元	892.5	918.6	1 703	1 632
非流动负债				
长期借款/亿元	99.36	91.11	9.587	4.134
应付债券/亿元	30.24	87.47	210.5	85.53
长期应付款/亿元	0.89	0.83	40.18	9.743
其他非流动负债/万元	190.2	713.5	31.57	—
非流动负债合计/亿元	151.9	201.2	285.1	125.6
负债合计/亿元	1 044	1 120	1 988	1 758
所有者权益				
实收资本/亿元	164.7	164.7	164.5	222.7
资本公积/亿元	332.5	337.4	537.9	487.1
盈余公积/亿元	258.5	265.2	278.9	297.7
未分配利润/亿元	393.2	366.4	519.2	645.7
归属母公司股东权益合计/亿元	1 143	1 128	1 498	1 644
所有者权益合计/亿元	1 242	1 221	1 603	1 745
负债与所有者权益合计/亿元	2 287	2 341	3 591	3 502

数据来源：2014—2017年宝武钢铁集团年报。

附表2　宝武钢集团2014—2017年利润表数据

年份	2014	2015	2016	2017
营业总收入/亿元	1 878	1 641	2 464	2 895
营业收入/亿元	1 874	1 638	2 462	2 891
营业总成本/亿元	1 806	1 634	2 357	2 680
税金及附加/亿元	4.705	4.662	6.537	18.80
销售费用/亿元	22.00	21.53	29.28	33.66
管理费用/亿元	77.28	72.87	91.55	96.32
财务费用/亿元	4.877	23.93	39.77	33.70
营业利润/亿元	11.81	6.682	5.081	2.745
利润总额/亿元	82.78	17.63	118.9	240.4
所得税费用/亿元	21.87	11.17	25.50	36.32
净利润/亿元	60.91	6.456	93.39	204.0
综合收益总额/亿元	60.43	7.154	98.81	203.8
归属于母公司股东的综合收益总额/亿元	57.34	10.20	96.03	191.5
基本每股收益/元	0.35	0.06	0.41	0.86

数据来源：2014—2017年宝武钢铁集团年报。

附表3　宝武钢集团2014—2017年现金流量表数据

年份	2014	2015	2016	2017
经营活动产生的现金流量				
经营活动现金流入小计/亿元	2 228	1 980	2 999	3 230
经营活动现金流出小计/亿元	1 945	1 768	2 775	2 899
经营活动产生的现金流量净额/亿元	282.8	211.8	224.0	330.8
投资活动产生的现金流量				
投资活动现金流入小计/亿元	76.96	339.3	717.6	1097
投资活动现金流出小计/亿元	266.6	556.0	933.2	1 214
投资活动产生的现金流量净额/亿元	-189.6	-216.8	-215.6	-117.2
筹资活动产生的现金流量				
筹资活动现金流入小计/亿元	670.2	1 012	1 692	1 079
筹资活动现金流出小计/亿元	765.6	1 024	1 706	1 223
筹资活动产生的现金流量净额/亿元	-95.34	-11.19	-14.60	-143.8
期末现金及现金等价物余额/亿元	112.9	91.09	130.2	199.1

数据来源：2014—2017年宝武钢铁集团年报。

十二、参考资料

[1] 姚鑫. 浅析供给侧改革背景下中国钢铁行业转型之路 [J]. 经贸实践, 2017 (9): 133.

[2] 郤淳钰. 供给侧改革下河钢集团财务绩效分析 [D]. 石家庄: 河北师范大学, 2018.

[3] 王梓平. 供给侧改革视角下我国煤炭企业脱困路径研究 [D]. 北京: 北京交通大学, 2017.

[4] 陈迅, 谢明希. Logistic 模型在钢铁行业上市公司信用风险识别中的应用 [J]. 统计与决策, 2009 (19): 82-85.

[5] 高文娟. 供给侧改革背景下电力企业的财务风险和管理提升 [J]. 财会学习, 2018 (17): 73.

[6] 刘德强. 制造业企业财务管理存在的问题与对策研究 [J]. 经贸实践, 2018 (21): 116-117.

[7] 白晓. 宝钢集团财务风险分析及控制研究 [D]. 哈尔滨: 黑龙江八一农垦大学, 2018.

[8] 杨薇. X 钢铁公司企业财务风险管控研究 [D]. 沈阳: 沈阳大学, 2018.

[9] 张竞文. 供给侧改革背景下钢铁行业财务绩效评价研究 [D]. 哈尔滨: 黑龙江八一农垦大学, 2018.

[10] 胡嘉莹. 供给侧改革下的 JB 钢贸企业财务战略研究 [D]. 重庆: 重庆理工大学, 2017.

[11] 陈露, 黄俊青. 供给侧改革下钢铁企业财务管理转型研究 [J]. 合作经济与科技, 2018 (5): 122-124.

[12] 刘华辉. 我国钢铁行业的杜邦财务分析 [J]. 财会通讯, 2011 (23): 115-116.

[13] 徐华. 马钢股份财务管理的可持续性分析 [D]. 南京: 河海大学, 2007.

[14] 梅雪. 杜邦分析法在钢铁企业财务分析中的应用 [J]. 科技信息, 2012 (33): 880.

[15] 吴艳峻. 基于杜邦财务分析体系的公司盈利能力分析 [J]. 现代营销（经营版）, 2018 (11): 158.

[16] 冉梦蝶. 关于供给侧改革与企业财务管理的思考 [J]. 商场现代化, 2017 (19): 152-153.

[17] 常华兵. 推进企业供给侧改革的财务策略 [J]. 企业经济, 2017, 36 (8): 46-52.

[18] 石本军. LG 公司财务风险管理研究 [D]. 济南: 山东财经大学, 2016.

[19] 姬娜. 钢铁企业财务风险现状及防范措施分析 [J]. 中外企业家, 2016 (12): 51.

[20] Fitzpatrick P J. A comparison of ratios of successful industrial enterprises with those of failed firms [J]. Certified Public Account, 1932, 6: 57-65.

[21] Beaver william H. Financial Ratios as Predictors of Failure [J]. Journal of Accounting Research, 1966 (4): 71-111.

[22] Ohlson J A. Finantial rations and the probabilistic prediction of bankruptcy [J]. International Joint Conference on Neural Networks, 1990, 2 (7): 163-168.

[案例说明书]

一、本案例要解决的关键问题

本案例以宝武钢铁集团为对象，结合供给侧改革的背景，从供给侧改革对钢铁行业的影响入手，分析钢铁行业进行供给侧改革的必要性，并运用杜邦分析法层层剖析和评价宝武钢的财务风险现状，从而提出针对性的财务风险防范措施（图3-9）。

本案例教学解决的关键问题：①了解供给侧改革对钢铁行业的影响；②掌握杜邦分析法的财务风险分析思路及计算；③探讨在供给侧背景下宝武钢集团如何进行财务风险防范。

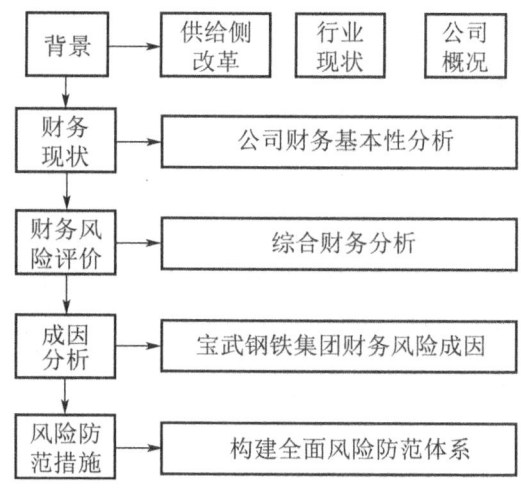

图3-9 宝武钢集团财务风险防范措施图

二、准备工作

（一）理论背景

1. 杜邦分析法原理

（1）杜邦分析法的概念。杜邦分析法（DuPont analysis）是利用几种主要的财务比率之间的关系来综合分析企业的财务状况。具体来说，它是一种用来评价公司盈利能力和股东权益回报水平，从财务角度评价企业绩效的一种经典方法。其基本思想是将企业净资产收益率逐级分解为多项财务比率乘积，这样有助于深入分析比较企业经营业绩。由于这种分析方法最早由美国杜邦公司使用，故名杜邦分析法。

（2）杜邦分析法的特点。杜邦模型最显著的特点是将若干个用以评价企业经营效率和财务状况的比率按其内在联系有机地结合起来，形成一个完整的指标体系，并最终通过净资产收益率来综合反映。

（3）杜邦分析法的基本思路。杜邦分析法实际上从两个角度来分析财务状况，一是进行内部管理因素分析，二是进行资本结构和风险分析。

①净资产收益率也称权益净利率，是一个综合性最强的财务比率，是杜邦分析系统的核心。它反映所有者投入资本的获利能力，同时反映企业筹资、投资、资产运营等活动的效率，它的高低取决于总资产利润率和权益总资产率的水平。决定权益净利率高低的因素有三个方面：权益乘数、销售净利率和总资产周转率。权益乘数、销售净利率和总资产周转率三个比率分别反映了企业的负债比率、盈利能力比率和资产管理比率。

②权益乘数主要受资产负债率影响。负债比率越大，权益乘数越高，说明企业有较高的负债程度，给企业带来较多的杠杆利益，同时也给企业带来了较多的风险。资产净利率是一个综合性的指标，同时受到销售净利率和资产周转率的影响。

③资产净利率也是一个重要的财务比率，综合性也较强。它是销售净利率和总资产周转率的乘积，因此，要进一步从销售成果和资产营运两方面来分析。销售净利率反映了企业利润总额与销售收入的关系，提高销售净利率是提高企业盈利能力的关键所在。要想提高销售净利率：一是要扩大销售收入；二是降低成本费用。而降低各项成本费用开支是企业财务管理的一项重要内容。通过各项成本费用开支的列示，有利于企业进行成本费用的结构分析，加强成本控制，以便为寻求降低成本费用的途径提供依据。企业资产的营运能力，既关系到企业的获利能力，又关系到企业的偿债能力。一般而言，流动资产直接体现企业的偿债能力和变现能力；非流动资产体现企业的经营规模和发展潜力。两者之间应有一个合理的结构比率，如果企业持有的现金超过业务需要，就可能影响企业的获利能力；如果企业占用过多的存货和应收账款，则既影响获利能力，又影响偿债能力。为此，就要进一步分析各项资产的占用数额和周转速度。对流动资产应重点分析存货是否有积压现象、货币资金是否闲置，应收账款中分析客户的付款能力和有无坏账的可能；对非流动资产应重点分析企业固定资产是否得到充分的利用。

（4）杜邦分析法的步骤。

①从净资产收益率开始，根据会计资料（主要是资产负债表和利润表）逐步分解计算各指标；②将计算出的指标填入杜邦分析图；③逐步进行前后期对比分析，也可以进一步进行企业间的横向对比分析。

（5）杜邦分析法的优点。采用这一方法，可使财务比率分析的层次更清晰、条理更突出，为报表分析者全面了解企业的经营和盈利状况提供方便。杜邦分析法有助于企业管理层更加清晰地看到权益基本收益率的决定因素，以及销售净利润与总资产周转率、债务比率之间的相互关联关系，给管理层提供了一张明晰的考察公司资产管理效率和股东投资回报是否最大化的路线图。

综上所述，杜邦分析法以权益净利率为主线，将企业在某一时期的销售成果以及资产营运状况全面联系在一起，层层分解，逐步深入，构成一个完整的分析体系。它能较好地帮助管理者发现企业财务和经营管理中存在的问题，为改善企业经营管理提供十分有价值的信息，因而得到普遍的认同并在实际工作中得到广泛的应用。

2. 财务指标的选取及依据

财务比率分析指标如图3-10所示。

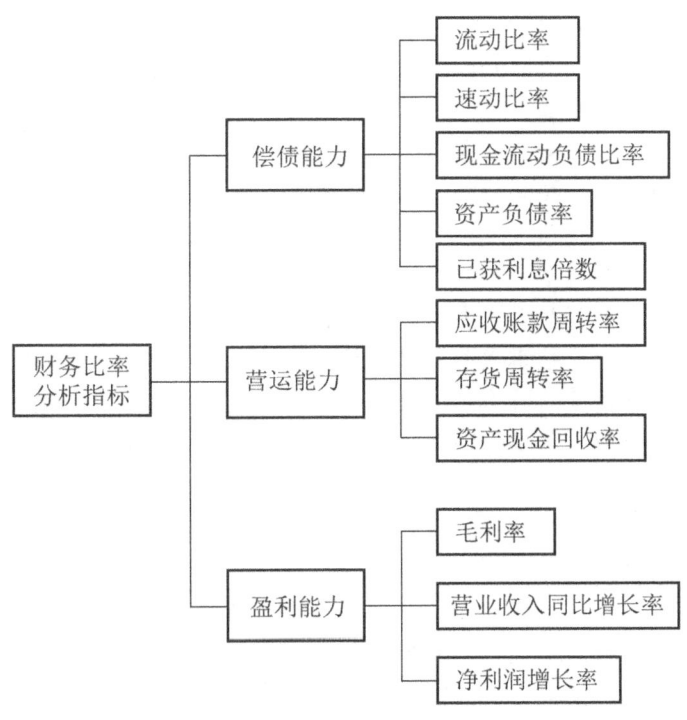

图3-10 财务比率分析指标图

（1）流动比率。流动比率是流动资产对流动负债的比率，用来衡量企业流动资产在短期债务到期以前，可以变为现金用于偿还负债的能力。计算公式为：流动比率＝流动资产合计/流动负债合计×100%。一般来说，该比率越高，说明企业资产的变现能力越强，短期偿债能力亦越强；反之则弱。一般认为流动比率应在2∶1以上。流动比率2∶1，表示流动资产是流动负债的两倍，即使流动资产有一半在短期内不能变现，也能保证全部的流动负债得到偿还。

（2）速动比率。速动比率是指企业速动资产与流动负债的比率，又称"酸性测验比率"（acid-test ratio）。它是衡量企业流动资产中可以立即变现用于偿还流动负债的能力。速动资产是企业的流动资产减去存货和预付费用后的余额，主要包括现金、短期投资、应收票据、应收账款等项目。速动比率＝速动资产/流动负债，其中，速动资产＝流动资产－存货。计算速动比率时，流动资产中扣除存货，是因为存货在流动资产中变现速度较慢，有些存货可能滞销，无法变现。对于预付账款和待摊费用，由于根本不具有变现能力，只是减少企业未来的现金流出量，所以理论上也应加以剔除。但实务中，由于它们在流动资产中所占的比重较小，计算速动资产时也可以不扣除。

（3）现金流动负债比率。现金流动负债比率（cash coverage ratio）是企业一定时期的经营现金净流量同流动负债的比率，它可以从现金流量角度来反映企业当期偿付短期负债的能力。该指标从现金流入和流出的动态角度对企业的实际偿债能力进行考察，反映本期经营活动所产生的现金净流量足以抵付流动负债的倍数。计算公式为：现金流动负债比率＝年经营现金净流量/年末流动负债×100%。一般该指标大于1，表示企业流动负债的偿还有可靠保证。该指标越大，表明企业经营活动产生的现金净流量越多，越能保障企业按期偿还到期债务；但也并不是越大越好，该指标过大则表明企业流动资金利用不充分，盈利能力不强。

（4）资产负债率。资产负债率又称举债经营比率，是用以衡量企业利用债权人提供资金进行经营活动的能力，以及反映债权人发放贷款的安全程度的指标。它通过将企业的负债总额与资产总额相比较得出，反映在企业全部资产中属于负债的比率。计算公式为：资产负债率＝总负债/总资产。如果资产负债比率达到100%或超过100%，说明公司已经没有净资产或资不抵债。

（5）已获利息倍数。已获利息倍数是指上市公司息税前利润相对于所需支付债务利息的倍数，可用来分析公司在一定盈利水平下支付债务利息的能力。计算公式为：已获利息倍数＝息税前利润总额/利息支出＝（净利润＋利息费用＋所得税费用）/利息费用。已获利息倍数反映长期偿债能力，一般情况下，已获利息倍数越高，企业长期偿债能力越强。国际上通常认为，该指标为3时较为适当，从长期来看至少应大于1。已获利息倍数为负值时没有任何意义。

（6）应收账款周转率。应收账款周转率是企业在一定时期内赊销净收入与平均应收账款余额之比。它是衡量企业应收账款周转速度及管理效率的指标。计算公式为：应收账款周转率＝当期销售净收入÷（期初应收账款余额＋期末应收账款余额）/2；应收账款周转天数＝365/应收账款周转率。一般情况下，应收账款周转率越高越好，周转率高表明：收账迅速，账龄较短；资产流动性强，短期偿债能力强；可以减少坏账损失等。

（7）存货周转率。存货周转率是企业一定时期销货成本与平均存货余额的比率。用于反映存货的周转速度。计算公式为：存货周转率（次）=销售成本/平均存货余额，其中：平均存货余额=（期初存货+期末存货）÷2，存货周转天数=计算天数×（期初存货+期末存货）÷2÷销售成本。一般来讲，存货周转速度越快，存货的占用水平越低，流动性越强，存货转换为现金或应收账款的速度越快。因此，提高存货周转率可以提高企业的变现能力。

（8）资产现金回收率。资产现金回收率是衡量某一经济行为发生损失大小的一个指标，计算公式为：资产现金回收率=经营现金净流量/平均资产总额×100%。一般来说，该指标越高，说明收回的资金占付出资金的比例高，损失小；回收率低则损失较大。该指标旨在考评企业全部资产产生现金的能力，比值越大越好。

（9）毛利率。毛利率（gross profit margin）是毛利与销售收入（或营业收入）的百分比，其中毛利是收入和与收入相对应的营业成本之间的差额，用公式表示：毛利率=毛利/营业收入×100%=（主营业务收入－主营业务成本）/主营业务收入×100%。毛利率反映的是一个商品经过生产转换内部系统以后增值的那一部分，增值得越多毛利就越多。

（10）营业收入同比增长率。营业收入同比增长率是企业在一定期间内取得的营业收入与其上年同期营业收入的增长的百分比，反映企业在此期间营业收入的增长或下降等情况。营业收入同比增长，说明公司比上一年度挣钱的能力加强了，营业收入同比下降，则说明公司的挣钱能力稍逊于往年。

（11）净利润增长率。净利润增长率代表企业当期净利润比上期净利润的增长幅度。该指标值越大代表企业盈利能力越强。计算公式为：净利润增长率=（当期净利润－上期净利润）/上期净利润×100%。

（二）制度背景

1. 供给侧改革的概念

供给侧改革旨在调整经济结构，使要素实现最优配置，提升经济增长的质量和数量。需求侧改革主要有投资、消费、出口三驾马车，供给侧则有劳动力、土地、资本、制度创新等要素。供给侧结构性改革，就是用增量改革促存量调整，在增加投资过程中优化投资结构、产业结构，开源疏流，在经济可持续高速增长的基础上实现经济可持续发展与人民生活水平不断提高；就是优化产权结构，国进民进、政府宏观调控与民间活力相互促进；就是优化投融资结构，促进资源整合，实现资源优化配置与优化再生；就是优化产业结构、提高产业质量；就是优化分配结构，实现公平分配，使消费成为生产力；就是优化流通结构，节省交易成本，提高有效经济总量；就是优化消费结构，实现消费品不断升级，不断提高人民生活质量，实现创新—协调—绿色—开放—共享的发展。

2. 供给侧改革的背景

改革开放40年来，中国经济持续高速增长，成功步入中等收入国家行列，已成为名副其实的经济大国。但受人口红利衰减、"中等收入陷阱"风险累积、国际经济格局深刻调整等一系列内因与外因的作用，经济发展正进入"新常态"。

2015年以来，我国经济进入了一个新阶段，主要经济指标之间的联动性出现背离，经济增长速度放缓，CPI持续低位运行，居民收入有所增加而企业利润率下降，消费上升而投资下降等。对照经典经济学理论，当前我国出现的这种情况既不是传统意义上的滞胀，也非标准形态的通缩。与此同时，宏观调控层面持续加大力度而效果不佳，投资拉动上急而下徐，旧经济显露疲态而以"互联网+"为依托的新经济生机勃勃，东北经济危机加重而一些原来缺乏优势的西部省区异军突起……可谓是"几家欢乐几家愁"。简言之，中国经济的结构性分化正趋于明显。为适应这种变化，在正视传统的需求管理还有一定优化提升空间的同时，迫切需要改善供给侧环境、优化供给侧机制，通过改革制度供给，大力激发微观经济主体活力，增强我国经济长期稳定发展的新动力。

3. 供给侧改革的实质

（1）从供给方式看。供给侧改革实质上就是改革政府公共政策的供给方式，也就是改革公共政策的产生、输出、执行以及修正和调整方式，更好地与市场导向相协调，充分发挥市场在配置资源中的决定性作用。

（2）从中国政府改革的角度看。供给侧改革可谓中国改革开放30多年时间里最深刻的一次政府功能转变。经济结构调整、产业结构调整，要求政府在公共政策的制定和执行上，多方面降低对中国经济的供给约束，使产业、企业的自然活力不受限于作为公共政策供给方的政府约束。

4. 供给侧改革主要措施

（1）宏观政策要稳，营造稳定的宏观经济环境。
（2）产业政策要准，准确定位结构性改革方向。
（3）微观政策要活，激发企业活力和消费潜力。
（4）改革政策要实，加大力度推动改革落地。
（5）社会政策要托底，守住民生保障的底线。

（三）行业背景

钢铁行业是以从事黑色金属矿物采选和黑色金属冶炼加工等工业生产活动为主的工业行业，包括金属铁、铬、锰等的矿物采选业、炼铁业、炼钢业、钢加工业、铁合金冶炼业、钢丝及其制品业等细分行业。改革开放以来，由于国家政策的支持，钢铁行业得到了迅猛发展，成为国家重点支柱性产业。近年来，钢铁行业总体趋势呈下行状态，受到了来自国内市场饱和、钢材成本提高、竞争环境严峻、出口税率升高、国际出口额下滑等多方面的挑战，钢铁企业面临产能严重过剩、供需矛盾加剧、经济效益低下、资金链短缺等问题。我国政府自推行供给侧结构性改革以来，提出了"到2020年，钢铁行业减少粗钢产能1.5亿吨"的目标，随着钢铁产能的下降，行业供需矛盾略有缓和，同时中国钢铁产能利用率从周期低谷中回升，行业整体的盈利状况大幅改善。

由图3-11可知，2014—2018年上半年，中国钢铁行业主营业务收入有所波动，自2015年以来钢铁行业营收累计增长率不断攀升，到2018年上半年中国钢铁行业主营业务收入达到30 525亿元，累计增长15.8%。回顾2014—2017年钢铁行业营业收入情况，受到供给侧改革、投资回暖等宏观环境的影响，2015—2018年，我国钢铁行业营业收入较为稳定，2015年以来累计增长率逐渐回暖。

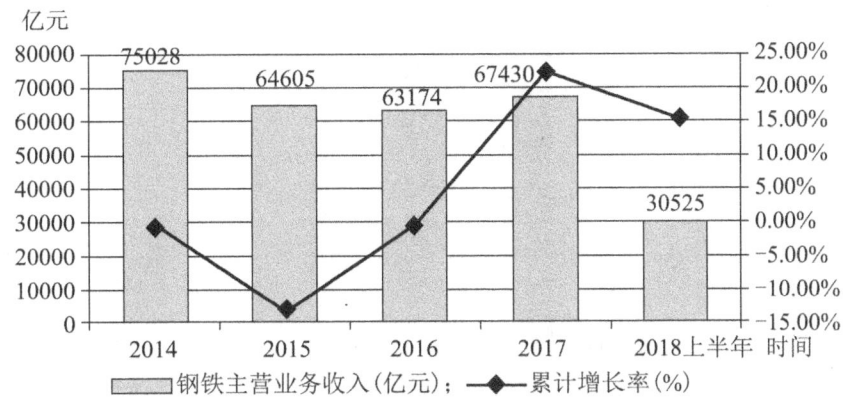

图 3-11 2014—2018 年上半年中国钢铁行业主营业务收入及累计增长走势
数据来源：智研咨询网发布的公开资料整理。

由图 3-12 可知，自 2015 年以来，中国钢铁行业利润总额迅速增长，2017 年中国钢铁企业的利润总额超过 3000 亿元，2018 年利润总额仅在上半年就已经接近 2000 亿元，可知 2018 年钢铁行业的利润水平将实现超预期增长。从利润总额的累计增长率变化情况看，钢铁行业利润增速有所下降。总的来说钢铁行业利润整体向好，中国经济从高速增长转向高质量发展，未来钢铁行业也极有可能向"降速提效"的方向发展。

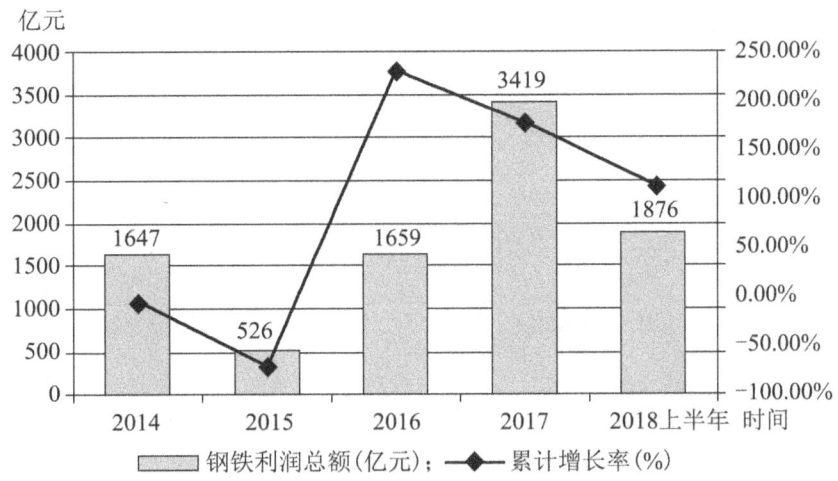

图 3-12 钢铁利润总额变化趋势
数据来源：智研咨询网发布的公开资料整理。

由图 3-13 可看出，2012—2017 年，中国钢铁行业亏损企业数量呈快速下降趋势，截至 2018 年上半年，企业数量减少至 5011 家，其中亏损企业数量为 1289 家，比起 2015 年减少了 1038 家。

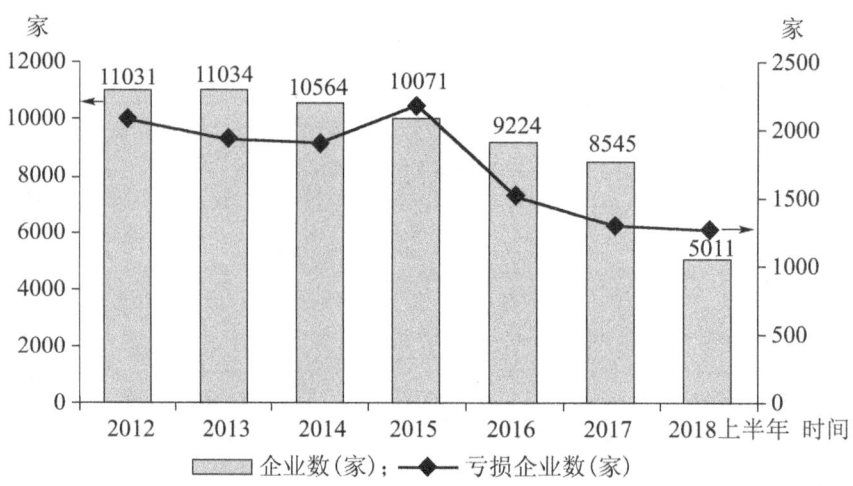

图 3-13 2012—2018 年上半年中国钢铁行业企业数量及亏损企业走势

数据来源：《2018—2024 年中国钢铁行业市场运营态势及投资前景评估报告》。

如图 3-14 所示，2012—2015 年钢铁行业亏损严重，2015 年亏损总额达到 1398.3 亿元的峰值，随后由于国家提出了供给侧结构性改革，重点针对钢铁行业去库存、降产能等问题采取了一系列措施，钢铁行业亏损情况得到抑制，到 2018 年上半年亏损总额减少至 122.6 亿元。

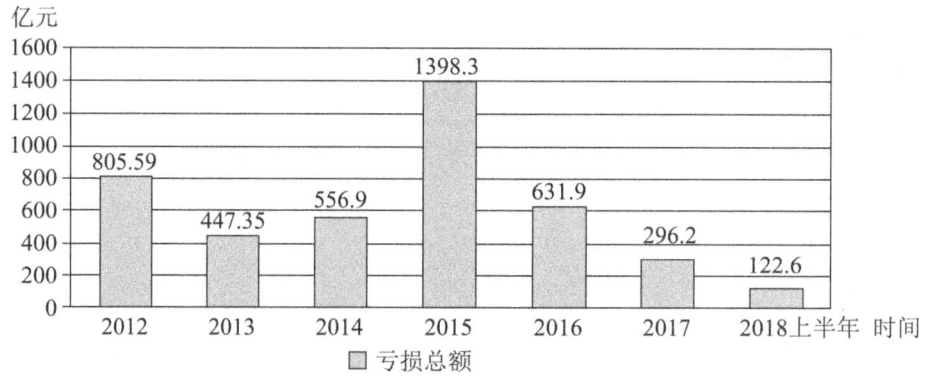

图 3-14 2012—2018 年上半年中国钢铁行业亏损总额走势

数据来源：智研咨询网发布的公开资料整理。

（四）公司背景

1. 公司概况

中国宝武钢铁集团有限公司（简称中国宝武或宝武）由原宝钢集团有限公司和武汉钢铁（集团）公司联合重组而成，于 2016 年 12 月 1 日揭牌成立。中国宝武注册资本 527.9 亿元，资产规模 7395 亿元，产能规模 7000 万吨，位居中国第一、全球第二，是国有资本投资公司试点企业。2017 年，宝武取得了中国钢铁行业最佳经营业绩，实现营业总收入 4004.8 亿元，利润总额 142.7 亿元，位列《财富》世界 500 强第 162 位。宝武以成为"全球钢铁业引领者和世界级企业集团"为愿景，以"驱动钢铁生态圈绿色智慧转型发展，促进企业各利益相关方共同成长"为使命，以"诚信、协同、创新、共享"为核心价值观，致力于通过改革和发展，构建在钢铁生产、绿色发展、智能制造、服务转型、效益优异等五方面的引领优势，打造以绿色精品智慧的钢铁产业为基础，新材料、现代贸易物流、工业服务、城市服务、产业金融等相关产业协同发展的格局，最终形成若干个千亿级营收（营业收入，下同）、百亿级利润的支柱产业和一批百亿级营收、十亿级利润的优秀企业。

2. 公司产业结构

宝武钢铁集团致力于多元化的发展战略，提供多元化的产品和服务，其钢铁主业包括资源开发、生产服务、技术服务、煤化工业、金融业以及产业平台六大业务板块（图3-15）。随着新一轮发展战略的推进，宝武正在加快一体化运作的步伐，集中发展对市场影响大、在中国钢铁工业结构调整中需要战略性投资、能与国际顶尖钢铁产品相抗衡的钢铁精品，全面提升钢铁业的综合竞争力。

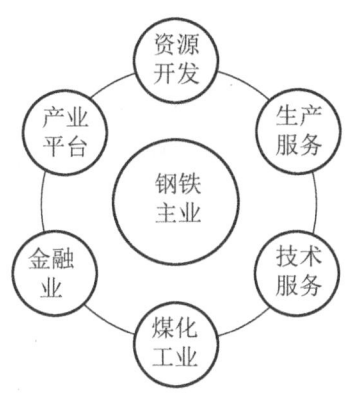

图3-15 产业结构图

（1）资源开发。资源开发板块是宝武六大业务板块之一，公司着眼于矿产资源的全球化配置，致力于为客户提供矿石、煤炭、合金及有色金属、不锈钢原料、废钢铁等优质产品。同时，公司还提供船代、货代、铁路发运、仓储、码头装卸等物流服务，并与中海集团等企业进行战略合作，发展远洋运输业务。

（2）生产服务。生产服务是宝武总体规划的一个重要的业务板块，这个业务板块分为三大核心事业部门：资源再生事业部、工厂作业事业部、工厂物业事业部，另有一个支撑业务板块。

（3）技术服务。致力于研究、应用和推广先进的钢铁工艺技术和冶金成套设备，服务领域从钢铁业延伸至有色、轻工、化工、机械、交通、能源、环保等多种行业。

（4）煤化工业。以冶金化工产品的生产、销售、科研为主营业务，在与宝钢钢铁主业配套发展的同时，开拓高技术含量、高附加值的下游煤化学品领域。

（5）金融业。以资产管理与信托服务为两大主业，强化能力建设、品牌建设和渠道建设，开拓资产管理、资产证券化、结构化证券投资和私募基金托管、企业年金及员工福利计划等业务。

（6）产业平台。宝武积极实践节能降耗新型商业模式，同时大力打造节能产业化平台。

3. 公司发展战略

宝武积极、认真贯彻落实全国科学技术大会和国家中长期科技发展规划纲要的精神，召开了宝武技术创新大会并制订实施《宝钢技术创新体系发展纲要》，为企业技术创新工作的深入、持续开展奠定了扎实的基础。宝武以多元化战略为总目标，提出了完善的战略总体布局方案，并实施了相应的发展战略（图3-16）。

（1）创新驱动战略。宝武钢铁集团实施了创新驱动发展战略，提出了以下几点要求：

第一，以宝钢中长期技术创新规划为抓手，加大科技投入，加强战略产品开发和重大、共性、前沿技术研究，推进自主集成创新；第二，以自主知识产权培育为核心，提升知识产权战略运作能力，促进科技成果快速转化为生产力；第三，以产学研战略合作为导向，探索产学研合作新模式，加强国内外技术交流和合作；另外，发挥企业技术创新主体作用为己任，积极融入国家技术创新体系。

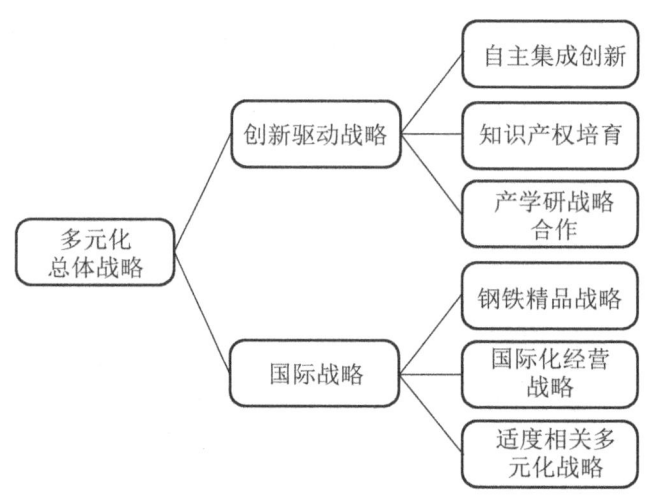

图3-16 宝武集团战略图

（2）国际战略。在国际交易上，宝武钢铁集团实施多元化战略，并提出了具体的战略方案。在产品质量方面，实施钢铁精品战略，将建成中国汽车用钢，油、气开采和输送用钢，不锈钢，以及高等级建筑用钢等钢铁精品基地，建成中国钢铁工业新技术、新工艺、新材料的研发基地；在经营方面，实施国际化经营战略与国际钢铁巨头合资合作，广泛建立战略合作联盟；同时，宝武钢铁集团还实施适度相关多元化战略，除钢铁主业外，还涉足贸易、金融、工程技术、信息、煤化工、钢材深加工、综合利用等。

三、需识别的关键问题

（一）供给侧改革对钢铁行业的影响

近几年，钢铁企业的发展状况不容乐观。高额的资产负债率说明大部分钢企的财务风险水平大大提高。早在2015年末，钢铁企业的总资产负债率为66.70%，部分企业达到了100%，远大于正常的40%~60%的资产负债率。钢铁行业的利润率整体偏低。2015年12月钢铁行业的利润率仅为0.81%，处于工业制造行业的末位，部分企业的利润尚不足支付贷款利息。钢铁市场机制难以短期改变低效率格局。从统计数据来看，2011—2015年国家累计完成钢铁落后产能淘汰约1.54亿吨，但未能改变行业逐渐低迷的态势。

自2015年我国提出供给侧改革之后，迅速影响到了包括钢铁在内的多个行业的发展，对钢铁行业的影响很大。价格趋势由下降转为上升，钢企由绝大多数亏损转为绝大多数盈利，钢铁的产能、质量、环保要求都有了明显的变化，尤其是在地条钢的去除上，体现了国家对供给侧改革的决心。

1. 供给侧改革缓解了供需矛盾

2016年上半年，钢铁库存继续保持低位，粗钢产量增速保持在了较高的水平，扣除库存后的粗钢表观消费量同比大幅走高，但市场钢材资源仍出现紧缺的情况。这在一定程度上反映出市场初步缓解了钢铁行业供大于求的矛盾。

2. 供给侧改革提高了行业标准

钢铁行业的从业标准有了明显的提高，尤其是在环保方面，限产的力度、执行的力度有所加大。从 2015 年下半年来看，7—8 月督查各地是否于 6 月底前完成火电行业排污许可证发放工作，"高架源"自动监测设备安装、联网及运行情况，以及工业污染源达标排放情况。9 月督查各地是否完成火电、钢铁、水泥等生产行业错峰生产方案及名单制定工作。10 月之后督查钢铁、水泥行业排污许可证发放工作情况及工业污染源达标排放情况。供给侧改革提高了行业的竞争力。

3. 提高行业工艺水平

供给侧改革使得落后产能进一步的清除，可以说提高了国内钢铁行业的整体工艺水平。产钢大省江苏数据显示，截至 2017 年 6 月底，江苏钢铁行业平均用工人数减少至 34 万人，比 2015 年减少 5.3 万用工人数。人均年钢产量由 2015 年的 345.06 万吨增加到了 2017 年上半年的 401.89 万吨。行业的整体竞争力有了明显的提高。

（二）钢铁行业如何进行财务风险防范

为有效应对我国钢铁行业的财务风险，除了国家与相关部门的支持外，还需要钢铁企业自身的努力。其中，最为重要的是不断改善财务风险的防范机制，真正使企业的经营更加有效合理。具体来说，对于钢铁行业财务风险的防范机制可以从以下方面开展。

1. 不断优化产业结构

钢铁行业是我国的支柱产业之一，在经济新常态下，其产业结构应根据国情进行适当优化，以满足现阶段我国社会主义特色市场化发展的需求，达到防范财务风险的目的。对于钢铁企业来说，响应国家号召，进行有序的并购和重组是十分必要的，这有利于实现集中化管理，促使整个产业尽快开展结构优化。目前，国家政策对于品质和效益俱佳的钢铁企业的扶持力度很大，在设备和资金方面给予了较大支持。

2. 及时关注市场变化

作为钢铁企业的预算部门，一定要及时关注市场变化，尽可能降低价格变化给企业带来的财务风险。在原材料采购过程中，要对市场进行深入的研究和分析，尽量在价格幅度波动较小时开展采购活动，促使企业以较低的价格购入，以较高的价格售出，增加企业的经济效益。此外，还可以根据企业需要，适时在国内进行采购，挑选质量合格的原材料来生产产品，以满足企业生产的需求，这在一定程度上能缓解企业的成本压力，提高企业的利润，从而降低财务风险。

3. 提升资金使用效率

钢铁行业属于资金密集型行业，对资金的需求很大，要切实防范财务风险，必须提升资金的使用效率。首先，钢铁企业在进行投资决策的过程中，需对项目进行详细的可行性分析。可以组建专业化的项目讨论小组，通过组内集思广益找出最佳的决议，降低财务风险。其次，钢铁企业应强化内部控制和过程监督，根据安全性、营利性、流动性原则开展投资，坚持科学生产，避免产品过剩或不足的现象发生，促进企业的可持续发展。最后，钢铁企业要构建合理的资金结构，让资金的流动情况能够满足企业的发展需求，加强对资金使用的监控，灵活进行安排。

四、教学组织形式

(一) 问题清单及提问顺序

1. 分析供给侧改革对钢铁行业的积极和消极影响

积极影响：有利于促进钢铁行业进行产业创新、结构调整和去产能，消除产能过剩矛盾；同时向市场提高有效供给，提高产品供给质量，提高行业要素的质量和水平，促进行业健康科学高效发展。有利于钢铁产业重塑供应链，提高流通质量。能够更加积极地发挥钢铁+互联网的作用，推进产业链的深度融合和融通。促进产品质量、科技含量的提高和升级换代，有利于流通行业拓展新客户，提升盈利空间。有利于提高我们国家的钢材在国际市场上的竞争力，大钢厂在高端产品这一块多投入一些精力、资金、人员，进行研发，使产品结构更符合客户需求，有利于整个钢铁行业走出困境，健康发展。

消极影响：去产能带来钢铁行业的集中度提升可能形成垄断；行政与市场手段未能有机结合，扭曲价格信号，且未来可能使产能再次出现过剩问题；价格的猛涨还导致资金更多流向上游产业，阻碍资源最优配置。

2. 分析杜邦分析法的不足并提出弥补方法

从企业绩效评价的角度来看，杜邦分析法只包括财务方面的信息，不能全面反映企业的实力，有很大的局限性，在实际运用中必须结合企业的其他信息加以分析。其局限性主要表现在：①对短期财务结果过分重视，有可能助长公司管理层的短期行为，忽略企业长期的价值创造。②财务指标反映的是企业过去的经营业绩，衡量工业时代的企业能够满足要求；但在目前的信息时代，顾客、供应商、雇员、技术创新等因素对企业经营业绩的影响越来越大，而杜邦分析法在这些方面是无能为力的。③在目前的市场环境中，企业的无形资产对提高企业长期竞争力至关重要，杜邦分析法却不能解决无形资产的估值问题。

杜邦分析法是财务分析方法的一种。它作为一种综合分析方法，并不排斥其他财务分析方法；相反与其他分析方法结合，不仅可以弥补自身的缺陷和不足，而且能弥补其他方法的缺点，使得分析结果更完整、更科学。比如以杜邦分析为基础，结合专项分析，进行一些后续分析，能对有关问题作更深更细致的分析了解；也可结合比较分析法和趋势分析法，将不同时期的杜邦分析结果进行趋势化对比，从而形成动态分析，找出财务变化的规律，为预测、决策提供依据；或者与一些企业财务风险分析方法结合，进行必要的风险分析，为管理者提供依据。这种结合，也是杜邦分析自身发展的需要。分析者在应用时，应注意这一点。

3. 如何理解以产供销风险为核心的全面风险防范体系

以产供销风险防范为核心的全面风险防范体系，是指通过控制产供销三方风险的平衡来防范市场变化带来的战略风险、财务风险、市场风险、运营风险、法律风险等的体系。

对不同类型的企业而言，全面风险管理体系的侧重点有所不同，需要基于全面风险管理基本体系和方法，构建反映其经营特征的风险管理体系。钢铁行业是一个周期性行业，经营业绩受宏观经济波动的影响较大。2008年金融危机以来，随着原料和钢材市场的波动,大中型企业利润波动非常剧烈,销售利润率在金融危机前曾达到7.29%的高水平,而在2016年全行业盈利的情况下,仍然亏损,销售利润率低至-2.23%的水平。2017年以来,随着供给侧改革的深入推进,利润率又回到略超过4%的水平。从风险管理的角度来看,市场风险对钢铁企业经营的影响相当大,因此做好市场风险管理,是钢铁企业改革发展的重中之重,也是钢铁企业做强做优做大、实现资产保值增值的重要抓手。

对于钢铁企业这样的生产制造企业,应构建以产供销风险防范为核心的风险管理体系,采购、销售两端的市场风险都会冲击企业利润,采购直接与企业生产挂钩,销售直接影响企业利润,因此,必须同时把控产销两端风险才可以全面地规避企业风险。在以产供销风险防范为核心的全面风险防范体系下,企业应当密切关注行业市场变化,重点关注产品供给和市场销售的关系,在生产、供给、销售之间建立起信息链,实现产供销信息的联动,做到在保证产销平衡的前提下优化产品供给。

4. 分析套期保值对钢铁行业防范财务风险的作用

套期保值,俗称"海琴",又称对冲贸易,是指交易人在买进(或卖出)实际货物的同时,在期货交易所卖出(或买进)同等数量的期货交易合同作为保值。它是一种为避免或减少价格发生不利变动的损失,而以期货交易临时替代实物交易的一种行为。

钢铁行业是一个周期性行业,经营业绩受宏观经济波动的影响较大。2008年金融危机以来,随着原料和钢材市场的波动,钢铁企业利润波动也非常剧烈。随着供给侧改革的深入推进,特别是国家大力推动钢铁行业去产能,再加上市场需求回升,使得钢铁行业的利润率又回到了2017年的4.8%的水平。从风险管理的角度来看,财务风险对钢铁企业经营的影响相当大。钢铁产业属于充分竞争产业,钢铁生产用的燃料的定价机制较为复杂,钢铁产品价格形成机制较为多样,导致钢铁生产用的燃料市场和钢材市场价格呈现波动频、波幅大的态势,这对钢铁企业经营的稳定性造成更大压力。对国有钢铁企业,全面风险管理尤为重要。钢铁企业在套期保值时,根据种类相同或相关、数类相等或相当、月份相同或相近、交易方向相反的原则进行操作。套期保值不仅能提前锁定成本,还能够提前锁定利润,显著减少企业自身经营管理的风险。随着期货市场的不断发展,期货市场价格对现货市场价格的引领作用越来越明显。期货市场价格已经成为企业在制定价格时的重要参考依据,同时也对企业的经营产生越来越大的影响。钢铁企业,特别是国有钢铁企业为了保持和提高经营的稳定性,运用期货市场工具,采取套期保值策略,是规避财务风险的重要手段。

套期保值的基本作用是锁定企业利润——这是企业参与套期保值最直接的目的,但从长期来看,企业采取套期保值策略的核心目的是熨平风险。钢铁企业可以通过套期保值,放弃获取大额利润的机会,同时也回避严重亏损的风险,保证每年的利润波动相对稳定。但在实际操作中,其带来的作用远远不止这些。首先,企业长期进行套期保值,管理层的思维会潜移默化地改变。根据期货市场商品价格,超前性安排企业的生产管理。其次,可以在一定程度上解决企业资金链紧张的问题。中小型钢厂的资金可能比较薄弱,而期货交易采取保证金制度,企业可以利用较少的资金完成备货,由此降低了财务成本,提高了资金的利用率。最后,进行套期保值的企业可以借此提高企业形象,获得更多的合作机会,并且在企业评级过程中,由于进行了套期保值而大幅提升了企业的信用评级,因此可以得到更多的信贷支持。

(二) 课时分配

1. 课后自行阅读资料：约 1 小时；
2. 小组讨论并提交分析报告提纲：约 1 小时；
3. 课堂小组代表发言、进一步讨论：约 1 小时；
4. 课堂讨论总结：约 0.5 小时。

(三) 讨论方法

本案例可以采用小组式进行讨论。

(四) 课堂讨论总结

课堂讨论总结的关键是：归纳发言者的主要观点；重申其重点及亮点；提醒大家对焦点问题或有争议观点进行进一步思考；建议大家对案例素材进行扩展研究和深入分析。

案例 4

境外上市企业如何回归 A 股市场
——以迈瑞医疗为例*

---

* 1. 本案例由广东工业大学管理学院陈沉、黄金慧、潘欢瑜、刘昊、黄青山、曹晗抒、罗漫玲及肇庆学院李华军撰写，作者拥有著作权中署名权、修改权、改编权。
2. 本案例授权广东工业大学产教融合 MPAcc 教学智库实验平台使用，广东工业大学产教融合 MPAcc 教学智库实验平台享有复制权、修改权、发表权、发行权、信息网络传播权、改编权、汇编权和翻译权。
3. 本案例只供课堂讨论之用，并无意暗示或说明某种管理行为是否有效。

[案例封面]

专业领域： 财务管理

适用课程： 财务管理理论与实务，资本运营管理

选用课程： 财务管理理论与实务，资本运营管理

编写目的： 本案例以境外上市企业私有化为引入点，分析迈瑞医疗搭建 VIE 结构在纽约证券交易所（以下简称"纽交所"）成功上市到以私有化方式从纽交所退市的转变，最后回归国内 A 股资本市场，成功登陆创业板的上市与退市动因、路径及绩效表现，旨在帮助学员强化对 VIE 结构、VIE 分拆过程、私有化退市及私有化复盘的理解，思考其资本市场布局与公司发展历程的联系及对其他企业的启示，拓宽学员对资本运作的思路。

知 识 点： 财务战略；资本运作；私有化；VIE 架构

关 键 词： VIE 结构；私有化；退市；VIE 结构分拆；迈瑞医疗

中文摘要： 21 世纪初，中国大多数新兴科技企业纷纷通过搭建 VIE 架构，引入外资最终赴美上市。随着中国经济崛起和资本市场的快速发展，中国股市的高市盈率和资本回报率远超美国股市，原先的科技企业逐步开始私有化进程回国上市。2016 年 3 月 15 日，迈瑞医疗成功拆除 VIE 架构从纽交所私有化退市。在随后的 2017 年开始了登陆 A 股市场的进程，最终突破重重难关，终于在 2018 年 10 月 16 日成功登陆创业板，回归中国 A 股资本市场。本案例通过整理回顾迈瑞医疗纽交所上市、私有化退市、A 股 IPO 的具体细节，着重分析一系列资本运作的动因、路径，并从经营绩效分析其经济效果。通过迈瑞医疗案例分析挖掘其跨市场资本运作值得借鉴的地方，以及分析其资本运作与其公司发展历程的联系，以加深学员对资本运作的理解。

[案例正文]

一、引言

1991年,迈瑞"三剑客"——李西廷、徐航、成明和一起创办了迈瑞,怀揣着自主研发的梦想,立志改变当时国内医疗器械行业研发创新基础差、市场被清一色的国际厂商垄断的状况,实现"成为守护人类健康的核心力量"的企业愿景以及"普及高端科技,让更多人分析优质生命关怀"的企业使命。从企业创立之初时主要以代理医疗器械贸易为主的小规模公司到现在的中国最大、全球领先的高科技医疗设备和解决方案供应商,迈瑞医疗经历了几次资本市场运作:2006年9月22日在纽约证券交易所(简称"纽交所")上市,2016年3月15日从纽交所私有化退市,2018年10月16日在深圳交易所创业板上市,成功登陆A股市场,市值从33亿美元跃升为现在的千亿元人民币市值。那么,迈瑞医疗在这一系列的资本市场运作中是如何实现总体市值飙升的呢?资本市场运作背后的动因又是什么呢?

二、案例背景

(一)迈瑞医疗简介

深圳迈瑞生物医疗电子股份有限公司(300760.SZ,简称迈瑞医疗)是中国最大、全球领先的高科技医疗设备供应商。公司成立于1991年,总部位于深圳,主要从事医疗器械的研发、制造、营销及服务,始终以客户需求为导向,致力于为全球医疗机构提供优质产品和服务。产品覆盖生命信息与支持、体外诊断、医学影像三大主要领域,拥有在国内同行业中最全的产品线,以安全、高效、易用的"一站式"整体解决方案满足临床需求。

迈瑞医疗2018年10月16日在深交所成功登陆创业板挂牌上市。上市前三年的盈利情况如下:2015年营业收入及净利润分别为80.13亿元和9.405亿元,2016年营业收入及净利润分别为90.32亿元和16.12亿元,2017年营业收入及净利润分别为111.7亿元和26.01亿元。迈瑞医疗按最新股价计算的市值在1 330亿元左右。

(二)行业概况

根据国家统计局颁布的《国民经济行业分类》标准(GB/T4754—2017),迈瑞医疗属于专用设备制造业中的医疗仪器设备及器械制造公司。医疗器械指直接或间接用于人体的仪器、设备、器具、体外诊断试剂,以及校准物、材料和其他类似或者相关的物品,包括所需要的软件,主要用于医疗诊断、监护和治疗。

1. 得益于需求端驱动,全球医疗器械行业持续稳定增长

随着全球人口的自然增长,人口老龄化程度提高及发展中国家经济增长,长期来看全球范围内医疗器械市场将持续增长。据Evaluate Med Tech统计,2016年全球医疗器械销售规模为3 868亿美元,预计2022年将超过5 200亿美元,年均复合增长率保持在5.10%。全球医疗器械行业规模如图4-1所示。

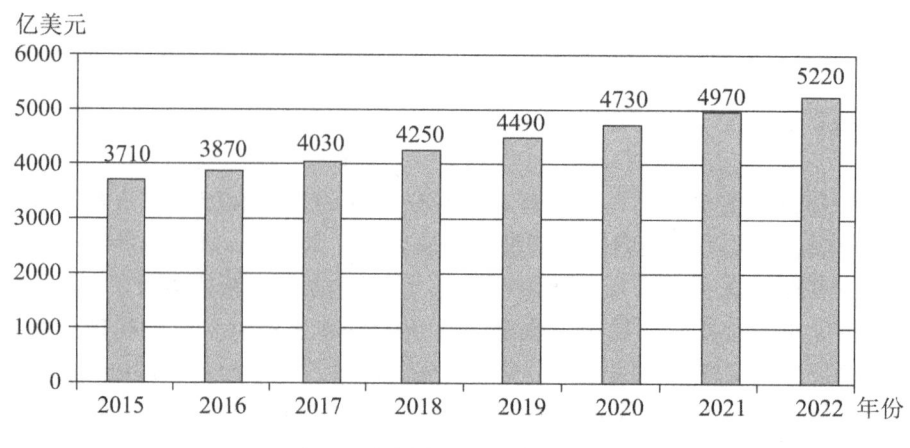

图 4-1 全球医疗器械行业规模

2. 全球各地区医疗器械发展阶段各异

从区域来看,欧、美、日等发达国家和地区的医疗器械产业发展时间早,对医疗器械产品的技术水平和质量要求较高,市场需求以产品升级换代为主,市场规模庞大,增长稳定。而以中国为代表的新兴市场是全球最具潜力的医疗器械市场,产品普及需求与升级换代需求并存,近年来增长速度较快。

美国是医疗器械最主要的市场和制造国,占全球医疗器械市场约 40% 的份额。美国医疗器械行业拥有强大的研发实力,技术水平领先。

欧洲是全球医疗器械第二大市场和制造地区,占全球医疗器械市场约 30% 的份额。德国和法国是欧洲医疗器械的主要制造国。法国是仅次于德国的欧洲第二大医疗器械制造国,也是欧洲主要医疗器械出口国。

中国已成为全球医疗器械的重要生产基地,占全球医疗器械市场约 14% 的份额,在多种中低端医疗器械产品领域,产量居世界第一。我国高端医疗器械市场大部分份额由外资企业占领。日本是全球一个重要的医疗器械制造国,基于其工业发展基础,日本在医疗器械行业的优势主要体现在医学影像领域。

3. 医疗器械部分子领域发展迅猛

从具体领域来看,2016 年前 15 大医疗器械种类销售额达 3254 亿美元,合计市场规模占比为 84.1%,预计 2022 年可达 4386 亿美元。其中,前三类医疗器械是体外诊断、心血管类和影像类,2016 年这三类医疗器械的全球市场规模分别为 494 亿美元、446 亿美元和 392 亿美元,到 2022 年市场规模预计将分别达到 696 亿美元、623 亿美元和 480 亿美元。2016 年全球医疗器械各领域占比

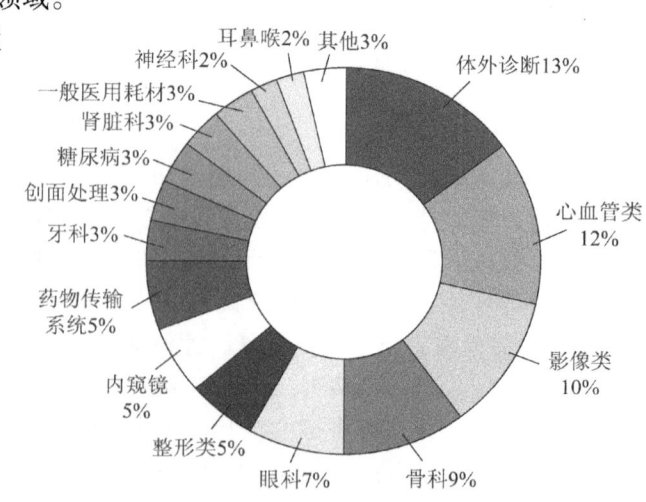

图 4-2 2016 年全球医疗器械各领域占比

情况如图 4-2 所示。

4. 我国医疗器械市场增长迅速

我国是人口大国，医疗器械产业属于国家重点支持的战略新兴产业，发展前景广阔。伴随着经济的快速发展，我国医疗器械行业增长迅速，行业规模从 2006 年的 434 亿元增长至 2016 年的 3696 亿元，年均复合增长率约为 23.89%。中国医疗器械行业正处于快速发展期。我国医疗器械行业市场规模如图 4-3 所示。

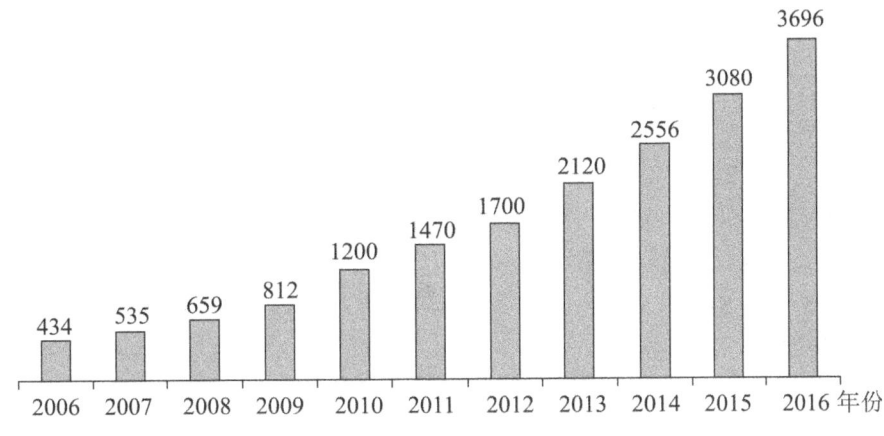

图 4-3 中国医疗器械行业市场规模（亿元）

与国际市场相比，我国医疗器械市场还有巨大的成长空间。随着经济的发展，城镇化、人口老龄化加深，医疗保险覆盖率及医疗需求不断提升，推动了医疗器械市场的扩张。随着全球制造业产能转移及国内装备制造能力的提升，我国成为医疗器械的重要出口国，医疗器械出口规模逐年提升。据国家统计局数据，2016 年我国医疗仪器及器械出口总金额为 93.63 亿美元，2010 年以来年均复合增长率达到 9.27%。随着技术提升和规模壮大，我国高技术、高附加值产品的出口将继续扩大，在全球医疗器械贸易中发挥更重要的作用。

5. 行业竞争情况

全球范围能生产医疗器械的国家主要集中在美国、欧洲、日本等发达国家和地区，以及中国等发展中国家，其他国家的医疗器械产业相对不发达。

（1）医疗器械行业属于全球范围内集中度较高的行业。2016 年，全球前十大医疗器械公司占据市场份额的 37%，前三十大医疗器械公司占据 63% 的市场份额，如图 4-4 所示。

（2）我国高端市场被跨国公司占据，国内同质竞争严重。我国医疗器械行业起步相对较晚，与国际医疗器械巨头企业仍

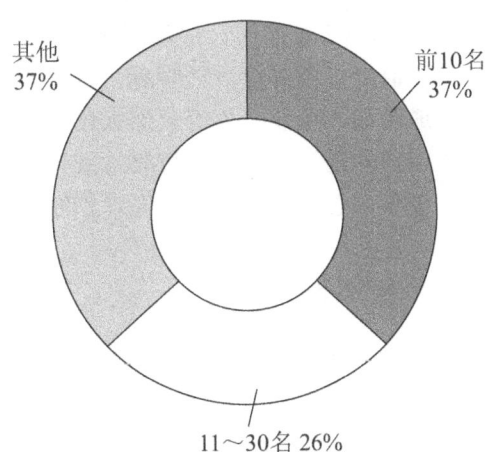

图 4-4 2016 年全球医疗行业市场份额占比

有一定差距,特别是大型设备及高端医疗设备仍倾向于进口,高昂的进口医疗设备的费用是医疗费用居高不下的原因之一。国内医疗器械制造企业主要集中在中低端及具有价格优势的常规产品。

2016年度全球医疗器械行业销售额前十名的企业如图4-5所示。

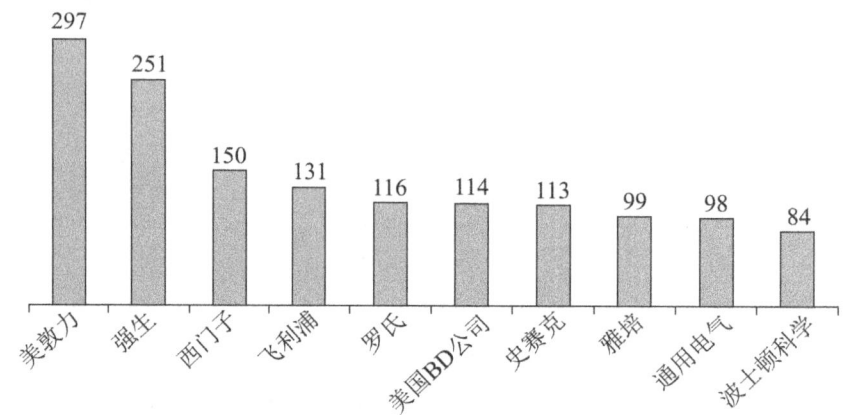

图4-5 2016年度全球前十大医疗器械公司销售额(亿美元)

(三) 创始人及团队介绍

1991年,几个年轻人离开中国医械界的"黄埔军校"安科创办了迈瑞。他们是医械版的中国合伙人、被称为迈瑞"三剑客"的李西廷、徐航及成明和。

李西廷,毕业于中国科技大学物理系低温物理专业,他1991年创办迈瑞电子,1999年创办迈瑞医疗,1999年起历任迈瑞医疗董事、总经理,迈瑞国际董事、总裁及联席首席执行官、执行董事会主席,现任迈瑞医疗董事长,为迈瑞医疗创始人之一。

徐航,曾获清华大学计算机学士学位、清华大学电机工程系硕士学位、中欧商学院EMBA学位。1991年与李西廷、成明和共同发起创办迈瑞电子,1999年共同发起创办迈瑞医疗,1999年起历任迈瑞医疗董事、迈瑞国际董事会主席,2012年辞去迈瑞联席CEO职位,退出迈瑞医疗日常管理。现任迈瑞医疗董事,为迈瑞医疗创始人之一。

成明和,毕业于上海交通大学,获生物医学工程专业学士及硕士学位。2000年起历任迈瑞国际营销副总裁、战略发展执行副总裁、首席战略官、联席首席执行官。现任迈瑞医疗董事、总经理,为迈瑞医疗创始人之一。

三、案例概况

(一) 纽交所上市

1. 动因分析

迈瑞医疗规模扩大及发展完善、技术积累和产品迭代使仪器由低端走向高端,创始人因不满足国内规模而拟将其国际化。从表4-1在美国纽约和国内上市所需的准备时间,可以看出美国市场总体为6~9个月,中国市场需12~24个月。国内上市不仅时间成本高，而且市场相对不成熟；而美国市场机会成本低、市场较稳定，满足国际战略布局，因而为迈瑞医疗所青睐。

表4-1 纽约和国内主板所需的上市准备时间

国内主板	纽约
总体需12～24个月，排队较长；申请上市排队公司较多，证监会审核通常需6～9个月，审批时间不确定性大，较难把握	总体需6～9个月；资格审查需2周，递交首次上市申请时间在资格审查通过后6个月内，2周内纽交所完成批准程序

2. VIE结构简介

VIE结构直译为"可变利益实体"，国内称为"协议控制"，是境外控制实体通过一系列协议安排控制境内运营实体，无须收购境内运营实体就能取得境内运营实体利益的投资结构。由境外上市主体（SPV）、境内外商独资企业（WFOE）、境内运营实体公司（外资受限业务牌照持有者）三部分组成。具体指境外设立并上市的境外公司①在境内设立一个外商投资企业，由外商投资企业通过合同向另一家持有牌照的境内公司提供资金、控制其经营管理、获取经营收益以规避中国法律对外商投资互联网等特定领域的限制②。

迈瑞的VIE模式如图4-6所示。首先，国内创始人设立离岸公司，如在维京群岛（BVI）或开曼群岛设立公司。其次，该公司与其他股东共同设立离岸公司作为上市主体，通常是在开曼③。第三，上市主体设立全资香港子公司，香港公司为税务筹划和未来资本重组提供便利（壳公司，非必要）。第四，香港公司在境内设立境内外资公司，即WFOE公司，是对内地经营公司实施控制的协议主体。第五，境内外资公司与境内运营公司签订一系列协议，达到享有VIEs权益的目的④，同时符合美国证券交易委员会（SEC）法规。

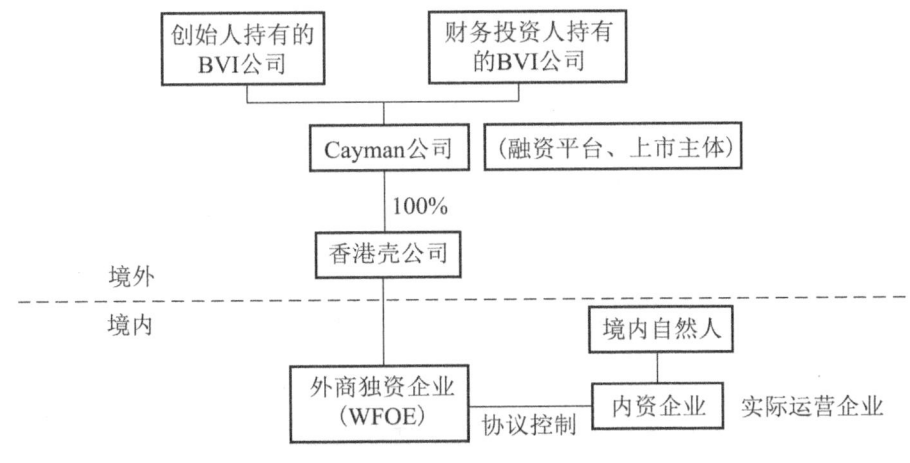

图4-6 迈瑞的VIF模式

---

① 简称"牌照公司"，通常为特殊目的公司实际控制人中的境内人士出资设立。
② 2000年4月新浪通过VIE模式成功在美国上市，成为首个使用VIE模式的中国公司，VIE模式也因此被称为"新浪模式"。
③ 开曼公司免税，具有英美法系优势，英美澳新（新西兰）及中国香港都属英美法系。
④ 即境外控制公司能取得境内运营公司的利益。

3. 搭建 VIE 过程

迈瑞医疗创始人通过控股 Quiet Well、New Dragon 对迈瑞国际实施间接控股,搭建 VIE 结构(图 4-7)在美国上市。2005 年 6 月 10 日,迈瑞国际在开曼群岛注册设立,唯一控股股东为 Able Choice。2005 年 9 月迈瑞国际唯一控股股东 Able Choice 作出决议,迈瑞国际每股面值由 0.01 港元变为 0.001 港元。2005 年 9 月至 2006 年 9 月期间,迈瑞国际多次增发股份和股份转让等引入 New Dragon、Quiet Well 等新股东。之后 New Dragon 持有迈瑞国际 24.73% 的股权,Quiet Well 持有迈瑞国际 21.57% 的股权,迈瑞医疗创始人李西廷、徐航分别持有 Quiet Well、New Dragon 100% 的股权间接控股迈瑞国际。迈瑞国际通过持有 Giant Glory 和 Greatest Elite 100% 的股权间接持有迈瑞医疗接近 100% 的股权。2006 年 9 月 22 日纽交所向美国证券交易委员会(U.S. Securities and Exchange Commission)出具"关于批准证券上市的说明书",批准迈瑞国际的美国存托股份(简称"ADS")上市并登记。2006 年 9 月 26 日,通过 VIE 结构搭建的股权控制,迈瑞国际 ADS 正式在纽交所上市。

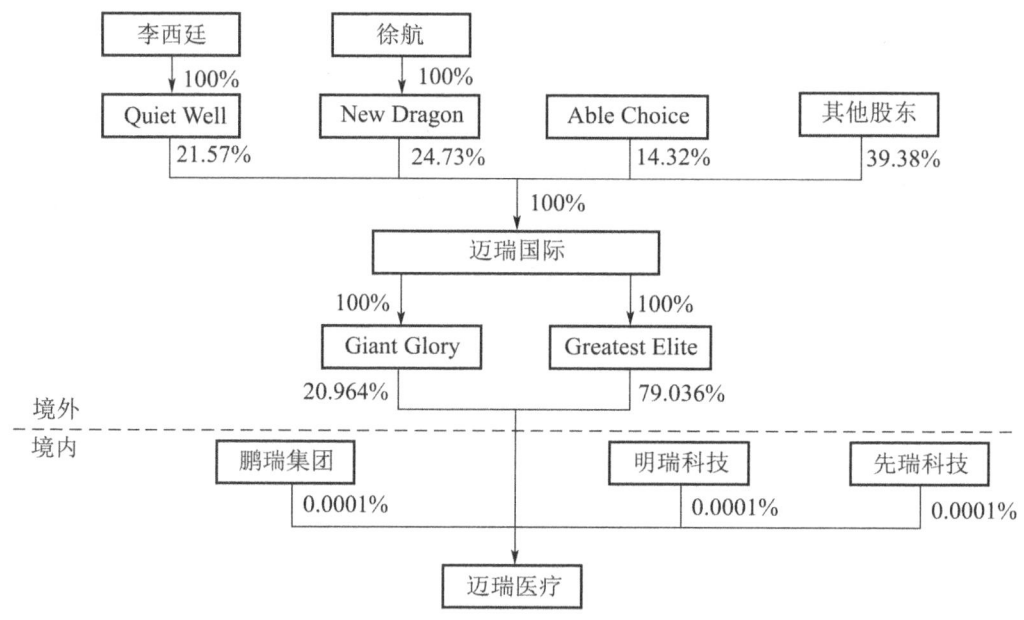

图 4-7 迈瑞国际 VIE 结构

4. 上市后融资和并购情况

迈瑞医疗上市后共发行股票 20 000 000 股,每股发行价 91.28 元,共募资 18.25 亿元人民币。随着产品从低端走向高端,技术研发难度越来越大,竞争对手越来越国际化,为实现拓展产品和渠道、获得新技术的目标,迈瑞医疗上市两年后开始外延式并购,2008 年以 2.02 亿美元收购美国 Datascope 公司生命信息监护业务,拥有了新泽西的生产工厂和阿姆斯特丹的物流中心;2012 年收购四家中国公司;2013 年 6 月以 1.05 亿美元全资收购美国超声技术开发公司 Zonare;2013 年 9 月,宣布收购澳大利亚 Ulco 公司;2014 年 1 月又宣布控股上海长岛。截至 2014 年底,迈瑞医疗共计并购和控股海内外 13 家企业。具体如图 4-8 所示。

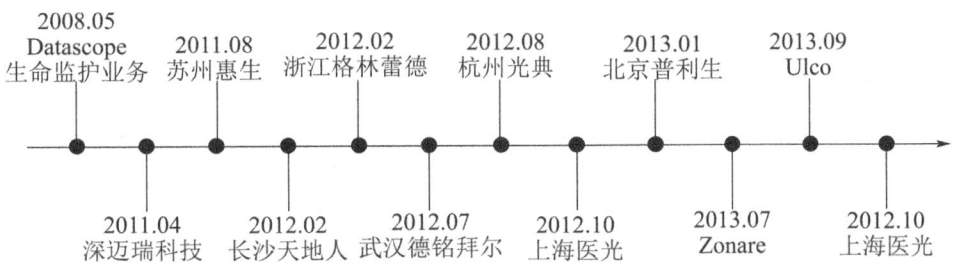

图 4-8　收购历程

5. 绩效分析

上市时迈瑞医疗居国内医疗器械市场第二位，拥有 570 名研发人员，医疗监控设备、体外诊断、医疗影像是当时迈瑞医疗的三大主要业务，营业收入占比分别为 40.5%、28.4%、29.9%。2006—2018 年主要绩效指标如表 4-2 所示。上市当年营业收入 15.15 亿元，归属母公司股东净利润 3.89 亿元，研发费用 1.49 亿元。加权平均净资产收益率保持在 26% 左右。上市前三年迈瑞医疗营收复合年均增长率为 53.1%，净利润复合年均增长率为 54.9%。恰逢中国医疗设备行业机会较多的时期，业绩增速极快。

表 4-2　2006—2015 年迈瑞医疗主要绩效指标分析　　　　单位：亿元

年　份	2006	2007	2008	2009	2010	2011	2012	2013	2014	2015
营业总收入	15.15	22.31	37.42	43.30	46.64	55.49	66.63	74.02	80.94	59.60
营业总支出	11.24	16.24	28.94	33.62	36.28	44.97	54.60	61.20	69.16	50.72
营业利润	3.91	6.07	8.48	9.68	10.36	10.52	12.03	12.82	11.78	8.88
税前利润	3.92	6.98	8.59	11.47	11.46	11.94	13.81	14.93	14.35	10.30
净利润	3.62	5.92	7.43	9.50	10.30	10.50	11.33	13.70	11.83	7.90
非经常性损益	−0.27	0.05	−0.41	1.68	0.54	0.12	0.11	0.24	0.44	—
归属母公司股东净利润	3.89	5.86	7.84	7.83	9.75	10.38	11.22	13.46	11.39	7.90
研发费用	1.49	2.15	3.55	3.99	3.99	5.17	6.56	7.77	8.99	6.87

（二）私有化退市

1. 动因分析

（1）身在"美"心在"华"。迈瑞医疗不仅是中国领先的高科技医疗设备研发制造厂商，也是全球医疗设备的创新领导者之一，纽交所上市近十年里，迈瑞身在"美"心在"华"。迈瑞董事长李西廷在《中国经济周刊》视觉中心道："迈瑞的 25 年见证了中国医疗设备行业技术不断升级的发展道路。"迈瑞不仅要国际化，还要圆中国梦。2015 年 6 月之前迈瑞医疗通过一系列并购，成为国际化医疗器械巨头，其 2015 全球医疗设备供应商排行榜位列 43 位，国际化已完成，开始圆中国梦。

（2）国内市场优势——增长的国内市场与放缓的进口增幅。国家政策导向及国内医疗卫生机构装备更新换代需求，致使医疗器械国内市场庞大（图 4-9）。虽然我国医疗相关行业起步晚，但随着经济发展及人民健康意识的提升，医院高端医疗器械设备、家用医疗器械迎来需求的快速增长期。国内医疗器械行业"国产化"进程加快，高性能医疗器械被作为相关政策中的重点突破领域之一，政府希望高端医疗设备领域推进"国际化"进程，给医疗器械行业带来利好消息。相关资料表明，我国医疗器械市场规模过千亿元，年均增长率为 23%，国内医疗器械占医药市场总规模的 14%。经济发展加速带动医疗服务需求全面升级，医疗服务市场仍有很大提升空间。

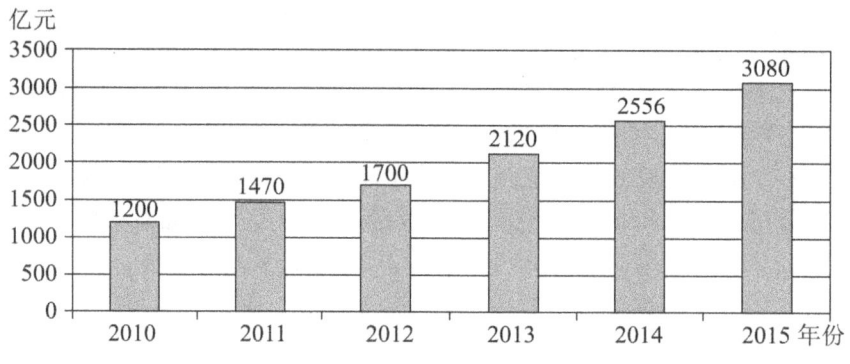

图 4-9　2011—2015 年中国医疗器械类销售总额

医疗器械设备及前沿技术如云诊断等大多掌握在 GE、飞利浦和西门子组成的医疗器械 GPS 联盟，其依靠技术、资金和市场渠道优势等较容易进入新兴市场，拥有相当大的话语权，对新兴市场高端设备技术进口和本土化发挥着积极作用。中国市场医疗器械设备进口额虽增长，但增幅远低于国内医疗设备市场增长率。我国 2009—2015 年医疗器械进口额如图 4-10 所示。

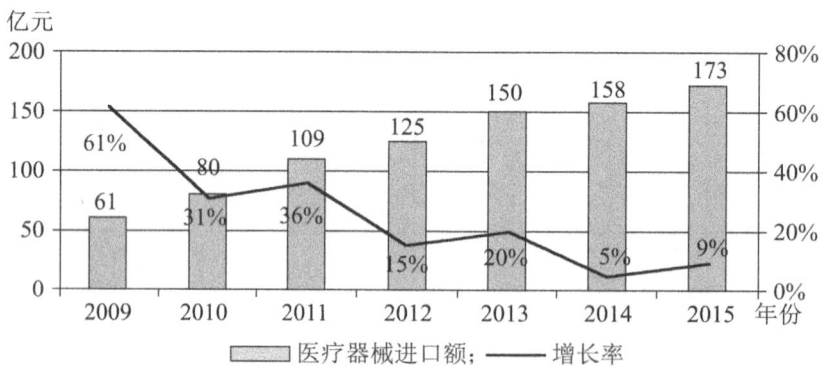

图 4-10　2009—2015 年中国医疗器械进口额

（3）提高市值。从迈瑞医疗私有化前市值和估值水平看，2006 年上市初期迈瑞医疗市值不到 150 亿元，2010 年后迈瑞医疗市值基本稳定在 200 亿～250 亿元之间。如图 4-11 和表 4-3 所示，迈瑞医疗市盈率 TTM 常年在 20 倍到 30 倍间波动，2013 年估值水平有所下滑，2015 年市盈率不足 18 倍。

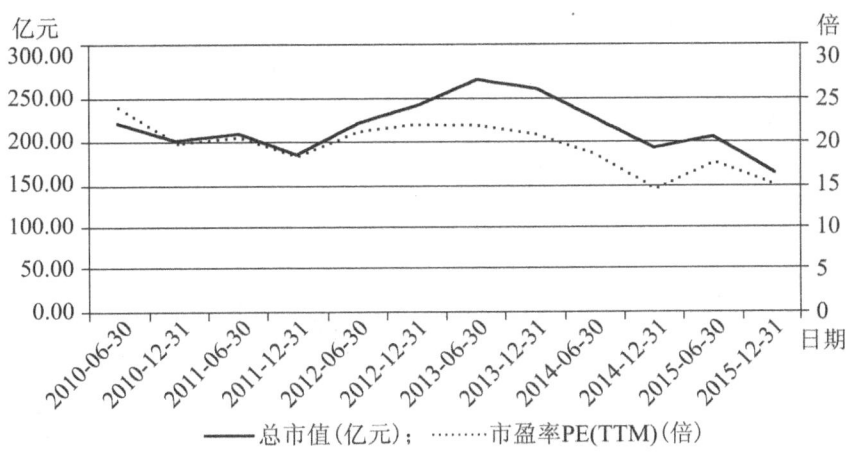

图4-11 2010—2015年迈瑞医疗的市盈率及总市值趋势

表4-3 2010—2015年迈瑞医疗的市盈率及总市值情况

时间	总市值/亿元	市盈率/倍
2010-06-30	221.32	23.89
2010-12-31	200.40	19.84
2011-06-30	208.07	20.48
2011-12-31	185.17	18.27
2012-06-30	220.97	21.11
2012-12-31	241.37	22.04
2013-06-30	271.73	21.88
2013-12-31	262.31	20.79
2014-06-30	229.34	18.36
2014-12-31	189.49	14.43
2015-06-30	204.38	17.61
2015-12-31	163.19	14.94

美股市场医疗器械类企业20倍左右市盈率较正常，如美敦力等当时市盈率在20倍左右。国内A股医疗器械企业市盈率均不低，如乐普医疗2015年市盈率接近80倍。如果以不到18倍的估值私有化回归，迈瑞医疗的估值能得到不少提升。

（4）政策红利。21世纪初，中国大多企业认为美国上市门槛不高，因而纷纷到美国上市融资。但进入后却发现美国多方位聚光灯监管严格、惩罚残酷。美国证交会、交易所、审计师事务所、律师事务所、对冲基金、媒体、个人投资者埋伏在各角落，稍有不慎便被迅速联合猎杀。2012年6月初美国最大的非银行券商盈透证券宣布禁止客户以保证金方式买进132家中国公司159种股票，引发美国投资机构大举做空中国概念股（简称中概股），许多在美上市的公司市值损失惨重。随着国内资本市场的发展，2014年上海证券交易所推出战略新兴板以推进创业板改革，提升实体经济能力，2015年中国人民银行发布《中国金融稳定报告》以壮大主板、中小板市场，推动证交所内部分层。2015年36家在美国上市的中概股收到私有化要约①。迈瑞医疗也希望回到国内A股，3名创始人2015年联合发起私有化。

2. 拆除VIE的过程

（1）私有化退市。

①初步私有化要约。2015年6月3名联合创始人和买方集团向董事会提交拟收购买方集团未直接或间接持有的迈瑞国际在外流通股份的初步、不具约束力的要约，私有化开始。

②设立私有化交易实施主体。2015年7月3名联合创始人和各自控制的境外子公司在开曼群岛设立三层控股公司实施私有化，从上至下分别为Supreme Union，Excelsior Union和Solid Union，其架构如图4-12所示。

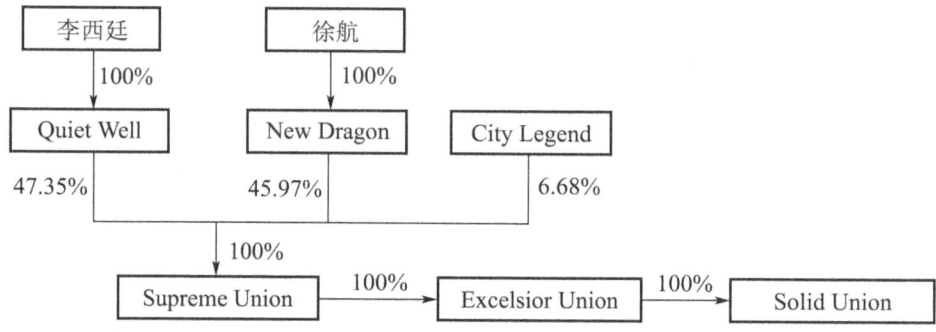

图4-12 设立私有化交易实施主体架构

迈瑞医疗管理层搭建的私有化主体是典型的用来反三角合并的并购基金结构。通过设立下属合并母公司及合并子公司引入债券杠杆，由私有化存续公司承接债务。通过类似"股权杠杆+债权杠杆+多层结构设计"模式增强募资能力，减轻私有化资金压力。Supreme Union设立时的股权架构如表4-4所示。

表4-4 Supreme Union设立时的股权架构

序号	股东名称	持股数额/股	持股比例/%	种类
1	Quiet Well	47 349 088	47.35	普通股
2	New Dragon	45 966 244	45.97	普通股
3	City Legend	6 684 668	6.68	普通股
	合计	100 000 000	100.00	—

③私有化协议的签署及实施。2015年11月4日，迈瑞国际与Excelsior Union及全资子公司Solid Union签署《合并协议月计划》。Solid Union与迈瑞国际合并后存续主体为迈

---

① 如生物医药明星企业药明康德。

瑞国际，迈瑞国际成为 Supreme Union 间接控制的全资子公司（简称"合并交易"）。2015年12月21日，迈瑞国际公告与2015年12月20日修订后的《合并协议与计划》，私有化交易收购价格为28美元/普通股或28美元/ADS。2016年2月26日，迈瑞国际股东大会作出协议，批准上述合并交易文件的实施，授权特别委员会实施与合并协议、合并交易相关事项。2016年3月3日，开曼公司注册处核发合并证书，Solid Union 和迈瑞国际完成有效合并，迈瑞国际成为 Excelsior Union 的全资子公司。2016年3月15日，迈瑞国际向美国证券交易委员会报备 FORM 15 表格，正式从纽交所退市。从2015年6月提出私有化要约到2016年3月15日完成私有化退市，时间接近9个月，最终私有化总作价为33亿美元。

（2）股权架构调整。

①Supreme Union 的股权调整。2016年2—6月，Supreme Union 向 Quiet Well、New Dragon 和 City Legend 发行股份、赎回股份等进行股权调整，调整后 Supreme Union 股权架构如表4-5所示，迈瑞国际和迈瑞医疗的控制关系调整如图4-13所示。

表4-5 调整完成后 Supreme Union 股权架构

序号	股东名称	持股数额/股	持股比例/%	种类
1	Quiet Well	66 293 241	47.51	普通股
2	New Dragon	60 188 044	43.14	普通股
3	City Legend	13 045 741	9.35	普通股
合计		139 527 026	100.00	—

②迈瑞医疗增资与股权转让。迈瑞国际从纽交所退市后，为完成股权下翻并搭建境内上市持股架构，三名联合创始人和各自控制的持股公司 Smartco Development、Magnifice（HK）及 Ever Union 拟对迈瑞医疗增资。迈瑞医疗2016年5月实施分红15.82亿元。2016年7月20日，Smartco Development、Magnifice（HK）及 Ever Union 将香港投资收到的部分税后分红分别向发行人增资35 353.883 1万元、32 098.009 4万元和6957.234 1万元，迈瑞医疗注册资本由35 000万元增至109 409.126 6万元。

2016年7月到12月，香港投资和香港控股将其持有的迈瑞医疗股权全部转让给新增股东。2016年12月后迈瑞国际不再通过香港投资和香港控股间

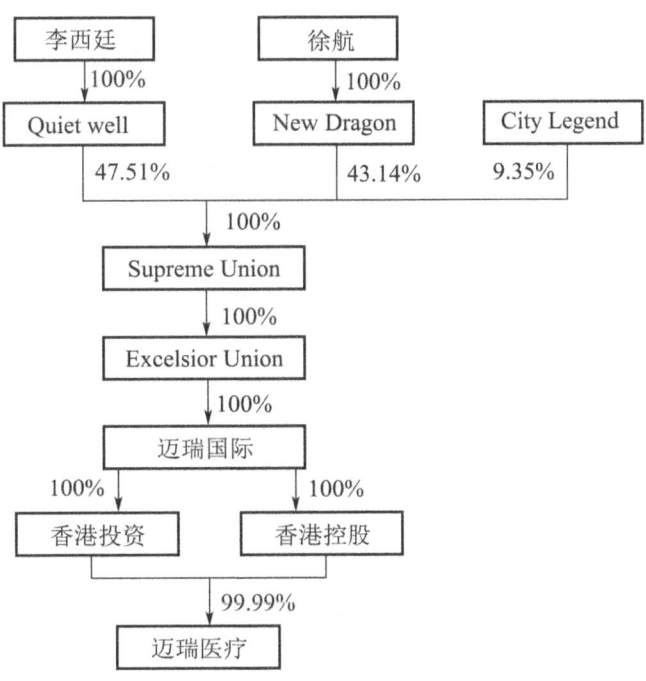

图4-13 迈瑞国际和迈瑞医疗间的控制关系调整

接控制迈瑞医疗股权，亦不再通过其他主体间接持有迈瑞医疗股份。至此，迈瑞医疗境外上市 VIE 架构拆除完毕，为 A 股上市做好准备。

3. 资金来源

用来反三角合并的主体 Solid Union 作为借款人，2016 年 2 月与中国银行澳门分行、平安银行等签订授信总额为 20.5 亿美元的《授信协议》。Solid Union 与上市公司合并后，迈瑞医疗美国子公司迈瑞美国，成为借款额外担保人，迈瑞美国股权出质给银行。资金结构搭建类似杠杆收购，合并子公司为借款人，实际借款由私有化后的上市公司承担。私有化资金约 24.6 亿美元，具体如表 4-6 所示。

表 4-6 私有化资金筹措方式和资金来源

资金来源	筹措方式	金额
银行境外资金贷款	中国银行澳门分行和平安银行分别向合并主体 Solid Union 提供私有化贷款	合计等值于约 20.5 亿美元，包括：中国银行澳门分行提供的等值于 10.25 亿美元的境外贷款及平安银行提供的等值于 10.25 亿美元的离岸贷款。其中：等值于约 20.2 亿美元的部分用于支付私有化对价；等值于约 0.3 亿美元的部分用于支付其他相关开支及费用
境外自有资金	迈瑞国际的全资子公司香港投资的境外自有资金	约 4.1 亿美元，全额用于支付私有化对价
合计		约等于 24.6 亿美元

4. 股权架构变化

私有化前三名联合创始人持股比例和表决权如表 4-7 所示。

表 4-7 私有化前三名联合创始人的持股比例和表决权比例

持股人	持股比例/%	表决权比例/%
李西廷	13.1	30.6
徐航	12.7	28.9
成明和	1.9	4
合计	27.7	63.5

私有化退市后，迈瑞医疗股权架构如图 4-14 所示。

（三）回归中国 A 股

1. 上市过程

2016 年迈瑞医疗从纽交所退市后，2017 年 5 月 26 日在国内首次披露招股说明书，2018 年 2 月 13 日主动申请终止审查，一方面的原因与证监会对 IPO

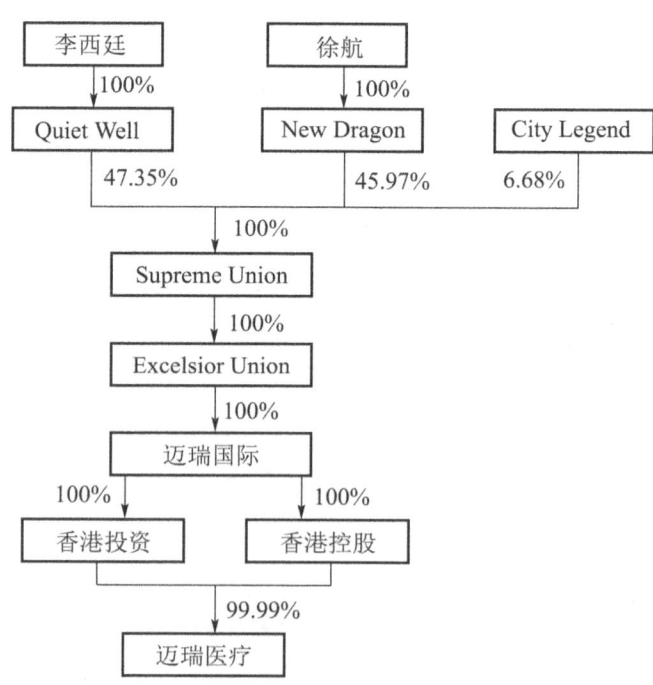

图 4-14 私有化退市后迈瑞医疗股权架构

做出的一系列新规有关，2017年12月初证监会官网发布两则"发行监管问答"①，就IPO申请反馈回复时间、中止审查、恢复审查、终止审查等事项作了明确规定，更新对IPO预先披露材料报送等事项的要求，迈瑞医疗需对递交财务资料等做出相应调整再次申报。资料显示，截至2016年末迈瑞净资产46.01亿元，商誉13.89亿元，无形资产（含土地使用权）8.39亿元。2016年末无形资产价值8.39亿元扣除土地使用权账面价值3.43亿元再加商誉13.89亿元，合计18.85亿元，占2016年末净资产46.01亿的41%，远远超过20%。2017年底商誉账面价值仍有13亿元，与无形资产8亿元合并后占净资产66.5亿元的31.58%，超20%比例。

终止IPO一个多月后，2018年3月底再次发布IPO招股说明书，此前拟登陆中小板，随后变更为创业板，募资规模从66.26亿元下调至63.4亿元。2018年7月24日迈瑞医疗顺利IPO过会，2018年10月16日登陆创业板。

2. 股权架构

上市后截至2018年10月16日，前十大股东持股比例如表4-8所示。截至招股意向书签署日，迈瑞医疗的股权架构如图4-15所示。

表4-8 迈瑞医疗前十大股东的持股比例

股东名称	持股比例/%	股东名称	持股比例/%
Smartco Development Limited	26.904 227	珠海睿福投资咨询合伙企业（有限合伙）	3.717 820
Magnifice（HK）Limited	24.426 514	国寿股权投资有限公司-国寿成达（上海）健康产业股权投资中心（有限合伙）	2.571 358
Ever Union（H.K.）Limited	5.294 440	珠海睿嘉投资咨询合伙企业（有限合伙）	2.062 569
Glorex（HK）Limited	4.490 872	珠海睿享投资咨询合伙企业（有限合伙）	1.910 052
珠海睿隆管理咨询合伙企业（有限合伙）	3.893 790	珠海睿坤投资咨询合伙企业（有限合伙）	1.799 949

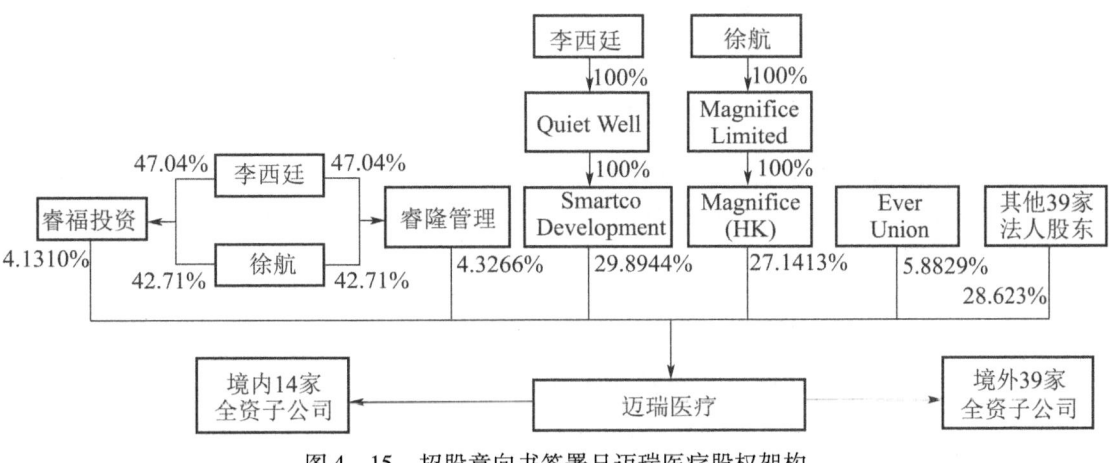

图4-15 招股意向书签署日迈瑞医疗股权架构

① 新规中"IPO申报中止的时间原则上不应超过三个月，超过三个月要把申报材料撤回重启IPO进程"，但三个月对很多企业来说时间不足，很多本来选择"中止审查"的企业改选"终止审查"，终止审查的企业数量随之暴增。主板要求公司最近一期末无形资产占净资产的比重不超过20%。以前无形资产不包括商誉，新规中把商誉计算在内。

四、迈瑞医疗的融资情况

本次 IPO 募集资金如表 4-9 所示。

表 4-9 迈瑞医疗 IPO 募集资金情况

时间	股数	发行价格	募集资金总额（已扣除发行费用）
首次公开发行股票（2018.12.16）	12 160 万股	48.80 元/股	575 179.96 万元

募集资金用途如表 4-10 所示，其中：拟偿还银行贷款及补充营运资金的募集资金投入金额约为 18 亿元。

表 4-10 募集资金用途　　　　　　　　　　　　单位：万元

序号	项目名称	总投资	拟用募集资金
1	光明生产基地扩建项目	98 814.49	73 387.49
2	南京迈瑞外科产品制造中心建设项目	79 592.45	79 592.45
3	迈瑞南京生物试剂制造中心建设项目	25 474.71	25 474.71
4	研发创新平台升级项目	18 002.30	18 002.30
5	营销服务体系升级项目	118 415.80	93 351.51
6	信息系统建设项目	108 539.50	105 371.50
7	偿还银行贷款及补充运营资金项目	180 000.00	180 000.00
	合计	628 839.25	575 179.96

五、迈瑞医疗的绩效分析——市场与财务绩效

（一）市场业绩

目前，从业务结构来看，迈瑞医疗共有三大产品线，分别是生命信息与支持、体外诊断以及医学影像。迈瑞医疗建立了全球资源配置的研发创新平台，研发工程师分布在我国深圳、南京、北京、西安、成都等地。2017 年末有研发人员 1764 名，占员工总数的 21.2%。目前研发支出约占总营业收入的 10%。2015 年全球医疗器械百强排行榜中，迈瑞医疗排名 14 位，是前 50 名中唯一上榜的中国企业。迈瑞医药的具体业务结构如表 4-11 所示，图 4-16 给出 2018 年三大产品线营业收入占比。

表 4-11　2015—2018 年迈瑞医疗业务结构　　　　　　　　　　单位：元

	2015.12.31	2016.12.31	2017.12.31	2018.03.31
生命信息与技术类产品	3 174 254 628	3 561 803 073	4 235 989 393	1 257 213 846
体外诊断类产品	2 417 120 387	2 893 883 406	3 740 639 948	1 088 826 275
医学影像类产品	2 230 942 057	2 354 339 264	2 935 039 684	831 837 356
其他产品	188 497 424	212 474 477	220 208 685	51 611 684
其他服务	2 295 250	9 222 974	41 917 654	6 793 707

从地区分布看，产品与解决方案应用于全球 190 多个国家与地区，中国、北美、欧洲、拉美等是迈瑞医疗主营地区，地区分布如表 4-12 所示。图 4-17 给出 2018 年各地区营业收入占比。

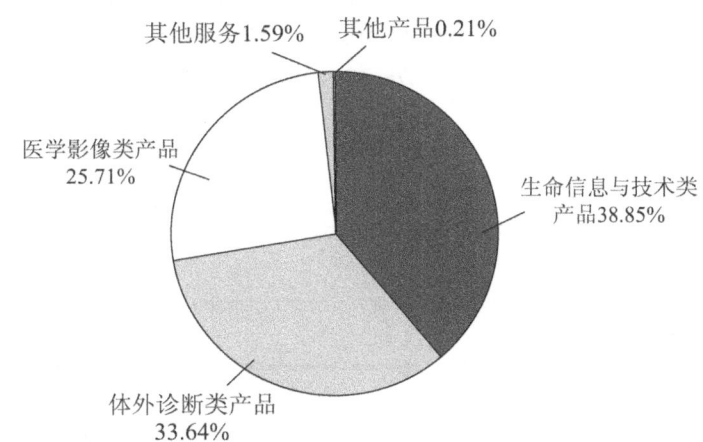

图 4-16　2018 年迈瑞医疗各产品的营业收入占比

表 4-12　2015—2018 年迈瑞医疗业务地区分布　　　　　　　　单位：元

	2015.12.31	2016.12.31	2017.12.31	2018.6.30
北美	1 263 564 582	1 395 027 420	1 456 162 840	318 109 280
拉美	592 367 421	569 648 410	651 482 190	153 138 410
欧洲	815 129 372	852 408 331	986 674 180	258 775 560
中国	3 708 734 872	4 516 077 835	6 031 266 204	1 944 748 028
其他	1 633 313 479	1 698 561 198	2 048 209 950	561 511 590

（二）财务绩效分析

IPO 后迈瑞医疗的 PE（TTM）达 40 倍，成为创业板仅次于宁德时代市值的上市公司[①]。由于中国很大概率成为全球医疗器械第一大市场，且高端医疗器械依然以外国品牌为主，作为国内医疗器械龙头及医疗器械领域的"华为"，迈瑞医疗有很大成长空间。2015 年以 33 亿美元私有化后，迈瑞医疗登陆 A 股市值至少有 6 倍的增长。如以市值评判企

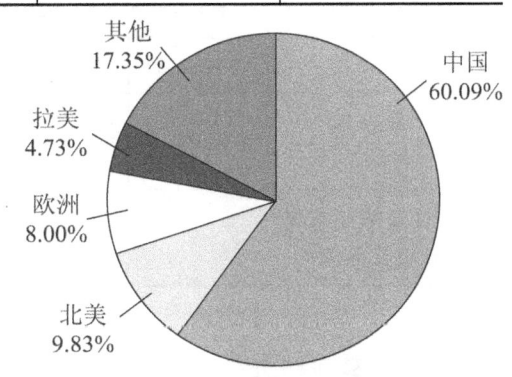

图 4-17　2018 年迈瑞医疗各地区营业收入占比

---

① 同类可比公司包括安图生物、科华生物、理邦仪器、宝莱特、美康生物、迈克生物、开立医疗。

业，迈瑞医疗的资本运作策略是成功的。

由表 4-13 和图 4-18 知，2014—2018 年公司营业收入和净利润稳定增长，净资产收益率（摊薄）和净资产收益率（摊薄）同比增长率如表 4-14 所示。2015 年与私有化相关的股份支付费用计入直接人工和管理人员工资薪酬的金额较高，造成当年净利润下降。私有化后，2016 年公司各项财务指标恢复正常，进入稳定增长状态。2018 年前三季度实现营业收入 102.8 亿元，净利润 29.02 亿元。

表 4-13 2014—2018 年营业收入及净利润指标

时间	2014.12.31	2015.12.31	2016.12.31	2017.12.31	2018.09.30
营业收入/亿元	78.36	80.13	90.32	111.7	102.8
净利润/亿元	13.95	9.405	16.12	26.01	29.02

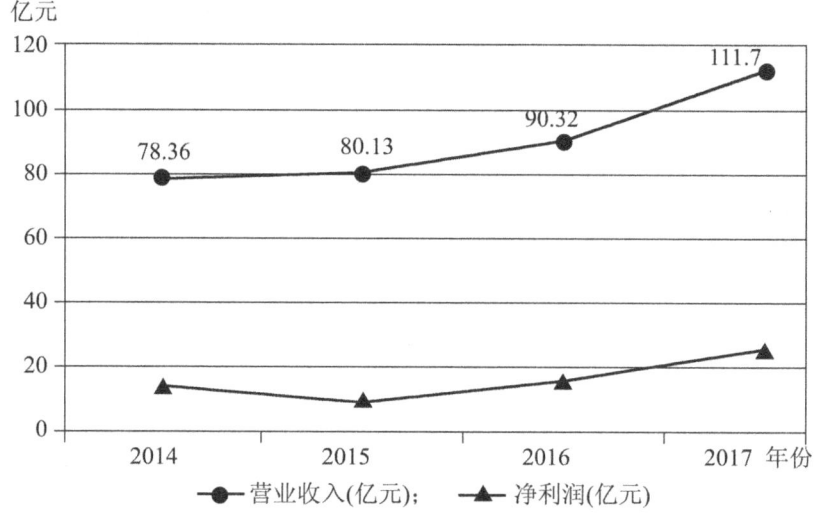

图 4-18 2014—2018 年营业收入和净利润指标的变化

表 4-14 2014—2018 年净资产收益率及其变动指标

	2014.12.31	2015.12.31	2016.12.31	2017.12.31	2018.06.30	2018.09.30
净资产收益率/%（摊薄）	14.58	14.28	35.41	39.11	24.81	33.77
净资产收益率（摊薄）同比增长率/%	—	-2.1	148	10.45	—	—

（三）盈利能力及成长性

表 4-15～表 4-17 的财务数据表明，2015 年至 2017 年迈瑞医疗主营业务收入分别为 80.13 亿元、90.32 亿元、111.74 亿元，净利润分别为 9.405 亿元、16.12 亿元、26.01 亿元，主营业务收入保持稳定增长趋势。2015—2017 年主营业务毛利率分别为 62.22%、

64.62%和67.03%，毛利率稳中有升。且2017年加权平均净资产收益率达到47%。从资产负债结构看，2015年和2016年长期借款账面金额分别为3.11亿元和16.78亿元。2017年长期借款余额为0。2016年向中国银行股份有限公司深圳蛇口支行偿还16.778亿元借款的本金（期限为7年）。

表4-15 2014—2018年盈利能力分析

年份	2014	2015	2016	2017	2018
营业收入/亿元	78.36	80.13	90.32	111.7	102.8
净利润/亿元	13.95	9.405	16.12	26.01	29.02

表4-16 2014—2018年长期借款指标分析

时间	2014.12.31	2015.12.31	2016.12.31	2017.12.31	2018.09.30
长期借款/亿元	12.02	3.11	16.78	—	—

表4-17 重要财务指标

时间	2014.12.31	2015.12.31	2016.12.31	2017.12.31	2018.03.31	2018.9.30
资产负债率/%	33.74	47.12	64.54	53.91	48.75	47.40
净资产收益率（加权）/%	15.00	10.00	28.00	47.00	12.00	38.33
营业收入增长率/%	—	2.26	12.71	23.72	—	23.19
净利润增长率/%	—	-32.57	71.42	61.35	—	44.73
净资产增长率/%	—	-31.64	-29.08	46.46	—	—
毛利率/%	63.43	62.22	64.62	67.03	68.40	66.90

六、参考资料

[1] 王道平，李起飞. 千方科技的回归之路——从VIE结构到A股借壳上市[D]. 中国管理案例共享中心案例库，2017.
[2] 深圳迈瑞生物医疗电子股份有限公司2018年招股意向书.
[3] 迈瑞医疗官网. http://www.mindray.com/cn/about.html.
[4] 东方财富网. http://www.eastmoney.com/.
[5] 中财网. http://www.cfi.cn/.
[6] 巨潮资讯网. http://www.cninfo.com.cn/new/index.

七、讨论问题

1. 本案例涉及多个专业术语和概念，如中概股、私有化、VIE 等，请查阅相关资料，并试着解释它们的含义。
2. 一般情况下，VIE 结构的建立及分拆过程是怎样的？
3. 中美资本市场有何差异？
4. 迈瑞医疗发展历程与资本市场布局有何联系？
5. 迈瑞医疗私有化复盘有什么值得学习的地方？

[案例说明书]

一、案例拟解决的关键问题

案例以境外上市的医疗器械"独角兽"——迈瑞医药私有化回归为引入点,通过分析迈瑞医疗搭建 VIE 结构在纽交所成功上市到以私有化方式从纽交所退市的转变,最后回归国内 A 股成功登陆创业板,分析上市与退市动因、路径及绩效等,旨在帮助学员强化对 VIE 结构、VIE 分拆过程、私有化退市及私有化复盘的理解,思考资本市场布局与公司发展历程的联系及对其他企业的启示,拓宽学员对资本运作的研究思路。

二、案例讨论的准备工作

(一)理论背景

1. 境外上市企业私有化的步骤

(1) 签署私有化协议并表决通过。

(2) 私有化方案报国家发改委核准。依据《企业境外投资管理办法》,中国境内各类法人通过并购方式进行境外投资,且中方投资额在 10 亿美元及以上的,该项投资须报国家发改委核准。

(3) 完成私有化。私有化交易获相关部门同意或审批后,应根据私有化协议的约定完成私有化交易,主要包括向中概股小股东支付股份转让对价及摘牌。

(4) 拆除 VIE 架构。VIE 架构系境外离岸公司通过协议安排,对境内实际运营实体实现实际控制所搭建的一系列境内和境外股权架构。因此,拆除 VIE 架构意味着通过一揽子交易安排,拆除为实现"协议控制"目的而搭建的所有架构,从而为境内运营实体登陆境内资本市场扫清障碍。

2. 私有化回归的路径

第一,直接 IPO 登陆 A 股。直接递交 A 股公开发行申请,中概股如果按正常发审次序至少要等 3 年时间。

第二,借壳上市。借壳上市曾是中概股回归的最佳选择,这种方式时间成本低,门槛相对不高。但 2018 年 5 月证监会称正对中概股借壳回归 A 股进行深入研究,限制其利用境内外市场的明显价差进行壳资源炒作的行为,借壳上市政策开始收紧。

第三,登陆新三板。公司在新三板挂牌没有利润门槛,申报流程短,融资方式灵活。但新三板只允许机构投资者参与,流动性较低,违背了中概股回归初衷。

(二)行业背景

医疗器械指直接或者间接用于人体的仪器、设备、器具、体外诊断试剂和校准物、材料,以及其他类似或者相关物品,包括所需要的计算机软件。对人体的效用主要通过物理等方式获得,不是通过药理学、免疫学或代谢的方式获得,或虽有这些方式参与但只起辅助作用。

使用医疗器械的目的是疾病的诊断、预防、监护、治疗或者缓解;损伤的诊断、监护、治疗、缓解或者功能补偿；生理结构或者生理过程的检验、替代、调节或者支持；生命的支持或者维持；妊娠控制；通过对来自人体的样本进行检查，为医疗或者诊断目的提供信息。从全球范围来看，能够生产医疗器械的国家集中在美国、欧洲、日本等发达国家和地区，以及中国等发展中国家，其他国家的医疗器械产业相对不发达。

我国医疗器械行业起步相对较晚，与国际医疗器械巨头仍有一定差距，特别对于大型设备及高端医疗设备，国内医疗机构仍倾向于使用进口设备。进口医疗器械高昂的费用是医疗费用居高不下的原因之一。国内医疗器械制造企业主要集中在中低端、具有价格优势的常规产品，包括中小型器械及耗材类产品，仅有部分产品具备了和进口医疗器械分庭抗礼的实力，例如监护仪、麻醉剂、血液细胞分析仪、彩超和生化分析仪等。

（三）制度背景

(1) 创新供给和支持：创新医疗器械政策支持自 2017 年 10 月开始新纪元。

(2) 中美贸易摩擦：进出口贸易的不确定性，将促进国家积极支持自力更生，优质龙头企业持续受益。

(3) 国产品牌竞争力的基础：国内器械公司从研发、人才、资金、研发和渠道实力、品牌等方面的积累程度看，已有一批优秀医疗器械公司，优质的产品是国产竞争的基础。

(4) 国产采购倾斜：国产医疗器械的各地政府支持文件，包括各地招标采购等。

(5) 分级诊疗扩大了基层需求：2009 年我国医疗开始分级诊疗，2015 年开始推动落地，目前已接近 300 个试点城市，2018 年医疗部委人员变动将持续高效推动分级诊疗的医改政策。

(6) 准入标准提升，加速供给侧改革：自 2014 年开始，药监局对医疗器械出台系列政策加强监管，包括准入费用、对临床数据核查、飞行检查等，医疗器械的供给侧改革。2018 年 7 月疫苗事件进一步导致提升监管力度的需求，竞争环境逐渐明朗，未来龙头企业的盈利状况改善。

三、案例分析要点

1. 本案例涉及多个专业术语和概念，如中概股、首次公开募股（IPO）、私有化、VIE 等，学员需要熟知其含义。

(1) 中概股：中国概念股，简称中概股，指国内注册国外上市的公司或虽在国外注册但最大控股权（通常 30% 以上）直接或间接隶属于中国内地的民营企业或个人的公司。这里的境外上市的目的地主要指港交所、纽交所、纳斯达克、伦敦证交所、东京证交所。

(2) 首次公开募股（IPO）：指一家企业或公司（股份有限公司）第一次将它的股份向公众出售以达到募集资金的目的。国内企业上市主要就是指这种方式。IPO 是公司实现多渠道融资的一种手段，公司通过 IPO 可以一次性地获得股权性资金以支持企业的发展。

(3) 私有化：指由上市公司大股东作为收购建议者所发动的收购活动，目的是全数买回小股东手上的股份，买回后撤销这间公司的上市资格。中概股私有化主要有以下几种方式。①反向股份分割：采取此方式缩减登记的股东人数，使得股东人数低于 SEC 的要求，从而无须继续递交信息披露报告。②要约收购：这种情况下不需要获得目标公司董事会的前置许可,并购方就目标公司的股票做出要约收购后,往往伴随着简易合并。③并购方式:这种情况下,并购方直接就交易事宜与目标公司董事会的特别独立委员会磋商,并与目标公司达成并购协议,但需获得目标公司绝大多数股东的同意。

(4) VIE (variable interest entity):即可变利益实体,又称协议控制,是指被投资企业拥有实际或潜在的经济利益,但该企业本身对此经济利益并无完全的控制权。这种安排可以通过控制协议将境内运营实体的利益转移至境外上市实体,使境外上市实体的股东(即境外投资人)实际享有境内运营实体经营所产生的利益,VIE架构是对红筹模式最彻底的改进。

2. 一般情况下VIE结构的建立及分拆过程是怎样的?

(1) VIE结构也被称为协议控制,指境外注册上市实体与境内运营实体相分离,境外上市实体通过协议的方式控制境内运营实体,从而达到把境内运营实体的会计报表并入境外上市主体的目的(按美国会计准则FIN46)。VIE结构源于我国对外商投资增值电信行业实行严格的限制准入政策,因此,相关企业为同时满足境内法律规定和境外上市要求,便采取了设立VIE结构的方法,即在VIE结构下,境外投资者不通过股权控制的方式参与境内的业务,而是通过协议控制的方式,分享企业相关业务的发展成果。VIE协议通常由控制权协议、资金协议、转移经济利益协议等一系列协议组成,迈端国际VIE结构的一般模式如图4-6所示。

(2) 拆除VIE结构阶段。VIE结构拆除过程包含赎回境外机构投资者股份、VIE相关协议解除、股权结构调整、境外主体注销等,涉及工商、税务、外汇管理等多个环节。在本阶段,人民币基金与美元基金之间的利益分配与平衡,将是VIE结构能否成功拆除的关键。而且为了满足A股"持续经营满三年(创业板满两年)以上"的上市要求,要保证VIE结构拆除后,公司实际控制人未发生变化、董事会构成即高管人员未发生重大变化,以及实际生产经营没有受到实质影响。

此外,在VIE结构中,上市公司通常都制定了员工的股票期权激励计划。在解除VIE结构后,公司终止境外上市,员工期权激励也将相应停止。对于重新回归A股上市的公司来说,受限于国内上市前公司股东不超过200人的规定,公司的股权激励计划将不能覆盖到VIE结构拆除前的所有员工,会产生相应的核心人才流失风险。

3. 中美资本市场有何差异?

(1) 市场结构的不同:金字塔与倒金字塔。美国资本市场是典型的金字塔结构。如图4-19所示,金字塔最顶端的是纽约证券交易所(NYSE)。纽交所是上市条件要求最高的,主要为成熟企业提供上市服务。拥有3000家左右上市公司的纽交所也是全球市值最大的交易所。接下来的就是美国证券交易所(AMEX),主要服务于新兴中小企业,上市条件比纽

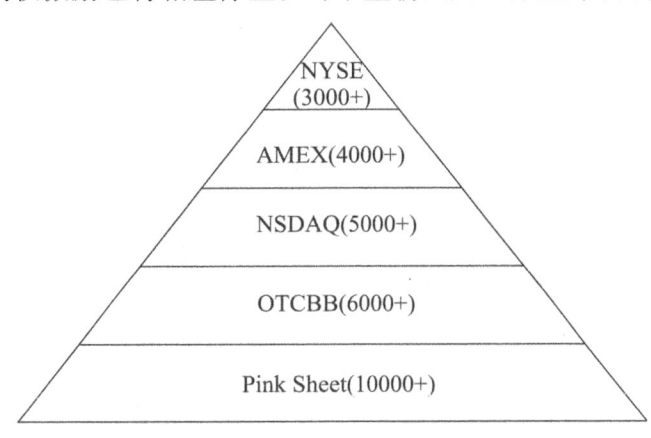

图4-19 美国资本市场的金字塔结构图

交所要宽松。接下来就是大家熟知的纳斯达克（NSDAQ）。纳斯达克的上市条件比前两者要宽松得多，也让纳斯达克上市企业的数量达到 5500 家左右，超过 NYSE 和 AMEX。大量的高科技企业由于无法达到利润的要求选择在纳斯达克上市。在纳斯达克下面的就是 OTCBB（over the counter bulletin board），上市要求比纳斯达克更低，主要向中小企业提供股权融资的场外交易。而 OTCBB 之下的市场就是 Pink Sheet。企业达不到 OTCBB 业绩要求时就会被降级到 Pink Sheet。

总的来说，美国华尔街模式的资本市场体系规模庞大且较为合理，但深剖之后仿佛不像看起来的那么完美。贪婪无度是华尔街模式的内在缺陷，金融危机重创美国银行时华尔街运作模式变得无以为继。随着金融海啸和衍生品泡沫的破灭，银行业过去大力发展的非利息收入业务逐渐失去市场。这种模式的缺陷在拖垮自己的同时也给全世界带来灾难性的经济衰退。

中国金融市场相对不健全，体现出新兴市场经济国家资本市场的脆弱性，但得益于我国多年来实施的外汇资本管制，我国资本市场躲过了金融浩劫。以前沪深主板一家独大，大量融资在沪深主板完成，导致大量企业排队上市。随着资本市场发展，中国多层资本市场架构形成，它包括沪深主板、中小板、创业板及场外交易系统（三板）。沪深主板主要为大型、成熟企业融资和转让提供服务；创业板专为处于"幼儿"阶段中后期和产业化阶段初期的中小企业及高科技企业提供资金融通服务，此外还可解决这些企业的资产价值（包括知识产权）评价、风险分散和创业投资的股权交易问题；场外交易系统（三板）主要解决企业发展过程中处于初创阶段的中小企业筹集资本性资金方面的问题。各个板块上市公司就数量来讲，新三板扩容前沪深主板占据绝对优势，呈现如图 4-20 所示的倒金字塔结构。

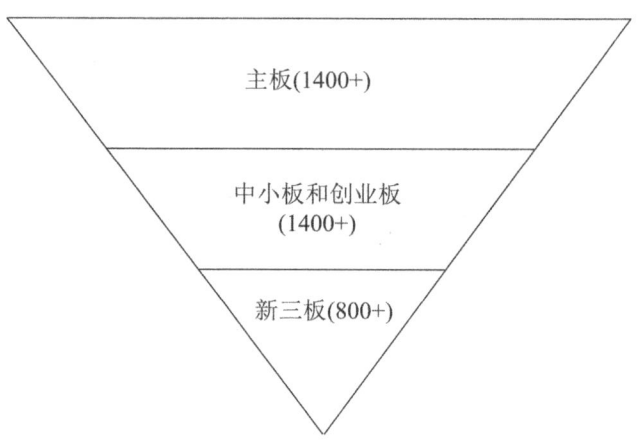

图 4-20 中国资本市场的倒金字塔结构图

随着新三板扩容和资本市场改革的深入，倒金字塔格局逐渐被打破，虽然中国资本平台从公司管治到监管惩治，与美国市场仍有差距，不过也看到中国资本市场的进步：加强监管、防范风险的同时，稳妥地推动改革和创新，加快市场和产品建设。如今中国资本市场正向着成熟的资本市场发展。

（2）投资者结构的不同：机构投资者与散户投资者。美国机构投资者占 90%。很少有美国人自己炒股。股市参与者是机构间的博弈，包括养老金、共同基金、对冲基金等。由于是机构投资者主导，很多机构有严格的选股要求，如市值、盈利增速、市盈率等。因此，美国机构投资者更偏爱高分红、低市盈率、稳定增长的价值股。此外，美国市场总体估值水平不会分化太大，不会出现非常大的表现差异。

中国散户投资者占比相对较高，能达到 90% 以上，是 A 股和美股表现不同的原因所在。对 A 股投资者来说,成长空间本身比是否真的能成长更重要,往往不能像美国机构投资者一样"严格执行纪律",A 股市场相对于美股市场更感性。

(3) 市值结构的差异。对比两边市场市值最大的前 30 家公司,发现美国权重股全都是全球知名的公司,包括亚马逊、麦当劳、可口可乐、沃尔玛等。这些公司有独特的商业模式及优异的产品或管理层。中国权重最大的公司以石油、银行为主,其"护城河"是其政策方面给予的资源垄断。中国权重股以国企为主,有着优秀管理层,独特商业模式的民营企业相对市值较小。

4. 迈瑞医疗发展历程与资本市场布局有何联系?

(1) 迈瑞医疗发展历程。迈瑞成立于 1991 年,2001 年股改,2006 年 9 月作为中国医疗设备企业在美国纽交所成功上市,开启全球化战略航程。2015 年考虑中国市场的战略性意义,转战 A 股,2016 年完成私有化,2018 年 9 月 7 日顺利拿到上市批文,2018 年 10 月 16 日正式登陆创业板。迈瑞医疗发展历程如图 4-21 所示。

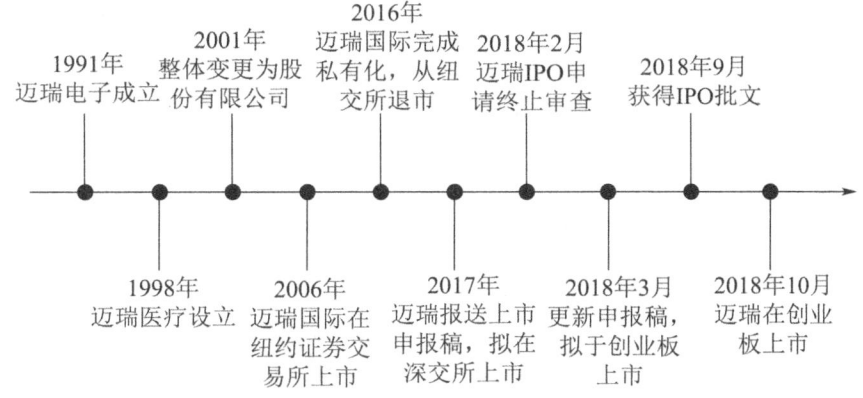

图 4-21 迈瑞医疗发展历程

迈瑞整体资本运作经历了上市—退市—再上市的过程,能在成熟资本市场主板上市的企业,综合实力得到反复验证,风控管理、企业管理、人员素质等综合软性实力都在不断的 IPO 中得以修正和完善。

①第一阶段:迈瑞源头——深圳安科。早期迈瑞的创始人大都源于深圳安科。深圳安科高技术股份有限公司成立于 1986 年,是中国最早被政府认定的高新技术企业之一。安科自成立以来一直从事大型医疗影像设备的开发、生产和经营,目前产品涉及磁共振(MRI)、CT、口腔 CBCT、乳腺机、DR、微创外科、专业影像工作站、高压注射器、PACS 及影像云平台等。迈瑞董事长李西廷先生、徐航先生、成明和先生等,均来自深圳安科。1991 年从安科离开,创办了迈瑞电子。

②第二阶段:迈瑞有限——以自主研发为核心。1998 年 12 月,迈瑞有限设立,注册资本为 200 万美元,公司单一股东为开曼迈瑞,开曼迈瑞于 1997 年 12 月在开曼群岛成立,主要股东包括李西廷、徐航、聂彤、毕晓阳、成明和、严萍宜、张巨平,是迈瑞主要的七位创始人,被业内称为"迈瑞七君子"。开曼迈瑞的股权架构如表 4-18 所示。

表4-18 开曼迈瑞的股权架构

序号	股东名称	股权比例/%	序号	股东名称	股权比例/%
1	李西廷	14.22	6	严萍宜	14.98
2	徐航	14.22	7	张巨平	9.18
3	聂彤	12.40	8	China Walden Venture Investment Ltd.	13.04
4	毕晓阳	8.43	9	CWV Investment L.P.	4.35
5	成明和	9.18		合计	100

2001年12月,迈瑞有限整体变更为股份有限公司,其中,Quiet Well(持股20.98%)、明瑞科技(持股13.53%)为李西廷全资控股公司,鹏瑞集团(持股13.07%)、New Dragon(持股8.64%)均为徐航控股公司,同时引入其他投资机构及自然人。

③第三阶段:迈瑞国际——全球化战略。迈瑞创始人早期着眼于全球市场,全球化战略是迈瑞重要战略之一。2005年6月,迈瑞国际在开曼群岛注册设立,设立时股东为Able Choice,Able Choice主要是由迈瑞三位创始人(徐航、李西廷、成明和)控股。Able Choice的股权结构如表4-19所示。

表4-19 Able Choice的股权结构

序号	股东名称	持股数额/股	持股比例/%
1	徐航	85	28.52
2	李西廷	85	28.52
3	成明和	80	26.85
4	Hao Xin	32	10.74
5	Wang Fuqing	12	4.03
6	胡超伦	4	1.03
	合计	298	100.00

2005年9月至2006年9月期间,迈瑞国际多次以增发股份和股份转让等方式引入新股东,包括由李西廷、徐航分别全资控股的Quiet Well和New Dragon,股权架构如图4-22所示。

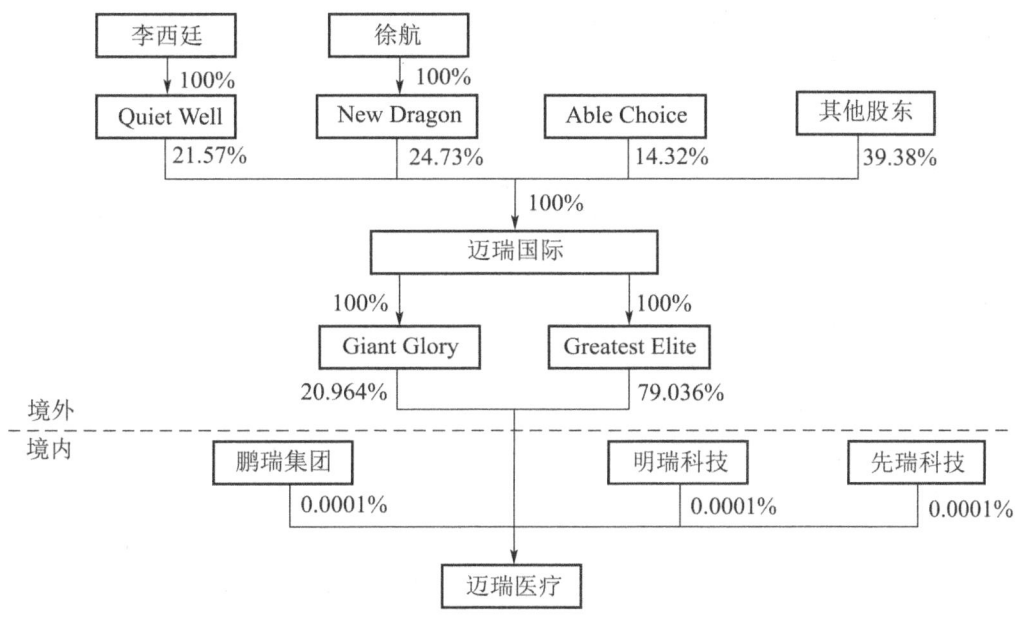

图 4-22 股权架构

④第四阶段：迈瑞医疗——A 股回归。随着我国政策大力扶持和医疗需求的不断提高，医疗器械行业在国内发展为大势所趋，目前国内医疗器械国产占比较小。发现这一战略机遇后，为谋求更长远的发展，迈瑞便决定回归国内转战 A 股。

（2）发展历程与资本市场布局的关系。迈瑞医疗发展至第三阶段时，公司逐步稳定后，高瞻远瞩的几位创始人不满足于国内相关市场，开始迈瑞的国际化道路。此时法律管制和资本需要矛盾，再加上美国资本市场更有利于迈瑞当时的战略中心——国际化战略的实现，所以迈瑞医疗 2006 年选择通过构建 VIE 架构登陆美国资本市场。

随着时间的推移，我国资本市场在迈瑞医疗登陆美国资本市场的十年之间快速发展，关于资本市场的国家政策相继出台，此时中国资本市场在市盈率、市值水平等方面超过美国资本市场，2015 年很多境外上市的境内企业纷纷私有化回归，包括迈瑞医疗。此时国内医疗器械行业发展呈大势所趋。近年来，我国针对医疗器械行业推出一系列利好政策，企业创新和高端产品国产化两方面对国产医疗器械企业提供了支持。加强高端医疗器械等创新能力建设，建立并完善境外销售和服务体系，逐步提高公立医疗机构国产设备配置水平，有利于医疗器械国产化的推进。部分省市在招标制度上对国产医疗器械倾斜，下游医院对国产设备越来越有信心。高端医疗器械国产化驱动国产医疗器械迎来高速发展的黄金时代。这个发展阶段迈瑞医疗选择私有化回归国内 A 股市场，更有利于企业发展。

5. 迈瑞医疗私有化复盘有什么值得学习的地方？

（1）私有化方式的特别之处

2015 年 6 月，迈瑞医疗宣布三名联合创始人李西廷、徐航与成明和作为买方集团，向董事会提交拟收购迈瑞国际在外流通股份的初步的、不具约束力的要约。迈瑞医疗的私有化正式开始。

2015 年 7 月，私有化发起人李西廷、徐航与成明和通过各自控制的境外子公司在开曼群岛设立了三层控股公司作为实施私有化的主体，从上至下分别为 Supreme Union、Excelsior Union 和 Solid Union，其具体架构如图 4-23 所示。

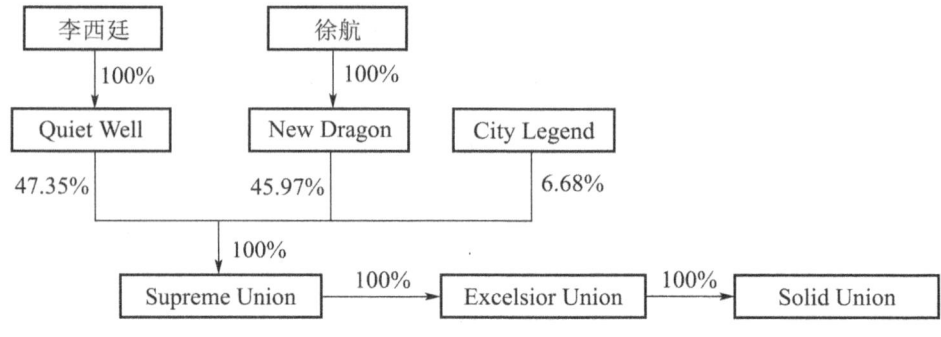

图 4-23 私有化具体架构

2015 年 11 月 4 日，纽交所上市主体迈瑞国际与 Excelsior Union 及其全资子公司 Solid Union 签署《合并协议与计划》。Solid Union 将与上市主体迈瑞国际合并，且合并后的存续主体为迈瑞国际。迈瑞国际成为 Supreme Union 间接控制的全资子公司，股权架构如图 4-14 所示。

2015 年 12 月 21 日，迈瑞国际公告于 2015 年 12 月 20 日修订的《合并协议与计划》，私有化交易收购价格为 28 美元/普通股或 28 美元/ADS。这一价格经过下调，相比之前迈瑞医疗 24 美元左右的交易价格，溢价大约在 16%。

在私有化资金结构设计上，用来反三角合并的主体 Solid Union 作为借款人，与中国银行澳门分行、平安银行等机构于 2016 年 2 月签订了授信总额为 20.5 亿美元的《授信协议》。在 Solid Union 与上市公司合并之后，迈瑞医疗的美国子公司迈瑞美国，成为借款的额外担保人，迈瑞美国的股权出质给银行。资金结构的搭建实际类似杠杆收购，在合并子公司作为借款人进行借款后，实际借款由最终私有化后的上市公司承担。

私有化结构搭建与资金结构搭建后，2016 年 3 月 3 日开曼公司注册处核发合并证书，Solid Union 和上市主体迈瑞国际完成有效合并，迈瑞国际成为 Excelsior Union 的全资子公司。2016 年 3 月 15 日，迈瑞国际向美国证券交易委员会报备 FORM15 表格，终止了迈瑞国际作为纽约证券交易所上市公司向美国证券交易委员会提交报告的义务，迈瑞国际正式从纽交所退市。

特点：

A. 相比药明康德等的私有化，迈瑞医疗私有化特点在于：买方团中完全没有私募股权基金的身影，是纯粹由管理层发起的私有化 MBO，私有化资金主要来自银行贷款。

B. 迈瑞医疗管理层搭建的私有化主体，是一种典型的用来反三角合并的并购基金结构设计。通过设立下属合并母公司及合并子公司，引入债权杠杆，由私有化后的存续公司来承接债务。通过类似的"股权杠杆 + 债权杠杆 + 多层结构设计"增强募资能力，极大减轻私有化资金的压力。

（2）IPO 上市过程值得学习的地方

迈瑞医疗 2016 年从美国私有化回归后，2017 年 5 月 26 日在国内首次披露招股说明书，2018年2月13日主动申请终止审查，十多天后又火速重启IPO，3月份与华泰证券签署辅导协议，接受华泰证券的上市辅导，2018年3月6日在深圳证监局进行辅导备案。

迈瑞医疗首次申请IPO登陆中小板时，由于政策改变，据悉新一届发审委上任后证监会窗口指导口径改变，商誉需计入无形资产，迈瑞商誉价值在净资产中的占比超过主板上市新规定，导致不得不主动申请终止IPO审查。资本市场上市条件及要求随时会改变，不能通过IPO审查时主动申请终止IPO审查以降低时间成本，并火速开启新一轮IPO进程坚决回归A股。3月30日，迈瑞医疗由中小板改为创业板重新开启IPO进程，为谨慎起见接受了华泰证券的上市辅导。当然，迈瑞医疗重启IPO速度之快，以及顺利通过发审委（发行审核委员会）会议登陆A股市场，最大驱动力是政策。资本市场目前全面拥抱"独角兽"企业，以迈瑞医疗的规模、地位和盈利能力来看，正是资本市场欢迎的"独角兽"企业。

迈瑞IPO上市过程值得学习的地方在于能对政策及时反应。中小板IPO条件出现改变时立即主动申请终止IPO审查，节约时间成本。一次失败后上市决心异常坚定，为谨慎起见寻求华泰联合证券的上市辅导，不再盲目独打独干，加快了上市速度，提高了效率。迈瑞医疗能如此快速成功登陆创业板，最主要还是迎合政策风向，利用资本市场对"独角兽"企业的喜爱。

四、教学组织方式

（一）问题清单及提问顺序、资料发放顺序

1. 本案例涉及多个专业术语和概念，如中概股、私有化、VIE等，请查阅相关资料，并试着解释它们的含义。
2. 一般情况下，VIE结构的建立及分拆过程是怎样的？
3. 中美资本市场有何差异？
4. 迈瑞医疗发展历程与资本市场布局有何联系？
5. 迈瑞医疗私有化复盘有什么值得学习的地方？

（二）课时分配

本案例可以作为"财务管理"及"资本运作"等课程的讨论案例，以下是建议的教学组织方式，仅供参考。

1. 课前计划：提出启发思考题，请学员在课前完成案例的阅读和初步思考。
2. 课中计划：整个案例课的课堂时间控制在90分钟左右。
（1）简要的课堂前言（约5分钟），回忆一下案例的主要内容，布置一些思考题；
（2）分组讨论（约30分钟），结合案例讨论，归纳出本组的主要观点；
（3）小组发言（每组5分钟，控制在30分钟）；
（4）引导全班进一步讨论，进行归纳总结（约15分钟）。
3. 课后计划：以小组为单位对迈瑞医疗从美股退市回归的路径、财务绩效进行分析与总结，形成书面报告。鼓励学员提出个人见解。

（三）讨论方式

本案例采用小组讨论、教师引导、学员互相提问的讨论方式。

（四）课堂讨论总结

课堂讨论总结的关键是：归纳发言者的主要观点；重申其重点及亮点；提醒大家对焦点问题或有争议观点进一步思考；建议对案例素材进行扩展研究和深入分析。

案例 5

去杠杆背景下债券违约原因分析
——以永泰能源为例*

---

* 1. 本案例由广东工业大学管理学院陈沉、吴冬霞、潘欢瑜、刘昊、黄青山、曹晗抒、罗漫玲和肇庆学院李华军共同撰写,作者拥有著作权中的署名权、修改权、改编权。
2. 本案例授权广东工业大学 MPAcc 教学智库实验平台使用,广东工业大学 MPAcc 教学智库实验平台享有复制权、修改权、发表权、发行权、信息网络传播权、改编权、汇编权和翻译权。
3. 由于企业保密的要求,在本案例中对有关名称、数据等做了必要的掩饰性处理。
4. 本案例只供课堂讨论之用,并无意暗示或说明某种管理行为是否有效。

[案例封面]

专业领域：财务管理
适用课程：财务管理理论与实务，公司治理
选用课程：财务管理理论与实务
编写目的：通过本案例的教学和讨论，一方面，引导学生关注债券市场，充分了解"17永泰能源CP004"违约发生的过程、根本原因及违约事件给债券发行人以及资本市场带来的深远影响，厘清利益相关者在整个事件中的角色，从而对未来类似违约情况形成预警，加强投资者保护。另一方面，结合产业背景与经济环境，培养学生透过财务报表数据发现企业经营问题的能力，识别经营与财务风险，掌握财务分析的方法。
知 识 点：短期债券违约定义；债券市场交叉违约条款；债券违约原因分析；违约主体财务指标分析；债券违约应对措施
关 键 词：债券违约；交叉违约；经营风险；财务风险；资金流动性
中文摘要：近年来，国内债券市场违约事件频发，随着债券"刚性兑付"神话的打破，债券投资者在风险与收益之间的博弈越来越具有挑战性。2018年7月，永泰能源股份有限公司因未能按时兑付"17永泰能源CP004"，构成实质性违约，并成为"去杠杆"背景下债券违约的典型案例。本案例通过论述永泰能源股份有限公司的基本情况和违约债项"17永泰能源CP004"的基本情况、违约过程和应对措施，分析"17永泰能源CP004"的违约始末，为公司提供分析风险的建议。

[案例正文]

一、引言

2018年7月5日，北京下了一场暴雨，"17永泰能源CP004"[①] 的兑付资金，在整个债券市场的翘首以盼下，并未以一种大家希望的方式如期到达上海清算所（上清所）的指定账户，也没有像以往"技术性违约"的发行人一样，在第二天迅速弥补前一天"操作"的"失误"——永泰能源，违约了。

二、永泰能源的历史沿革与背景

永泰能源股份有限公司（以下简称永泰能源或公司）是一家在上海证券交易所上市的综合能源类企业，注册资本124.26余亿元。该公司成立于1992年7月30日，于1998年5月正式上市。永泰能源目前主要从事电力、矿业、石化、物流和投资等业务，经营范围包括：综合能源开发；大宗商品物流；新兴产业投资（自有资金）；煤矿机械设备、电气设备、工矿配件制造、修理、销售、租赁、安装及技术咨询服务，矿山支护产品生产、销售。其主营产品包括煤矿及其他矿山投资、电厂投资、新能源开发与投资等，主营业务为电力业务和煤炭业务。公司电力业务利润主要源自合理的上网（销售）电价、发电量的增加以及发电成本和其他管理成本的控制。公司煤炭业务利润主要源自煤炭市场价格上涨以及对采煤成本和其他费用的控制。

根据永泰能源编制的2015年、2016年、2017年及2018年第一季度财务报告，公司主营业务收入分别为129.76亿元、136.99亿元、223.88亿元和46.69亿元；净利润分别为10.63亿元、7.65亿元、8.67亿元和5.30亿元。

近年来，永泰能源通过快速扩张逐步形成了煤炭、电力和石化三大业务板块，从产业布局来看，煤电一体化的产业布局在一定程度上提升了企业的抗风险能力。煤炭方面，公司目前在产矿井主要是山西的优质焦煤，煤种稀缺，受供给侧结构性改革的影响，焦煤价格大幅提升，为公司煤炭业务盈利能力的提升奠定了基础，同时，公司在陕西、内蒙古和澳大利亚拥有动力煤矿井，为后期煤炭业务和电力业务的发展提供支撑。电力方面，公司通过收购华晨电力开展电力业务，发电机组主要为燃煤机组，总控股装机容量超过800万千瓦，主要分布在河南和江苏两省，同时在建及规划装机容量超过400万千瓦，未来总装机容量将超过1200万千瓦。公司装机所处区域经济发展良好，且装机的技术水平较为先进。受动力煤价格上升影响，公司电力业务盈利能力有所下降，但电力现金流稳定，板块运行情况良好。石化贸易业务是公司2016年下半年新增的业务，主要为布局大亚湾燃料油调和配送中心及配套码头的后期运营做准备，业务规模较大，但由于目前主要是贸易业务，盈利能力弱。

公司目前各项业务均经营正常，并且近年来公司的收入、经营流动现金流均有较大幅

---

① 永泰能源股份有限公司2017年度第四期短期融资券，债券代码：041773004，发行金额：15亿元，债券利率：7.00%。

度增长。从负债水平来看，公司债务大幅增长主要是用于电力投资，按项目投资的资本金比例要求，公司的债务水平处于行业正常范围内。

永泰能源历史沿革见表5-1，永泰能源控股子公司情况和股权结构分别见图5-1、图5-2。

表5-1 永泰能源历史沿革

时间	历史沿革
1988年11月	以泰安润滑油调配厂作为发起人，改组为泰安鲁润股份有限公司
1988年12月	募股结束后，正式成立了泰安润滑油股份制公司，股份总额40 084股，股本金801.68万元
1993年10月	更名为"泰安鲁润股份有限公司"
1993年12月	进行规范化的股份制企业试点
1998年5月	在上海证券交易所挂牌上市，注册资本52 606 840.00元，证券代码"600157"，证券简称"鲁润股份"
1998年6月	注册资本变更为人民币94 692 312.00元
2000年3月	注册资本变更为人民币170 446 162.00元
2010年10月	更名为"永泰能源股份有限公司"

资料来源：根据永泰能源官方网站整理。

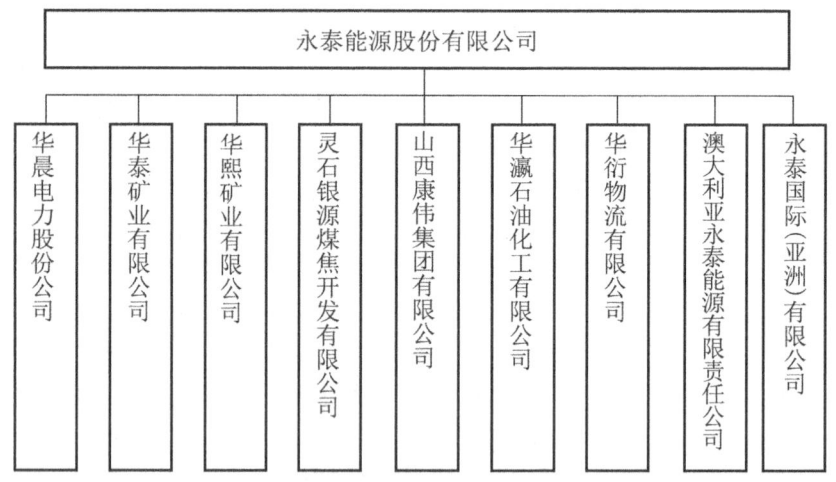

图5-1 永泰能源控股子公司情况

资料来源：根据永泰能源年度报告整理。

三、"17永泰能源CP004"的发行及违约过程

（一）违约债券"17永泰能源CP004"概述

2017年7月5日，永泰能源完成了2017年度第四期短期融资券的发行工作。本期短期融资券的发行金额为15亿元，期限为365天，单位面值100元，发行利率为7%，起息

日为 2017 年 7 月 5 日,兑付日为 2018 年 7 月 5 日。永泰能源本期短期融资券拟募集资金 15 亿元,拟用于偿还公司本部及下属子公司即将到期债务,其中 5.8 亿元用于偿还银行贷款,1.2 亿元用于偿还融资租赁费,8 亿元用于偿还短期融资券。

2017 年 7 月 6 日,永泰能源股份有限公司公告永泰能源股份公司于 2017 年 7 月 3 日发行了短期融资券 "17 永泰能源 CP004"(基本情况如表 5-2 所示)。短期融资券是企业筹措短期(1 年以内)资金的直接融资方式,截至本期短期融资券募集说明书签署日,永泰能源已发行尚未偿付的直接债务融资余额为 251.41 亿元人民币与 5 亿美元,其中本部待偿还短期融资券 68 亿元、公司债券 90.03 亿元、定向工具 45.38 亿元、中期票据 28 亿元,子公司待偿还公司债券 20 亿元与境外债 5 亿美元。

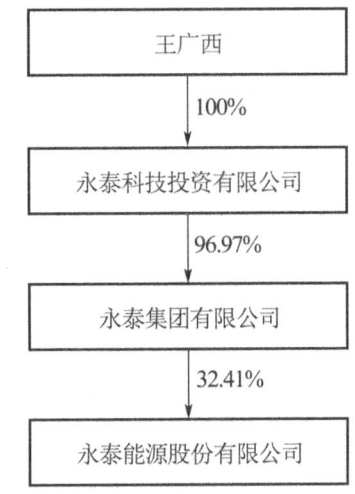

图 5-2 永泰能源股权结构图

资料来源:根据永泰能源年度报告整理。

表 5-2 17 永泰能源 CP004 基本情况

短期融资券全称	永泰能源股份有限公司 2017 年度第四期短期融资券		
短期融资券代码	041773004	短期融资券简称	17 永泰能源 CP004
发行总额/亿元	15	票面年利率	7%
发行价格/(元/百元面值)	100	面值(元)	100
计息方式	付息固定	付息频率	到期一次还本付息
债项评级	A-1	债项评级机构	联合资信
主体评级	AA+	主体评级机构	联合资信
评级展望	稳定	担保情况	无担保
发行日	2017 年 7 月 3 日	债权债务登记日	2017 年 7 月 5 日
起息日	2017 年 7 月 5 日	流通开始日	2017 年 7 月 6 日
到期(兑换日)	2018 年 7 月 5 日	期限	365 天
主承销商及簿记管理人	中信证券股份有限公司	联席主承销商	上海银行股份有限公司
备注	(1)公告内容转自发行人初始登记材料,上海清算所对公告内容的真实性、准确性和完整性不承担相关法律责任。(2)产品交易流通结束日如遇国家调整法定节假日安排,则另行公告		

资料来源:根据上海清算所公告整理。

(二)违约事件回顾

自 2009 年以来,永泰能源通过非公开发行股票方式,累计筹集资金达 222.40 亿元,不仅成功推动煤炭主业跳跃式发展,而且正在快速实现向"能源、物流、投资"三大产业的二次战略转型,截至 2018 年 3 月末,公司净资产已达 290 亿元,大大增强了抵御风险能力。发行人与国内多家金融机构保持长期良好合作关系，并逐渐向大型金融机构集中，可以保证公司流动性需求，避免短期冲击。近年来公司在加大股权融资的同时，积极发行各类直接债务融资工具，不仅满足经营发展所需，而且优化债务结构，降低财务成本。

自2018年7月5日"17永泰能源CP004"债券违约后，永泰能源先后遭遇旗下其他部分债券信用评级下调至CC，且该公司主体长期信用等级也调至CC，评级展望为负面。债券违约事件发生后，永泰能源的直接融资渠道基本被堵，流动性危机出现。该违约事件回顾如表5-3所示。

表5-3 17永泰能源CP004违约事件回顾

时间	事件回顾
2017年6月28日	发布2017年度第四期短期融资券发行方案公告，联合资信确定主体及债券长期信用等级评为AA+
2017年7月5日	"17永泰能源CP004"正式发行，债券规模15亿元
2017年7月19日	联合资信跟踪评级，维持主体及债券长期信用等级评为AA+
2018年3月	发行10亿元短期融资券和1亿元非公开定向债券融资工具
2018年4月	发行5亿元中期票据和10亿元短期融资券
2018年5月9日	"13永泰债"价格开始大幅下跌
2018年5月末	获批发行20亿元短期融资券
2018年6月22日	联合资信维持主体及债券长期信用等级评为AA+
2018年6月28日	发布2017年度第四期短期融资券2018年兑付公告
2018年6月29日	发布2018年度第四期短期融资券发行方案公告，联合资信确定主体长期信用等级为AA+，债券信用等级为A-1
2018年7月5日	宣布取消发行7亿元2018年度第四期短期融资券；发布"17永泰能源CP004"违约正式公告
2018年7月6日	主体及债券信用评级下调至CC，股票及公司债"13永泰债"、"16永泰债01"、"16永泰债02"、"16永泰债03"停牌
2018年7月7日	联合资信下调主体长期信用等级至CC，各期公司债券信用评级下调至CC，评级展望为负面
2018年7月8日	召开媒体会

资料来源：根据永泰能源公告及上海清算所公告整理。

永泰能源未能按时兑付"17永泰能源CP004"，构成实质性违约，并发布两则公告称，公司分别因银行贷款到期未结清以及短期融资违约触发13只存续债券的交叉保护条款。另外，短期融资违约还触发母公司永泰集团"18永泰集团SCP001"交叉保护条款。2018年8月3日，17永泰能源MTN001、17永泰能源MTN002触发交叉违约已提前到期，构成实质性违约。8月7日，18永泰能源CP002、18永泰能源CP003、17永泰能源

CP005、17永泰能源CP006、17永泰能源CP007触发交叉违约已提前到期，构成实质性违约。8月28日，17永泰能源CP005未能到期兑付。10月22日，15永泰能源MTN001未按时足额兑付。10月24日，17永泰能源CP006原兑付日为2018年10月23日，加速到期日为2018年8月1日，截至到期日为止，未能足额兑付。目前，在永泰能源的16只存续债券中，有13只涉及交叉违约条款，合计99.3亿元（见表5-4）。

表5-4 违约债券一览表

发行主体：永泰能源	企业性质：民营企业	第一大股东：永泰集团有限公司	持股比例：32.41%	所属行业：采掘	历史/最新主体评级：A/CC
债券简称	发行规模/亿元	发行日/到期日	票面利率/%	剩余期限	历史/最新债项评级
17永泰能源CP004	15	2017.07.05 2018.07.05	7.00	违约	A-2/D
17永泰能源CP005	10	2017.08.25 2018.08.25	7.00	交叉违约	A-2/D
17永泰能源CP006	8	2017.10.23 2018.10.23	6.78	交叉违约	A-2/D
17永泰能源CP007	10	2017.12.15 2018.12.15	7.00	交叉违约	A-2/D
18永泰能源CP001	10	2018.01.22 2019.01.22	7.00	交叉违约	A-2/D
18永泰能源CP002	10	2018.03.19 2019.03.19	7.00	交叉违约	A-2/D
18永泰能源CP003	10	2018.04.26 2019.04.26	7.00	交叉违约	A-2/D
17永泰能源MTN001	10	2017.11.16 2020.11.16	7.50	交叉违约	A/CC
17永泰能源MTN002	10	2017.12.06 2020.12.06	7.50	交叉违约	A/CC
18永泰能源MTN001	5	2018.04.04 2021.04.04	7.50	交叉违约	A/CC
17永泰能源PPN001	3.5	2017.08.18 2020.08.18	7.70	交叉违约	—

续上表

债券简称	发行规模/亿元	发行日/到期日	票面利率/%	剩余期限	历史/最新债项评级
17永泰能源PPN002	1.8	2017.11.15 2020.11.15	7.70	交叉违约	—
17永泰能源PPN003	10	2017.12.22 2020.12.22	7.90	交叉违约	—
18永泰能源PPN001	1	2018.03.29 2021.03.29	7.90	交叉违约	—
15永泰能源MTN001	14	2015.10.22 2020.10.22	6.18	违约	A/CC
15永泰能源MTN002	14	2015.11.27 2020.11.27	7.50	违约	A/CC

资料来源：根据永泰能源公告及上海清算所公告整理。

（三）永泰能源应对措施

"17永泰能源CP004"违约事件发生后，永泰能源立即向各级政府和相关监管机构进行了汇报，煤矿企业所在地方政府已制定应急预案，全力帮助企业维持生产经营的稳定；电厂所在地方政府积极协调、沟通，千方百计筹集资金，统筹安排机组检修，全力组织煤炭采购和运输，确保迎峰度夏期间电力机组安全稳定运行。目前，各煤矿生产和电厂运行基本正常。

联合资信从永泰能源获知，目前，永泰能源努力落实相关议案内容，对于未能豁免违反约定提前到期的债券，将继续与相关债券持有人进行沟通，争取尽快达成和解方案，并多种途径筹措资金，早日偿还相应本息；生产经营方面，公司已向各级政府和相关监管机构进行了汇报，帮助企业维持生产经营的稳定。

公司通过稳定企业生产经营、加快资产处置、积极参与永泰集团战略重组等措施，积极筹措资金，在债委会及银行间市场交易商协会、证券监管部门的统一指导下，共同化解债务风险，从根本上保障债权人权益。

1. 成立金融机构债权人委员会

自2018年8月23日永泰集团有限公司（简称"永泰集团"）金融机构债权人委员会（简称"债委会"）成立大会暨第一次会议在北京召开后，陆续召开了数次债委会主席团会议。会议成立了"永泰集团金融机构总行级债权人委员会"。债委会由国家开发银行担任主席行，中信银行为联席主席行，银保监会监管的金融机构债权人全部为债委会成员单位。目前，债委会聘请的中介机构已进场对永泰集团及所属企业开展相关尽职调查工作。同时，根据债委会及银行间市场交易商协会的相关要求，公司于2018年9月13日发布了《永泰能源关于债券持有人加入永泰集团有限公司金融机构债权人委员会事宜的公告》，债委会要求各债券持有人加入债委会，按照"同债同权"原则，与债委会一致行动，共同化解永泰集团债务风险。

2. 出售资产

2018年7月8日、7月13日召开第十届董事会第三十一次会议和第十届董事会第三十三次会议，分别审议通过了《关于公司参与永泰集团有限公司资产和债务处置的议案》《关于公司第一批资产出售计划的议案》，拟定了第一批项目资产出售计划，出售资产总计238.01亿元。

3. 控股股东战略重组

最近，公司控股股东永泰集团与京能集团签署了《战略重组合作意向协议》，在履行相关程序批准后，京能集团将通过股权转让、资产重组、资产注入等多种形式，实现对永泰集团的绝对控股，并降低永泰集团融资成本，支持永泰集团转型发展。公司作为永泰集团主要成员企业，永泰集团与京能集团签署的《战略重组合作意向协议》，将有利于公司依托国有企业的实力和民营企业的机制优势，整合双方电力、煤炭、清洁能源、供热等主要业务，实现互利共赢，并将降低公司融资成本，支持公司后续转型发展。

4. 债转股

2018年7月8日，永泰能源召开媒体会称，公司与5家银行达成合作，拟实施240亿债转股以偿还债务。

永泰能源控股股东永泰集团分别与国家开发银行、中信银行股份有限公司、中国民生银行股份有限公司、平安银行股份有限公司、上海银行股份有限公司签署了《战略合作协议》，达成了战略合作意向，建立了全面战略合作关系。为支持永泰集团及下属企业资金筹集和转型发展，本着互惠互利、实现双赢的原则，上述银行同意在符合国家产业政策及相关法律法规和银行内部管理制度的前提下，向永泰集团及下属企业提供集团意向性授信额度。上述银行将发挥各自优势和资源，为永泰集团及下属企业提供定制化的综合金融服务。公司作为永泰集团主要成员企业，通过与上述银行建立战略合作关系，借助各家银行强大的资金、品牌、渠道优势及专业的金融服务，为公司日常生产经营、资金管理、转型发展等方面提供有力的支持，有利于公司拓宽融资渠道、降低融资成本和提升融资效率，对公司未来经营发展和保障资金安全有着积极的促进作用。

5. 签订"13永泰债"展期兑付和解协议

2018年8月1日，永泰能源发布《关于"13永泰债"偿债正式方案和组织签订展期兑付和解协议的公告》。债券持有人本金展期兑付和解方案具体如下："13永泰债"债券持有人本金展期18个月分期兑付。其中2018年11月6日前兑付本金20%，2019年2月6日前兑付本金20%，2020年2月6日前兑付剩余60%本金。在18个月的时间内，如永泰能源资产出售计划实施和资金回收顺利，可提前兑付；展期兑付期间，按原票面年利率7.30%上浮30%，调至9.5%计算利息，计息规则不变，按期同步计算并随本金一起支付；永泰集团及实际控制人提供连带责任保证担保；并设立"13永泰债"偿债专户。8月4日，公司已与大多数"13永泰债"持有人签署了《"13永泰债"展期兑付和解协议》，同意延长"13永泰债"还本付息期限。

四、违约原因分析

（一）行业层面分析

1. 宏观背景

我国经济进入新常态后，经济结构调整加速，对能源、资源的需求放缓，煤炭、钢铁等产能出现结构性过剩，矿产品价格持续大幅下跌。据国家统计局 2016 年 1 月 27 日发布的最新数据，2015 年规模以上采矿业利润总额降低近 6 成。2016 年上半年全球矿业形势依旧延续了以往低迷的态势。虽然近期全球大宗商品市场略有震荡反弹之势，但是与前几年矿业高峰时相比，仍处于较低水平。主要表现在煤炭市场需求不足、产能过剩的矛盾依然存在，行业利润大幅下降、企业资金紧张、经营困难等问题依然突出。

近两年来，党中央、国务院实施战略性供给侧结构性改革，我国经济建设在"去产能、去库存、去杠杆、降成本、补短板"等方面取得了重要进展和显著成效，但仍存在定位不清，逻辑不密、体制不顺、措施不到位和效果不够好等问题和矛盾。2017 年，必须直面这些矛盾，突出问题导向，求真务实，找到问题的关键节点和突破口，集中力量形成突破，运用市场形成趋势和规律以及政策顺势而为、精准发力，真正实现供给侧结构性改革对中国经济所具有的战略性、系统性的影响与地位。

矿业供给侧新需求进入新常态后，矿业总体需求不振，效益下滑，债务增加，多数企业处境艰难。事实证明，传统以勘查开发工业原材料为最终目标的生产经营方式已很难承担产业发展的动力，必须进行动能转换，培育产业发展新动能；而以补短板为目标，着力开拓矿业供给侧新需求则是助推矿业转型发展的最佳途径。这些新需求主要包括矿业供给侧改革涌现出的新矿种、新领域、新业态、新产业、新科技以及运营方式新的服务需求等。

2. 电力、煤炭行业

（1）产能过剩情况。

煤炭行业的产能过剩主要体现在煤炭总量过剩的矛盾越来越突出，一边是煤炭价格逐步下滑，另一边则由于多方面因素，其产能迅速扩张。这种状态的出现给煤炭行业的经济带来了严峻的考验，许多煤炭企业职工被迫转岗、下岗，这样给社会的安宁与和谐带来了许多负面影响。由于很多煤炭企业多半靠国家贷款维持生存，也给国家的金融行业乃至国家的经济带来了威胁。短期的煤炭产能过剩加速了未来资源的紧张趋势。资源是有限的，过渡的粗放式开采既浪费了资源又引发环境严重污染，长此以往，我们赖以生存的生态环境乃至整个地球都将受到严重的破坏。

我国电力产能过剩主要是燃煤电厂数量多，而不是任何可再生能源发电能力过剩的问题。目前，不仅水电弃水、风电弃风、光伏发电难入网，而且火电、核电机组利用小时数持续下降。表面上看是电力市场疲软，而深入分析，产能过剩准确地反映出当前我国电力问题的本质矛盾。

改革开放早期的传统粗放增长模式已基本结束，我国经济增长现已进入新常态，主要表现为高效、低投入的可持续的中低速增长，同时，我国能源消费也增长缓慢，"十二五"

期间各类企业对传统能源和新能源行业的巨量投资,造成了煤炭、电力、炼油、煤化工以及新能源行业的严重产能过剩。同时,受传统电力系统技术限制,电力系统能够吸纳的可再生能源发电比例偏低,调峰能力严重不足,部分地区出现了风、水、光等可再生能源电力无法送出的现象。

(2)经济下行。

我国目前正处于"三期叠加"的经济新常态下,经济增速放缓,产业结构正在转型升级,伴随而来的是产能过剩行业的剧烈波动。这一整体经济形势对我国债券市场的影响在于,我国债券市场的发行人主体同样是面临产业转型升级的经济主体,经济下行意味着产业需求下降,行业竞争加剧,市场整体的信用风险随之增加。

电力和煤炭行业是国民经济重要的基础性行业,与国民经济的景气程度有很强的相关性。随着国内经济发展步入新常态,经济增速从高速增长转为中高速增长,经济结构不断优化升级,以及替代能源的快速发展,电力和煤炭市场可能会出现波动。如果未来国民经济增长持续放缓或出现衰退,电力和煤炭需求可能相应减少,市场竞争也可能随之加剧,将对公司的盈利水平产生一定影响。

煤炭是发电厂的原材料,煤价下跌时电厂盈利能力增加,煤价上涨时电力板块的盈利水平下行,但卖煤炭盈利增加,熨平了行业波动;而且电厂也是一个比较稳定的营生,适合在维持现金流的基础上质押融资。但核心问题是,这些产业盈利能力很一般,收入很高但利润很低。

随着国家供给侧结构性改革的深入推进和"三去一降一补"的全面落实,经济结构加快优化升级,以及国家节能减排、调整能源结构,推动改变能源生产和利用方式的政策实施,煤炭、电力、采矿等能源行业面临着淘汰落后产能、市场份额减少、竞争日益加剧的严峻形势。

在经济下行、产能过剩、经济调控政策等因素的影响下,债券发行人极有可能因资不抵债、流动性欠佳而发生债券违约。在经济不景气时,资本市场出现债券违约是市场释放信用风险的正常现象。面对债券市场信用风险的累积,需要债券市场参与主体更加理性地识别和应对市场上的信用风险。

(二)公司内部层面分析

1. 盈利能力分析

永泰能源作为山西省内唯一的民营煤炭企业,在前几年煤炭价格下跌的时候并购了不少电厂。2017年永泰能源营业收入达到约224亿元,同比增长63%,净利润约为8.7亿元,较上年同期约增长1亿元(表5-5)。从主营业务的比例来看,其中主要的增长点在石化贸易,营业收入增长高达443.74%,但是这一业务的毛利率较低,仅为0.4%,与其他两个版块业务相比,差距太大。而另一主营业务电力,毛利率持续下降,2015年其毛利率为51.6%,2017年仅为18.57%。这二者共同导致了永泰能源出现了增收不增利的现象。

2016—2017年及2018年1—3月,受国家上网电价下调及低毛利率的贸易业务大幅增长影响,公司毛利率分别为32.54%、27.65%和24.73%,呈现不断下降的趋势。

2016—2017 年及 2018 年 1—3 月，公司净资产收益率分别为 3.03%、2.51% 和 2.08%，亦呈不断下降的趋势（表 5-5）。

公司财务费用率持续保持较高水平，其中 2018 年 1—3 月为 19.77%，同期煤炭行业平均财务费用率仅为 4.40%，公司财务费用规模较大，且财务费用率水平长期远高于行业平均水平，这对利润和现金流的侵蚀很明显（见图 5-3）。

表 5-5 永泰能源盈利能力财务指标分析

时间	2018 年 1—3 月	2017 年	2016 年	2015 年
营业收入/亿元	46.69	223.88	136.99	107.84
投资收益/亿元	7.32	-0.02	6.98	1.24
净利润/亿元	5.30	8.67	7.65	9.84
财务费用/亿元	9.23	36.14	33.18	28.92
财务费用率/%	19.77	16.14	24.22	26.82
毛利率/%	24.73	27.65	32.54	44.37
净利润率/%	11.34	3.87	5.59	9.13
净资产收益率/%	2.08	2.51	3.03	1.41

资料来源：根据永泰能源年度报告整理。

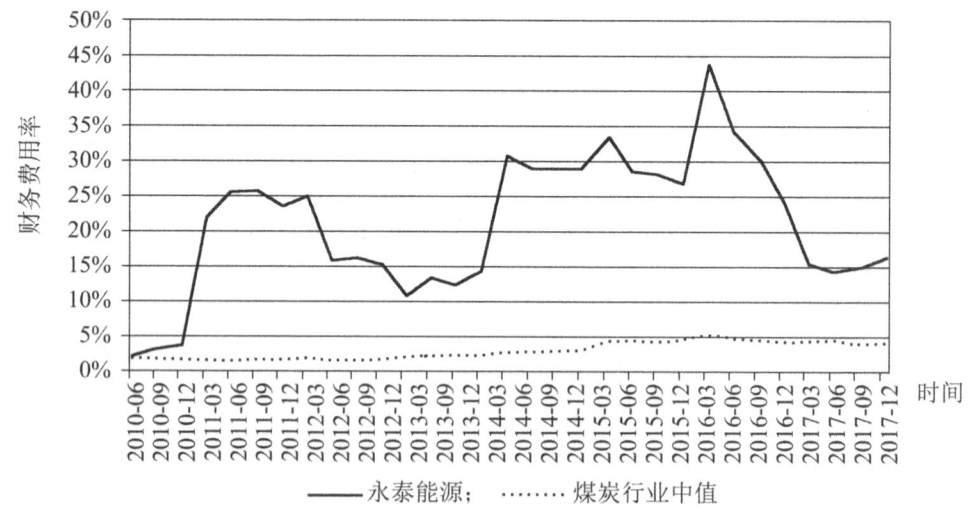

图 5-3 永泰能源财务费用率与行业对比

资料来源：Wind 咨询。

2. 偿债能力分析

自 2011 年起公司共发行 45 只债券，7 只债券目前尚未上市，总规模达 500.58 亿元。一年期债券共 23 只，占发行总数的 56%，共募资 271 亿元，两年期债券仅 1 只，发行规模 3 亿元，3 年期债券共发行 15 只，规模达到 134.58 亿元，5 年期债券发行 5 只，规模 82 亿元。

由表 5-6 可知，公司固定资产投入较大，对外股权投资金额较大。依据现金流量表，2015—2017 年投资净现金流出合计 320.19 亿元，说明投资现金缺口很大，加上公司存续债务到期，大量借款滚动使公司资金缺口进一步增大，急需通过大量融资解决，导致公司的刚性负债快速增长。

表 5-6 公司近年主要投资和筹资活动现金流出明细   单位：亿元

时间	2018 年 1—3 月	2017 年	2016 年	2015 年
股权性资金投入	—	24.22	94.42	110.79
固定资产等投入	12.81	42.47	65.91	23.71
偿还债务支付的现金	85.76	297.04	300.18	297.48

资料来源：永泰能源股份有限公司 2018 年第四期短期融资券募集说明书。

公司持续通过举债来满足经营和投资所需资金，大量借款和债务滚动导致一年内到期的非流动负债持续保持较大规模。如表 5-7 所示，2015—2017 年末及 2018 年 3 月末，永泰能源的流动负债总额分别为 2 722 070.23 万元、3 421 815.23 万元、3 925 745.94 万元和 3 881 048.39 万元，占总负债的比例分别为 44.08%、49.60%、50.08% 和 49.61%。其中，流动负债主要为短期借款、应付账款、其他应付款、一年内到期的非流动负债。2015—2017 年末及 2018 年 3 月末，永泰能源非流动负债余额分别为 3 453 150.57 万元、3 476 325.72 万元、3 912 625.94 万元和 3 941 560.30 万元，占总负债的比例分别为 55.92%、50.40%、49.92% 和 50.39%。其中，长期借款、应付债券、长期应付款组成了非流动负债的主要部分。

至 2018 年 3 月末，永泰能源的债务结构中，包括短期借款、应付票据及应付账款、其他应付款、一年内到期的非流动负债等流动负债合计达约 388.10 亿元，其中，一年内到期的非流动负债占比近一半。此外，还有长期借款约 161.51 亿元、应付债券约 157.84 亿元。公司负债总额合计高达约 782.26 亿元，偿债压力巨大。

表 5-7 永泰能源最近 3 年及 2018 年一季度流动负债及非流动负债构成情况

项目	2018年3月31日 金额/万元	占比/%	2017年12月31日 金额/万元	占比/%	2016年12月31日 金额/万元	占比/%	2015年12月31日 金额/万元	占比/%
短期借款	1 370 282.43	35.31	1 319 338.06	33.61	1 206 908.96	35.27	1 229 598.68	45.17
应付票据	213 445.90	5.50	184 879.10	4.71	32 053.00	0.94	37 081.80	1.36
应付账款	255 526.15	6.58	231 355.30	5.89	222 377.44	6.50	184 396.73	6.77
预收款项	29 743.71	0.77	42 475.62	1.08	20 987.40	0.61	2 236.27	0.08
应付职工薪酬	19 064.15	0.49	18 117.44	0.46	16 384.89	0.48	33 171.96	1.22
应交税费	63 983.41	1.65	71 077.42	1.81	87 155.61	2.55	65 008.21	2.39
应付利息	52 172.86	1.34	31 180.66	0.79	36 593.63	1.07	4 643.02	0.17
应付股利	230.76	0.01	230.76	0.01	7 230.76	0.21	4 230.76	0.16
其他应付款	137 512.12	3.54	88 624.31	2.26	71 215.69	2.08	141 019.46	5.18
一年内到期的非流动负债	1 739 086.92	44.81	1 766 166.41	44.99	1 720 907.86	50.29	1 020 683.34	37.50
流动负债合计	3 881 048.39	100.00	3 925 745.94	100.00	3 421 815.23	100.00	2 722 070.23	100.00
长期借款	1 615 069.79	40.98	1 585 404.04	40.52	1 463 459.00	42.10	1 406 321.00	40.73
应付债券	1 578 392.75	40.04	1 579 580.46	40.37	1 322 903.60	38.05	1 416 869.44	41.03
长期应付款	735 645.32	18.66	735 121.45	18.79	675 384.03	19.43	579 631.82	16.79
递延收益	800.00	0.02	800.00	0.02	4 241.55	0.12	4 545.34	0.13
递延所得税负债	11 652.44	0.30	11 719.99	0.30	10 337.54	0.30	45 782.97	1.33
非流动负债合计	3 941 560.30	100.00	3 912 625.94	100.00	3 476 325.72	100.00	3 453 150.57	100.00

数据来源：永泰能源股份有限公司 2018 年度第四期短期融资券募集说明书。

大规模对外收购与固定资产投资，加上债务滚动所需偿还的债务，导致公司负债规模急速上升。截至2018年3月底，公司负债规模合计约782.26亿元，是2014年底公司负债规模的203.42%；2015—2017年末及2018年3月底，公司资产负债率分别为69.91%、70.31%、73.14%和72.95%，呈现波动上升的趋势（见表5-8），高于同期煤炭行业平均资产负债率水平（如图5-4所示）。

表5-8 永泰能源偿债能力财务指标

时间	2018年1—3月	2017年	2016年	2015年
资产负债率/%	72.95	73.14	70.31	69.91
流动比率/%	49	51	44	56
速动比率/%	47	50	43	54
利息保障倍数	2.10	1.75	1.86	2.08

资料来源：根据永泰能源年度报告整理。

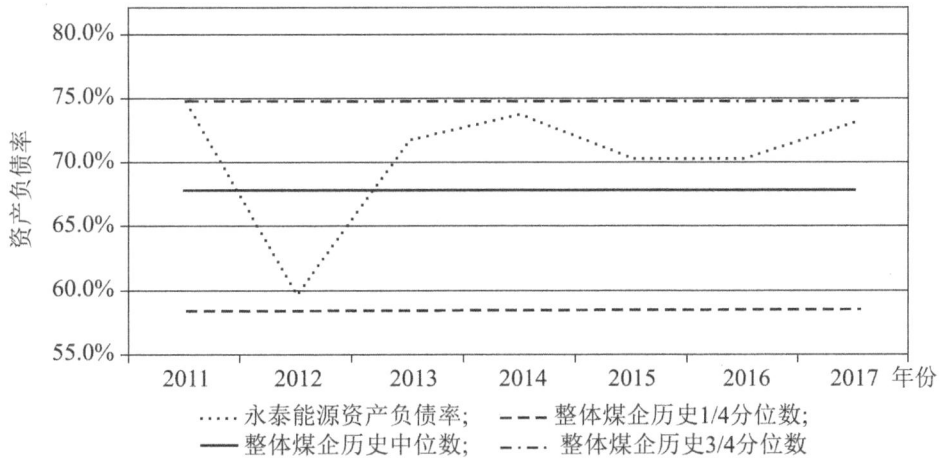

图5-4 近年来永泰能源与煤炭行业平均资产负债率
资料来源：Wind咨询。

综合以上分析，永泰能源近年来对外投资较为激进、固定资产投资规模较大，从而导致公司负债水平，尤其是带息负债水平处于很高水平，偿付本息消耗了公司的现金流和利润。加之永泰能源计划发行的7亿元2018年度第四期短期融资券宣布取消，导致账面上没有足够的流动资金，违约概率大大上升。

五、启示

公司信用风险的大小，关键在于公司的治理水平、盈利能力和现金流状况。此次永泰能源爆发信用债券违约事件，主要因为自身流动性不足。公司资本方式盲目扩张，公司流动资产不足且债务规模高企，公司举新债还旧债的融资模式，短期债券巨大的发行成本等都已经明显预示了永泰能源潜在的财务及经营风险。在当前融资环境严峻的背景下，分析信用债违约风险时应格外关注资产变现难易程度、债务结构等流动性指标。

六、问题思考

1. 债券违约是什么，如何分类？
2. 交叉违约是什么，交叉违约条款适用范围有哪些？
3. 分析永泰能源债券违约的整个过程。
4. 分析永泰能源债券违约的主要原因。
5. 永泰能源应通过什么方式"自救"？
6. 永泰能源的经历对其他企业有什么启示？

[案例说明书]

一、本案例要解决的关键问题

近年来,国内债券市场违约事件频发,随着债券"刚性兑付"神话的打破,债券投资者在风险与收益之间的博弈越来越具有挑战性。2018年7月,永泰能源股份有限公司因未能按时兑付"17永泰能源CP004",构成实质性违约,并成为"去杠杆"背景下债券违约的典型案例。本案例要解决的关键问题是通过了解永泰能源股份有限公司的基本情况和违约债项"17永泰能源CP004"的基本情况、违约过程,分析"17永泰能源CP004"的违约始末和应对措施,为公司提供分析风险的建议。

二、案例讨论的准备工作

(一)理论背景(违约债券、交叉保护条款)

1. 财务困境理论

债券违约实质上是企业陷入财务困境时的一个具体表现。Carmichael在1972年给财务困境下了一个定义:财务困境是指企业无法按期履行义务,而且财务困境有四种表现形式。企业由于财务困境而导致破产实际上是一种违约行为,因此财务困境也可以称为违约风险。当企业对债权人的承诺无法兑现或难以遵守时,就表示财务困境的发生。1991年,Pratten总结了导致公司陷入财务困境的四大原因:①商业大环境的变化;②经济大环境的变化;③公司盲目追求发展导致资金链紧张;④公司管理战略失误。另外,Pratten还结合当时的时代背景,总结出一些新的影响因素,例如经济全球化、管制的放松及技术进步的加快造成更激烈的国际竞争等。

2. 债券限制性条款

最早的债券契约可追溯到19世纪30年代,当时美国铁路公司发行了抵押债券,债券协议中包含了转股、资产抵押等简单条款。后来美国内战爆发、经济下滑,铁路公司经营困难,出现大规模债券违约事件。这使得人们对债券约束协议越来越重视,内容也在不断增加、细化。而真正意义上的债券契约出现在1900年前后,公司债券增加了设置限制性条款,这比以往的不动产抵押担保更为灵活。20世纪30年代,经济危机爆发,为了恢复投资者对市场的信心,债券合同相关的法律制度开始确立,合同内容和限制性条款种类也在不断创新和增加。第二次世界大战后,真正成熟的限制性条款体系开始形成,而它直到20世纪80年代市场的杠杆收购风潮出现后才再一次受到重视,并出现了针对事件风险的新兴条款。

(二)制度背景

近两年来,党中央、国务院实施战略性供给侧结构性改革,我国经济建设在"去产能、去库存、去杠杆、降成本、补短板"等方面取得了重要进展和显著成效;但仍存在定位不清、逻辑不密、体制不顺、措施不到位和效果不够好等问题和矛盾。2017年,企业更要直面这些矛盾,突出问题导向,求真务实,找到问题的关键节点和突破口,集中力量形成突破,运用市场形成趋势和规律以及政府政策顺势而为、精准发力,真正实现供给侧结构性改革对中国经济所具有的战略性、系统性的影响与地位。

（三）行业背景

煤炭是发电厂的原材料，煤价下跌时电厂盈利能力增加，煤价上涨时电力板块的盈利水平下行，但卖煤炭盈利增加，熨平了行业波动；而且电厂也是一个比较稳定的营生，也适合在维持现金流的基础上质押融资。但核心问题是，这些产业盈利能力很一般，收入很高但利润很低。

随着国家供给侧结构性改革的深入推进和"三去一降一补"的全面落实，经济结构加快优化升级，以及国家节能减排、调整能源结构，推动改变能源生产和利用方式的政策实施，煤炭、电力、采矿等能源行业面临着淘汰落后产能、市场份额减少、竞争日益加剧的严峻形势。

三、需要学员识别的关键问题

本案例需要学员识别的主要知识点包括：短期债券违约定义、债券市场交叉违约条款、债券违约原因分析、违约主体财务指标分析、债券违约应对措施。

四、教学组织方式

（一）问题清单及提问顺序、资料发放顺序

1. 债券违约是什么，如何分类？
2. 交叉违约是什么，交叉违约条款适用范围有哪些？
3. 分析永泰能源债券违约的整个过程。
4. 分析永泰能源债券违约的主要原因。
5. 永泰能源应通过什么方式"自救"？
6. 永泰能源的经历对其他企业有什么启示？

（二）课时分配

1. 课前小组讨论并分工：1学时；
2. 课前小组查阅资料并撰写分析报告：5学时；
3. 课堂小组报告：4学时；
4. 课堂讨论总结：1学时。

（三）讨论方式

本案例适于采用小组合作的形式进行讨论。

（四）课堂讨论总结

课堂讨论总结的关键是：归纳各小组的主要观点；重申其重点及亮点；提醒大家对焦点问题或有争议观点进行进一步思考；建议大家对案例素材进行拓展性研究和深入分析。

案例 6

从酒钢宏兴固定资产会计估计两度变更看盈余管理*

---

* 1. 本案例由广东工业大学管理学院的陈沉、龙秋如、林文娣、林俊孜及廖紫薇等共同撰写,作者拥有著作权中的署名权、修改权、改编权。
 2. 本案例授权广东工业大学 MPAcc 教学智库实验平台使用,广东工业大学 MPAcc 教学智库实验平台享有复制权、修改权、发表权、发行权、信息网络传播权、改编权、汇编权和翻译权。
 3. 由于企业保密的要求,在本案例中对有关名称、数据等做了必要的掩饰性处理。
 4. 本案例只供课堂讨论之用,并无意暗示或说明某种管理行为是否有效。

[案例封面]

专业领域：财务会计

适用课程：财务会计理论与实务

选用课程：财务会计理论与实务

编写目的：本案例立足于钢铁公司固定资产会计估计变更。以酒钢宏兴为案例，旨在让学员厘清并分析固定资产会计估计变更与盈余管理的联系，让学员学会在多种情境下运用会计理论进行会计实务分析，加深对相关知识点的理解与思考。

知 识 点：固定资产会计估计变更；盈余管理

关 键 词：固定资产折旧；会计估计变更；盈余管理

中文摘要：在钢铁行业复杂的发展背景下，本案例选取钢铁行业酒钢宏兴上市公司两度进行固定资产会计估计变更为分析对象，剖析会计估计变更行为对企业财务信息的影响，并进一步剖析该会计估计变更与盈余管理的关系，为学员甄别企业会计估计变更的行为动机提供一定的启发。

[案例正文]

一、引言

全球经济形势风云多变,时刻影响国家宏观经济政策的调整。作为国民经济基础产业的钢铁行业,国家宏观经济发展与其发展命脉相连,经营情况易受宏观经济波动影响。钢铁公司甘肃酒钢集团宏兴钢铁股份有限公司(以下简称"酒钢宏兴")在 2009—2015 年间经历世界经济发展乏力和宏观经济整体收缩的阵痛,整体创收和获利能力欠佳。

酒钢宏兴发布的年度报告显示,在会计准则允许的情况下,2010 年和 2014 年均发生固定资产折旧会计估计变更。该公司一系列的指标显示,酒钢宏兴管理层很可能为达到自身利益最大化,以会计估计变更为切入点,操控对外财务报告的会计收益。

二、行业背景

2010 年,世界经济逐渐自 2008 年金融危机后复苏,在我国一系列宏观经济政策刺激下,国内钢铁公司效益逐步改观。2011 年是我国"十二五"时期开局之年,地处西北部的酒钢宏兴乘着西部大开发的"春风"获得恢复发展。但好景不长,2012 年,受欧美债务危机的影响,世界经济增速持续下滑,国内大宗商品需求大幅萎缩,价格持续下跌,国内钢材市场环境不断恶化,钢铁产业陷入全面亏损。2013—2015 年全球经济复苏乏力,国内经济发展进入放缓的新常态,导致钢材需求增速下降,粗钢产能扩张加速,特别是区域市场钢铁供大于求、产能过剩情况加剧,使钢材价格持续走低,同时,铁矿石、煤炭等原材料、燃料价格维持在高位运行,严重挤压钢铁公司的盈利空间,钢铁行业存在巨大的经营压力。

2009—2015 年,中国钢材价格指数如图 6-1 所示。2010 年钢材价格受经济缓慢复苏影响,较 2009 年有所上升;但从 2011 年开始,受到整体严峻经济形势的影响,呈现 4 年连续下降趋势,钢材价格指数由 2010 年的 128.29 点下降到 2015 年的 56.37 点,其中,2015 年跌幅最大。

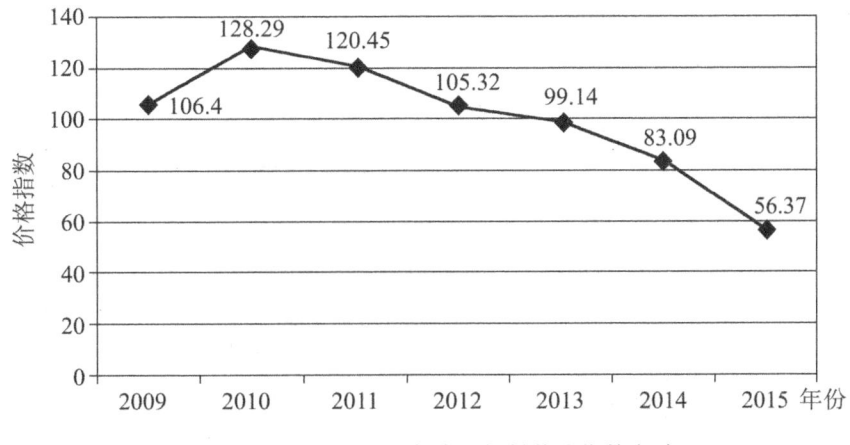

图 6-1 2009—2015 年中国钢材价格指数变动

三、会计估计变更与盈余管理概述

(一) 会计估计变更

会计估计变更,通常指在当前资产和负债状况发生改变,即预计可获得经济利益和要履行的义务发生改变,需要调整账面价值的行为。该项变更是基于会计要素核算方法不变的情况下,改变会计要素的金额和数值,如改变固定资产的折旧年限。公司通常在获取新技术或信息、经营发展状况面临改变等情况下,出于筹集资金、避免退市或"润色"经营情况等动机,对会计估计进行变更存在复杂性和不确定性,财务人员的职业判断与职业道德将影响报表项目的准确计量,通常情况如表6-1所示。

表6-1 会计估计变更类别

常见项目	变更方法
固定资产	变更固定资产的使用年限、折旧计提方法和年限
应收账款	变更坏账准备提取比例、方法、范围
无形资产	变更无形资产的使用年限,变更折旧计提的方法

(二) 盈余管理

盈余管理,通常指在相关会计准则允许的范围内,管理层面希望达到公司价值最大化,并从中实现自身效益最大化的目的,操控公司对外报告的相关收益信息的行为。

盈余管理的主体是公司管理人员,如董事会和经理人员;盈余管理的客体是对外报告中反映收益信息的部分。通常采用会计准则允许范围内的各种方式进行经营效益的"润色",即盈余管理。

四、酒钢宏兴简介

1999年4月17日,酒钢宏兴经甘肃省人民政府批准,由酒泉钢铁(集团)有限责任公司(以下简称"酒钢集团")作为主发起人,以所属多处单位的生产经营性资产折价入股,联合以现金方式入股的多方发起设立,形成现今股东结构多元化的股份有限公司。公司控股股东为酒钢集团,酒钢集团是甘肃省国有资产监督管理委员会拥有的国有公司,公司控股关系如图6-2所示。

2000年12月20日,酒钢宏兴向社会公开

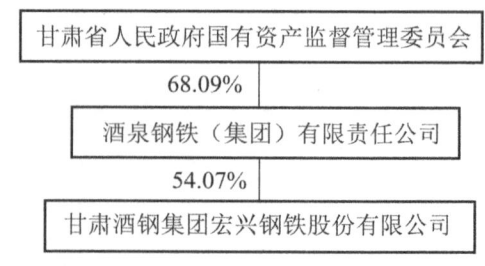

图6-2 公司产权及控制关系

发行普通股20 000万股,获准在上海证券交易所上市交易,公司注册资本变更为72 800万元。2009年9月21日,中国证券监督管理委员会核准酒钢宏兴重大资产重组暨向酒钢集团发行了117 207.87万股购买相关资产,注册资本变更为204 567.87万元。受2012年

经济危机的影响,2013 年企业的经营能力受挫,酒钢宏兴发生了上市以来的首次巨额亏损,2014 年力挽狂澜,微利收官,却在 2015 年再次亏损,整体经营情况让人担忧,2009—2015 年盈利情况如表 6-2 所示。

表 6-2 2009—2015 年盈利情况

年 份	2009	2010	2011	2012	2013	2014	2015
净利润/万元	32 612	96 087	152 659	47 734	-237 366	2 230	-741 082
每股收益/元	0.16	0.46	0.37	0.12	-0.37	0.01	-1.18

数据来源:酒钢宏兴年度报告数据。

酒钢宏兴所处的钢铁行业为重资产行业,随着企业经营规模的不断扩大及随之而来的资产注入,公司所拥有的固定资产规模上升,固定资产和在建工程在总资产中所占的份额也在不断增大。2009 年完成与酒钢集团的重大资产重组后,固定资产规模更是大幅增长,且每年增速较为稳定。2009—2015 年固定资产占总资产的比例在 40% 上下浮动,2015 年达到 65.53%。酒钢宏兴 2009—2015 年固定资产所占比例如表 6-3 所示。

表 6-3 2009—2015 年固定资产所占比例

年份	固定资产净额/万元	在建工程净额/万元	资产总计/万元	固定资产占比/%	固定资产及在建工程占比/%
2009	1 170 711.9	163 475.87	2 608 558.37	44.88	51.15
2010	1 195 280.22	166 991.48	3 046 573.37	39.23	44.71
2011	1 476 381.08	245 743.08	4 470 496.2	33.02	38.52
2012	1 976 989.83	54 683.45	4 610 371.12	42.88	44.07
2013	2 495 755.66	160 620.28	5 741 546.36	43.47	46.27
2014	2 532 929.4	155 528.74	5 314 566.4	47.66	50.59
2015	2 541 193.15	81 313.05	3 878 165.08	65.53	67.62

数据来源:酒钢宏兴年度报告数据。

由于固定资产折旧额将直接或间接计入费用,可能影响到企业当期收益。因此,用当期折旧额占营业收入、营业成本的比例,以及固定资产折旧额与净利润的比值来衡量固定资产折旧对酒钢宏兴利润的影响。2009—2015 年固定资产折旧额对利润的影响如表 6-4 所示。

表 6-4 2009—2015 年固定资产折旧额对利润的影响

年份	固定资产折旧额/万元	营业收入/万元	营业成本/万元	净利润/万元	折旧额占营业收入的比重/%	折旧额占营业成本的比重/%	折旧额比净利润的倍数/倍
2009	179 195.06	3 594 844.05	3 249 571.33	32 611.88	4.98	5.51	5.49
2010	197 139.22	3 952 450.74	3 518 903.40	96 087.17	4.99	5.60	2.05

续上表

年份	固定资产折旧额/万元	营业收入/万元	营业成本/万元	净利润/万元	折旧额占营业收入的比重/%	折旧额占营业成本的比重/%	折旧额比净利润的倍数/倍
2011	175 684.01	5 515 343.80	4 920 053.64	152 658.98	3.19	3.57	1.15
2012	191 646.84	6 370 044.85	5 820 217.62	47 734.50	3.01	3.29	4.01
2013	299 588.21	9 456 976.00	9 030 540.23	-237 365.88	3.17	3.32	-1.26
2014	109 420.25	9 575 319.61	8 868 174.61	2 230.39	1.14	1.23	49.06
2015	111 411.84	5 477 679.62	5 505 803.48	-741 082.43	2.03	2.02	-0.15

数据来源：酒钢宏兴年度报告数据。

随着固定资产占比的增加，固定资产折旧金额也在逐步增加，尽管每期折旧额在营业收入中占比较少，一般维持在1%～5%之间，但是，2009—2015年钢铁行业面临"内忧外患"的大环境，外部竞争异常激烈，企业的获利能力不佳，利润率低，折旧额变化对盈利的影响加大。当固定资产折旧发生估计变更时，折旧额变动引起的利润波动较大。

五、2010年酒钢宏兴会计估计变更分析

（一）变更情况

2010年8月23日，酒钢宏兴第四届董事会第十四次会议审议通过了《关于公司变更会计政策和会计估计的议案》该议案决定，为与公司实际控制人酒泉集团的会计政策和估计保持一致性，公司根据会计准则和相关公司制度的要求，对原会计政策和会计估计进行部分变更。具体变更内容如下：

1. 变更坏账准备计提比例

为了加强对应收款项的管理，防范坏账风险，公司调整应收款项的坏账计提比例。变更前，坏账准备计提情况如表6-5所示；变更后，坏账准备计提情况如表6-6所示。

表6-5 变更前坏账准备计提情况

账龄	应收账款坏账准备计提比例/%	其他应收款坏账准备计提比例/%
1年以内（含一年）	1	1
1～2年	5	5
2～3年	20	20
3～4年	30	30
4～5年	80	80
5年以上	100	100

数据来源：酒钢宏兴年度报告数据。

表6-6 变更后坏账准备计提情况

账龄	应收账款坏账准备计提比例/%	其他应收款坏账准备计提比例/%
1年以内（含一年）	3	3
1～2年	20	20
2～3年	50	50
3～4年	80	80
4年以上	100	100

数据来源：酒钢宏兴年度报告数据。

由表6-5和表6-6可知，酒钢宏兴的应收账款和其他应收款的坏账准备的计提比例有较大涨幅。本次会计估计变更日为2010年1月1日，该项会计估计变更使当期净利润减少2 238万元。

2. 变更固定资产折旧年限

变更前，固定资产的折旧情况如表6-7所示。

表6-7 变更前固定资产折旧情况

类别	折旧方法	折旧年限/年	残值率/%	年折旧率/%
房屋及建筑物	直线	16～20	0	5～6.25
机器设备	直线	6～10	5	9.5～15.83
运输设备	直线	5	5	19
电子设备	直线	5	0	20

数据来源：酒钢宏兴年度报告数据。

变更后固定资产的折旧情况如表6-8所示。

表6-8 变更后固定资产折旧情况

类别	折旧方法	折旧年限/年	残值率/%	年折旧率/%
房屋及建筑物	直线	25	0	4
机器设备	直线	10	5	9.50
电子设备	直线	5	0	20
运输工具（公路）	直线	8	5	11.88
铁路路基	直线	50	0	2
桥梁涵洞	直线	50	0	2
运输设备（铁路）	直线	20	5	5

数据来源：酒钢宏兴年度报告数据。

由表6-7和表6-8可知，酒钢宏兴将固定资产中房屋及建筑物折旧年限从16～20年延长至25年，机器设备的折旧年限从6～10年延长至10年，将运输设备重新分类，划分为运输工具（公路）、铁路路基、桥梁涵洞、运输设备（铁路），折旧年限分别从5

年延长至 8 年、50 年、50 年、20 年。本次变更日为 2010 年 1 月 1 日，该会计估计变更使企业当期净利润增加 29 416 万元。

3. 变更无形资产摊销年限

信息化项目摊销年限由原来的 5 年变更为 10 年。本次会计估计变更日为 2010 年 1 月 1 日，该项变更使企业的当期净利润增加 258 万元。

4. 2011 年前期会计估计变更和差错更正追溯调整

2011 年 7 月，酒钢宏兴公布了《关于前期会计估计变更和差错更正追溯调整的公告》。在公告中表明，由于本公司对会计估计变更相关规定理解有误，会计估计变更日期将进行调整。更正后影响 2010 年度归属于母公司股东的净利润为 -2 555.26 万元，影响每股收益 -0.006 2 元。其中，对财务报表影响如表 6-9 所示。

表 6-9 前期会计估计变更和差错更正追溯调整对主要报表数据的影响

报表项目	追溯调整前利润/万元	追溯调整金额/万元	追溯调整后金额/万元
固定资产	1 074 803.38	3 205.70	1 078 009.08
无形资产	301 978.22	31.75	301 949.98
应缴税费	10 471.70	485.62	10 957.32
年末未分配利润	262 550.88	2 751.83	265 302.71
营业成本	1 770 042.73	-3 060.87	1 766 981.87
管理费用	72 951.59	-176.58	72 755.01
利润总额	52 957.35	3 237.45	56 194.80
所得税费用	10 964.90	485.62	11 450.52
归属于母公司股东的净利润	40 753.94	2 751.83	43 505.77

数据来源：酒钢宏兴年度报告数据。

公司方面表示，此次会计估计变更能够有助于与实际控制人酒泉集团会计估计要求保持一致性，能更真实、公正和客观地反映公司经营状况以防范相关风险。

（二）变更动机分析

上市公司由于各种原因，根据实际情况适时调整会计估计及实施公司的盈余管理。通过分析酒钢宏兴本次会计估计变更前后的相关经营活动，本会计估计变更可识别为大股东酒钢集团的"强势操控"，主要动机有两个：一为避免履行 2009 年签订的《关于采矿权盈利的补偿协议》；二为增加发售新股价格的"算盘"。

1. 避免履行《关于采矿权盈利的补偿协议》

通过查看公司发布的《关于公司变更会计政策和会计估计的公告》可知，2009 年酒钢宏兴向酒钢集团非公开发行股票 1 172 078 712 股，以购买其持有的本部钢铁主业铁前系统、碳钢轧钢系统、辅助系统的相关资产及榆中钢铁 100% 股权。具体包括：镜铁山矿、镜铁山矿黑沟矿区、石灰石矿、白云岩矿四个矿山的采矿权，完成酒钢集团钢铁产业的整体上市，已经构成重大资产重组。在这次交易后，酒钢宏兴与酒钢集团签订了《关于采矿权盈利的补偿协议》，交易双方确认标的采矿权于 2009—2011 年承诺盈利金额如表

6-10 所示。

表 6-10　各矿山 2009 年度、2010 年度和 2011 年度的承诺盈利金额　　单位：万元

年　份	2009	2010	2011
镜铁山矿	5 445.46	5 445.46	5 445.46
黑沟矿区	4 906.86	4 906.86	4 906.86
石灰石矿	644.82	644.82	669.62

数据来源：酒钢宏兴年度报告数据。

2009 年发布的年度报告披露了该补偿协议的相关情况，2009 年，公司实际盈利状况为：镜铁山矿 5 450.20 万元、黑沟矿 4 923.01 万元、石灰石矿 646.60 万元，三个矿区实际实现的净利润超出评估估算的净利润，不存在需补偿的情形。通过对比承诺的盈利及实际盈利额可知，二者相差不大，其中，超出盈利额最多的是镜铁山矿，但只有 5 万元，而超出部分最少的是石灰石矿，仅有不到 2 万元，与预期相差甚远。

2010 年国内外钢铁行业市场需求萎缩，钢铁产业受到巨大打击。对于大股东酒钢集团来说，三个矿山承诺的盈利能力进一步衰弱，极有可能无法达到承诺的利润额。作为大股东的酒钢集团，"操控"其子公司酒钢宏兴进行上述会计估计变更以达到避免支付该笔补偿款目的的动机也越发强烈。

2010 年公司发布的年报数据如表 6-11 所示，2010 年保证盈利金额为：镜铁山矿 5 445.46 万元、黑沟矿 4 906.86 万元、石灰石矿 644.82 万元，实际酒钢宏兴 2010 年年报实现盈利为：镜铁山矿 5 567.47 万元、黑沟矿 5 144.50 万元、石灰石矿 920.02 万元，三个矿区实际实现的净利润超出估算净利润，石灰石矿作为上一年超出承诺利润额最少的矿山，本年超出承诺利润额最多。在钢铁行业发展较为艰难时期不降反升，涨幅高达 30% 左右，其他两座矿山利润有不同程度涨幅。作为大股东的酒钢集团，"操控"子公司酒钢宏兴 2010 年会计估计变更有效避免了《关于采矿权盈利的补偿协议》的履行，不需支付相应补偿款。

表 6-11　各矿山承诺的盈利与实际实现的盈利比较　　单位：万元

年　份	2009	2010	承诺的盈利
镜铁山矿	5 450.20	5 567.47	5 445.46
黑沟矿区	4 923.01	5 144.50	4 906.86
石灰石矿	646.60	920.02	644.82

数据来源：酒钢宏兴年度报告数据。

2. 影响定向增发新股价格

定向增发新股逐渐成为上市公司再融资的重要方式。公司筹集资金与其经营状况关系密切，因此，很多公司定向增发前会进行盈余管理来影响新股价格，以发行相对较少股数达到同样筹资金额的目的。

2010 年 12 月，酒钢宏兴发表《关于非公开发行 A 股股票涉及关联交易的公告》，公告中酒钢宏兴拟向特定对象非公开发行不超过 10.86 亿股 A 股股票。本次非公开发行 A

股的发行价格不低于 8.84 元/股。2010 年 6 月 17 日，酒钢宏兴被调出上证 180 样本股，其形象受到一定冲击，对股价产生一定负面影响。酒钢宏兴年末股价仅为 4.8 元左右，与预案中的 8.84 元/股相差较大，加上以上因素的影响，酒钢宏兴亟须通过盈余管理改善公司的财务状况以影响新股价格。

六、2014 年酒钢宏兴固定资产会计变更分析

（一）变更情况

2014 年 4 月 1 日，酒钢宏兴发布关于会计估计变更的公告，根据公司固定资产的实际情况，参照部分上市公司的做法，相关部门对固定资产重新核实实际使用年限，决定从 2014 年 1 月 1 日起，将房屋及建筑物折旧年限由 25 年调整为 35～45 年，机器设备折旧年限由 10 年调整为 15～28 年，运输工具折旧年限由 8 年调整为 10～18 年，电子设备折旧年限由 5 年调整为 5～10 年。2014 年变更前固定资产的折旧政策如表 6-12 所示，2014 年变更后固定资产的折旧政策如表 6-13 所示。

表 6-12 2014 年固定资产折旧变更前政策

类别	折旧方法	折旧年限/年	残值率/%	年折旧率/%
房屋及建筑物	直线法	25	0	4
机器设备	直线法	10	5	9.5
运输工具	直线法	8	5	11.875
电子设备	直线法	5	0	20

数据来源：酒钢宏兴年度报告数据。

表 6-13 2014 年固定资产折旧变更后政策

类别	折旧方法	折旧年限/年	残值率/%	年折旧率/%
房屋及建筑物	直线法	35～45	0	2.22～2.86
机器设备	直线法	15～28	5	3.39～6.33
运输工具	直线法	10～18	5	5.28～9.5
电子设备	直线法	5～10	0	10～20

数据来源：酒钢宏兴年度报告数据。

通过图表可以清晰地看到，经固定资产会计估计变更，酒钢宏兴的固定资产年折旧率大大降低，使 2014 年减少固定资产折旧额 17.68 亿元，所有者权益增加 14.85 亿元。本会计估计变更影响额已经超过该年度酒钢宏兴的所有者权益及净利润的 50%。

酒钢宏兴表示，公司近年来加大设备维修技术投入的力度，用心维护设备和生产线，按时修缮房屋建筑物，以延长固定资产的使用寿命。根据会计准则规定，2013 年 12 月末，公司组织固定资产专业管理人士对固定资产复核，重新核定使用寿命、预计净残值和折旧方法。为正确反映固定资产的实际运营状况，提高公司竞争力，根据固定资产的实际情况，并参考钢铁行业其他可比公司的折旧情况，公司决定自 2014 年 1 月 1 日起对固

资产折旧年限进行调整。调整后公司折旧年限将更符合行业的固定资产折旧年限的平均水平，使公司财务信息更具有"客观性"。

（二）从税法角度看固定资产会计估计变更

现行《中华人民共和国公司所得税法实施条例》中有对公司固定资产折旧的明文规定，其中第六十条对固定资产计算折旧的最低年限做了限定。

根据相关规定可知，酒钢宏兴将其固定资产的折旧年限普遍延长属于合法行为，因为税法只规定固定资产折旧的最低年限，而没有最高年限的限制。固定资产折旧年限的延长属于会计估计变更中的一种，在满足相关要求时，如估计基础发生改变、获取导向变更估计的新信息出现等，公司才能够修订会计估计。

表面上来看酒钢宏兴将固定资产的折旧年限调高似乎没有问题，但是深入研究即可发现，正常情况下，大多数公司更希望自己的固定资产能够在较短期间里得到补偿，因而大多数希望采取加速折旧法、年限总和法或者缩短折旧年限的方式来进行固定资产折旧计算，税法上也只限定了最低年限。然而，酒钢宏兴却"逆而行之"，其中必有其自己的一套"说词"。

（三）变更动机分析

1. 面临 ST 风险，未来盈利压力大

根据相关资料得知，一直以来钢铁行业产能过剩及钢材消费需求下滑严重，行业经营举步维艰。受钢材市场需求持续低迷、钢材价格大幅下滑、运输成本上升等因素影响，酒钢宏兴 2013 年度净利润为 -237 366 万元，经营处于亏损状态。

根据《上海证券交易所股票上市规则》可知，上市公司出现最近两个会计年度经审计的净利润连续为负值，或被追溯重述后连续为负值，应当对其股票特别处理，即冠予 ST。上市公司的经营情况和股票状况将受到不良影响，随之而来的诸多限制条件是每个上市公司都不希望承担的。根据规定，上市公司股票交易被实行特殊处理期间，股票交易应遵循下列规则：

（1）股票报价日涨幅限制为 5%，跌幅限制为 5%。

（2）股票名称改为原股票名前加"ST"。

（3）上市公司的中期报告必须审计。

公司被 ST 后并非过几年便自动解除"ST"符号，想摘下 ST 帽子难度相当大，被 ST 后给公司带来的不利影响较大。因此，为避免被 ST，酒钢宏兴在 2014 年必须盈利。对于一个钢铁公司来讲，其本身盈利能力并不是很强，现在想要在不景气的经济环境中盈利，可谓难上加难。那么，如何才能让公司呈现盈利状态，避免在 2014 年被套上 ST 的帽子成为管理层的一道难题。

2. 固定资产会计估计变更成"救星"

固定资产占总资产的比重大是钢铁行业最大的特点之一。这导致该行业固定资产投资粘性较大的同时，固定成本较高。由于固定资产及在建工程在总资产中所占比重大，固定资产折旧的会计估计变更处理中，折旧率微小变化对利润均会产生较大的影响。

使用寿命和预计净残值的估计、折旧方法的选择等，均能影响固定资产的会计估计。

固定资产的损耗速度通常由预计生产能力、相关损耗等因素决定,且较难准确计量,一般情况下只能凭借经验估计,而这种损耗速度往往成为使用寿命评判的重要标准。固定资产净残值只有到报废时才能确定,预计净残值是会计职业判断的结果。固定资产预期实现的经济利益与折旧方式的选择有关,需要会计人员谨慎、合理地判断。同时,严峻的经营形势下增加营业收入的难度极大,想要在未来盈利,在成本和费用上"做文章",进行固定资产的会计估计变更可能成为重资产行业盈余管理的重要手段。

如表6-14、表6-15所示,2013年与2014年公司的营业收入相差不大,2013年固定资产总额为5 741 546万元,2014年固定资产总额为5 314 566万元,2013年折旧额为299 588.21万元,2014年折旧额为109 420.25万元(表6-4),固定资产总额在两年间相差不大。然而,2013年折旧额是2014年折旧额的2倍多,固定资产的会计估计变更使酒钢宏兴2014年由亏损变成微盈。

表6-14 2012—2016年酒钢宏兴资产占比分析

年 份	固定资产净额/万元	在建工程净额/万元	固定资产总额/万元	固定资产占比/%	固定资产及在建工程占比/%
2012	1 976 990	54 683	4 610 371	42.88	44.07
2013	2 495 756	160 620	5 741 546	43.47	46.27
2014	2 532 929	155 529	5 314 566	47.66	50.59
2015	2 541 193	81 313	3 878 165	65.53	67.62
2016	2 481 039	34 958	3 783 380	65.58	66.50

数据来源:酒钢宏兴年度报告数据。

表6-15 酒钢宏兴2012—2016年营业收入及净利润数据

年 份	2012	2013	2014	2015	2016
营业收入/万元	6 370 045	9 456 976	9 575 320	5 477 680	3 509 385
净利润/万元	47 734	-237 366	2 230	-741 082	2 172

数据来源:酒钢宏兴年度报告数据。

根据资料显示,不少上市公司为避免ST,通过各种各样的方式使报表"扭亏为盈",如财务造假、盈余管理等。对于酒钢宏兴会计估计变更,其实对这种特定目的下固定资产折旧年限调整,归根到底是一种变相的"会计操控"。因为这些行为导致会计信息失真,难以反映公司真实的经营业绩和资产负债情况,扰乱了公平竞争的市场环境,对资本市场和投资者分析判断产生的不良影响不可低估,给相关管理决策增加了一定的难度。

七、参考资料

[1] 谭欣雨. 河北钢铁会计估计变更案例研究 [D]. 沈阳:沈阳工业大学,2017.
[2] 周容. 基于会计估计变更的盈余管理分析——基于酒钢宏兴两度变更会计估计的案例研究 [J]. 国际商务财会,2017 (7):68-76.

［3］徐慧晔. 固定资产准则的变化对盈余管理的影响［J］. 中北大学学报（社会科学版），2009（05）：36－38.
［4］甘肃酒钢集团宏兴钢铁股份有限公司2010年年度报告，2011年1月.
［5］甘肃酒钢集团宏兴钢铁股份有限公司2011年年度报告，2012年3月.
［6］甘肃酒钢集团宏兴钢铁股份有限公司2012年年度报告，2013年4月.
［7］甘肃酒钢集团宏兴钢铁股份有限公司2013年年度报告，2014年4月.
［8］甘肃酒钢集团宏兴钢铁股份有限公司2014年年度报告，2015年3月.
［9］甘肃酒钢集团宏兴钢铁股份有限公司2015年年度报告，2016年4月.
［10］中华人民共和国公司所得税法实施条例，2007年12月.
［11］上海证券交易所股票上市规则，2014年10月.
［12］刘蓉媛. 外汇暴露对企业利润影响的管理控制模型研究［D］. 东北：东北大学，2010.
［13］刘博. 上市公司利润操纵及其对股价的影响研究［D］. 北京：中央财经大学，2012.

八、讨论问题

1. 本案例中盈余管理手段有哪些？
2. 如何识别上市公司的盈余管理？
3. 公司盈余管理的动机有哪些？
4. 本案例中固定资产会计估计变更对利润的影响是什么？
5. 如何评价公司盈余管理行为？
6. 本案例的相关启示是什么？

[案例说明书]

一、教学目的与用途

通过对本案例酒钢宏兴盈余管理手段的解读,总结上市公司盈余管理的动机,从中得出启示。通过案例引导学员结合企业会计准则的相关知识点,分析企业进行固定资产会计估计变更和盈余管理的动因。

二、案例讨论的准备工作

为有效地实现案例目标,学生应具备下列知识基础。

(一)理论背景

1. 会计估计变更

企业据以进行估计的基础发生变化,或由于取得新信息、积累更多经验及后来的发展变化,可能需对会计估计进行修订。会计估计变更依据应真实可靠。企业应根据企业会计准则规定,结合本企业的实际确定会计估计,经股东大会或董事会、经理(厂长)会议或类似机构批准,按法律、行政法规等规定报送有关各方备案。企业会计估计一经确定不得随意变更。如需变更,应重新履行上述程序,并按企业会计准则的规定处理。如以前期间会计估计错误则属差错,按前期差错更正的规定处理。通常情况下企业可能由于以下原因发生会计估计变更:

第一,赖以估计的基础发生了变化。如其所依赖的基础已经变化,会计估计也应改变。如企业某项无形资产摊销年限原定10年,以后发生的情况表明该资产收益年限不足10年,应适当调减摊销年限。

第二,取得新信息、积累了更多经验。会计估计是就现有资料对未来做的判断。随时间的推移,企业有可能取得新信息、积累更多经验,这种情况下需对会计估计进行修订。如企业原根据当时能得到的信息对应收账款项按其余额的5%计提坏账准备。现掌握新信息判定不能收回应收账款项比例达15%,企业改按15%比例计提坏账准备;如企业原对固定资产采用年限平均法按15年计提折旧,后来根据新信息,固定资产经济使用寿命不足15年,只有10年,改按10年计提折旧。会计估计变更应采用未来适用法,即在会计估计变更当期及以后期间,采用新的会计估计。会计估计变更不改变以前期间的会计估计,也不调整以前的报告结果。

为使不同期间财务报表可比,如以前期间会计估计变更的影响数计入日常经营活动损益,以后期间也应计入日常经营活动损益;如以前期间会计估计变更影响数计入特殊项目,以后期间也应计入特殊项目。会计估计变更既影响变更当期又影响未来期间,影响数应在变更当期和未来期间确认。如,应计提折旧的固定资产,其有效使用年限或预计净残值估计发生变更,影响变更当期资产以后使用年限内各期间的折旧估计变更。如不易区别是会计政策变更还是会计估计变更,应视为会计估计变更,按会计估计变更核算方法处理。

由于会计分期和货币计量的制约，按照权责发生制原则的要求，确认、计量低度不确定性经济业务时，必然对尚在延续中、其结果不确定的低度不确定性经济业务予以估计入账。低度不确定性经济业务估计主要涉及两方面的问题：一是估计过程中会计政策和会计方法的选择；二是期后会计估计数字的更正，即会计估计变更。

2. 盈余管理

盈余管理（earnings management）是管理当局在遵循会计准则的基础上，通过对企业对外报告的会计收益信息的控制或调整，以达到主体自身利益最大化的行为。盈余管理是目前国外经济学和会计学广泛研究的课题。对盈余管理的概念，会计学界存在诸多不同意见。美国会计学家斯科特特（William. R. Scott）在 *Financial Accounting Theory* 中认为，盈余管理是"在 GAAP 允许范围内通过会计政策的选择使经营者自身利益或企业市场价值达到最大化的行为。"美国会计学家凯瑟琳·雪珀（Katherine Schipper）认为，盈余管理是管理人员通过有目的地控制对外财务报告过程，以获取某些私人利益的"披露管理"。

盈余管理主体是管理当局，包括经理人员和董事会。尽管经理人员和董事会的盈余管理动机并不完全一致，但对企业会计政策和对外报告盈余都有重大影响，盈余信息披露由各自作用的合力决定。盈余管理客体是企业对外报告的盈余信息（即会计收益）。雪珀定义盈余管理不仅指对会计收益的调整和控制，而且包括对其他会计信息披露的管理；但对会计收益以外财务数据操纵并不具有普遍意义，所具有的经济后果相对而言小得多，如将其纳入盈余管理范畴反而影响对盈余管理本质的把握。盈余管理方法是在 GAAP 允许范围内，综合运用会计和非会计手段实现对会计收益的控制和调整，主要包括会计政策选用、应计项目管理、交易时间改变、交易创造等。盈余管理的目的是盈余管理主体自身利益的最大化，包括管理人员自身利益最大化和董事会成员所代表股东利益最大化。

从一个足够长的时段（最长是企业整个生命期）看，盈余管理并不增加或减少企业实际的盈利，但改变企业实际盈利在不同会计期间的反映和分布。盈余管理影响会计数据尤其是报告盈利，而不是企业实际盈利。会计方法选择、运用和会计估计变动、会计方法运用时点、交易事项发生时点控制是典型的盈余管理手段。

盈余管理必然同时涉及经济收益和会计数据的信号作用问题。尽管并不知道企业究竟有多大的经济收益，但盈余管理最终离不开经济收益这一基准。盈余管理瞄准的方向是会计数据信息含量和信号作用。发达证券市场环境下的盈余管理，考虑会计数据信息含量和信号作用多一些，其"信息观"重要地位更明显；相反，欠发达证券市场环境下的盈余管理，容易拘泥于会计报告收益与经济收益或其他法规决定的收益的偏差，其"经济收益观"地位更突出。

盈余管理的利益表现形式十分复杂。有的是直接经济利益，如经理人员分红的增加；有的是间接利益，如职位晋升、股价飙升，会计数据信号作用常表现在这里。有的是立竿见影的，有的要潜伏很长时间。

（二）行业背景

2008 年全球经济遭遇寒冬，2010 年世界经济逐渐回暖，我国推出相应的宏观经济调整政策，国内钢铁行业逐渐恢复元气。2011 年为"十二五"时期开局之年，酒钢宏兴抓住该机会大力发展钢铁产业。然而，2012 年欧美债务危机席卷全球，世界经济再次下滑，国内钢铁市场需求和价格不断下降,行业面临巨额亏损的危机。

作为易受宏观经济周期性影响的钢铁行业,世界经济发展对其"牵一发而动全身",尽管2013年至今,全球经济逐渐复苏并趋向稳定,但整体发展疲软,进入放缓发展的新常态,钢铁行业供过于求的局面未得到很好的改善,严重影响行业盈利能力,给钢铁行业经营带来巨大压力。

三、案例要点分析

(一)需要学生识别的关键问题

1. 本案例中盈余管理手段有哪些?
2. 如何识别上市公司的盈余管理?
3. 公司盈余管理的动机有哪些?
4. 本案例中固定资产会计估计变更对利润的影响是什么?
5. 如何评价公司盈余管理行为?
6. 本案例的相关启示是什么?

(二)问题分析

1. 本案例中盈余管理手段

盈余管理指高管在不违反会计法的前提下,出于各种动机,利用各种方法,以实现期望报告的行为。目前,我国证券市场尚属初级阶段,相关法律法规及制度不是特别完善,上市公司调节公司盈余的行为比较常见。

(1)会计政策、会计估计的调整。

会计政策、会计估计变更存在较大的自由选择性。如记账本位币的确认,主要针对境外经营主体,以人民币作为记账本位币,日常外币收支属于外币交易,需要在资产负债表日将外币货币性项目按即期汇率折算为人民币,汇率变动最终计入当期损益。以外币作为记账本位币,资产负债表日将外币报表折算为人民币报表,均以即期汇率计算,差额计入"其他综合收益",不对报表利润造成影响。

会计准则对公司如何选择记账本位币的规定给予较大操作空间,有待完善。一般情况下,我国公司应当选择人民币作为记账本位币。收支业务需要以人民币以外货币为主的公司,按规定可选取其中一种外币作为记账本位币,但编制财务报表时应按规定折算为人民币。然而某些公司为达到盈余管理目的而调整记账本位币。这样的调整在会计准则允许范围内,严格意义上不属于违法行为。

本案例采取调整固定资产折旧手段也是比较典型的例子。对固定资产占比很大的"重资产"公司,固定资产折旧年限和预计净残值决定其固定成本和当期盈利能力。对固定资产折旧年限,会计法只规定最低年限,没规定最高年限,完全基于公司自身主观判断而定,不同折旧年限下产生的利润差异往往非常大。因此,给了公司盈余管理的空间对利润水平调整。

总而言之,调整会计政策、会计估计成为盈余管理的手段,是因为会计准则本身多处存在"很可能""可靠的""合理的""预计未来"等强烈主观性词汇,赋予公司对同一业务进行会计估计、会计政策选择的多样性。

（2）调整非经常性损益。

非经常性损益指会计准则允许范围内发生的，与经营活动不构成直接关系的相关项目。非经常性损益与公司日常业务没特别大的联系，但在一定程度上影响公司当年利润，因此，利用非经常性损益进行盈余管理成为较为常用的手段。

政府对公司的支持是其中最为常见的手段。目前资本市场上市公司仍然是地方经济发展水平的体现，对一个地区经济发展有着举足轻重的作用。因此，当上市公司遭到市场冲击时，利润大幅度下降并有退市威胁，当地政府往往给予支持，通常表现为直接为上市公司提供财政补贴；给予上市公司退税或减免税。

2. 识别上市公司的盈余管理

上市公司盈余管理现象较常见，作为投资者或其他外部人员，应利用相关信息及方法正确识别盈余管理。通常来说，盈余管理动机主要有扭亏为盈、筹集资金等。通过剖析公司披露的相关公告及财务报表，从数据上确切识别公司是否进行了盈余管理。

投资者应将利润表与该年市场情况结合进行对比分析，检验其经营成果的合理性。如公司当年未进行较大固定资产投入，又无特别事项，但主营业务利润率却呈明显上升，且其应收账款明显高于往年水平，投资者应格外关注公司销售情况，检查是否有盈余管理行为。另外，会计报表附注应引起投资者关注。报表附注包括的相关会计信息说明，能够披露公司可能使用的盈余管理手段信息。认真分析会计报表中披露的各项信息，用全面的眼光看待公司经营情况，有助于投资者作出合理的投资决策。

另外，对公司会计信息进行长期时间序列分析。通过横向和纵向分析长期经营利润情况，判断其是否存在平滑利润的"嫌疑"。如收入与费用匹配不合理等，收入和费用间比率变化过大很可能表明公司对收益实施了操控。

3. 盈余管理的动机

（1）根本目的。财务管理中公司目标是通过生产经营活动不断创造财富；依据发展战略、经济环境等变化因素，大致分为股东财富最大化和利润最大化两种。为使经营各层面目标趋于一致，需通过激励、约束和惩罚的机制协调。其中激励机制将业绩和管理层报酬紧密联系起来，在促进其自觉采取有利于满足股东财富最大化经营策略的同时，寻求获得私人利益最大化的方法，这种方法就包括盈余管理。提升公司利润、满足股东财富最大化需求的同时，也能完成业绩使命，保证和增加经营者的报酬。

（2）具体目标。实现根本目标的过程中设定若干与盈余管理有关的具体目标，以帮助公司快速发展，管理层有机会获得更大报酬。这些具体目标主要分为筹集资金、树立良好经营形象和规避税收。

①筹集资金。筹集资金指经营所需资金的筹集，主要针对上市公司而言，尤其是首次公开发行股票的公司。为更好地筹集资金，提高股价或提升再融资时的配股额，经过盈余管理后财务报表能提升股东与股民的投资信任。

②树立良好经营形象。一般上市公司形象和其经营业绩联系紧密，想维持并不断吸引投资者投资，良好的经营形象成为重要因素。当上市公司经营不慎连年亏损被予以特别处理或退市警告后，后续所需面对的限制条件和不利影响是其希望避免的。面对不利的经济和行业等大环境，特别是在连年亏损的情况下，管理层很可能采取盈余管理进行疲软经营

情况的"粉饰",稳定经营利润及投资者投资信心。

③规避税收。现今我国税法规定尚不是很完善,公司能在准则范围内针对经营情况选取会计政策,在一定程度上给予公司操作空间。

4. 本案例固定资产会计估计变更对利润的影响

酒钢宏兴属钢铁行业,固定资产重是钢铁行业最大的特点之一。导致该行业固定资产投资粘性较大的同时,固定成本也较高。由于固定资产及在建工程在总资产中所占比重大,固定资产折旧估计变更的会计处理,折旧率的微小变化都会对利润产生较大影响。

(1) 折旧方式与净残值变更。根据法律规定,一般钢铁公司固定资产按照直线折旧法计算的折旧额才能准许扣除,酒钢宏兴在没有法定规定的情形下,不得对固定资产折旧方式随意变更。根据历年资料显示,酒钢宏兴固定资产净残值率一般为0%或者5%,房屋及建筑物、电子设备等固定资产净残值率为0%,机器设备、运输工具等固定资产净残值率为5%。

(2) 折旧年限的变更。《中华人民共和国公司所得税法实施条例》第六十条规定,除国务院财政、税务主管部门另有规定外,固定资产计算折旧的最低年限如下:

①房屋、建筑物,为20年。
②飞机、火车、轮船、机器、机械和其他生产设备,为10年。
③与生产经营活动有关的器具、工具、家具等,为5年。
④飞机、火车、轮船以外的运输工具,为4年。
⑤电子设备,为3年。

由法律规定可知,我国对固定资产折旧年限只规定最低年限限制,没限制最高年限。对想通过改变固定资产折旧年限进行会计估计变更,进而实现盈余管理是可取的。公司固定资产达到会计估计变更条件并具有一定真实合理性,符合公司要求,便可进行会计估计变更。

资料显示,酒钢宏兴通过延长固定资产折旧年限进行会计估计变更。延长固定资产折旧年限意味着每年累计折旧额降低。累计折旧额减少意味着生产成本及相关费用减少,即总成本降低。在收入不变的前提下,费用减少表明利润增加。固定资产折旧年限变更前后对比如表6-16所示。

表6-16 固定资产折旧年限变更前后对比

类别	折旧方法	变更前 折旧年限/年	变更后 折旧年限/年	残值率/%
房屋及建筑物	直线法	25	35~45	0
机器设备	直线法	10	15~28	5
运输工具	直线法	8	10~18	5
电子设备	直线法	5	5~10	0

数据来源:酒钢宏兴年度报告数据。

延长折旧年限对利润的影响如表6-17所示。

表 6-17 延长折旧年限对利润的影响

年份	营业收入/万元	折旧额/万元	上年比本期折旧额/倍	净利润/万元
2013	9 456 976	2 995 88	—	-237 366
2014	9 575 320	1 094 20	2.74	2 230

数据来源：酒钢宏兴年度报告数据。

从相关资料分析可知，2013 年与 2014 年酒钢宏兴营业收入相差不大，其 2013 年固定资产折旧额是 2014 年的 2.74 倍，通过延长固定资产折旧年限的会计估计变更，使酒钢宏兴折旧额大幅减少，致使其由 2013 年 -237 366 万元的巨亏变为 2014 年 2 230 万元的微盈。酒钢宏兴固定资产会计估计变更的盈余管理，使其避免了连续两年亏损被套上 ST 的帽子，达到了其最初盈余管理的目的。但经过这种调整后会计信息难以反映公司真实的经营业绩和资产负债情况，扰乱了公平竞争的市场环境，对资本市场和投资者分析判断产生的不良影响不可低估，给相关管理决策提出了挑战。

5. 公司盈余管理行为的评价

盈余管理一直是资本市场较有争议的话题，尤其是最近频繁曝光的上市公司利用盈余管理操控公司利润，关注度越来越高。

盈余管理的正面影响体现在由于市场环境不确定性，盈余管理给予公司管理层一定空间，可灵活根据实际情况调整公司状况，更好地体现公司实际情况。

但就目前来讲，大多数上市公司盈余管理不管对市场还是对投资者，更多的是一种负面影响。怀有不好之意的管理层频繁的盈余管理误导了投资者对公司盈利能力的判断，造成投资者利益受损。但这往往是昙花一现，并不是公司真正盈利能力的体现。假如盈利管理并没有得到相应惩罚，对其他公司带来不好影响，对我国资本市场造成巨大冲击，扰乱市场正常秩序，影响资金正常流通，造成资源不正常配置。

6. 本案例的启示

公司盈余管理并未能真正反映公司的实际经营能力，未能起到提高会计信息质量的效果，基于此案例分析的盈余管理行为，得到以下启发：

(1) 内外部管理双管齐下。公司盈利能力提高的关键，应当是提高自身经营水平，不应在面临无法挽回亏损局面时求助盈余管理等手段粉饰经营。对我国上市公司而言，股权集中度相对较高，仍存在各层面利益分离不够彻底的问题，容易出现利益输送等问题，影响中小股东权益及资本市场的公平性，应建立健全独立董事制度，增强内部管理制约机制，加强控股股东管理，重视财务信息披露质量。

(2) 发挥第三方监管机构的作用。作为外部审计的会计师事务所，应严格按会计准则等规定审计，加强对被审单位内部控制的审计，保证自身的专业性、独立性。

证券监管部门进行上市公司监管时，应综合各因素考虑建立一套更全面的指标体系，如公司连续盈利能力、经营活动现金净流量等。

四、教学组织方式

(一) 问题清单及提问顺序、资料发放顺序

本案例讨论的题目依次为：

1. 本案例中盈余管理手段有哪些？
2. 如何识别上市公司的盈余管理？
3. 公司盈余管理的动机有哪些？
4. 本案例中固定资产会计估计变更对利润的影响是什么？
5. 如何评价公司盈余管理行为？
6. 本案例的相关启示是什么？

（二）课时分配

（1）提前发放资料，提出思考题，请学生在课前完成阅读和小组研讨（预计4小时）。

（2）课堂计划（预计1.5小时）。

①梳理案例：由任课老师简单梳理案例内容，明确思考问题（5分钟）。

②分组讨论：学生间进行交流，形成发言提纲（20分钟）。

③小组发言：组长发言，其他成员补充。黑板上简要写明每个小组的观点，以利于后面的分析评价以及归纳总结（40分钟）。

④小组展示：分组展示小组的讨论成果（15分钟）。

⑤案例总结：教师就讨论情况进行点评，并就案例提出延伸问题引导大家进行课后探究（10分钟）。

（三）讨论方式

本案例可以采用小组形式进行讨论。

（四）课堂讨论总结

课堂讨论总结的关键是：归纳发言者的主要观点；重申其重点及亮点；提醒大家对焦点问题或有争议观点做进一步思考；建议对案例素材进行扩展研究和深入分析。

案例 7

环环剖析——AG 股份有限公司之价值链成本管理"良方"*

---

* 1. 本案例由广东工业大学管理学院的邓彦、魏姗琳、李虹萱、谢佳容、吴璋、潘星玫、李化宇、唐铭波、叶颖颖,广东外语外贸大学温韵柔等共同撰写,作者拥有著作权中的署名权、修改权、改编权。
2. 本案例授权广东工业大学产教融合 MPAcc 教学智库实验平台使用,广东工业大学产教融合 MPAcc 教学智库实验平台享有复制权、修改权、发表权、发行权、信息网络传播权、改编权、汇编权和翻译权。
3. 由于企业保密的要求,在本案例中对有关名称、数据等做了必要的掩饰性处理。
4. 本案例只供课堂讨论之用,并无意暗示或说明某种管理行为是否有效。

[案例封面]

专业领域：管理会计
适用课程：管理会计理论与实务，战略管理
选用课程：管理会计理论与实务
编写目的：本案例旨在引导学员进一步学习、关注战略管理会计与其实践运用。本案例的编写，一方面，可以促使学员进一步学习掌握价值链分析法、成本动因法、目标成本法等战略成本管理工具的应用；另一方面，引导学员针对企业价值链上每个活动进行分解，全方位统筹管理产品的各项成本，优化资产配置，将每一环节作用都发挥到最佳点，增强企业运作的竞争力，提升学员对战略成本管理的实践能力。
知 识 点：内外部环境分析；目标成本法；作业成本法；JIT适时制；价值链
关 键 词：价值链分析；战略成本管理
中文摘要：本案例基于价值链视角下的产品成本管理，对钢铁行业AG股份有限公司产品成本管理途径进行案例分析。在钢铁行业产能过剩、出口壁垒、钢铁供过于求等情况下，行业竞争形势越来越严峻，产品同质化高，竞争主要集中在产品成本上。本案例主要介绍AG股份有限公司通过运用适合自身的全方位价值链成本管理手段，获得了成本优势，扩大了利润空间。旨在引导学员思考相关企业实施价值链分析与管理的必要性，提升学员对战略成本管理思想的理解和应用能力。

[案例正文]

一、背景介绍

我国钢铁产业是国民经济的重要支柱产业，在经济建设、社会发展、财政税收、国防建设以及稳定就业等方面发挥着重要作用，对保障国民经济又好又快发展做出了重要贡献。但是，钢铁产业长期粗放式发展所积累的矛盾也日益突出，如高端产品不足、产能过剩、产业集中度过低、区域分布不合理、环保问题等，这些问题制约了我国钢铁产业的发展。钢铁企业必须结合自身特点，探求解决问题的途径，不断做大做强。

钢铁是各行各业的"食粮"，全球经济的迅速崛起和可持续发展都离不开钢铁产品的大力支持。经济基础决定上层建筑，而经济基础在很大程度上得益于钢结构产品的发展。它是现代社会生产和扩大再生产的物质基础，无论是日常生活中的简单劳动工具，还是国家军事上使用的复杂技术，无一例外都和钢铁工业有着千丝万缕的联系。在钢铁产量规模上，我国虽然早已位居世界前列，但一味地追求产量的高速增长却忽视了发展中的质量问题。目前我国钢铁行业的发展面临许多严峻的困境，比如产品研发能力落后、缺少高端差异化产品、原材料的运输成本高、下游的经销商渠道单一且产品价格低廉等，再加上国内外企业竞争激烈，使得我国钢铁企业无利可图甚至亏损。面对这样的宏观大环境，国内钢铁行业必须重整旗鼓，反思自己与先进钢铁企业之间的差距所在，改进企业的成本管理理念和方法，可持续性地进行管理制度改革，规范员工行为，提高公司整体的经营管理水平。

基于上述背景，不难发现钢铁行业经营正面临着变幻莫测的经营环境。钢铁企业如何科学有效地控制成本，采取先进的成本管理战略已成为企业在市场竞争中的获胜的关键。在供给侧改革下，唯有转变成本管理理念、改进产品成本核算，结合多种成本分析方法和成本决策模型进行成本管理，才能使钢铁企业走上持续发展、产品具有竞争力的康庄大道。

二、公司简介

（一）AG 股份有限公司的基本情况

AG 股份有限公司（以下简称 AG 股份）是国内大型的钢铁生产和销售企业，公司拥有焦化、烧结、炼铁、炼钢、轧钢、铁路运输、能源动力等钢铁生产全工艺流程生产线及配套设施，以及有较为完善的物流、贸易、钢材加工服务产业链；主体装备达到当代先进水平；产品结构多元，拥有热轧卷板、中厚板、冷轧板、镀锌板、彩涂板、冷轧硅钢、重轨、型材、无缝钢管、线材等比较完整的产品系列，产品广泛应用于机械、冶金、石油、化工、煤炭、电力、铁路、船舶、汽车、建筑、家电、航空等行业。造船、铁路、汽车、核电、石油石化、家电、集装箱用钢等产品已成为名牌产品，船板、铁路钢轨新品种及钢轨生产技术的研发达到国际领先水平，深海高压油气输送用高强厚壁管线钢等系列产品技术及工艺水平处于行业领先地位。

AG 股份发展至今，经营稳定，在同行业里一直保持领先地位。AG 股份的产品成本管理方法是钢铁行业里的典型代表,实现了从传统的成本管理到现代成本管理理念的转变,遵循价值链成本管理,实现企业系统的降本增效和企业价值最大化。其对价值链成本管理在我国钢铁企业中的实施有一定的参考价值。

(二) AG 股份的成本管理组织结构

AG 股份原本的成本管理机构极其简单,只有财务部和物料管理科。由于企业建立之初各项制度都不是很完善,产品单一,财务部人员有限,财务部只是单一地计算每批产品的各项费用,物料管理科只是在数量上对产品所需的材料进行核实,这种粗鲁地管理产品成本支出的做法显然是不合理的。由于财务人员对相关成本管理不够熟练,无法站在全面性角度去分析产品的成本,因此就只能在事后对已发生的相关成本进行核算,而不能对产品的成本产生过程进行全方位管控。

随着科学技术的进步,企业管理者的管理意识越来越强,AG 股份设置了专门的新型成本管理机构。由不同的部门相互协调,尽可能多地参与到每个部门的管理中,对产品成本进行系统管控,从事前到事后,对成本相关信息进行筛选、整理、计算、分析,使得企业的成本能够控制在合理范围内,节约开支,提高效率。

AG 股份根据具体的成本管理内容,重构了其成本管理组织机构,如图 7-1 所示。从新的组织机构可以看出,财务人员不再是唯一主体,新型的组织结构设立了相关成本管理办公室。AG 股份作为大型的制造型企业,产品的成本尤为重要,因此单设了一个成本管理办公室来全面管理企业的产品成本。同时,在成本管理办公室下面有各个部门的协调合作,包括技术、销售、物管、财务等,这些都是价值链上的活动环节,对企业的成本管理起着至关重要的作用。采用这种新型的成本管理组织结构,能更精准地对各产品的实耗成本进行系统化控制和分析,将产品的成本与性能达到最佳结合点,从而实现利润最大化。钢结构产品从产品研发设计环节开始,止于产品销售服务环节,各个阶段的工作都会有成本的产生,只有将各个环节的成本降到最低或达到成本效益最大化,才算是真正控制了产品成本。

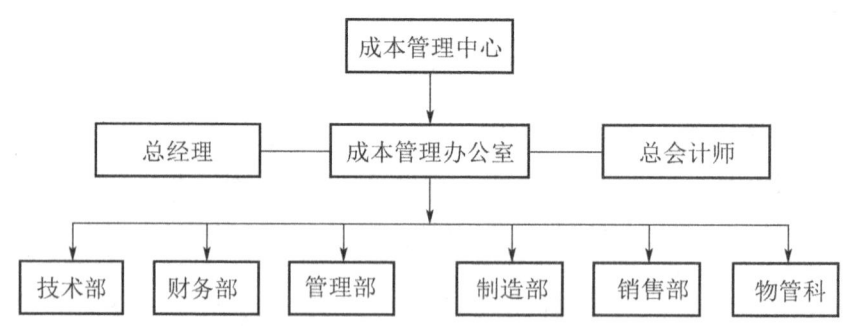

图 7-1 AG 成本管理组织机构

资料来源:根据网上公开资料整理。

(三) AG 股份的产品成本构成

AG 股份的钢产品整个生产流程较为复杂,涉及多道工序,因此其成本的控制和统一具有一定的复杂性。具体表现在两方面：一是钢铁企业属于多步骤生产、多段运输和存储的大型生产和管理模式，这种特点使得成本发生分散，必须采用分步法进行成本核算；二是在生产过程中采用多种原材料。

在产品、半成品和产成品较多，产品的成本构成较为复杂分散，按照 AG 股份的物资流动趋势，产品广义的成本可以分为研发设计成本、采购成本、生产成本及销售服务成本。AG 股份产品的形成过程及其成本构成如图 7-2 所示。

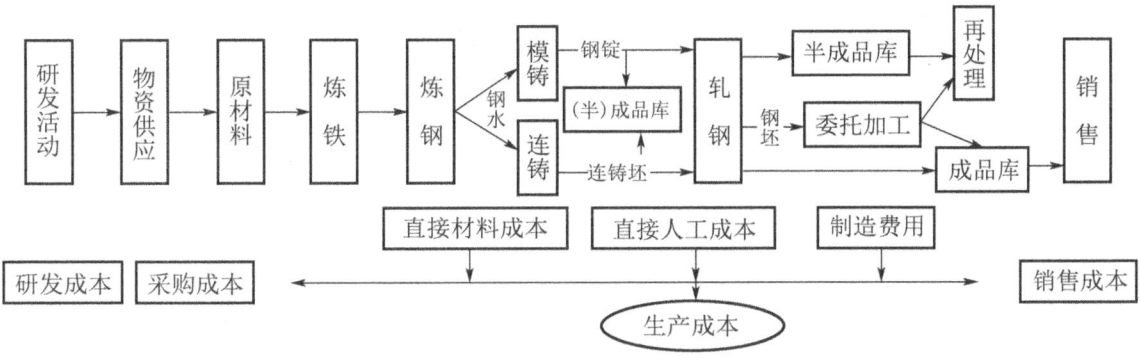

图 7-2　产品形成过程及其成本构成

资料来源：根据网上公开资料整理。

三、AG 股份的价值链成本管理

价值链成本管理是在价值链理论、作业成本管理等理论基础上建立起来的成本管理体系。传统的成本管理就是把企业生产经营过程中消耗的资源进行整合并简单地按品种进行分类核算，以达到控制企业成本、增强企业竞争力的效果。而价值链的成本管理，把企业的经营生产流程链条化并附上价值，企业不再仅仅考虑成本是否减少，还要考虑各价值链价值是否增加，最终协调各环节达到企业价值最大化。

基于价值链的成本管理系统是"多维"的控制体系和信息系统。这里的多维主要有三个方面：

一是战略战术维度，成本管理系统注重战略与战术的结合，以战略为导向，在战术上深入到作业层次。

二是时间维度，成本管理将实施全生命周期的成本管理，在产品的设计开发阶段进行成本的事前控制（即目标成本规划），在产品制造、运送、营销乃至使用报废回收等阶段实行成本的持续改进。

三是空间维度，成本的空间范畴不仅仅限于核心企业内部价值链，还要从价值链联盟的视角考察企业的成本行为，即还要考察供应商价值链、购买商价值链及其与企业内部价值链之间的联系。比如由某个特定的供应商所引起的核心企业的成本、核心企业某种行为（例如改变产品设计）将给供应商或客户带来的利弊并由此产生的对价值链合作伙伴关系的影响等。

面对严峻的市场竞争形势，AG 股份的高层管理者具有高度的危机感，如何合理地管控企业的成本一直是他们思考的大问题,由此,高层管理者组织召开会议,带领下层管理者进行进一步学习和研究,通过对企业价值链中的各个环节进行深度剖析,找到了适合 AG 股份的价值链成本管理方法。下面让我们来看 AG 股份每一环节是如何分析并优化链节价值的。

(一) 产品研发阶段的成本管理

根据目标成本原理和 AG 股份的发展战略及产品特点,AG 股份采用了以市场导向的目标成本法,以此来确定产品设计成本。目标成本法是一种以市场为导向,对独立制造过程的产品进行利润计划和成本管理的方法。其核心工作是制定新产品目标成本,并通过各种方法不断改进产品与工序设计,确保新产品成本小于或等于目标成本。AG 股份目标成本的制定按以下几个步骤进行。

1. 制定产品目标售价

AG 股份生产的螺纹钢、冷轧板卷是同质性产品,市场竞争非常激烈,产品的市场供应充足,因此在确定目标售价时首先了解市场需求,将不同市场和顾客群进行细分,对这些不同细分市场的钢结构产品进行差别定价。例如,将九米材与十二米材定价分开,将不同级别的产品定价分开,将圆钢与螺纹钢和线材分开。其次是考虑已经供货的产品价格,针对已经为相关公司供货的情况,参考已供产品售价来考虑后续合作,根据市场的不同要求做出合适的调整。最后是考虑行业内竞争者的产品售价,AG 股份面临的竞争者有 BG、CG、DG、EG、FG 等。我们选取了几家钢铁企业某产品的市场售价对比,具体如图 7-3 所示。

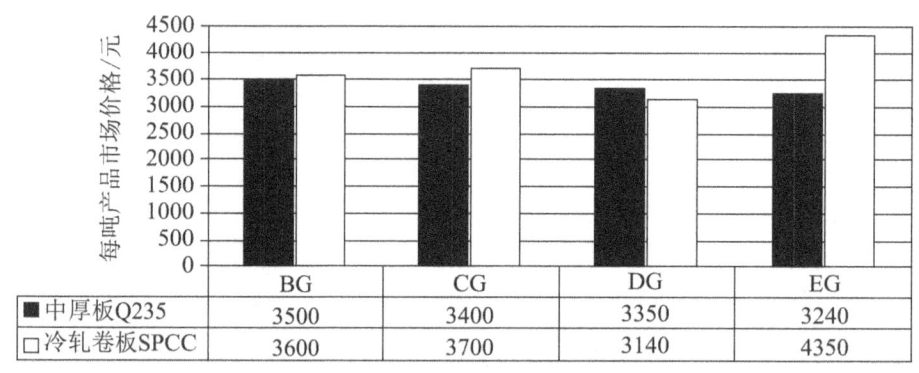

图 7-3 2018 年 1 月钢结构产品市场价格

如图 7-3 所示,无论是中厚板还是冷轧卷板,四家钢铁企业的市场售价较为集中,相差不大,同时四家单位均是国内最具现代化的钢铁联合企业,无论从规模还是从产品产量来说,都具有与 AG 股份抗衡的实力,市场竞争较为激烈。因此,AG 股份在制定产品目标售价时,在很大程度上参照以上企业的价格标准。

2. 制定目标利润

AG 股份公司以做强精品钢铁、着重创新驱动、实施绿色制造、提供卓越服务、加快布局调整、推进升级转型的发展战略指导企业各项工作。由此 AG 股份以提高销售收入和市场占有率来实现战略目标,在考虑目标利润时,相应地对企业利润做了适当调整,一方面适时增加高档次的产品利润，另一方面合理地缩减低端产品的目标利润。

3. 制定目标成本

根据目标成本公式可计算出公司的目标成本，其计算式为：

$$目标成本 = 预计产品价格 \times (1 - 相关税率) - 目标利润$$

4. 分解目标成本，确定设计成本

由于 AG 股份的产品工艺复杂，半成品较多，为了确定研发阶段的设计成本，AG 股份分管成本的领导组织技术中心、财务人员与分厂的技术管理人员计算了成本差距。主要根据预定的目标成本与公司现行预计可能达到的成本进行比较分析，计算出成本差距，然后工艺技术人员根据成本差距和既定的目标确定合适的产品，如果最佳产品无法满足目标成本的需要，那么工艺人员就必须做出相关的具体说明，找出原因，再重新调整目标利润和目标成本。当确定了合适的产品组合后，就将总目标成本合理拆分，分解确定产品研发的设计成本，作为标准来控制产品成本。

（二）产品采购阶段的成本管理

在产品采购阶段，AG 股份实行 JIT 适时制库存管理模式以降低储存成本。

JIT 即 Just in time，译为适时制。JIT 起源于日本企业，它是由全球著名的丰田汽车公司首创的一种新型生产管理系统。适时制要求零存货管理，这与传统存货管理产生了差异。传统存货管理承认存货存在的合理性，要求按照各种模型制订的计划引入存货；而零存货管理则要求企业按需要引入存货，并通过不懈努力去减少、降低存货成本。JIT 管理系统是指企业在自动化生产和会计电算化的情况下，合理规划采购、生产、销售及售后流程，使原材料从进厂到产成品出厂的整个过程能够紧密衔接，尽可能降低材料或产品库存量来减少仓储成本，提高劳动生产率和企业综合效益。因此，适时制生产管理系统下的企业成本会大大低于传统生产管理系统下的企业成本，可以减少存货资金占有率，防止因存货长久积压而出现的资产减值损失。

AG 股份为了实现"零库存"，建立了较为完善的信息网络，保证能够及时准确地共享存货信息。公司依托财务部门的会计账簿和计算机实时监控系统，全方位了解存货流动情况，通过高效的数学建模来优化存货的采购业务流程。AG 股份零库存的核心是以合理的利润分配机制来对待供应商，在多方面兼顾供应商的利益和发展，以维持与供应商良好的利益伙伴关系。首先在业务运作上，AG 股份承诺与少数固定的供应商签订长期合作协议，缩短订货时间，节约订货成本，甚至降低检验成本，来避免因存货的零库存而导致采购成本的上升。其次，当公司生产车间缺乏某种备件时，销售部门会及时与顾客进行沟通，争取将供应商现有的替代品以优惠价格推荐给顾客，这样不仅能帮助供应商减少其产品库存，还能促进两方合作，达到双方共赢的效果。正是这种互利互赢的战略思想获得了供应商的信任和忠诚度，为 AG 股份的适时制库存管理创造了良好的条件。

值得一提的是 AG 股份采用的 JIT 库存管理模式并非要"摒弃库存"，而是要根据企业的管理水平和外部环境竭尽全力去满足客户对产品的各种需求，保持较低的存货积压量，降低储存成本。零库存在本质上可以说是一种思想，是一种积极向上的存货采购导向。现实中绝对的零库存是不可能存在的。

（三）产品生产阶段的成本管理

为了有效解决传统成本法制造费用分配标准不科学的问题，AG 股份将作业成本的思想引入到制造费用的管理中，运用作业成本管理来降低制造费用。

为了准确核算产品成本，首先应将工艺流程划分到生产作业中，把每个工艺流程中产生的费用准确无误地计入相应的作业中，再利用作业分配率将作业成本分配到具体的产品。因此，这里关键是合理分析生产车间所发生的各项成本费用，并与作业中心相匹配。

1. 根据工艺流程划分作业成本库

作业成本库的划分基于对生产车间产品生产流程的了解，因此首先要向生产车间管理人员了解产品生产的全过程，关注每个流程上所耗费的成本费用，根据不同性质划分作业成本。基于此，AG 股份根据具体的生产流程，划分的作业成本库具体为转炉、钢液吹氩处理、连续铸钢、精加工、检测试验和运输六个作业中心。根据不同的成本分配依据，又将以上

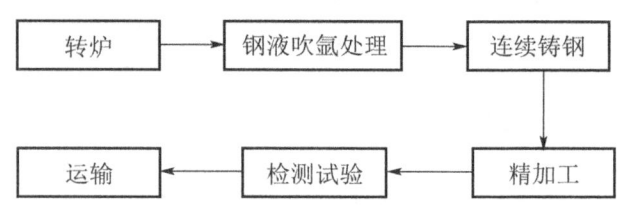

图 7-4 AG 股份的炼钢作业流程
资料来源：根据网上公开资料整理。

六个作业中心划分为产量级和批次级作业，其中前三个为产量级作业，机器工时和人工工时随着产量变动而变动。而检测试验和运输作业均属于批次级作业，成本与产品的投产批次呈正相关。AG 股份生产车间的工艺流程如图 7-4 所示。

2. 将生产资源归集到作业中心

AG 股份根据建立的作业成本库和资源消耗情况，利用驱动因素将各项间接费用计入对应的作业中心，但并不包括那些直接费用。产品的辅助生产材料包括各种废料、打包块、惰性气体、氧气等，车间的制造费用指维修费、设备折旧费、车间管理人员工资、水电费、燃料动力费和其他等，然后将这些费用科学合理地分配到作业中心。AG 股份的相关数据如表 7-1 所示。

表 7-1 作业成本库费用总额及动因总量

作业名称	成本动因	作业成本库费用/万元	动因总量/h
转炉炼钢	机器工时	2637.45	87 457
钢液吹氩	机器工时	600.36	40 025
连续铸钢	机器工时	499.51	71 321
机器动力	机器工时	240.85	80 124
精加工	人工工时	170.21	23 098

资料来源：根据网上公开资料整理。

3. 制造费用各项作业标准的制定

根据炼钢厂各部门提供的 HRB400（D30）型钢坯的作业成本信息，AG 股份将各项间接制造费用合理计入作业库，然后运用作业成本库费用信息和作业动因总量来制定每项

作业的标准分配率，再将制定出的标准作业成本分配率与各个作业中心的成本驱动因素计算出各作业中心的单位标准成本，这样就能更加准确地核算制造费用。

结合标准成本法和作业成本法管理的思想，通过计算出的标准成本和实际成本的差异，AG股份就能明确各加工环节制造费用的使用情况，并以此为依据，通过相关部门的配合协作及时找出成本增加原因，然后根据出具的差异分析报告，有针对性地提出控制制造费用的方法。

总之，AG股份通过实施作业成本管理改进传统的以产品为中心的成本核算方法。标准成本管理模式能够通过预定的标准成本来规范后续的产品生产流程，而作业成本管理能够将各作业中心的管理明确到具体责任人，有助于制造费用的管控。

（四）产品销售阶段的成本管理

在产品销售阶段，AG股份以"市场+媒体广告"策略来提高广告成本效益。

企业生产的产品最终要通过销售来实现经济利益的流入，而今日的销售不再是简单地售出商品，而是结合了多种销售手段和方式，主要包括媒体或广告宣传、打通销售渠道、产品运输及售后客户关系维护等。我国钢铁行业作为传统的制造型企业，很多企业经营者和管理者未充分意识到市场的变化，营销网络服务体系尚未完善，在对外销售上缺乏技巧，各自为政，造成成本高且收益低，不能达到精准营销的目的。

最近几年，AG股份充分利用了"市场+媒体广告"的策略。首先对钢坯产品进行市场定位和细分，按照客户需求将其划分为低端、中端和高端市场。在当前市场经济下，大部分下游经销商或厂商对不同公司的钢结构产品有一定的了解，看中品牌知名度和口碑，所以AG股份将"客户首选的最佳供应商"作为其广告营销时的自我定位，根据市场需求进行恰当的产品定位后，AG股份开始依托大众媒体来对钢结构产品进行适时的广告宣传。随着互联网及大数据的不断发展，微信、微博、知乎等社交软件成为公司进行广告宣传的主要途径，这种网络媒体要优于传统的电视、报纸、广播等宣传模式。新兴的广告宣传方式不仅能节省大量人力、物力和财力以获得广告效益，还能满足大众客户需求以便销售。

AG股份创建了微信公众号和微博账号，不定期发布最新钢材产品信息和钢铁行业状况，同时注重推广分类广告，根据产品的精确分类定位进行恰当的宣传。这样大大降低了广告宣传成本，其成本优势和受众关注度高为AG股份创造了新的盈利增长点。为树立企业形象和提高AG产品的品牌知名度，该公司与最具创新力的知名广告公司展开合作，邀请广告公司为相关产品做好广告软文、口号和文案，提升AG公司的整体形象。所以，采用"市场+媒体广告"的策略使得AG股份的产品知名度不断提高，吸引了大量客户去了解并购买该企业产品。这样一来，AG股份在广告上的投入起到了事半功倍的效果，同时也推动了钢铁企业广告的健康发展。

四、AG股份的价值链成本管理成效

（一）产品成本水平的变化情况

总体来说，AG股份从2016年实施价值链成本管理以来，企业整体的成本在逐年下降,不论是研发、采购、生产还是销售,各方面的成本管理水平日益提升,不仅降低了各个环节的成本,还增加了企业的经营效益。

这里选取 AG 股份两年的数据进行分析,从表 7-2 可以看出,AG 股份 2015 年至 2016 年营业收入和营业成本在不断上升,但主营业务成本占收入的比重在下降。这是由于 AG 股份从 2016 年起优化了价值链上的产品成本管理水平,采取多种有效的管理方法,比如目标成本法、JIT 适时制、作业成本法,在研发环节更加注重研发资金和人力的投入;在采购环节加强供应商管理;在生产环节规范生产流程;在销售环节运用"市场 + 媒体广告"策略。AG 股份在整个价值链中采取的这些方法和措施取得了良好的效果,不仅产品结构转型升级加快,同时大幅度降低了产品的总成本。

表 7-2 AG 股份 2016 年有关数据

项目	本报告期/万元	上年同期/万元	本报告期比上年同期增减/%
营业收入	105 157	91 683	14.70
营业成本	88 126	78 707	11.97

资料来源:根据网上公开资料整理。

(二) 企业财务绩效的变化情况

AG 产品成本的不断下降,带动了企业财务绩效的提升。从图 7-5 可看出,AG 股份的流动比率和速动比率在逐年上升,主要原因是企业的货币资金增多,其短期偿债能力增强。同时资产负债率在逐年下降,由于收入不断扩大,带动权益净资产的增加,AG 股份具有更强的长期偿债能力。

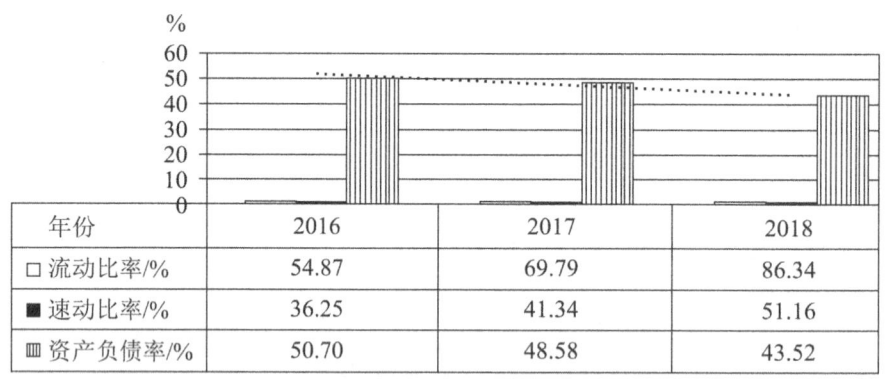

图 7-5 AG 股份 2016—2018 年偿债能力

资料来源:根据网上公开资料整理。

由图 7-6 可知,AG 股份的各资产周转率稳步上升,说明企业成本管理卓有成效。在价值链的采购成本管理中,AG 股份采取了适时制库存管理,与供应商建立良好的战略合作伙伴关系,在一定程度上降低了产品的采购成本,同时 AG 股份在价值链的下游采取科学合理的营销手段,带动销售收入的增长,是 AG 股份最近几年的营运能力稳健提升的关键因素。

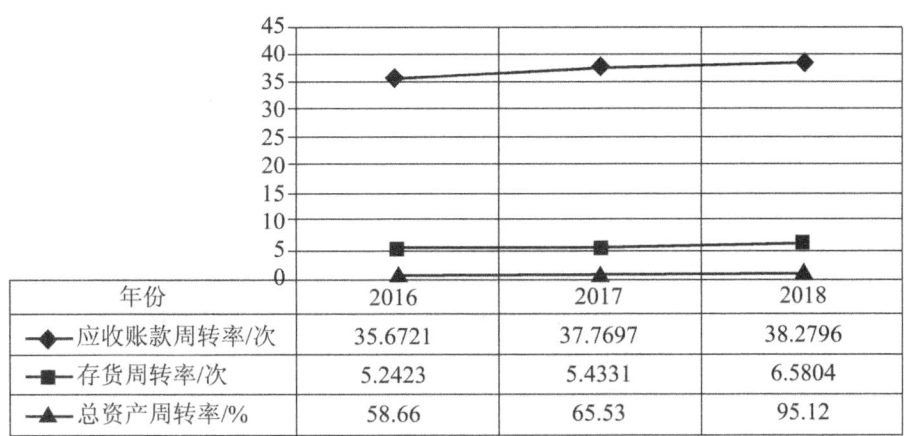

图 7-6 AG 股份 2016—2018 年营运能力

资料来源：根据网上公开资料整理。

由图 7-7 可知，AG 股份实施的一系列价值链成本管理措施取得了令人可观的效果。销售利润率、总资产利润率和净资产报酬率实现从负到正的飞速增长，企业扭亏为盈，盈利能力不断增强。这有助于企业的持续发展和稳健经营。

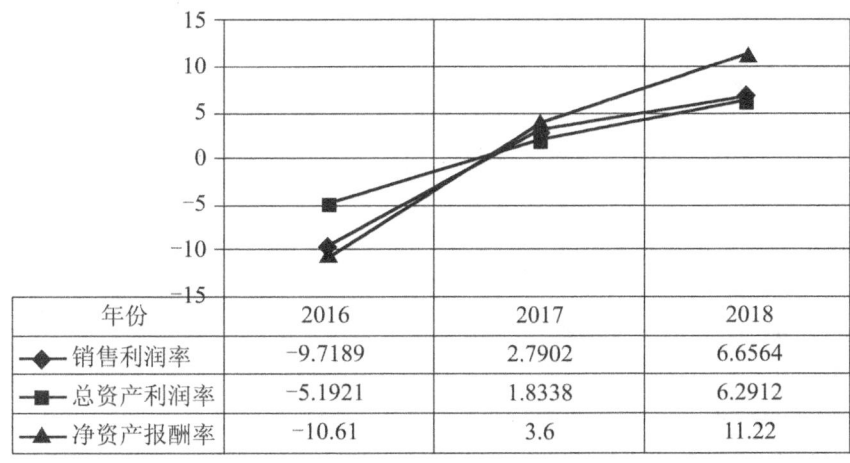

图 7-7 AG 股份 2016—2018 年盈利能力

资料来源：根据网上公开资料整理。

（三）企业在行业中竞争力的变化情况

同时，通过相关数据对比可知，AG 股份在同行业中所处的地位也在不断稳步上升，这得益于 AG 股份从 2016 年起通过价值链成本管理，优化了产品结构，加强成本核算和控制，去产能化，提高产品质量，生产了大量高附加值的钢构产品，使得 AG 股份增强了竞争力。

取得上述成效，AG 股份的价值链成本管理不是一蹴而就的，而是需要企业在日常生产中，始终坚持对成本管理方法的运用进行总结改进，长期切实地推进企业价值链成本管理。只有大量实践才能摸索出最适合自己公司的成本管理方法，发挥出价值链成本管理的最大优势。在未来，可以预见，AG 股份的价值链成本管理不会是一成不变的，错综复杂的环境将使价值链成本管理更加丰富和完善。

五、小结

在当前变幻万千的严峻经济形势下，许多钢铁企业在成本管理上都呈现出了各式各样的问题，面临着或大或小的挑战。我国的钢铁企业必须在成本管理理念和方法上有所突破和创新，企业高层管理者要树立成本管理的观念，积极学习和探索优秀企业的成本管理方法。

本案例剖析了 AG 股份在研发、采购、生产和销售阶段所实施的产品成本管理办法，即通过价值链成本管理使企业的成本得到大幅度降低的实效。其以确定研发阶段的目标成本为前提、以强化采购阶段供应商管理为关键点，在产品生产阶段重点运用作业成本法、在产品销售阶段优化营销途径，改善了企业整体的经营活动，提高了经济效益，这为行业内的相关企业提供了新的思路和启示。

我们可以预见，在未来会有越来越多的国内钢铁企业利用价值链成本管理方法来适应错综复杂的环境，以取得自身的市场竞争优势。

六、讨论问题

1. 价值链成本管理有哪些内容及意义？
2. 基于价值链分析的成本核算的缺陷是什么？
3. 在产品研发阶段采用目标成本法的优点是什么？
4. AG 股份采取 JIT 生产方式对其成本管理的积极作用有哪几方面？
5. 通过对 AG 股份价值链成本管理的学习，你对企业的成本控制有哪些建议？

七、参考资料

［1］王佳．价值链会计成本管理研究［J］．经济研究导刊，2013.1
［2］陆震．浅析价值链成本管理在企业的应用［J］．经营管理者，2014.9
［3］徐静．成本管理在企业发展中的作用研究［J］．商业经济，2017.6
［4］周优林．浅析制造业企业的价值链分析与成本管理［J］．会计师，2019.4
［5］潘振威．基于企业内部价值链的战略成本管理研究［J］．中国集体经济，2019.4

[案例说明书]

一、本案例需要解决的关键问题

本案例以 AG 股份有限公司之价值链成本管理方式为例，阐述了价值链成本管理的基本理论，论述了价值链视角的企业成本管理方法。通过对 AG 股份成本管理现状的分析，较详细地介绍了 AG 股份价值链成本管理体系，从产品研发、采购、生产、销售四个阶段详细阐述 AG 股份应用价值链成本管理方法取得的主要成果，期望同学通过对本案例的学习，在分析其各阶段成本管理的优缺点的同时能提出改进的建议。

二、案例讨论的准备工作

为实现本案例的教学目标，学员应在案例讨论前通过预发材料了解以下相关的知识背景。

（一）行业背景

1. 我国钢铁产量持续增加

钢铁产业是我国实现工业化和现代化的关键性基础产业之一，具有十分重要的地位。我国经济高速发展，房地产行业的发展对钢材的需求量越来越大。这些因素促使我国钢铁产业的技术不断改进提高，产能不断增大。1996 年我国钢铁产量超过了 1 亿吨，成为世界上钢铁产量最大的国家，此后一直保持着钢铁产量世界第一。我国钢铁总产量的增长量在 2008 年以前是逐年递增的，但 2008 年的全球金融危机使各国经济都不同程度受到了影响，经济增速开始放缓，也纷纷放缓了基础设施建设的速度，各国的钢铁贸易量也出现了一定的萎缩，这对中国钢铁贸易出口造成了一定的影响，导致 2008 年到 2009 年钢铁库存大量积压，钢铁产量的增长速度比往年放缓。之后我国钢铁总产量呈上升趋势，出现供大于求的状况。

2. 钢铁贸易出口量波动较大

我国近几年钢材进口量一直较小，并保持平稳；出口贸易有较大的波动。我国钢铁出口量在 2008 年以前是稳步上升的。但钢铁贸易会受到多种因素的影响，在 2008 年我国的钢铁贸易也遭到全球金融风暴的冲击：2008 年钢材出口量为 5923 万吨，比 2007 年减小了 342 万吨。2009 年这一情形随着全球性金融危机的进一步扩大和影响加深，钢铁出口贸易受到了更严重的打击，2009 年我国钢材出口量仅为 2460 万吨，仅是 2008 年的 41.53%。造成这一现象的原因主要是经济体受到金融危机影响，制造业萧条，订单量减少；另外受到经济下行的影响，主要经济体也放缓了基础设施建设的速度以及对基础投资力度的减小，使我国钢材出口量大幅降低。从 2010 年到 2015 年，我国钢铁出口量逐步扩大，并且增长幅度不断加大。一方面是由于各国逐渐从金融危机中恢复过来，同时新兴经济体逐渐加大了对基础设施建设的投资，导致了世界范围内的钢铁贸易的增长。另一方面，我国主要出口钢铁里面的低级产品，如粗钢等；同时随着生产技术的提高，我国钢材的生产成本降低。因此我国的钢材出口价格与其他国家相比是较为便宜的，导致钢铁出口量逐渐回升，在 2015 年达到高峰。

而在钢铁进口方面，近些年来我国的钢材进口保持平稳，每年基本维持在 1500 万吨左右，没有太大的波动。但从进口种类来看，绝大部分是需要高新技术的具有高附加值的钢材，如特种钢、高强度中厚钢板、车用热镀板等。这反映了我国钢铁行业还停留在生产阶段，对高质量、高附加值的钢材研发力度不足。这也是我国钢铁在国际上与发达国家相比竞争力明显不足的原因。

3. 钢铁价格降低和行业利润减小

世界范围内钢铁行业不景气，尤其是中国钢铁的需求甚至接近饱和，从而导致供过于求的局面。由供求原理来看，当某一产品供给大于需求时必然会导致这个产品的价格下降，利润空间降低。我国的钢铁行业也是如此：2008 年金融危机导致钢材出口量大幅下降，各国对钢铁的需求疲软。我国的钢铁技术发展使产能得到提高，钢铁的产量逐渐上升，但对钢铁的需求并没有上升，使得我国的钢铁产业产能过剩，库存增多，钢铁产品供过于求，导致钢铁价格不断下降，行业利润减小。钢铁行业的发展呈现出内忧外患的局面，钢铁企业的经营也更加困难。我国上市的重点钢铁龙头企业近几年的主营业务收入也从盈利转变为亏损，甚至出现部分生产能力闲置的情况。现在我国钢铁企业处在中低端的产能供给过量，但是高端产能却供给不足。

（二）政策背景

2003 年，国家发改委为遏制钢铁工业盲目发展的势头，发布《关于制止钢铁工业盲目发展若干规定的通知》，从加强政策引导、严格市场准入、加强土地管理和改进银行信贷等多方面对钢铁投资过热进行抑制。国家对钢铁产业实行的产业政策导致钢铁产业格局发生重大变化，一些小的钢铁企业面临倒闭或被兼并的命运。

2019 年，国家发展改革委、工信部以及国家统计局联合发布《关于做好钢铁行业产能、产量调查核实工作的通知》，要求对钢铁企业近 3 年的装备产能情况及变化情况进行调查核实，并说明情况，旨在进一步推动钢铁行业去产能这一进程。

显而易见，就目前的钢铁行业而言，基于宏观经济的复杂性和风险性，再加上市场需求的不稳性，产能过剩是行业痛点中最为显著的那一个，需要加以警惕。

三、案例分析要点

（一）需要学员识别的关键问题

1. 价值链成本管理有哪些内容及意义？
2. 基于价值链分析的成本核算的缺陷是什么？
3. 在产品研发阶段采用目标成本法的优点有哪些？
4. AG 股份采取 JIT 生产方式对其成本管理的积极作用有哪些方面？
5. 通过对 AG 股份价值链成本管理的学习，你对企业的成本控制有哪些建议？

(二) 解决问题的可供选择方案及其评价

1. 价值链成本管理有哪些内容及意义?

(1) 价值链成本管理有两层含义:

一是核心企业的成本管理要为价值链构建和优化服务,关注企业与价值链联盟企业之间的链接关系,不仅要考虑核心企业自身的利益,也要考虑价值链联盟企业的利益。

二是核心企业实施成本管理本身需要和价值链联盟企业进行合作和沟通,建立信息共享、利益双赢、风险共担的合作机制。因此,核心企业是通过搜集、利用价值链联盟企业的价值信息影响价值链联盟企业的价值活动,但不可能完全控制它们的价值活动。

扩展成本管理的空间范畴至企业外部价值链并不一定意味着要将成本管理的主体扩展为整个价值链联盟,而是通过规范(或设定)成本管理的目标、特点、内容、原则等来体现价值链成本管理模式。

基于价值链的成本管理系统是"多维"的控制体系和信息系统。这里的维主要有三个方面。

一是战略战术维度,成本管理系统注重战略与战术的结合,以战略为导向,在战术上深入到作业层次。

二是时间维度,成本管理将实施产品全生命周期的成本管理,在产品的设计开发阶段进行成本的事前控制(即目标成本规划),在产品制造、运送、营销乃至使用报废回收等阶段实行成本的持续改进。

三是空间维度,成本的空间范畴不仅仅限于核心企业内部价值链,还要从价值链联盟的视角考察企业的成本行为,即还要考察供应商价值链、销售商价值链及其与企业内部价值链之间的联系。比如由某个特定的供应商所引起的核心企业的成本、核心企业某种行为(例如改变产品设计)将给供应商或客户带来的利弊并由此产生的对价值链合作伙伴关系的影响等。

价值链由波特首先提出。它将原料到最终用户之间的价值链分解成与战略相关的活动,以理解成本性质和差异产生原因,制定企业竞争策略。具体从以下三个角度展开价值链分析:①内部价值链分析,是企业进行价值链分析的起点;②纵向价值链分析,反映企业与供应商、销售商之间的相互依存关系,为企业增强其竞争优势提供机会;③横向价值链分析,是企业确定竞争对手成本的工具,也是企业进行战略定位的基础。

(2) 价值链成本管理的内容:

a. 企业内部价值链成本管理

企业内部价值链成本管理实际上就是把作业成本法运用到价值链上。与产品有关的一系列活动如同链上的环节,使得价值链会计成本分析成为可能。以企业价值链来归集和分摊成本,从成本管理的角度而言,企业的价值活动即成本行为。传统企业的管理者虽能抓住企业成本的主要组成部分,但那些目前所占比例较小但正处于增长状态,且最终能改变企业成本结构的价值活动却容易被忽视,把价值链成本分析方法应用于成本管理会改变这种现状。成本经过在价值链上的分摊后,可用于比较各价值活动的成本的分布,从而找出可以改善成本的突破口。

b. 企业外部合作者供应链的成本管理

公司之间的相互信任。许多公司已经意识到,其与制造商、供应商和最终客户之间的协作日益加强,只有与他们一起努力,才能降低供应链中的多余成本。

增加合作伙伴间的信任度就是建立责任会计管理。通过运用精确的成本核算数据去管理同步运作的供应链,减少公司之间的猜疑。只有所有的合作伙伴真正开始关注自身成本和其他共享者的成本之时,他们才可以同心协力降低整个价值链的总成本,削减供应链成本。首先,要鼓励采用这种流程,给供应商和客户提供有关责任会计培训。其次,签订协作协议确保供应链的各方同意用责任会计管理反映的信息,减少附加到最终用户的总成本,合作各方可能共同使用责任会计管理来决定由哪个公司执行供应链中的某个环节成本最便宜,从而在总体上控制成本。最后,帮助分销商更好地理解其成本,包括控制订单数量、简化订购难度、调整订单频率等。

这种成本管理的关键就是和客户与供应商建立信任关系,让协作者都理解本企业的费用和利润目标。在进行成本管理时要区分战略伙伴和非战略伙伴,对战略伙伴要着重于成本控制,对非战略伙伴则要着眼于成本降低,这样既确保了价值链的连续,又在最大程度上降低了价值链的总成本。

2. 基于价值链分析的成本核算的缺陷是什么?

"价值链成本"明细账不仅提供每一个价值链活动的成本,还提供每一个价值链活动所创造的价值及边际利润,企业通过对各项价值链活动边际利润的分析,做出正确的成本管理决策,提高企业竞争优势。但是也存在一些缺陷。首先,企业的价值链活动很多,如何划分价值链活动是价值链成本核算的关键,划分方法不同,成本核算也不同,提供的成本信息也不同;而各企业价值链活动的划分没有一个统一的标准,而且受各企业人为因素的影响,造成各企业提供的成本信息不具有可比性,给竞争对手价值链分析带来难度。其次,基于价值链分析的成本核算方法不符合税法,同时需要有先进的网络和信息系统,这决定了价值链成本计算方法在企业实施的难度较大,因此,还有待于进一步的研究。

3. 在产品研发阶段采用目标成本法的优点有哪些?

目标成本法是一种以市场为导向,对有独立制造过程的产品进行利润计划和成本管理的方法。首先,由于目标成本法进行事前控制且容易将考核落实到位,这样从一开始就确定了成本的责任方,因此在研发前,AG 公司需要对市场上产品的种类、产品的价格以及企业的目标利润进行合理的分析和规划,可以从源头来降低成本;其次,目标成本法是一种全过程、全方位、全人员的成本管理方法;最后,目标成本法可以对成本形成的全过程进行监控,保证供应链的各个环节能以特定的成本、质量、价格销售,并获得满意的利润。

4. AG 公司采取 JIT 生产方式对其成本管理的积极作用有哪些方面?

(1) 由于库存量低,从而节约管理成本;降低了存货的运营成本;降低了存货过时的可能性;降低了大量积压货物的风险。

(2) 减少人员维护成本。企业对内部员工不但有长期支付工资、福利等成本,而且要不断投入培训费用以提高和维持员工的各项技能。

(3) 有利于暴露生产质量问题,减少修复成本。采用 JIT 管理(图 7-8),可以暴露潜在的生产质量问题,揭示生产的低效率和减少信息系统的复杂性。

拓展阅读:准时制技术的一个重要特点就是严格的计划,为了适时地满足企业对人员

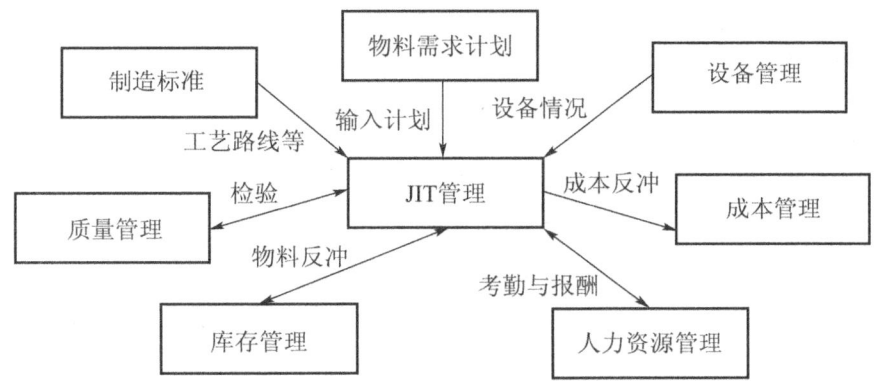

图 7-8 JIT 管理

的需要，同时又要消除人员的闲置，即不能靠大量"库存"来满足变动的需求，必须做好准时制人员的规划。一般应根据行业的商业周期或季节性规律，科学预计企业业务的发展变化对人员需求的影响，尤其是对临时需要人员的影响。

规划中，首先要确定准时制人员可能担任的工作清单，清单内容包括工作说明，工作所需的技能、知识，工作所需的方法、工具、设备，工作的质量要求，工作所需的培训时间及鉴定合格的标准等。

5. 通过对 AG 公司价值链成本管理的学习，你对企业的成本控制有哪些建议？

（1）在产品研发阶段首先要确立目标成本，只有确定了合适的目标成本，才能使企业在成本管理中有一个明确的目标，并从源头上控制研发支出。只有合理地确认目标成本，才能对产品成本做好事前控制，也有助于成本的日常控制和考核，使成本由少数人核算转变成多数人的管理责任，有利于开展更为有效的成本管控。

（2）产品采购阶段最主要的工作就是做好供应商管理，从 AG 公司的实践经验可以看出，首先要意识到供应商在整个产品成本管理中所起的作用，对供应商树立正确的认知观，善待并服务好供应商，给予供应商与公司长期合作的信心。其次，要对供应商进行选择，从自身规模、知名度、经济能力等各方面审核供应商是否具备长期供货实力，同时不定期地对供应商的信用程度进行评价，根据多指标进行考核。最后，企业要与供应商建立战略合作伙伴关系，互帮互助，实现资源共享、互利互赢。

（3）在产品生产环节，钢铁类企业可以对钢铁生产阶段进行优化，加大研究开发资金的投入，研发更合理的生产工序，细化成本动因，精细成本管理，不断完善企业价值流程。

（4）销售环节是企业实现业务收入的最终阶段，该环节的活动主要包括物流配送、销售的确定、货款的回收、客户关系维护等，所以必须做好销售阶段的成本管理。在互联网时代，不断优化营销体系，进行营销变革是 AG 公司进行销售成本管理的重要方式，值得行业内相关企业借鉴。

四、教学组织方式

(一) 问题清单及提问顺序、资料发放顺序

1. 价值链成本管理有哪些内容及意义?
2. 基于价值链分析的成本核算的缺陷是什么?
3. 在产品研发阶段采用目标成本法的优点有哪些?
4. AG 公司采取 JIT 生产方式对其成本管理的积极作用有哪些?
5. 通过对 AG 公司价值链成本管理的学习,你对企业的成本控制有哪些建议?

(二) 课时分配 (90～120 分钟)

本案例的案例正文及讨论问题,在讲授有关知识点之后、案例讨论课之前 (至少提前一周),一次性布置给学员。在案例讨论课上可以按照如下的课堂计划进行分析和讨论,仅供参考。

内容	主讲人	时间	说明
课前准备	教师	—	至少提前一周发放资料,请学员在课前完成阅读和初步思考
讨论问题 1	分组讨论	20～25 分钟	学员自由发言,教师参与讨论并帮助分析
讨论问题 2	分组讨论	20～25 分钟	学员自由发言,教师参与讨论并帮助分析
讨论问题 3	分组讨论	20～25 分钟	学员自由发言,教师参与讨论并帮助分析
讨论问题 4	分组讨论	20～25 分钟	学员自由发言,教师参与讨论并帮助分析
讨论问题 5	分组讨论	20～25 分钟	学员自由发言,教师参与讨论并帮助分析
案例总结	教师、学员	10～15 分钟	学员自由发言,教师进行总结

(三) 讨论方式

本案例宜采用小组式的讨论方式。

(四) 课堂讨论总结

课堂讨论总结的关键是:根据小组发言与辩论情况,进行归纳总结,教师就学员的讨论情况进行点评,就如何运用理论知识去解决实际问题提出建议,并引导学员对案例后续发展做出展望,同时在课后继续跟踪最新进展。

案例 8

阿里 95 亿元吃了饿了么,还饿吗?*

---

*1. 本案例由广东工业大学管理学院的邓彦、魏姗琳、刘思、李化宇、唐铭波、叶颖颖、李虹萱、谢佳容、吴璋、潘星玫、阎雪菲共同撰写,作者拥有著作权中的署名权、修改权、改编权。
2. 本案例授权广东工业大学产教融合 MPAcc 教学智库实验平台使用,广东工业大学产教融合 MPAcc 教学智库实验平台享有复制权、修改权、发表权、发行权、信息网络传播权、改编权、汇编权和翻译权。
3. 由于企业保密的要求,在本案例中对有关名称、数据等做了必要的掩饰性处理。
4. 本案例只供课堂讨论之用,并无意暗示或说明某种管理行为是否有效。

[案例封面]

专业领域：财务管理
适用课程：财务管理理论与实务
选用课程：财务管理理论与实务
编写目的：本案例以阿里全资并购饿了么为研究对象，目的在于引导学员通过研究、分析阿里先领投再全资并购的过程和并购动因，理解和掌握新零售领域下的新零售和餐饮外卖协同作战的相关知识，进一步关注阿里"拾遗补缺、横向扩展、上下游结合"以及并购后的正负效应和风险。通过对本案例的学习探讨，为我国其他企业并购提供参考。
知 识 点：并购动因；并购效应；并购风险
关 键 词：新零售模式；协同效应；并购整合
中文摘要：企业并购（mergers and acquisitions，M&A），即企业之间的兼并与收购行为，是企业法人在平等自愿、等价有偿的基础上，以一定的经济方式取得其他法人产权的行为，也是企业进行资本运作和经营的一种主要形式。其实质是在企业控制权运动过程中，各权利主体依据企业产权作出的制度安排而进行的一种权利让渡行为。在高速发展的市场经济下，企业逐渐将企业间的并购活动变为其配置经济资源、扩大商业版图、提高竞争力的重要手段。本案例对企业并购的动因、效应以及风险进行分析，希望对企业投资战略有一定参考价值。

[案例正文]

一、引言

随着社会经济的不断发展,市场竞争越发激烈。互联网行业也在高速发展中,从早期的门户网站,到"BAT"三巨头,再到如今的"ATM"新巨头,互联网对于社会的重要性愈发凸显。以阿里、腾讯为领头的互联网行业,不断改造餐饮、交通、实体商业,逐渐产生并兴起了"互联网+"的概念。

阿里巴巴从1999年成立之时就把电子商务业务摆在首要位置,主要经营业务为网上交易业务、第三方支付业务等。而在2008年创立的"饿了么"是一家中国专业餐饮O2O平台,主营业务分为美食、甜点饮品、超市便利、房生鲜和跑腿代购。2018年4月,"阿里巴巴""蚂蚁金服"和"饿了么"宣布公告,"阿里巴巴"将联合"蚂蚁金服"以95亿美元的价格全资收购"饿了么"。此次收购协议的签署,标志着饿了么全面纳入阿里巴巴推进的新零售战略,以完善的配送服务深入到阿里体系,完善阿里的新零售布局。本文选取"阿里巴巴"并购"饿了么"为案例研究对象,对"阿里巴巴"此次并购的背景、动因、效应以及风险进行分析,希望能为相关并购事件提供借鉴作用。

二、背景介绍

(一)阿里的O2O之路坎坷

当今互联网巨头们都在不断地扩大自身的市场份额,抢占市场,试图在新零售的背景下以一家之力解决人们所有的在线生活问题。对阿里巴巴的扩张之路进行分析,可以发现阿里巴巴在O2O领域的业务对接方面做得并不是很顺利,于是走兼并和扩张的发展道路是当下阿里巴巴必须做出的最符合中国经济飞速发展背景的策略。虽然阿里巴巴之前创建的本地生活服务类的APP口碑网,在接入手机淘宝和支付宝两个阿里旗下的超级APP之后,其发展速度确实有所加快,然而这些市场份额在点评类网站中依然比不上由大众点评牵手美团成立的"新美大"。

(二)外卖市场规模膨胀,竞争对手强强联合

美团被腾讯并购之后站到了阿里巴巴的对立面。近年来,中国外卖市场规模正在急剧增大,2015年中国外卖市场规模就达到了1615.5亿元,2016年市场规模达到了近2000亿元,中国外卖市场的发展前景非常广阔(图8-1)。

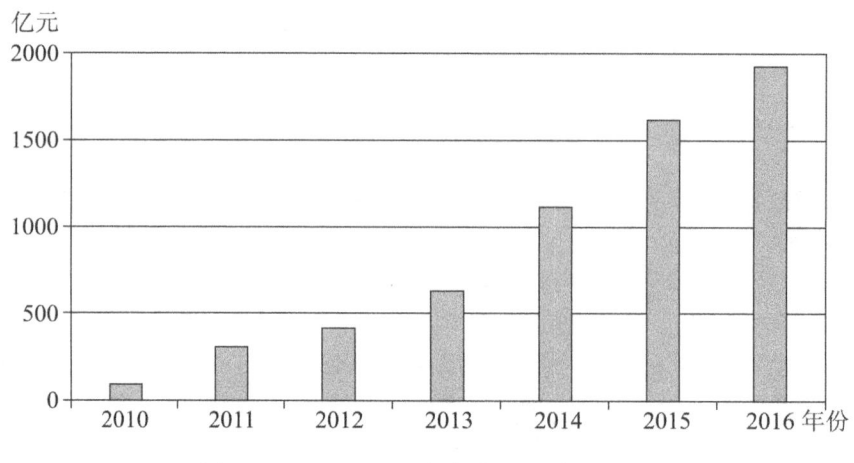

图 8-1 2010—2016 年餐饮 O2O 市场规模

（三）阿里急需扩大版图，新零售成为主力

2016 年马云提出"新零售"的理念后，阿里巴巴豪掷重金布局新零售版图。阿里的新零售物流具有一套将线上和线下完美结合的系统，打造一个 3 公里之内的理想生活圈；而饿了么拥有 300 万的蜂鸟配送员。这些配送员作为各大城市线下的短距离配送主力军，将成为阿里新零售业务中不可或缺的物流末端配送力量。

（四）饿了么走向"穷途"，渴望绝地求生

对于饿了么来说，单纯做网上订餐，虽然具有稳定的客源，但是对手美团外卖不仅因牵手大众点评而壮大了实力，并且有腾讯作为其资金支持方。相比之下，饿了么就显得势单力薄，也因此被行业称为"独角兽"，长期下来利润并不能有更大的增长，饿了么被阿里并购后能够获得资金和技术上的帮助，同时继续独立运作，可以对抗"新美大"，这对于饿了么的长远发展有足够的保障。

三、案例概况

（一）双方介绍

1. 阿里巴巴

并购方阿里巴巴集团始创于 1999 年，公司地址在浙江杭州，由马云领导的团队一手创办，现今是全球企业界著名的网络品牌，中国最大的电子商务公司。公司先后投资或收购了多家公司，目前已有多个旗下品牌，包括淘宝、阿里云、口碑网、支付宝、蚂蚁金服等。2014 年 9 月 19 日，阿里巴巴在纽约证券交易所正式挂牌上市（股票代码为：baba）。该集团以促进一个开放、协同、繁荣的电子商务生态系统为目标，旨在对消费者、商家及经济发展做出贡献。

2. 饿了么

被并购方饿了么（上海拉扎斯信息科技有限公司）于 2009 年 4 月由上海交通大学的

张旭豪等人联合创立,是国内比较早的本地生活餐饮O2O平台。经过几年的发展,截至2017年6月,饿了么线下业务已经遍布全国约2000个城市,加盟餐厅数共计130万家,用户量达2.6亿,团队规模超过15 000人。作为国内餐饮O2O平台带头人,饿了么在外卖领域打造了健全合理的商业圈,构造了强大的外卖物流配送体系,推动了中国餐饮行业的数字化进程。

(二)并购过程

早在2015年,阿里巴巴就开始对饿了么进行投资,先后经历了两次融资、两次战役,在这漫长的投资过程中,最终以95亿美元现金全资并购饿了么。具体并购过程如表8-1所示。

表 8-1 并购过程

时间	投资金额	并购过程	阿里巴巴与蚂蚁金服持股比例
2016年4月13日	12.5亿美元,其中阿里巴巴投资9亿美元	阿里巴巴联合蚂蚁金服与饿了么签署战略合作协议,阿里巴巴投资9亿美元,蚂蚁金服投资3.5亿美元	27.7%
2017年4月	4亿美元,其中阿里巴巴投资2.88亿美元	阿里巴巴联合蚂蚁金服进一步对饿了么进行投资,总投资金额为4亿美元,其中,阿里巴巴投资2.88亿美元,蚂蚁金服投资1.12亿美元	32.94%,取代创世团队成为最大股东
2017年6月2日	10亿美元	阿里巴巴进一步对饿了么进行战略投资	43%
2018年4月2日	95亿美元	阿里巴巴联合蚂蚁金服和饿了么签订了收购协议,以95亿美元现金收购饿了么全部股份	100%

数据来源:投资界。

阿里巴巴并购饿了么,从行业隶属关系看,双方同属于网络行业,但业务重点不同,阿里巴巴从事电子商务,饿了么的业务重点是网上订餐,所以,阿里巴巴与饿了么的并购属于一种纵向并购;同时,双方是经过谈判协商最终达成一致意见,故属于善意收购。阿里巴巴为了实现饿了么与自己口碑更好地融合,必须掌控公司的控制权,因而采取的方式是股权投资。

对阿里巴巴来说,线下本地生活是交易的核心,而外卖业务是其支付宝的良好使用渠道,所以阿里巴巴在2017年才耗资500亿元投资了高鑫零售、盒马鲜生等零售业,对饿了么的本地生活,阿里巴巴觊觎已久。

阿里巴巴对饿了么的并购早有准备,前期通过投资不断增持饿了么股份。阿里巴巴和蚂蚁金服在 2016 年 8 月向饿了么投资 12.5 亿美元，其中，阿里巴巴投资 9 亿美元。2017 年 4 月，阿里巴巴又投资 4 亿美元，进一步增持饿了么的股份。截至并购前阿里巴巴对饿了么持股占比达 32.94%，超过以饿了么创始人兼 CEO 张旭豪领导的管理团队的持股。2017 年 8 月，饿了么并购了百度外卖，其估值在 60 亿美元到 65 亿美元之间。经历了短暂的迅速发展，饿了么+百度外卖的估值就上升到了 95 亿美元，估值上涨了近 50%。2018 年 4 月 2 日，阿里巴巴与饿了么正式签订收购协议，全资 95 亿美元完成对饿了么的收购。

饿了么在并购前经历了多轮融资，投资者包括腾讯、百度、滴滴、大众点评等，具体见表 8-2。阿里巴巴的全资现金方式可以淘汰掉所有"竞争对手"，成为饿了么最大股东。

表 8-2 饿了么融资表

融资时间	轮次	资金	投 资 方
2011.03	A 轮	数百万美元	金沙江创投
2013.01	B 轮	数百万美元	经纬中国、金沙江创投
2013.11	C 轮	2500 万美元	红杉资本中国、经纬中国、金沙江创投
2014.05	D 轮	8000 万美元	大众点评网
2015.01	E 轮	3.5 亿美元	红杉资本中国、大众点评网、中信产业基金、腾讯、京东
2015.08	F 轮（上市前）	6.3 亿美元	红杉资本中国、华联股份、中信产业基金、华人文化产业基金、腾讯、京东
2015.11	战略投资	未披露	滴滴出行
2016.04	F 轮（上市前）	12.5 亿美元	阿里巴巴、蚂蚁金服
2017.06	战略投资	10 亿美元	阿里巴巴领投
2018.04		数亿美元	阿里巴巴

数据来源：投资界。

按照阿里巴巴的规划，将饿了么最有价值的两个部分设计不同的融入方案：将饿了么外卖应用与口碑相协同；同时加强 3 公里物流基础设施建设。阿里巴巴收购饿了么成为中国互联网历史上规模最大的并购，饿了么借此融入阿里巴巴庞大的商业版图，同时将继续保持独立品牌、独立运营。饿了么创始人兼 CEO 张旭豪将出任饿了么董事长，并兼任自己的新零售战略特别助理，负责战略决策支持。阿里巴巴集团副总裁王磊将出任饿了么 CEO。

此次收购协议的签署，标志着饿了么全面纳入阿里巴巴推进的新零售战略，成为阿里生态拓展全新的本地生活服务领域，完成从新零售走向新消费的重要一步。此次收购完成后，阿里巴巴将以餐饮作为本地生活服务的切入点，以饿了么作为本地生活服务最高频应用之一的外卖服务，结合口碑以数据技术赋能线下餐饮商家的到店服务，产生"化学反应"，形成对本地生活服务领域的全新拓展。

(三) 并购动因

1. 阿里巴巴方原因

(1) 通过饿了么可以迅速扩大外卖市场份额，与新美大抗衡。

随着用户需求量的不断上升，外卖市场从起步到行业洗牌，仅仅用了七年的时间。目前我国餐饮大盘规模稳定增长，增速维持在两位数水平，在线外卖市场在经历前期野蛮增长后增速放缓。但一系列数据表明，2018年外卖仍是餐饮人值得投入的巨大市场。

阿里巴巴虽然在电商领域实力强大，但在O2O"线上到线下"领域做得并不是很顺利。虽然阿里巴巴之前创建的本地生活服务类的APP口碑网，在接入手机淘宝和支付宝两个阿里旗下的超级APP之后，发展速度确实加快，然而这些市场份额在点评类网站中依然无法和与大众点评牵手美团成立的"新美大"抗衡。而美团被腾讯并购之后站到了阿里巴巴的对立面。因此对于阿里巴巴来说，想要在短时间内缩短与新美大的差距，直接买下一个发展良好并且具有生命力的生活服务商是最好的选择，而饿了么正好符合阿里巴巴的需求。饿了么可以很好地弥补阿里巴巴外卖产业的短板，阿里巴巴并购饿了么可以在短时间内迅速扩大外卖市场份额，增加业务量，起到事半功倍的效果。

(2) 协同阿里巴巴新零售，助力阿里巴巴新零售布局。

新零售战略近来不断被阿里巴巴提及。阿里巴巴定义的"新零售"，就是以消费者体验为中心的数据驱动的泛零售形态，是一个线上线下完美结合的理念，客户点单后，店家打包，快速配送。

2017年数据显示，饿了么成立的蜂鸟配送日均配送订单已达450万单，服务覆盖1200多个大中小城市，已合作商户数100万家；同时，饿了么拥有300万的蜂鸟配送员。蜂鸟的配送类品涵盖了外卖、商场、超市、商品、鲜花、蛋糕、文件等；在配送时段数据方面，蜂鸟提供全段配送。而随着即时配送的进一步成熟，新零售、新消费也成为即时配送新品类。

随着两家企业的并购，饿了么庞大、立体的本地即时配送网络，将协同阿里新零售"三公里理想生活圈"、盒马"半小时达"和24小时家庭救急服务、"天猫超市1小时达"及众多一线品牌"线上下单、门店发货、两小时达"等一起，成为支撑各种新零售场景的物流基础设施。阿里巴巴以餐饮作为本地生活服务的切入点，饿了么的外卖应用与口碑的到店服务协同，形成对本地生活服务的拓展。阿里巴巴的新零售布局将饿了么与其口碑共同列入本地生活的版图，新零售业务连同外卖业务构建的线上、线下全渠道消费场景势必能产生1+1>2的效果，这次全资收购，有助于阿里巴巴巩固自己在新零售和外卖领域的地位。

(3) 获得优质的物流配送系统，实现资源整合。

阿里巴巴并购饿了么的目的是获得即时配送服务。2015年，饿了么推出了蜂鸟系统，将网上订餐服务与即时配送相结合，将O2O纳入到物流配送环节，实现45分钟之内送达的配送要求。2016年蜂鸟配送就已经占据了即时配送的榜首，单均配送时间也控制到29分钟。2017年，饿了么及百度外卖举办的"未来物流"发展的战略发布会上，展示了智能调度系统"方舟"、智能耳机等系列产品。智能调度系统已经推广到50多个核心城市、1600多个商业圈，提高了外卖平台物流的运营效率；智能耳机可以实时通过语音的形式向骑手反馈信息,提高了配送效率,不仅在一定程度上保障了骑手的行车安全,还为饿了么在物流环节上提供了技术支持,节省了配送时间。阿里巴巴有了饿了么的加入,可以进一步提升阿里巴巴的配送系统,为阿里巴巴新零售方向下的大型商超、天猫小店、盒马鲜生、阿里健康等提供即时配送服务,充分发挥饿了么在物流配送环节的市场潜力,从而有效地实现阿里巴巴与饿了么的资源整合。

2. 饿了么方原因

(1) 外卖行业竞争力加大,并购可保障其长远发展。

对于饿了么来说,如果单单只做网上订餐业务,虽然目前已经具有了稳定的客源,但是从长远来看,并不利于饿了么的未来发展。饿了么的对手——美团外卖先后牵手大众点评和腾讯,壮大了自身的实力,并具有稳定的资金支持方。相比之下,饿了么就显得势单力薄,未来饿了么很难在利润上有大幅度增长;而且本地生活市场竞争越来越激烈,饿了么如果想要往更高的平台发展,则需要更大的体系和生态来支撑。

阿里巴巴的并购对于饿了么来说,无疑是一个十分不错的选择。首先,阿里巴巴在整个新零售和生活领域都有非常完整的布局,是目前中国内地新零售领域布局做得最强的公司之一。其次,阿里巴巴并购饿了么,将给饿了么提供资金和技术上的帮助;同时,阿里巴巴强调,收购完成后,饿了么将进一步得到阿里巴巴在新零售基础设施、产品、技术、组织等方面的全力支持。最后,在饿了么的并购协议中说明了饿了么可以继续独立运作。以上对于饿了么的长远发展有足够的保障。

(2) 经营数据化水平以及资源提升,造福餐饮商家。

在数据的处理方面,饿了么在并购前无论是到家服务还是到点服务,商家的后台都是单一层面的数据。而并购后,饿了么和口碑的整合,可以共享两边的数据,饿了么的餐饮商家就可以从阿里巴巴本有的大数据中作出更精准的商业判断和更精准的商业决策。例如,基于菜品的全渠道消费数据优化、口味搭配和菜品设计,等等。

与此同时,饿了么与阿里巴巴各项业务的深度整合,使得饿了么可以获得阿里巴巴各项资源,尤其是零售通、菜鸟等资源,这会大大改善餐饮商家的餐饮供应链服务,一改目前国内餐饮供应链品种复杂、交易环节多、供应商小而散的局面。有了阿里巴巴的大数据支持,饿了么将再次启动本地生活服务系统的全新升级。

四、企业并购的效应

(一) 企业并购的正效应

1. 效率协同效应

产生效率协同效应,原因在于并购双方管理效率存在不同。效率高的一方并购效率较低的一方,两家企业有效率差,那么并购方可以通过高效率管理被并购方,从而获得效率协同效应。该协同效应基于两个假设,一是并购方管理资源有余力可以管理;二是管理资源处于不可分散状态。当并购方的管理资源已经得到了充分利用,没有剩余,或者剩余管理资源可以分散,可以轻易释放出时,则不存在并购的需要。阿里巴巴的马云曾经就以"东方的智慧、西方的运作,面向全世界的大市场"的理念做主旨,促使组织部门之间灵便合作,大胆创新,调整架构形式,确保从战略到运营层面更加健康、稳定。因此,对于被并购方饿了么来说，通过并购方阿里巴巴的介入，可以使运营的效率和资金利用效率得到显著提高。

2. 经营协同效应

产生经营协同效应的前提是企业存在"规模经济"。企业在经营生产过程中，会增加物力、人力等费用，降低企业收入。如果企业可以加大规模，那么生产售出的产品越多（但是也有限制点，即存在平衡点），其均摊的费用就越少，每个产品的成本减小。但是如果企业没有达到理想规模，无法使生产成本最小化，那么并购即可成为企业实现"规模经济"的不二选择。对于被并购方而言，消费者在蚂蚁金服的支付宝APP里可以快速找到口碑商家饿了么，虽然可能会降低饿了么APP的下载量和应用量，但手机用户在支付宝软件上可以直接点单，这给饿了么提供了巨大的便利，也加大了饿了么的订单数量；对于并购方而言，阿里巴巴身为全球互联网线上支付的佼佼者，在饿了么增加订单的同时，饿了么也为支付宝增加了电子支付的交易次数，提高了支付宝的点击率及市场价值。同时，饿了么作为线下快捷外卖平台可助力阿里巴巴开辟"新零售"。马云提出"新零售"，饿了么的线下同城物流则可以助力其补足短板。这样协同合作，交叉使用各自的优势资源，可以实现经营成本不断降低和销售收入不断提高的美好愿景，达到经营协同的理想效果。

3. 财务协同效应

财务协同效应是指并购在财务方面给公司带来的正面效应，包括财务能力提高、合理避税和预期效应。在本案例中，一方面，阿里巴巴资金雄厚，为了涉足O2O领域寻求投资点；另一方面，饿了么在外卖行业做得风生水起，未来获利潜力大，无奈缺少投资方提供资金支持。阿里巴巴与饿了么的并购，使得阿里巴巴低资本成本的内部资金投入到高收益的饿了么之中，提高资金的预期回报，使资金利用率最大化。此外，并购后的企业借贷能力往往大于并购前各自的借贷能力，饿了么在前期每月巨额补贴的亏损也可以由阿里巴巴进行弥补。阿里巴巴向饿了么提供弥补资金，从而减少阿里巴巴应纳税所得额，合理避税，减少财务成本，实现财务协同效应。

（二）企业并购的负效应

1. 财务负效应

此次收购饿了么花费了阿里巴巴95亿美元，以"现金支付"的方式进行支付，这样虽然可以迅速达到并购的目的，但是需要并购企业在短时间内迅速支付大数量金额，一定程度上会影响企业的正常运作，易引发资金链断链的风险。据2015—2017年阿里巴巴的现金比例可以看出，95亿美元的现金占比达28%，此次斥巨资的并购行为暗含较大的财务风险，因此企业在运行过程中要注意资金流的运用。

2. 整合负效应

企业在并购整合中，不仅仅要求业务整合达到协同目的，更要使两个企业的文化、管理方式以及经营方式进行整合。然而每个企业都有各自的企业文化、管理方式以及经营方式。阿里巴巴身为互联网领域的佼佼者，如果强制要求被并购方饿了么完全抛弃原有企业文化、管理方式以及经营方式，全盘接纳阿里文化、管理方式以及经营方式，则必然导致一定的抵制，不利于双方的经营与管理。所以双方企业需要在漫长的过程中不断整合才能达到协同效应。

五、并购后的风险

（一）财务风险分析

1. 估价风险

阿里巴巴在收购准备阶段需要对饿了么进行企业价值评估。饿了么于 2017 年 8 月将百度外卖收购到自身旗下，当时对百度外卖的估值约为 10 亿美元。而根据公开资料显示，饿了么在 2017 年的融资完成后，估值达到了 50 亿到 60 亿美元，那么饿了么和百度外卖估值加起来应有约 70 亿美元，而事实是阿里巴巴以 95 亿美元的价格并购了饿了么，其中溢价将近 25 亿美元。如此巨大数额的溢价，显然容易带来较高的风险。

然而，从另一个角度来看，在收购时，百度向阿里巴巴通过收取对价 4.88 亿美元转让 5% 的饿了么股份，饿了么被收购时估值确实在 95 亿美元左右。也就是说无论哪种评估计算方式，半年内，饿了么的估值都上涨了 50% 左右。两种方法得出了不同的估价结果，说明企业估值风险是确实存在的，这样的风险会给企业带来相当大的财务和经营负担。

2. 支付风险

支付方式的选择，会对企业的财务状况造成一定的影响。阿里巴巴此次收购饿了么采用的是全额现金支付的形式，合计约 95 亿美元，按当时的汇率折合成人民币约 600 亿元，交易的金额可谓无比巨大。阿里巴巴既然选择全资支付现金，说明其完全有能力凭借良好的现金流去完成支付，但是这样的支付方式会造成企业过大的资金负担，形成一定的财务风险。同时也势必会影响阿里巴巴其他板块的投资和运营。

（二）整合风险分析

1. 资源整合风险

资源整合是指通过组织和协调，将彼此的资源配置最优化。饿了么的加入无疑增强了阿里巴巴"新零售版图"的实力，但阿里巴巴对饿了么的定位是本地生活服务的餐饮服务，而口碑作为阿里巴巴的原生品牌，其高度的业务重合性质，市场份额必将受到饿了么的侵占，会在一定程度上减少口碑 APP 的使用量及饿了么本身 APP 的使用率；另外，客户信息资源是当下 O2O 企业最为宝贵的一大财富，双方原本拥有的客户资源是否存在大量重合？合并后是否会引起客户资源的流失？合并后新老客户资源能否及时共享并形成有效保护？这些问题都客观存在于双方的资源整合过程中。企业的资源能否有效整合，关系到核心竞争力的形成，此次并购是否已经将资源配置最优化，仍有待时间和市场的检验，因此仍存在着一定的资源整合风险。

2. 团队整合风险

团队整合包括企业文化整合和有效管理整合两大部分。整合的效率直接影响到此次并购的成效。阿里巴巴的全资收购势必会直接影响双方全方位的直接对接。首先是文化上，阿里巴巴作为互联网龙头企业，其更多的是一种抢占市场、对外扩张的企业文化氛围；而饿了吗则偏向于服务型文化，企业着重于如何完善 O2O 的客户体验与物流服务的发展。

二者必须实现交融，才能发挥出最大的竞争优势。

收购完成后，阿里巴巴集团副总裁王磊（昆阳）出任饿了么CEO，而创始人张旭豪出任董事长，并兼任张勇的新零售战略特别助理，负责战略支持。就目前来看，饿了吗虽仍保持独立经营，且得到了阿里巴巴的技术支持和管理团队支持，但实质上管理层人员还是有很大的变动；另一方面，随着双方的业务交融日益频繁，必将使双方员工的直接接触机会增多，对于人力资源的整合，同样是并购后一大整合难点；同时，企业工资薪酬也将随之改变，双方团队的工作积极性、公平性等都会随之改变，团队的磨合与员工心理等多因素存在着变量，对企业核心竞争力形成一定的影响，因此合并后仍存在一定的整合风险。

六、结语

近几年，大企业为自身战略目的做准备，想打造属于自己的一个生态系统进行了大量的努力，扩张之路也随着公司规模的日益扩大而变得紧迫。同时，竞争对手的强强联合与自身发展的局限形成了企业内忧外患的局面。并购也就成为像阿里巴巴这样的企业实现其"新零售"战略版图的最有效捷径。一方面，阿里巴巴迫切需要迅速扩大外卖市场，占领市场份额；另一方面，新零售布局，可实现优势互补，同时获得优质的物流配送系统，实现资源整合。而饿了么的发展也遇到了一定的盈利瓶颈。随着外卖行业竞争的日益加大，更需要经营数据化水平的提升，饿了么自身出现了捉襟见肘的困境。阿里巴巴与饿了么无法应对"新美大"对市场的日益吞噬，只有联合起来，才有能力对双方的发展形成推进作用。这样的并购对阿里巴巴的O2O领域、新零售布局、物流配送系统、优质生活平台各领域都起到了巨大的促进作用，双方在效率协同、财务协同上也有了新的突破。另外，值得注意的是，此次收购对价比收购半年前估值上升了50%，且不论这样的估值是否准确，但这样的估值是否能对应上日后企业的市场份额增长情况、竞争力的变化，我们无法在其整合期内准确得出。但是否存在一定的负效应和风险，答案应该是肯定的，财务风险和整合风险始终贯穿其中，企业一定要根据自身情况，灵活应对估价和支付带来的财务风险，以及资源调配、团队变化、文化差异带来的整合风险。只有在双方的整合达到一定成效后，才能达到 1+1>2 的效果。

七、讨论问题

1. 企业并购的支付方式有哪些？为什么阿里巴巴要采取现金支付方式？
2. 你对"新零售"有什么理解？可以举例说明吗？
3. 企业并购之后，业绩是否一定会在短时间内提升？为什么？

八、参考资料

[1] 赵慧茹. 阿里巴巴并购饿了么动因及财务风险研究 [J]. 商场现代化, 2019（14）: 164-165.

［2］谢荣. 互联网企业并购动因与财务效应分析——以阿里巴巴并购饿了么为例［J］. 商业经济，2019（8）：78-79.

［3］冯姜奇，周芷伊. 浅析互联网时代企业并购的动因及效应——以阿里巴巴并购饿了么为例［J］. 农村经济与科技，2019（17）：183-185.

［4］张启越，康晓娜. 阿里巴巴并购饿了么案例分析与思考［J］. 中国乡镇企业会计，2019（2）：84-85.

［5］金小康. 阿里巴巴并购饿了么案例分析［J］. 江苏商论，2018（9）：112-113.

［6］林冰儿，薛岚韵. 互联网企业并购的财务风险分析——以阿里巴巴收购饿了么为例［J］. 企业改革与管理，2019（15）：57-58.

［7］网易科技. http：//tech. 163. com/special/.

［8］东方财富网. http：//topic. eastmoney. com/alelm/.

［9］AI 财经社. 阿里收购饿了么：与口碑整合并入新零售，张旭豪去向成唯一悬念.

［10］东方头条. 马云饿了？张旭豪成"待宰的羔羊".

［11］新华网. 阿里缘何斥巨资收购饿了么.

［12］中国连锁经营协会. 阿里全资收购饿了么，背后竟是这样一盘棋.

［13］知行部落. 阿里并购饿了么案例分析.

[案例说明书]

一、关键要点

本案例旨在通过研究、分析、理解和掌握阿里巴巴对饿了么收购的过程、相关动因；在此基础上，结合阿里巴巴和饿了么并购前后的情况，对并购双方在并购前后存在的风险以及并购后的效应进行评价，理解双方促成合作的真实目的。通过相关资料，了解双方的战略布局，引导学员对互联网、零售及物流行业有更深的了解，促进学员形成行业探究和竞争的思维。本案例流程图见图8-2。

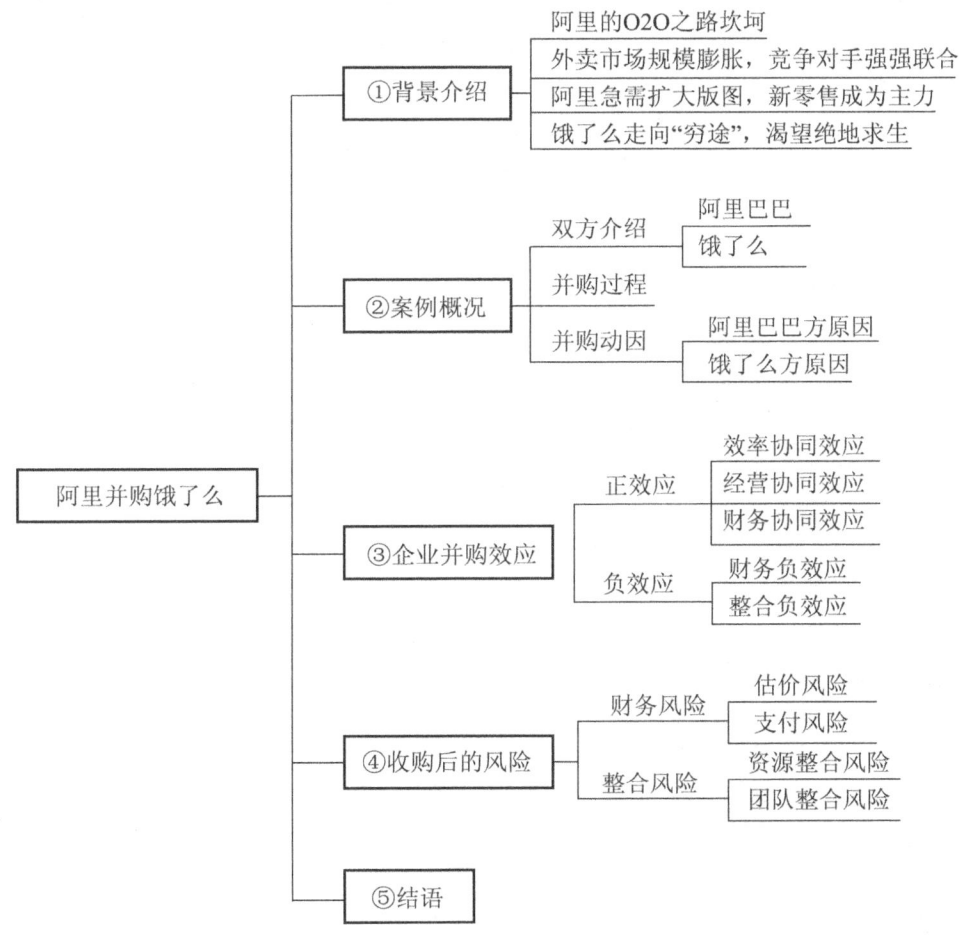

图8-2 本案例流程图

二、案例讨论的准备工作

为了有效实现本案例目标，学员应该具备下列相关知识背景。

(一) 新零售概念

新零售是零售的一种新模式,即个人、企业以物联网为依托,通过运用大数据、人工智能等先进技术手段并运用心理学知识,对商品生产、流通与销售过程进行升级改造,进而重塑业态结构与生态圈,并对线上服务、线下体验及现代物流进行深度融合。

(二) 从"互联网+"到新零售模式

"互联网+"是创新2.0下的互联网发展的新业态,是知识社会创新2.0推动下的互联网形态演进及其催生的经济社会发展新形态。它是互联网思维实践的成果,推动经济形态不断演变,为社会经济实体注入生命力,为改革创新、发展提供广阔的网络平台。通俗来说,"互联网+"是"互联网+各个传统行业",但这不是简单的相加,而是一种深度的融合,创造新的发展生态。

新零售是企业以物联网为依托,通过运用大数据、人工智能等先进技术手段并运用心理学知识,对商品的生产、流通与销售过程进行升级改造,进而重塑业态结构与生态圈,并对线上服务、线下体验以及现代物流进行深度融合的零售新模式。促进新零售时代到来的四要素:

(1) 移动支付的普及;
(2) 线上+线下流量的获取;
(3) 真实物理世界的数据化;
(4) AI推动出行、零售、教育、生产等领域的全面自动化。

互联网+新零售的发展趋势:

(1) 突出高频消费的品类占比;
(2) 突出线上业务经营,提高整体零售"小笼包";
(3) 整合技术方案,塑造更好的消费场景,实现无人零售。

三、案例分析思路

(一) 需要学员识别的关键问题

本案例需要学员识别的关键问题包括:企业并购的支付方式、"新零售"模式相关概念及应用、并购后会如何影响企业业绩。

(二) 案例分析思路

1. 企业并购的支付方式有哪些?为什么阿里巴巴要采取现金支付方式?

(1) 并购的划分维度有很多种,按照收购方式主要分为集中竞价收购和要约并购。

集中竞价并购是指采用集中竞价的方式,收购公司在证券交易所等交易系统,直接购买目标公司发行在外的流通股票,提高自己在目标公司的股权占有率的一种并购方式。

要约并购是指收购公司在公开的证券交易市场上公开向目标方股东发出要约,提出收购目标方一定数量的股份的请求,从而可能控制该公司的行为。

(2) 据收购方和目标方的合作态度,收购可分为善意并购和敌意并购。

善意并购是指目标公司对收购公司提出的相关收购条件较为满意，愿意积极配合收购行为的并购行为；恶意并购是指被收购方管理层对收购方提出的并购条件不满意，不愿意接受并购活动，那么收购方就会选择回避目标公司的态度，直接向被收购方股东发出收购要约并受到被收购方抵制的收购行为。

（3）按照并购前企业间的市场关系，可划分为横向并购、纵向并购和混合并购三种。

横向并购指的是两个或两个以上的生产或销售类似或者相同产品，存在竞争关系的企业之间的收购行为，通过横向收购可以减少企业间的竞争，扩大企业的市场份额，形成一定的规模经济；纵向并购指的是某企业与上下游企业或者客户之间的并购行为；混合并购指的是企业与既不是上下游关系又不是竞争对象之间的并购活动，通过混合并购可以扩大企业的经营范围，分散风险，形成一个新的经济增长点。

（4）按照并购中支付方式分类，并购可以分为换股并购、现金并购、增发并购和杠杆并购。

换股并购是指并购方在并购过程中无须支付现金，而是将目标公司的股票按一定比例换成本公司自己新增发的股票替换被并购公司的股票；现金并购是指并购方以直接向被并购公司支付一定数量现金或现金等价物的形式取得被并购公司所有权的并购方式；增发并购是一种特殊的并购方式，它是指被并购公司直接向并购公司发行股票，并购公司直接购买被并购方的股票，以取得所有权。杠杆并购是指并购公司只需要支付少量的资金就可以对外进行并购的方式，它以并购公司的自有资产作为抵押，具有一定的杠杆性质。

2. 为什么阿里巴巴要采取现金支付方式？

（1）从收购方——"阿里巴巴"角度看，第一，以现金作为支付工具的最大优势是速度快，可使有敌意情绪的目标公司措手不及，无法获取充分的时间实施反并购措施，同时也使与收购公司竞购的公司或潜在对手因一时难以筹措大量现金而无法与之抗衡，有利于收购交易尽快完成；第二，现金收购中目标公司的债务仍由目标公司承担，收购方降低了收购风险；第三，收购方可以直接取得公司主业经营所需的资产和业务，可以实现主业的整合，更有利于阿里巴巴利用饿了么优秀的物流配送系统打造优质本地生活服务平台的目的。

（2）对于目标公司——"饿了么"而言，现金收购可以将其虚拟资本在短时间内转化为现金，不必承担证券风险，日后亦不会受到兼并公司——"阿里巴巴"发展前景、利息率以及通货膨胀率变化的影响，交割又简单明了。"饿了么"希望阿里收购所投入的95亿美元，得到雄厚的资金支持，为战略部署打下坚固的资金保障。

3. 你对"新零售"有什么理解？可以举例说明吗？

聚焦中国市场，我国的新零售大多讲的是"线上和线下的融合"，模糊虚拟世界和现实世界的边界，形成完整的流量循环体系。移动互联网的普及让消费行为数据化，物流供应链智能化，赋予线下消费场景更多可能性。也就是说，用户进行线下购物，使用电子支付，消费数据会被线上收录，同时也可以在网站、APP、小程序等平台上购买商品，所有信息汇总后会成为商家进行推荐和引导的参考，社交网络将会加快整个消费过程的传播和增值，甚至还会衍生全新的消费场景。以上就是新零售的最终表现形式。具体来说，新零售的重点体现在三个方面：场景营销、技术加持、打通线上线下所有环节。

4. 企业并购之后，业绩是否一定会在短时间内提升？为什么？

不一定。根据公开资料，2017年8月，饿了么收购百度外卖，2017年第三季度饿了么+百度外卖的市场交易份额占比为48.8%。而在2017年第四季度，饿了么+百度外卖的市场交易份额占比为49.8%，数个月时间仅增长1%。在收购百度外卖半年多后，饿了么被阿里全资收购，公开数据显示，2018年第一季度饿了么+百度外卖的市场交易份额占比为48.9%，比上个季度有所下降。2019年6月27日，易观发布《中国本地生活服务行业洞察2019H1》分析报告。报告显示，2019年上半年饿了么+百度外卖市场份额为43.9%，相较一年多前还下降5%（图8-3）。

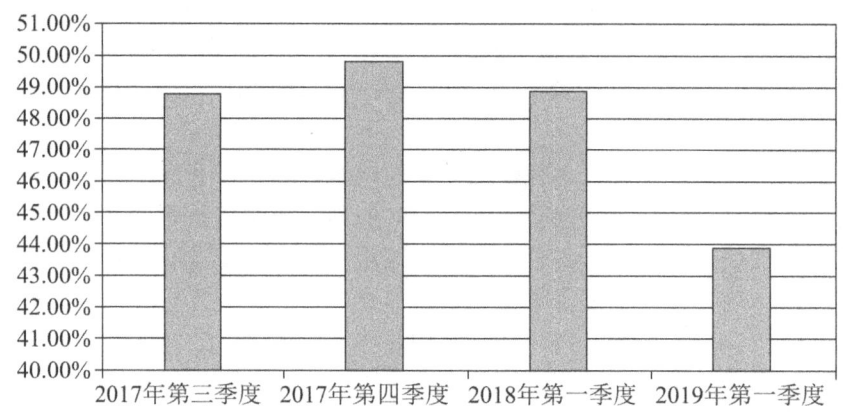

图8-3 饿了么市场份额趋势

形成这样的现实结果，原因是多样化的。首先是两个企业的外部环境仍在持续变化，竞争对手发力。根据相关资料，美团作为饿了么的头号对手，在得到腾讯的相关资金与技术援助之后，用高强度的补贴对用户进行抢夺，市场份额持续高涨，直接夺取了一定程度的市场优势。其次是阿里巴巴和饿了么并购之后存在着一定的整合风险与难度，二者的资源整合进展无法高效应对市场的变化。三是饿了么和美团之间的价格战受到相关政策的影响。无法用补贴吸引新用户。用户对生活服务具有一定的黏滞性，不易争夺。

因此，从阿里巴巴并购饿了么这个案例中可以看出，不是每个企业完成并购后都会得到业绩的显著提升，因为业绩的提升还受自身所处环境、内部整合和政策等因素的影响。

四、教学组织方式

（一）问题清单及提问顺序、资料发放顺序

本案例讨论题目依次为：

1. 企业并购的支付方式有哪些？为什么阿里巴巴要采取现金支付方式？
2. 你对"新零售"有什么理解？可以举例说明吗？
3. 企业并购之后，业绩是否一定会在短时间内提升？为什么？

（二）课时分配

1. 课前计划

发放案例正文，提供思考问题给学生，请学生在课前完成阅读，了解相关理论知识，并对案例中涉及的问题进行讨论，以小组为单位形成初步观点。

2. 课堂计划

（1）课堂前：教师简要介绍案例主题（5分钟）。

（2）案例故事回顾：采用随机提问形式对案例中的要点进行回顾，为下一步讨论打好基础（15～20分钟）。

（3）案例分析与讨论：按照研究问题的顺序逐个提出问题并进行理论的讲解和引导分析；提问面向小组，给出一定的讨论时间，然后由小组选出代表回答（约定每位代表只能回答一个问题），同一问题可视情况请多个小组回答（所有问题的讨论和回答控制在100分钟之内）。

（4）案例总结：教师对讨论进行归纳总结，并进一步启发大家从更深层次、利用最新资料对案例进行跟踪和分析（10分钟）。

（三）讨论方式

本案例可以采用问题导向进行讨论，分小组进行讨论。

（四）课堂讨论总结

课堂讨论总结的关键是：归纳发言者的主要观点；重申其重点及亮点；提醒大家对焦点问题或有争议观点进行进一步思考；建议大家对案例素材进行扩展研究和深入分析。

案例 9

开足马力拥抱资本，我爱我家的曲线上市之路*

---

* 1. 本案例由广东工业大学管理学院的邓彦、阎雪菲、吴璋、潘星玫、李化宇、唐铭波、叶颖颖、李虹萱、谢佳容、曹晗抒、霍茵共同撰写，作者拥有著作权中的署名权、修改权、改编权。
2. 本案例授权广东工业大学产教融合 MPAcc 教学智库实验平台使用，广东工业大学产教融合 MPAcc 教学智库实验平台享有复制权、修改权、发表权、发行权、信息网络传播权、改编权、汇编权和翻译权。
3. 由于企业保密的要求，在本案例中对有关名称、数据等做了必要的掩饰性处理。
4. 本案例只供课堂讨论之用，并无意暗示或说明某种管理行为是否有效。

[案例封面]

专业领域：财务管理
适用课程：财务管理理论与实务
选用课程：财务管理理论与实务
编写目的：通过分析我爱我家借昆百大之道上市的模式及其动因，引领学生思考有关企业上市的问题（借壳上市和类借壳有何不同、了解企业筹备上市期间的资本运作）以及国家对企业上市的相关监管规则，以丰富学生对企业上市过程中资本运作的相关认知，从而启发学生对企业上市流程进行深入思考。
知 识 点：借壳上市；类借壳；一致行动人；企业兼并；资产重组
关 键 词：昆百大；我爱我家；借壳上市；控制权；一致行动人
中文摘要：本案例具体描述了我爱我家借道昆百大上市的过程，以及在这场资本运作中操盘手谢勇是如何修改并购方案达到证监会要求，从而顺利完成我爱我家的曲线上市之路。我爱我家是中介行业中的老牌企业，近年来激烈的同业竞争，使其急需注入新的资本进行业务扩展。但我爱我家及其子公司2014—2016年间收到高达98次的行政处罚。根据《中华人民共和国证券法》的规定，首次发行股份的公司在最近36个月内不得收到中国证监会的行政处罚。因此，我爱我家短时间内无法达到证监会提出的IPO甚至借壳上市的要求。面对多重阻碍，我爱我家最终走上了被重组并购的借道上市之路。本案例对昆百大和我爱我家的基本情况、并购动因以及并购流程进行了详细分析，探究了其重组并购的"曲线"上市之路，对帮助其他类似公司了解企业资产重组、借壳上市、类借壳等知识具有一定的参考价值。

[案例正文]

一、事件概览

昆百大以发行股份及支付现金的方式收购我爱我家 84.44%的股权，该交易于 2017 年 2 月 27 日首次披露，2018 年 2 月完成，总计注入账面价值 6 137.87 万元的净资产，评估价值为 55.54 亿元，增值 89 倍，最终作价 55.31 亿元，募集配套资金不超过 16.60 亿元。昆百大实际控制人谢勇持股比例从 27.88%下降到 20.08%，仍为上市公司实际控制人。本次收购中的交易作价高于昆百大的净资产，标的资产我爱我家的营业收入、净利润也远大于昆百大。在此次并购过程中，外界质疑昆百大以超 55 亿元收购我爱我家的方式实际上是我爱我家"借壳"昆百大上市。然而在监管部门的严密监控下，昆百大通过多次修改并购方案，从收购比例、募资金额、奖励方案多维度下手，最终达到监管部门要求，实现其"曲线上市"的目标。

二、背景介绍

（一）行业背景

1. 昆百大所处行业增长能力受限，公司盈利能力不容乐观

昆百大并购我爱我家前的主营业务为商业零售业，同时涉及房地产业、酒店旅游服务业和物业管理。2016 年，国内经济面临较大的下行压力，实体经济持续低迷。宏观经济在消费领域的传导效应后劲凸显，消费总量增速放缓且低缓趋势仍在持续。根据全国商业信息中心的监测数据，2014—2016 年全国 50 家重点大型零售企业商品零售额持续下滑，2016 年全国 50 家重点大型零售企业商品零售额累计较 2015 年同比下降 0.5%，2015 年累计较 2014 年同比下降 0.2%。2014 年度、2015 年度和 2016 年度，昆百大营业收入分别为 164 019.62 万元、133 848.42 万元和 191 660.32 万元，归属于母公司股东的净利润分别为 7 106.27 万元、3 082.75 万元和 7 916.58 万元。受行业下滑影响，昆百大盈利能力不容乐观。

2. 房地产中介新房业务集中度加强，存量房业务迎来历史机遇

房地产中介服务是贯穿房地产全产业链的房地产综合服务业务，从最初的土地规划出让到项目的前期规划设计、物业销售运营，直到最后的二手房租售。房地产中介服务包含了房地产市场的所有业务环节。

近年来，中国城镇化率提高，且国家不断出台房市调控政策，未来新房交易市场增速可能会受到较大影响。随着中国房地产策划代理企业专业化程度的提高，市场集中度不断加强，规模及品牌优势较强的企业市场占有率将不断提升。历史悠久、服务能力强、经验丰富的新房策划代理企业有望在行业低迷期进一步巩固优势。

同时，经过多年发展，房地产经纪中介服务日益规范。通过经纪中介成交的二手房比例有明显提升，国内主要城市的二手房交易的中介渗透率不断提高。在国家"去库存"的号召下，全国各级政府均提出了不同的产业政策积极响应。未来，存量房或将逐步取代新房，成为市场交易的主导力量。从政策层面及市场层面，房地产中介的存量房业务也迎来了较好的历史发展机遇。

（二）公司背景

1. 昆百大集团

昆明百货大楼（集团）股份有限公司创建于1959年，是中华人民共和国成立后我国创建的第一批大型商业企业。1992年经昆明市体改委批准，以昆明百货大楼作为独立发起人，以定向募集方式进行了股份制改造，改组设立了昆百大，并于1993年10月由中国证券监督管理委员会批准成为上市公司，于1994年2月在深圳证券交易所挂牌交易，成为云南省第一批上市的零售企业。

作为云南首批上市公司，昆百大集团已发展成为涵盖商业零售、电子商务、房地产开发、酒店物业、金融服务等领域的大型综合性集团公司，拥有昆明百货大楼、百大新天地、百大新西南、百大新都会、百大国际派五大自建自营购物中心，以及昆百大家电、家有宝贝、昆百大为乐超市、新纪元大酒店四大自主商业品牌。2015年，借"一带一路"机遇，公司通过输出管理的形式，全面负责老挝首个大型商业综合体"万象中心"的运营管理，正式进军海外市场。昆百大集团近59亿元的总资产体量以及近50万的优质会员体系使其成为云南本土的零售商业巨头。

2. 我爱我家

我爱我家是伟业我爱我家集团旗下以房屋租赁、二手房买卖为主营业务的全国知名大型品牌经纪企业，同时也是国内历史最为悠久的大型经纪企业之一。其面向政府、投资机构、金融机构、学术研究机构、房地产开发企业，以及广大个人消费者，提供线上线下一体化的数据顾问、楼盘代理、新房交易、二手房经纪、房屋租赁、住宅资产管理、商业地产运营管理和海外房产交易等房地产全产业链的综合服务。

2000年春，我爱我家公司在北京成立，之后公司发展迅猛。2002年我爱我家率先在业内采用领先的"ERP系统"并完成第一轮全国布局，业务覆盖北京、上海、杭州、天津、南京、苏州、太原等城市。2010年我爱我家与伟业顾问整合，构建一、二手房经纪与房地产综合服务产业链。2014年我爱我家启动海外业务，成为国内第一家启动海外业务的大型品牌经纪机构。截至2016年底我爱我家的国内业务已覆盖15个大中型城市，国际业务覆盖50余个国家和地区，成为以地产中介业务为核心的房地产综合服务体，体系内囊括地产、金融和商业三个部分，经营范围涉及房屋代理、房屋出售、房屋租赁、豪宅租售，"央产房"上市交易、产权证办理、按揭贷款、房地产投资咨询、商铺租售、写字楼租售，以及商品房、空置房、企业债券房销售代理等多种业务。

（三）并购动因

企业进行横向、纵向、多元化并购的动因主要有三方面，第一是为了获得更高的投资回报，第二是实现企业特定的发展战略，第三是分散企业的经营风险。

1. 昆百大并购动机

近年来，零售行业在全球的发展趋势放缓，昆百大连续几年营业收入不断下降。自2001年底，昆百大开始对其资产、业务进行整合，将商业、房地产业务等主营业务以外的其他资产进行清理退出，集中优势资源提升商业零售的经营能力。从2013年开始，公司逐步对住宅地产和连锁酒店业务进行收缩。但在传统商业模式不断受到电商强力冲击的大环境下，昆百大的挣扎没有带来满意的结果。昆百大尝试搭建电商平台、增资入股支付企业，试图打造线上线下销售模式的融合，但是这种模式，零售龙头王府井百货早前开始探索，收效甚微。在各商业零售巨头实力扩张和广泛渗透的直接竞争格局下，昆百大和我爱我家如果可以实现资源共享和业务协同，将强有力支撑昆百大商业等原有业务的市场竞争和长期发展。

2. 我爱我家并购动机

房地产中介从诞生、成长到成熟，始终伴随着争议。随着一线城市存量房时代的到来，房地产中介开始迅速显露巨大的资本价值。从1998年开始涉足房地产中介的我爱我家，通过前期的"跑马圈地"，已经成为全国大型房地产中介之一。截至2016年底，我爱我家的业务已涉及包括北京、天津、上海、南京、苏州在内15个主要一、二线城市，拥有2215家直营门店，旗下拥有经纪人愈4.5万人，还可以扩张至三、四线城市的巨大市场，前景光明。但我爱我家的营业收入和净利润与链家相比，还存在相当大的差距。链家起步晚于我爱我家，但其依靠迅疾如电的并购快速扩张到全国各大城市。面对存量市场的巨大诱惑，我爱我家必须加快登陆资本市场。

然而，在实际经营中，我爱我家连续三年的营业收入和净利润达不到上市的条件，根据《首次公开发行股票并上市管理办法》，拟在上海主板或深圳中小板上市的企业在财务指标方面有"最近3个会计年度净利润均为正数且累计超过人民币3000万元"的财务要求。而根据公告显示，我爱我家2014年亏损达6718万元，明显无法满足相关指标。同时由于早年为了与链家、世联行等一众中介企业竞争，我爱我家及其子公司在2014—2016年间受到了高达98次的行政处罚，而企业想要IPO，必须在三年内不存在重大违法违规行为。面对无法达到的IPO要求和与IPO要求几近相同的借壳上市条件，对我爱我家而言，被并购也不失为其登陆股市谋求更大发展的好方法。

三、并购过程

此次并购的资本运作流程中有四个关键阶段：首先，谢勇接替何道峰成为昆百大实际控制人；其次，多家投资企业先后成立，专门投资我爱我家；接着，并购基金出场：由昆百大旗下子公司西藏云白与另外两家机构合作成立嘉兴锦贝，嘉兴锦贝通过控股我爱我家股东伟业策略，间接持有我爱我家12.03%的股份；之后在面对证监会的多项问询过程中，昆百大五修并购方案，终获批；最后，昆百大通过发行股票、现金支付以及协议受让方式完成收购。

（一）第一阶段：并购前的准备——昆百大股权置换，变更实际控制人

并购前，昆百大总股数为1 170 235 934股，2015年10月27日，昆百大公告，实际控制人何道峰将其持有的昆百大8.55%的股份以协议方式转让给公司副董事长谢勇。上述转让完成后，何道峰将合计持有公司26.47%股权（309 743 738股），由实际控制人退居为第二大股东，谢勇通过太和先机和东北证券明珠148号定向资产管理计划合计控制的昆百大股份占总股本的27.88%（326 289 043股），成为公司新任控股股东和实际控制人

(图 9-1 ～ 图 9-3)。

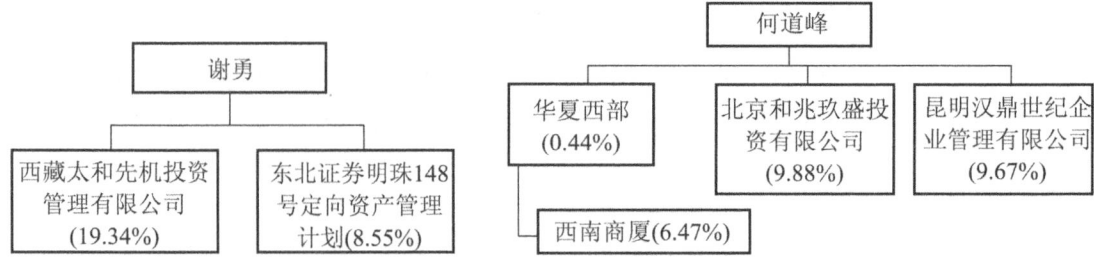

图 9-1 并购前谢勇持股结构(实际控制人)　　图 9-2 并购前何道峰持股结构

(二) 第二阶段: 我爱我家股权分散, 伟业策略丧失控制权

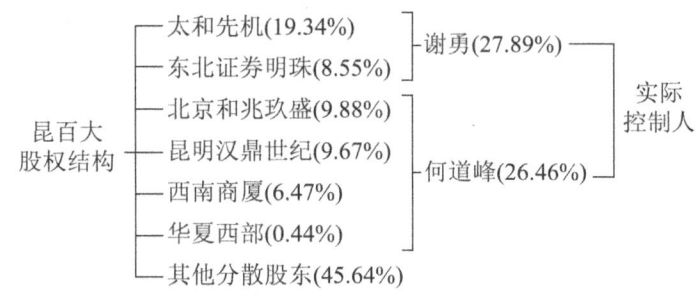

图 9-3 昆百大的股权结构

从 2001 年起, 伟业策略成为我爱我家的最大股东, 且持有的股份在持续加大, 2007 年股份超过 50%; 但 2016 年 5 月到 2017 年 1 月期间, 伟业策略持有的股份在不断减少, 最终 2017 年 1 月, 伟业策略仅持有我爱我家 12.03% 股份, 且我爱我家股权分散, 最大股东仅持有 20% 的股份。其一系列行为可能存在刻意降低持股比例, 减少其他公司向其发行股份的数量, 从而保持上市公司控制权不变的动机。截至 2017 年 11 月, 根据工商信息查询, 并购前我爱我家的股东构成及其股权结构的关系如图 9-4 所示: 股权较分散, 任意一方能控制的股权均未超过 20%, 不存在控股股东。

(三) 第三阶段: 多次修改并购方案

根据昆百大披露的"关于全资子公司参与投资并购基金的投资进展公告", 昆百大旗下全资子公司西藏云百投资、民生加银等合作投资的嘉兴锦贝投资合伙企业(有限合伙)完成两期对外投资, 其中包括一期在 2016 年 8—12 月期间针对北京伟业策略的股权投资约 6.41 亿元, 此后昆百大又作价 7.58 亿元再购回伟业策略持有的我爱我家 12.03% 的股权。但是据昆百大发布公告, 重组方案经过了多次调整。9 月 26 日, 原有的重组方案进行调整。9 月 28 日, 昆百大称接到证监会的通知, 并购重组委将于近日审

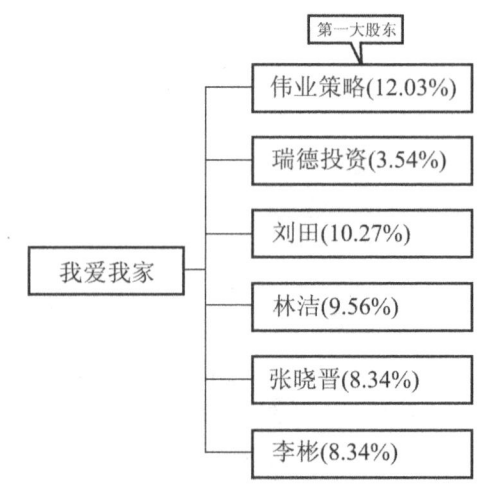

图 9-4 我爱我家股权结构

议其重大资产重组事项。10月8日晚，昆百大再发公告，并购方案进行了二度调整。

第一是收购比例。根据新方案，原交易对方中自然人林洁持有的我爱我家9.56%的股权将不再纳入本次重组交易标的。根据最先披露的收购预案，昆百大发行股份及支付现金购买我爱我家94%股权的交易价格为61.82亿元，其中发行股份支付对价43.82亿元，现金方式支付对价18亿元。

持股我爱我家9.56%股权的林洁将从这次收购里套现近2亿元，并且获得昆百大约5300万股票。按照这一交易预案，交易前谢勇及其一致行动人是昆百大实际控制人，持股27.89%，交易后虽然仍是昆百大实际控制人，但对应持股已经降至19.45%。

证监会疑虑我爱我家的创始人股东及核心管理层之间存在一致行动人关系或协议安排，我爱我家这些原股东方在交易后将合计持股昆百大16.85%，相较实际控制人谢勇持股比例仅差2.6个百分点，股权上反映的控制关系实际上很难说服证监会这不是刻意分散股权规避借壳上市的行为。

而林洁退出交易以后，谢勇及其一致行动人从持股昆百大27.89%稀释至20.07%，我爱我家原股东方合计持股则只有14.15%，与昆百大实际控制人谢勇持股比例相差约6个百分点，降低了证监会对我爱我家借壳上市的疑虑。

第二是募资金额。新方案中，资产重组配套融资金额将从25亿元下调至不超过16.6亿元，并取消"分散式长租公寓装配项目""房产综合服务与智能管理平台项目"两个募投项目。

这部分修改的起因是证监会发布的最新对非公开发行股票条例限定："申请非公开发行股票数量不得超过发行前总股本的20%"。而昆百大在这次交易方案里，除收购我爱我家股权，同时安排非公开发行股份募集配套资金。按照最先披露的交易预案，昆百大拟向包括大股东在内的10名特定对象非公开发行股票募集配套资金25亿元，其中18.5亿元用以支付收购我爱我家的交易对价，5.5亿元投入分散式长租公寓装配项目，剩余1亿元投入房产综合服务及智能管理平台项目。

证监会在反馈意见中要求昆百大结合现有货币资金用途、未来支出安排、前次募集资金使用情况、可利用的融资渠道、授信额度，进一步补充披露募集配套资金的必要性，并且要求说明上述募投项目资金用途是否涉及补充流动资金、是否与我爱我家业务规模相匹配。于是，昆百大直接取消了非公开发行股份募集资金发展长租公寓和房产综合服务及智能管理平台项目，募集资金全部用于支付收购我爱我家的股权对价，再加上之前林洁退出了收购交易，因此昆百大发行股份募集资金规模也从25亿元缩减至16.6亿元。

第三是奖励方案。昆百大在最先披露的交易预案里，安排了业绩承诺及业绩奖励，明确公司在2017—2019年实现累计净利润分别不低于5亿元、11亿元和18亿元。如果承诺期内实现累积净利润超过18亿元，超出累积净利润部分，其20%将用于补偿昆百大的大股东。

证监会在反馈意见中也注意到了这一点。证监会在反馈意见中询问昆百大设计将业绩奖励给大股东的合理性，是否有利于保护上市公司和中小股东权益。

在修改后的交易预案内，昆百大取消了对大股东业绩承诺外的奖励，以消除证监会的疑虑。最终，经过多次修改，昆百大的并购方案得到了证监会的通过。

(四) 第四阶段：启动并购

2018年2月2日，昆百大发布公告称，经中国证券监督管理委员会核准，公司拟以发行股份及支付现金的方式购买我爱我家16名股东合计持有的我爱我家84.44%股权，合计支付对价55.31亿元。其中，以发行股份的方式支付交易对价39.24亿元，以现金方式支付交易对价16.07亿元。为支付本次交易的现金对价并提高本次交易的整合效应，昆百大拟向包括公司控股股东西藏太和先机投资管理有限公司（简称"太和先机"）在内的不超过10名特定对象非公开发行股份，募集配套资金不超过16.6亿元。非公开发行股份数量将不超过234 047 186股，即非公开发行股份数量不超过本次发行前总股本的20%。据公告显示，昆百大本次非公开发行股份的规模为186 516 853股，募集资金总额1 659 999 991.70元，扣除发行费用39 100 000.00元后，募集资金净额为1 620 899 991.70元。本次发行对象最终确定为3名，具体配售结果如表9-1所示。

表9-1 昆百大募资对象

序号	发行对象	配售股数/股	配售金额/元	锁定期/月
1	西藏太和先机投资管理有限公司	89 887 641	800 000 004.90	36
2	天津海立方舟投资管理有限公司	56 179 774	499 999 988.60	12
3	青岛中建新城投资建设有限公司	40 449 438	359 999 998.20	12
	总 计	186 516 853	1 659 999 991.70	—

(五) 第五阶段：完成并购

经过一年重组，截至2018年2月5日，昆百大完成了这笔交易，以发行股份及支付现金的方式购买了我爱我家房地产经纪16名股东合计持有的其84.44%的股权，同时向包括公司控股股东西藏太和先机在内的3名特定投资者非公开发行股份募集配套资金1 659 999 991.70元。

至此，我爱我家房地产经纪成为昆百大的控股子公司，昆百大主营业务在原有商业零售业、房地产业、酒店旅游服务业和物业管理业务的基础上增加了包括经纪业务、新房业务、资管业务在内的房地产中介服务业务。根据《上市公司行业分类指引》的相关规定，该公司所属行业变更为：房地产业。并表之后，昆百大2018年一季度业绩飙升。4月27日，昆百大发布一季报，报告期内实现营业收入25.07亿元，同比增长642.77%；净利润1.46亿元，同比增长905.66%。同日，昆百大完成相关工商变更登记手续，正式更名。该公司公告，自2018年5月2日起，公司证券简称由"昆百大"变更为"我爱我家"，公司证券代码"000560"保持不变。至此我爱我家的借道上市终于落下帷幕。

四、参考资料

[1] 杨俏文,黄思涵. 上市公司并购重组"类借壳"模式应用案例研究 [J]. 中国注册会计师,2019 (10):117-122.

[2] 倪献. 我国房地产中介市场发展情况调研 [J]. 城乡建设,2019 (16):22-25.

[3] 冯泽宇. 上市制度改革对借壳上市的影响研究 [J]. 中国物流与采购,2019 (14):71-72.

[4] 刘蕾. 房地产中介行业存在的问题及改革策略研究 [J]. 经济研究导刊,2019 (10):153-155.

[5] 王芳洁. 我爱我家上市悬念 [J]. 商讯(公司金融),2017 (1):17-18.

[案例说明书]

一、教学目的与用途

1. 本案例主要适用于"财务管理"和"资本市场运作与管理"等课程。
2. 本案例主要适用于 MB、MPAcc、研究生和本科生的上述课程教学。
3. 本案例的教学目的在于：通过分析我爱我家借道昆百大上市模式及其动因分析，引领学生思考上市决策的关键点（如何借道上市、如何进行资本运作、是否存在对赌协议）以及上市后给公司可能带来的挑战和机遇，使学员体会企业上市过程中如何进行资本运作，规避上市审核，从而启发学员对借道上市决策流程进行深入思考。

二、分析思路

本案例围绕昆百大并购我爱我家的主线展开，介绍了昆百大和我爱我家的基本情况，分析其并购动因、并购流程以及证监会问询，探究其重组并购"曲线救国"的上市模式。

三、案例讨论的准备工作

（一）理论背景

1. 资产重组

资产重组是指企业改组为上市公司时将原企业的资产和负债进行合理划分和结构调整，经过合并、分立等方式，将企业资产和组织重新组合和设置。狭义的资产重组仅仅指对企业的资产和负债的划分和重组，广义的资产重组还包括企业机构和人员的设置与重组、业务机构和管理体制的调整。目前所指的资产重组一般都是指广义的资产重组。资产重组可分为外部重组和内部重组。

内部重组是指企业（或资产所有者）将其内部资产按优化组合的原则，进行重新调整和配置，以期充分发挥现有资产的部分和整体效益，从而为经营者或所有者带来最大的经济效益。在重组过程中，仅是企业内部管理机制和资产配置发生变化，资产的所有权不发生转移，属于企业内部经营和管理行为，因此，不与他人产生任何法律关系上的权利义务关系。

外部重组，是企业或企业之间通过资产的买卖（收购、兼并）、互换等形式，剥离不良资产、配置优良资产，使现有资产的效益得以充分发挥，从而获取最大的经济效益。这种形式的资产重组，企业买进或卖出部分资产或者企业丧失独立主体资格，其实只是资产的所有权在不同的法律主体之间发生转移，因此，此种形式的资产转移的法律实质就是资产买卖。

2. 并购

兼并与收购是市场经济中资产重组的重要形式。兼并的含义是指两个或两个以上的公司通过法定的方式重组，重组后只有一个公司继续保留其合法地位。合并是指重组以后，原有公司都不再继续保留其合法地位，而是组成一个新公司。收购是指一家公司在证券市场上用现金、债券或股票购买另一家公司的股票和资产，以获得对该公司的控制权，该公司的法人地位并不消失。企业的兼并与收购往往同时进行，称为购并。

企业购并作为资产重组的重要杠杆，具有以下作用：一是与企业自身积累方式相比，企业购并能够在短时间内迅速实现生产集中和经营规模化。二是有利于减少生产同一产品的行业内的过度竞争。三是与新建一个企业相比，企业兼并可以减少资本支出。四是有利于调整产品结构，加强优势产品，淘汰无前途、无市场的产品，加快支柱产业的形成，促进产业结构的调整。五是通过债务重组和增加资本金，实现资本的优化。

3. 借壳上市

借壳上市是指借壳方通过以自身的资产来认购上市公司发行的股票，从而以反向收购的方式实现间接上市。借壳上市事先不收购控股"壳"公司，而是通过直接资产出售、置换、发行股份购买资产、以新增股份吸收合并等方式同步实施，实现重组方上市之目的。该类重组自《上市公司证券发行管理办法》颁布以来逐渐增多，如重庆实业（000736）。

4. 买壳上市

买壳上市是指先收购控股"壳"公司，然后通过资产出售、置换等方式将"壳公司"剥离成"净壳"，重组方再通过定向增发、吸收合并等方式注入资产，实现上市。该类重组属于常见模式，如建峰化工（000950）。

5. 整体上市

整体上市是指上市公司母公司或实际控制人通过上市公司发行股份收购资产或换股吸收合并等方式实现同业主体整体上市或整个集团整体上市。早期的武钢、宝钢，以及后来的上海汽车都属于同类主体资产整体上市；属于公司整体上市的有上港集团（600018），以及东方电气（600875）、东软集团（600718）、海通证券（600837）。

6. 一致行动人

在公司收购中，一致行动人的行为，法律上视为一个人的行为，他们的持股数量要合并计算。《中华人民共和国证券法》规定有以下情形的属于一致行动人：

①投资者之间有股权控制关系；投资者受同一主体控制；投资者参股另一投资者；

②投资者的董事、监事、高级管理人员的主要成员同时在另一投资者中担任董事、监事、高级管理人员；

③银行以外的其他法人、其他组织和自然人为投资者取得相关股份提供融资安排；

④投资者之间存在合伙、合作、联营等其他经济利益关系；

⑤持有投资者30%以上股份的自然人，与投资者持有同一上市公司股份；

⑥在投资者任职的董事、监事、高级管理人员，与投资者持有同一上市公司股份；

⑦持有投资者30%以上股份的自然人和再投资者任职的董事、监事、高级管理人员及其亲属，与投资者持有同一上市公司股份；

⑧在上市公司任职的董事、监事、高级管理人员同时持有本公司股份；

⑨上市公司董事、监事、高级管理人员和员工与其控制或委托的法人或者其他组织持有本公司股份。

当一致行动人总体持股数量总计达到法定的持股比例时，应当履行信息披露义务。我国《股票发行与交易管理暂行条例》第47条中曾有这样的规定："任何法人直接或间接持有上市公司发行在外的普通股,达到5%时,应当自该事实发生之日起三个工作日内,向该公司证券交易所和证监会作出书面报告并公告。"有学者认为这一条与英美法中"行动一致的人"概念的"基本精神"是一致的。但是,我国证券法最终对一致行动人的信息披露并没有做出明确规定。

(二)昆百大巧妙设计

昆百大收购我爱我家是典型的"蛇吞象"式案例,而且有并购消息传出的时候,许多人认为我爱我家有借壳上市的嫌疑。但是分析此次并购的过程,我们发现并购呈现以下四个特点:交易结构颇复杂、巧妙设计合新规、并购基金打头阵、资本运作成体系。在此次资本运作过程中,2015年11月谢勇接替何道峰成为昆百大实际控制人;2015年多家投资企业密集成立,旗下仅投资我爱我家;2016年5月昆百大子公司西藏云百与两家机构合作成立嘉兴锦贝;2016年嘉兴锦贝控股我爱我家股东伟业策略,间接持股12.03%;2017年通过发行股票、现今支付以及协议受让方式完成收购。这长达三年的并购设计以及并购新规的出台,昆百大多次修改并购方案,最终并购我爱我家活动获得成功,摆脱了我爱我家借壳上市的嫌疑。

四、教学组织方式

(一)问题清单及提问顺序、发放顺序

1. 昆百大和我爱我家的股权结构有什么特殊之处?
2. 为何我爱我家没有被证监会认定为借壳上市?
3. 一致行动人对股权收购有什么影响?
4. 我爱我家为何如此迫切想要上市?
5. 我爱我家的借道上市模式有何优越性?

(二)课时分配

本案例教学可以通过学员分组讨论与教师引导分析相结合的方法,案例资料提前发放给学生,引导学生初步阅读和思考并收集补充信息,启发学生自行探索。根据实际情况灵活调整课时分配,整个案例教学课时分配为105～130分钟,具体分配可参考表9-5。

表9-2 课时安排表

内容	主讲人	时间	说明
讨论前准备	教师	15分钟	教师简单梳理案例发展脉络,明确探索问题
分组讨论	学员	20分钟	每个小组进行内部讨论,归纳整理各方观点,形成发言提纲
逐一讨论问题	学员为主,教师为辅	每个问题15～20分钟,共60～80分钟	老师逐一提出问题,学员进行自由发言,老师参与讨论并帮助分析

续上表

内容	主讲人	时间	说　　明
案例总结	教师	15 分钟	教师总结本案例
课后计划	学员	—	以本案例为基础，引导学生关注其他企业借壳上市情况

（三）讨论方式

本案例采用小组讨论的方式。

（四）课堂讨论总结

课堂讨论总结的关键是：对各组学员的观点进行概括总结，教师对学员的讨论情况进行评价和补充，引导学生对有争议或说法欠妥的观点进行深入的讨论和分析，培养学生理论联系实际及独立探索的精神和能力，鼓励学生基于本案例的研究思路对更多企业上市问题进行更加深入全面的研究。

案例 10

多措并举——A 高校税务管理优化之路*

---

*1. 本案例由广东工业大学的罗伟峰、张绍婉、邓彦、陈正豪、施苏洋、李丽娟、彭紫婷,广东外语外贸大学的温韵柔撰写,作者拥有著作权中的署名权、修改权、改编权。
2. 本案例授权广东工业大学产教融合 MPAcc 教学智库实验平台使用,广东工业大学产教融合 MPAcc 教学智库实验平台享有复制权、修改权、发表权、发行权、信息网络传播权、改编权、汇编权和翻译权。
3. 由于企业保密的要求,在本案例中对有关名称、数据等做了必要的掩饰性处理。
4. 本案例只供课堂讨论之用,并无意暗示或说明某种管理行为是否有效。

[案例封面]

专业领域： 财务管理

适用课程： 财税管理，税法

编写目的： 国内现行税收政策，并没有将高校列为特殊征税单位而制定专门的税收政策，因此，如何妥善处理和解决高校经济业务的涉税问题，成为时下税收改革重点问题，必须引起重视。本案例对A高校财务状况和涉税情况进行分析，将涉税业务进行纳税管理优化，以期得到相应的启示。本案例旨在让学员了解相关的税法、税收筹划知识，以及在税收改革的背景下，为高校提供涉税业务管理优化指南。

知 识 点： 高校税务管理；税收优惠；简易征税办法

关 键 词： 高水平大学建设；纳税筹划方案；税负率

中文摘要： 本案例以A高校为例，介绍其行业背景、财务状况及涉税情况。对A高校的纳税现状进行分析，指出其利用现行税收政策，将涉税业务进行纳税管理优化，规避税收风险，并针对不同税种提出纳税筹划方案，提高高校税务管理能力，为实现世界一流大学、一流学科提供经济保障。

[案例正文]

一、案例背景

(一) 行业背景

1993年,中共中央和国务院印发《中国教育改革和发展纲要》,纲要提出:"逐步提高国家财政性教育经费支出占国民生产总值比例,20世纪末达到4%。"随着我国经济和教育事业的不断发展,教育经费投入逐年增长。"十二五"期间,2012年教育投入占GDP的比重首次达到4%。

表 10-1 2012—2017 年全国教育经费执行情况

年份	财政性教育经费/亿元	国内生产总值/亿元	财政性教育经费与国内生产总值之比/%
2012	22 236.23	540 367.40	4.12
2013	24 488.22	595 244.40	4.11
2014	26 420.58	643 974.00	4.10
2015	29 221.45	689 052.10	4.24
2016	31 396.25	744 127.20	4.22
2017	34 207.75	826 274.20	4.14

数据来源:《全国教育经费执行情况统计公告》;《中国统计年鉴》。

我国2012—2017年连续7年财政性教育经费占国内生产总值的比例保持在4.10%~4.30%之间,以雄厚的资金支持高校的大力发展。政府对地方高校的教育质量关注度逐渐加大,资金的投入量与专项项目数量逐年增加,政府对高校的教育越来越重视。但高校的资金利用缺乏系统化、精细化管理,资金的投入与产出并未达到预期效果,因此提高地方高校财政资金的使用效率,是当前急需解决的问题。

中华人民共和国成立以来,我国高等教育的发展主要是通过高等学校的数量增长和规模扩大来实现的,是以外延式增长为主的发展模式。特别是最近几年来,随着高等学校的大规模扩招,学校效益不高、学生质量不良等外延式发展模式的弊端显露出来。在此背景下,高等教育由规模扩张的外延式发展向质量提升的内涵式发展是新时期高等教育进一步发展的战略选择。党的十九大报告明确提出,要加快一流大学和一流学科建设,实现高等教育从"外延式"向"内涵式"发展转变。内涵式发展是一种发展的结构模式。对现代高等教育而言,内涵式发展以质量和创新为导向,旨在提升人才培养、科学研究及社会服务的质量,构建现代化的高等教育治理体系。当前,我国经济发展已经进入通过供给侧改革促进产业发展的新常态,在新科技革命影响下,高等教育内涵式发展的时代价值凸显。

(二) 发展机遇

2015年5月,国务院印发《中国制造2025》,正式部署制造强国战略。随着智能制造领域政策的持续出台,中国制造业逐渐向智能制造方向转型,并开始大量应用云计算、大数据、机器人等相关技术。我国智能制造产业现今呈现出高速发展的态势,预计2019年市场规模将达到 19 000 亿元（图 10-1）。与此同时，制造业对高素质技术技能型专业人才的需求日益增大。《中国制造 2025》战略指出，"创新人才发展体制机制，加快培育适应智能制造技术进步和产业升级的应用型技术人才，应对中国制造业升级带动的大量人才需求"。

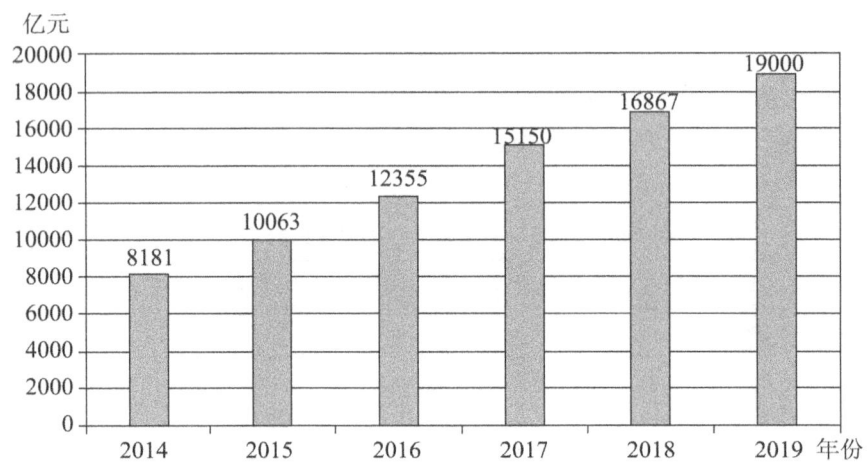

图 10-1　中国智能制造行业市场规模

数据来源：前瞻产业研究院。

高等教育是人才培养的基地。广东省教育厅厅长景李虎认为，"广东高等教育跨越式发展的首要任务就是牢牢坚守人才培养的中心任务不动摇，落实立德树人根本任务，推进高校人才培养模式改革，努力培养具有社会责任、创新精神和实践能力的拔尖创新人才"。因此，自 2015 年以来，广东省先后启动高水平大学建设、高水平理工科大学建设、省市共建本科高校、特色重点学科建设、高等教育"冲一流、补短板、强特色"提升计划等一系列工程，致力于打造一个完整、协调、健康的高等教育发展体系。同时，围绕急需发展的新一代信息技术、新材料与高端制造、生命健康等重点产业领域的关键、共性技术难题，集中优势力量进行攻关，争取在部分"卡脖子"问题上取得突破，为广东省实施创新驱动发展战略和经济社会发展提供人才支持和智力支撑。

自 2018 年以来，"减税降费"是宏观调控和积极财政政策的关键词。减税降费是当前推进供给侧结构性改革、契合经济发展新常态的一个重要举措，社会各界普遍关注。当前，国民经济正处于下行状态，需采取积极的财政政策来稳增长，而减税正是积极财政政策手段的有力之举。除了稳增长，此轮减税政策还有利于调结构，通过加大对制造业等实体经济的减税力度，推进中国经济"脱虚向实"。这与党的十九大精神高度一致，要深化供给侧结构性改革，建设现代化经济体系，必须把发展经济的着力点放在实体经济上，加快建设制造强国，加快发展先进制造业。这也与当前我国高等教育探索"新工科"建设，促进我国产业转型升级、实现经济平稳健康发展的目标不谋而合。

习近平新时代中国特色社会主义思想开启了中国发展的新时代、新征程，同时勾勒出高等教育发展蓝图。站在"两个一百年"奋斗目标的历史交汇点上，智能制造、高水平大学建设、减税降费等举措都为高校教育发展迎来了新的机遇。

(三) 高校税务管理的意义

随着经济全球化的加深，市场经济在快速发展的同时，国家的税务规定也日渐完善，税收征管规范且严格。近年来，我国教育改革逐渐深入，资金来源越来越多元化，高校教育经费不断增长，高校的学科建设、师资队伍、平台基地、人才培养、科研创新等各项工作也在不断地丰富。高校作为独立的纳税主体，其纳税义务虽在法律上得以明确，但在实际工作中，一方面外延式的发展方式不利于资金的有效配置，另一方面内涵式发展下的高水平大学建设需要大量资金支持，所以高校的具体税收管理存在较多问题。高校涉税风险具有较强的不稳定性以及不可预见性，如不在事前进行有效合理的税务筹划，高校一般难以直接回避或者消除风险。所以，高校的管理者必须加强对涉税风险的认识及管理，并立足于自身实际情况，采取科学的措施，进行合理的税务筹划。这样既有利于规避税收风险，也有利于高校利用税收优惠政策获得税收利益，能够直接增加高校可支配收入。

二、A高校纳税现状分析

(一) 基本情况

A 高校是一所以工为主，工、理、经、管、文、法、艺结合的，多科性协调发展的省属重点大学，是广东省高水平大学重点建设高校。目前，学校共设有 20 个学院、4 个公共课教学部 (中心)、5 个博士后科研流动站、4 个省攀峰重点学科一级学科、6 个省优势重点学科一级学科、5 个省特色重点学科二级学科、7 个一级学科博士学位授权点、31 个二级学科博士学位授权点、23 个一级学科硕士学位授权点、92 个二级学科硕士学位授权点。学校于 2015 年整体入选广东省高水平建设重点高校，由此得到更加快速的发展，多个学科 ESI 世界排名进入前 1% 行列。A 高校组织机构见图 10-2。

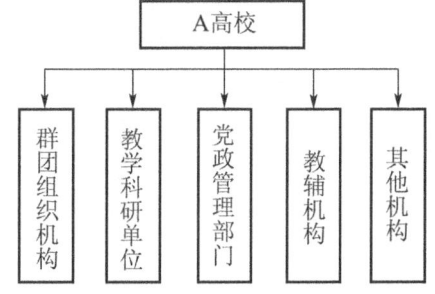

图 10-2 A 高校组织机构

近年来，学校提出"以更加解放的思想、更加开放的姿态、更加创新的体制机制、更加勤奋务实的工作作风，集聚海内外创新人才，多模式构建创新平台，营造创新氛围，培养创新人才"的发展思路，全面实施大学生创新行动计划、研究生拔尖创新人才培育计划、师资队伍建设"百人计划"、"培英育才计划"以及团队平台重大成果培育计划等重大战略。经过多年的发展，学校在学科建设、人才培养、师资队伍建设、平台建设与科研工作、对外合作与交流等方面成效显著。

(二) 财务情况分析

根据高校财务制度的规定，结合高校财务评价的特点，通过对 A 高校 2014—2016 年预算管理、财务风险管理、支出结构、财务发展能力等方面的财务指标进行对比分析，来综合评价 A 高校的财务状况，如表 10-2 所示。

1. 预算管理指标

由表 10-2 可看出，2014—2016 年此类指标有转差的趋势，主要原因是财政专项拨款资金逐年增加，而财政专项的收支并没有纳入部门预算，导致部门预算与部门决算差异较大。财政专项拨款执行率由 2015 年的 41% 上升到 2016 年的 74%，主要原因是财政拨款形式的转变，财政拨款以专项资金形式下拨，部分财政专项是 2～3 年的滚动项目，2016 年学校采取多项措施，加强专项资金的使用力度，财政专项拨款执行率明显提高。A 高校声称今后将继续加强财政专项的监督控制，严格按资金使用计划督促执行。

2. 财务风险管理指标

此类各项指标均处于良好状态。近三年资产负债率均为 6%，学校负债维持在较低水平，同时速动比率逐年提高，由 2014 年的 6.05 提高到 2016 年的 7.21，说明学校总体抵御财务风险的能力较强。

3. 支出结构指标

人均基本支出从 2014 年的 26.17 万元提高到 2016 年的 31.09 万元。近三年学校总体收入稳步提升，基本支出逐年增加，学校人员数量总体稳定，人均基本支出也逐步提高，人员支出与公用支出比例维持在合理区间，且波动基本均衡。

表 10-2 2014—2016 年 A 高校财务评价指标分析

预算管理指标			
指标名称	指标值		
	2014 年	2015 年	2016 年
预算收入执行率/%	125	154	151
预算支出执行率/%	108	114	125
财政专项拨款执行率/%	86	41	74
财务风险管理指标			
指标名称	指标值		
	2014 年	2015 年	2016 年
资产负债率/%	6	6	6
速动比率	6.05	6.22	7.21
支出结构指标			
指标名称	指标值		
	2014 年	2015 年	2016 年
人员支出比率/%	51	56	52
公用支出比率/%	49	44	48
人均基本支出/万元	26.17	28.80	31.09
财务发展能力指标			
指标名称	指标值		
	2014 年	2015 年	2016 年
总资产增长率/%	7	12	9
净资产增长率/%	8	11	10
固定资产净值率/%	61	85	85

数据来源：A 高校 2016 年度决算报告。

4. 财务发展能力指标

此类指标保持稳步提升，各类资产保持增长，负债有所增加，近三年收入支出基本均衡略有结余，资金沉淀不大，近两年由于财政拨款大幅增加，导致净资产增长较快。近两年固定资产净值率为 85%，比 2014 年的 61% 提高了 24 个百分点，主要由于 2015 年对大学城校园建设的在建工程 280 596 万元进行估价入账，转入固定资产金额巨大，故大幅提升了固定资产净值率。

上述指标反映了学校的办学条件、抗财务风险能力以及财务发展能力，也反映了学校良好的财务管理水平，与学校财务的良性循环有较大关联。

（三）涉税情况分析

1. 主要收入来源

当前，A高校各项业务主要围绕人才培养、科学研究、社会服务三大职能开展，高校的大部分收入也都来源于此。除了财政性拨款资金外，A高校的收入包括教育事业收入、科研事业收入、经营（社会服务）收入和其他收入四大块。

（1）教育事业收入。教育事业收入包括A高校向学历教育和非学历教育学生提供教学劳务所取得的收入。其中，既包括对列入规定招生计划的接受学历教育的在籍学生的学费、住宿费、考试报名费，也包括成人教育等非学历教育学生的培训费、进修费等收入。

（2）科研事业收入。科研事业收入是指A高校通过开展科技研究、展开科研协作、转让科研成果、提供科技咨询服务等科研及其辅助活动所取得的收入，包括高校通常所说的横向和纵向课题。

（3）经营收入。经营收入是指A高校运用校内各项人力、物力资源对学校内外提供服务所取得的收入。主要包括运用高校宿舍、食堂、体育场馆对校内师生或者校外人员提供住宿、饮食和文体社会活动等服务。

（4）其他收入。指除上述收入外，A高校所取得的其他收入，如出租出借固定资产收入、利息收入、捐赠收入等。

2. 2017年收入构成情况

从图10-3可以看出，学校的经费收入来源仍然是以财政拨款和教育事业收入为主，两者收入合计占总收入的比重为77.12%。其中财政拨款收入占总收入的56.34%，教育事业收入占总收入的20.78%。科研事业收入占总收入比重为9.40%，

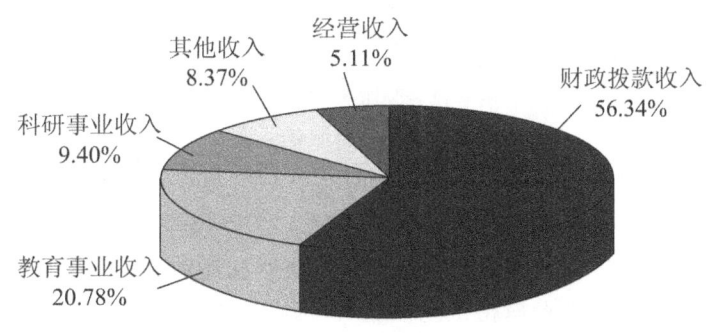

图10-3 A高校2017年收入项目构成图

数据来源：A高校2017年度决算报告。

其中非本级财政科研经费拨款占总收入的6.39%，横向科研事业收入占总收入比重为3.01%，是学校第三大收入来源。经营收入占总收入的比重为5.11%。其他收入占总收入的比重为8.37%，主要包括非同级财政拨款收入、利息收入和服务收入等。

3. 主要涉税业务

（1）流转税涉税业务。从2012年1月1日起，在上海交通运输业和部分现代服务业开展营业税改增值税试点。2014年，根据主管税务机关的要求，A高校对横向科研项目实行了"营改增"试点工作。2016年全面实行"营改增"之后，根据《财政部、国家税务总局关于全面推开营业税改征增值税试点的通知》（财税〔2016〕36号）有关规定，A高校需要缴纳增值税、城建税和教育费附加、关税，其中，以前缴纳营业税的业务全部改为缴纳增值税。根据税法规定并结合自身业务实际，A高校确认为一般纳税人，按照财政部和国税总局关于"营改增"有关事项的规定缴纳增值税（表10-3）。

表 10-3 "营改增"后 A 高校流转税主要涉税业务情况

应税业务	应税范畴	税种	税率/征收率
现代服务（研发与技术服务）	科研经费收入：技术开发、技术转让、技术咨询、技术服务（"四技"）收入	增值税（需备案）	免征
	科研经费收入（暂收代付性质的纵向经费）	增值税	免征
	科研经费收入（除上述项目）	增值税	3%（简易征税）
		城建税和教育费附加	7%+3%
现代服务（其他服务）	房屋、体育场馆、会议室、闲置设备等的会议和租赁服务收入，中外合作办学管理费等	增值税	6%
		城建税和教育费附加	7%+3%
生活服务（教育服务）	学历教育服务收入（包括中外合作办学学费）	增值税	免征
	举办进修班、培训班取得的收入（上缴财政专户管理）	增值税	免征
	非学历教育服务收入、教育辅助服务收入（考试、招生等服务）	增值税	3%（简易征税）
		城建税和教育费附加	7%+3%
生活服务（餐饮住宿服务）	为学校师生及为学校教学提供后勤服务取得的租金和饮食服务性收入	增值税	免征
	利用学校后勤服务设施向社会人员提供服务取得的租金和其他各种服务性收入	增值税	6%
		城建税和教育费附加	7%+3%

由表 10-3 可以看出，目前 A 高校应税项目是教职工面向社会承接的横向科研项目和利用学校自身仪器设备、专业技术和场地设施等资源对外提供的服务收入。

（2）企业所得税涉税业务。2007 年《中华人民共和国企业所得税法实施条例》颁布，高等学校作为企业所得税纳税人主体地位被正式的以立法的形式确立下来。但是，长期以来，A 高校企业所得税一直都是零申报。一方面，财政部、国家税务总局《关于教育税收政策的通知》（财税〔2004〕39 号）规定，"对学校经批准收取并纳入财政预算管理的或财政预算外资金专户管理的收费不征收企业所得税；对学校取得的财政拨款，从主管部门和上级单位取得的用于事业发展的专项补助收入，不征收企业所得税"，而 A 高校接近 80%的收入来源于财政拨款和财政资金专户，因此大部分收入免征企业所得税；另一方面，2019 年以前，高校一直实行的是以收付实现制为会计核算基础的预算会计制度，与税法规定的以权责发生制为会计核算基础的计算原则有冲突，比如，一个为期几年的横向科研项目，资金到账时全额计入收入，但是由于科学研究的不确定性，支出却可能全部集中在某一时间段，因此收入与支出经常无法配比，高校在计算企业所得税时经常面临困难。因此，长期以来，很多高校包括 A 高校在内，企业所得税一直都是零申报，税务机关对此也是"睁只眼闭只眼"。

随着政府会计制度改革与新制度的正式实施，高校需要在同一会计核算系统中实现财务会计和预算会计平行记账，其中，财务会计采用权责发生制，通过财务会计核算形成财务报告。新会计制度的改革措施，使高校对于企业所得税的会计核算逐渐与税法规定趋于一致，势必会逐渐降低高校在企业所得税缴纳上由于政策模糊所带来的税务风险。

（3）其他涉税业务。A 高校对外签订经济合同、产权转移书据和设立账簿时涉及印花税业务。高校对外出租房屋涉及城镇土地使用税业务。学校有偿转让国有土地使用权和其他附着物所取得的收入需缴纳土地增值税。学校进口教学科研用仪器设备涉及关税，但是通常在学校招标采购时由设备供应商办理关税减免，学校不直接涉及该业务。教职工的个人所得税只是由学校代扣代缴，因此不计入学校的整体税负，本文暂不作讨论。

4. 税负分析

A 高校 2014—2016 年三年的平均纳税总额在 333 万元左右，其中平均每年增值税纳税额为 267 万元，占总体税负的七成以上，是 A 高校的主要税种（表 10-4）。

表 10-4 2014—2016 年 A 高校主要税种占比情况

税种	2014 年		2015 年		2016 年	
	税额/万元	占比/%	税额/万元	占比/%	税额/万元	占比/%
营业税	26.09	11.77%	40.91	11.79%	7.77	1.80%
增值税	169.82	76.63%	264.86	76.31%	368.29	85.37%
城市维护建设税	14.22	6.42%	21.40	6.17%	24.75	5.74%
教育费附加	6.09	2.75%	9.17	2.64%	10.24	2.37%
地方教育费附加	4.06	1.83%	6.12	1.76%	8.71	2.02%
印花税	1.34	0.60%	4.61	1.33%	11.61	2.69%
总体税收	221.62	100%	347.06	100%	431.39	100%

根据实际税负率 = 实际缴纳的税款 ÷ 收入，那么 A 高校 2014—2016 年总税负分别为：

2014 年实际税负率 = 221.62 ÷ 157 023.58 = 0.14%

2015 年实际税负率 = 347.06 ÷ 208 495.97 = 0.17%

2016 年实际税负率 = 431.39 ÷ 227 569.81 = 0.19%

可以看出 2014—2016 年来 A 高校税负情况，一方面，A 高校流转税税负率逐年上升；另一方面，新会计制度的改革措施，使高校对于企业所得税的会计核算逐渐与税法规定趋于一致，势必会逐渐降低高校企业所得税缴纳上由于政策模糊所带来的税务风险。这些为 A 高校制订合理的纳税筹划方案提供了操作空间。因此，从 2017 年起，A 高校财务人员开始通过对涉税业务全面梳理，多措并举，陆续采取相关办法，为 A 高校量身定做一套合法合规合理的纳税方案，期望能够显著降低 A 高校税收成本，有效提高 A 高校办学净收益，提高资金使用效益。

三、A 高校纳税管理优化过程

(一) 增值税纳税筹划要点

要点一：纳税人身份选择

高校在进行国税登记时，应结合自身实际情况进行纳税人身份认定的选择，是认定为一般纳税人还是小规模纳税人，按照《关于全面推开营业税改征增值税试点的通知》的规定，"提供应税年销售收入超过500万元以上的为一般纳税人，必须办理一般纳税人资格认定"。增值税属于价外税，销项税由购买方承担，销售方取得的销售款项包括价格和税款两项，因此增值税款 = 销售款项/（1 + 税率）× 税率。"营改增"后，如果认定为一般纳税人，高校现代服务和生活服务范畴的增值税率为6%，可进行进项抵扣；如果认定为小规模纳税人，则增值税征收率为3%，且不能抵扣进项税额。根据税制和税率的不同，高校选择不同的身份认定（表10 – 5），会产生怎样的差异呢？

首先，在不考虑免退税、价格等因素的影响下，笔者探讨两种纳税人身份认定下高校的收支情况。假定A高校应税项目含税收入为R，可取得增值税专用发票用于抵扣的进项税额为J，两种不同纳税人身份的增值税费的情况如表10 – 5所示。

表10 – 5 纳税人身份选择增值税费情况

	增值税	城建税和教育费附加	广义增值税费
小规模纳税人	$t_1 = R/(1+3\%) \times 3\%$	$t_2 = t_1 \times (7\%+3\%)$	$T_1 = t_1 + t_2 = 3.2\%R$
一般纳税人	$t_3 = R/(1+6\%) \times 6\% - J$	$t_4 = t_3 \times (7\%+3\%)$	$T_2 = t_3 + t_4 = 6.2\%R - 1.1J$

当 $T_1 = T_2$ 时，$J = 2.73\%R$；

当 $T_1 > T_2$ 时，$J > 2.73\%R$；

当 $T_1 < T_2$ 时，$J < 2.73\%R$。

综观目前国内外高校的业务情况，高校是提供知识性、技术性软服务产品，传承文化的机构，因此，高校提供业务的特殊性决定了高校物资性的耗费相对较少，而且大多无法获得增值税专用发票，所以可以抵扣进项税额很少，也就是上文中的J时常可以忽略不计，那么此时$T_1 < T_2$，且$\Delta T = 6.2\%R - 3.2\%R = 3\%R$。即在可抵扣的进项税额可以忽略不计的情况下，如果符合条件的话，按照小规模纳税人征收率来计算比一般纳税人税率计算要减轻近一半的税负。因此，如果高校取得的可抵扣进项税额较小，且年应税收入小于500万元时，更加适合选择小规模纳税人纳税模式，既可以减轻税负，增加可支配收入，符合国家结构性减税的目的，也可以简化账务处理，提高财务工作效率。如果高校达到一般纳税人条件，而进项税抵扣又不多，可以尝试下设校办企业，使其转变成多个纳税主体，并被认定为小规模纳税人，来享受税收优惠政策。但是，小规模纳税人纳税模式也可能会产生一定的问题，由于小规模纳税人不能开具增值税专用发票，即使到税务机关代开认证，也只能按3%的税率进行抵扣，使得有些单位不愿与高校合作，减少了科研收入。

因此，小规模纳税人的身份认定选择并非适合所有年应税收入规模较小的高校。按照《关于全面推开营业税改征增值税试点的通知》的要求，即使年应税收入未达到500万元标准，如果会计核算健全，能够提供准确的税务资料的，也可以向主管税务机关申请办理一般纳税人资格登记，成为一般纳税人。也就是说，即使高校的年应税收入未达到500万元，但应税项目中涉及的成本性项目比较多，可获得的可抵扣进项税额较高时，也就是上文中的 J 值较高，且 $J>2.73\%R$ 时，申请登记成为一般纳税人更能减轻税负。

当高校年应税收入达到一般纳税人标准500万元时，需认定为一般纳税人。因此，根据一般增值税纳税人广义增值税费 $T_2=6.2\%R-1.1J$，当高校申请成为一般纳税人时，纳税筹划的重点主要有两个方面：第一，研究高校相关税收优惠政策，尽可能多地降低销项税额；第二，尽可能多地争取可抵扣的进项税额，进项税额越多，减税效果也就越明显。

综上所述，高校需对自身实际情况和业务情况进行综合考量，立足本校未来战略发展，来进行纳税人身份认定的选择。当前，国家已经把规划、部署和强化高等教育质量作为非常重要的发展战略规划之一，高等教育投入持续增加。在这种背景下，各高校基本上满足了一般纳税人关于年应税收入超过500万元的认定标准，例如，A高校作为省属纳入高水平大学建设的学校，年应税收入已经远超过500万元，需认定为一般纳税人。因此，根据一般纳税人税收筹划的要点，A高校从以下两个角度入手，陆续进行了一系列纳税筹划方案的设计。

要点二：充分利用税收优惠政策

目前，高校的经济活动越来越广泛，国家也出台了大量有关的税收优惠政策，因此，在进行税务管理的过程中，应该熟练掌握税收法律法规，充分利用税收优惠政策。

1. 对免税收入和征税收入分别核算

根据财政部、国家税务总局《关于全面推开营业税改征增值税试点的通知》（财税〔2016〕36号）附件1的规定：纳税人兼营免税、减税项目的，应当分别核算免税、减税项目的销售额；未分别核算的，不得免税、减税。对此，A高校也在进一步明确、梳理哪些业务是否可减免税，哪些可以纳入免税范围，争取最大的税收优惠；而哪些业务属于应税业务，应该缴纳增值税，防止出现涉税风险。在会计核算的过程中，应该设置清晰、明确的科目，正确区分税收减免的类别。在此过程中，主要难点在于科研经费收入的分类与核算，同时也发现了关于中外合作办学增值税征管相关问题。

目前A高校的科研经费分为纵向科研经费和横向科研经费，纵向科研经费主要是国家、省、市等各级政府下拨的经费，主要为财政性资金；横向经费主要是向各企事业单位提供的技术开发、技术咨询等服务收取的研究经费。其中，纵向科研经费是否需要缴纳增值税分为表10-6三种情况。

表10-6 纵向科研经费种类

序号	资金来源	需开具的票据类型	是否需缴纳增值税
1	具有科研资金分配权的部门（国家自然科学基金委、省市科技部门）	行政往来票据	否
2	其他行政单位	增值税普通发票	是
3	政府部门→企业→高校	增值税专用发票	是

自 2016 年"营改增"试点以来，A 高校在科研经费收入分类核算方面的工作比较细致，通过与税务机关和相关经费管理部门沟通，根据明确的政策统一口径，而非简单看资金拨款单位或者对方单位的票据需求以票定税，因此充分利用了税收优惠，也防范了涉税风险。

A 高校自 2016 年起与印度韦洛尔理工大学开展合作办学，合作协议规定了相关的学费，同时规定了 A 高校收取学费的 5% 作为管理费。然而，根据《国家税务总局关于明确中外合作办学等若干增值税征管问题的公告》（国家税务总局公告 2018 年第 42 号）的规定，"境外教育机构与境内从事学历教育的学校开展中外合作办学，提供学历教育服务取得的收入免征增值税。"而 A 高校收取的 5% 的管理费显然不在此列，需缴纳增值税。因此，可以看出，梳理哪些业务是属于免税范围，对于防范税收风险至关重要。若 A 高校与印度韦洛尔理工大学开展合作办学时，将所有收取的费用都纳入学费收入，上缴财政专户管理，则可以免交增值税及附加。因此，2019 年，A 高校将与印度韦洛尔理工大学进行进一步的商榷，签订协议将所有收取的费用都纳入学费收入。

2. 严格发票管理，统一收取费用

目前，很多高校都开设了相关的培训机构等进行创收，A 高校也开设了成人继续教育课程。财政部、国家税务总局《关于全面推开营业税改征增值税试点的通知》（财税〔2016〕36 号）附件 3 规定：举办进修班、培训班取得的收入，这类收入需进入学校统一账户，并纳入预算全额上缴财政专户管理，同时由学校对有关票据进行统一管理、开具，才可以进入免征范围。举办进修班、培训班取得的收入进入该学校下属部门自行开设账户的，不予免征增值。

以 A 高校成人教育为例，每年 A 高校成人教育预计收入为 9700 万元左右。

方案一：该收入由成人教育机构开具发票收取，需要缴纳增值税和相关附加 640.2 万元（9700×6%×1.1）。

方案二：2017 年起，由 A 高校直接开具发票进行收费，并上缴财政专户管理，可以免交 640.2 万元的增值税和附加费。

很明显，通过严格发票管理，出具统一的发票，可以节省高校增值税及各种附加。

3. 巧用简易征税方法

按照财政部和国税总局关于营改增有关事项的规定，一般纳税人按规定有多个项目可以选择简易计税方式的，可以按不同项目分别选择计税方式。选择适用简易计税办法时，按业务种类进行备案申请。根据《关于明确金融、房地产开发、教育辅助服务等增值税政策的通知》（财税〔2016〕140 号）规定，非企业性单位中的一般纳税人提供的研发和技术服务、信息技术服务、鉴证咨询服务以及销售技术、著作权等无形资产，可以选择简易计税方法按照 3% 征收率计算缴纳增值税。当前，A 高校提供的科研业务服务项目物资性的耗费相对较少，而且，由于"营改增"之前，高校缴纳的是营业税，不存在流转税抵扣的问题，因此大多数报销人仍没有形成积极获取增值税专用发票的意识，或者客观原因上无法获得增值税专用发票，所以可以抵扣进项税额很少。

以 A 高校每年需缴纳增值税的科研经费为例，每年 A 高校需缴纳增值税的科研经费收入为 18 000 万元左右。

方案一：按照一般计税方法 6% 的税率，由于 A 高校所取得以抵扣进项税额发票很少,忽略不计,则需要缴纳增值税和相关附加 1188 万元(18 000×6%×1.1)。

方案二:2017 年起,A 高校采用简易计税方法按照 3% 征收率对科研经费计算缴纳增值税,按照 3% 简易征收率计算,则需要缴纳增值税和相关附加 594 万元(18 000×3%×1.1)。

因此,A 高校每年需缴纳增值税的科研经费收入按照 3% 征收率计算,相比按照一般计税方法 6% 的税率,可以节省 594 万元的增值税和附加费。

根据《关于明确金融、房地产开发、教育辅助服务等增值税政策的通知》(财税〔2016〕140 号)规定,一般纳税人提供教育辅助服务,也可以选择简易计税方法按照 3% 征收率计算缴纳增值税。

以 A 高校每年需缴纳增值税的教育辅助收入为例,A 高校每年需缴纳增值税的教育辅助收入为 1100 万元左右。

方案一:按照一般计税方法 6% 的税率,由于 A 高校所取得以抵扣进项税额发票很少,忽略不计,则需要缴纳增值税和相关附加 72.6 万元(1100×6%×1.1)。

方案二:2019 年起,对于教育辅助收入,如考试费、招生费、培训费、测试费、数据资源费、论文发表费、招聘服务费、会议费、查新费、后勤保障管理费、后勤保障服务费等服务内容,A 高校采用简易计税方法按照 3% 征收率对教育辅助收入计算缴纳增值税,按照 3% 简易征收率计算,则需要缴纳增值税和相关附加 36.3 万元(1100×3%×1.1)。

因此,预计可节省 36.3 万元的增值税和附加。从 A 高校以上纳税筹划要点来看,通过积极研究并落实相关的增值税税收优惠,税负压力减轻效果非常显著。因此,高校在完善增值税纳税筹划工作时,应充分考虑税收优惠政策的适用,尽可能将与政策要求相符的项目纳入优化范畴,让教育税收优惠真正落到实处,助力教学科研发展。

要点三:多渠道争取进项税额

"营改增"之前,由于高校没有收取和使用增值税专用发票的经验,而且高校会计处理是收付实现制,成本核算基础较为薄弱,因此对于进项税额的管理效率并不高。当前,随着财政部和国家税务总局对于增值税改革的进一步深化,以及《政府会计制度》的出台,促使高校成本核算制度逐步完善,各高校从增加增值税进项税额这个角度进行纳税筹划具有更大的空间。

1. 区分可抵扣和不可抵扣进项税额

高校采购人员和财务人员应该明确各项资金来源,注意区分各类业务是否可以抵扣增值税,同时要重新梳理会计核算流程,对各类业务可抵扣项目和不可抵扣项目进行分类核算。当前,A 高校利用学校后勤服务设施,既有为学校师生及学校教学提供住宿和饮食服务的收入,又有向社会人员提供服务取得的租金和其他各种服务性收入。对这两部分收入,前者属于免税收入,其进项税额不可进行抵扣;后者属于应税收入,进项税额可予以抵扣。"营改增"之前,由于营业税不存在流转税抵扣的问题,A 高校对于这两部分的成本支出并没有分开核算,也没有取得有效的可抵扣的增值税专用发票。

然而"营改增"之后,这部分原本营业税率为 3% 的项目,改征 6% 的增值税,由于没有有效增值税专用发票进行抵减,A 高校这部分收入的税负明显上升。2019 年 3 月 20 日,《关于深化增值税改革有关政策的公告》(财政部、税务总局、海关总署公告,

2019年第39号)第七条规定,"自2019年4月1日至2021年12月31日,允许生产、生活性服务业纳税人按照当期可抵扣进项税额加计10%,抵减应纳税额"。可以看出,积极获取可抵扣进项税额,是当前高校降低增值税税负的重点筹划方向。

因此,从2019年开始,A高校开始加强对后勤管理人员涉税业务的指导,要求其积极取得增值税专用发票。同时,根据财税〔2016〕36号第二十九条:适用一般计税方法的纳税人,兼营简易计税方法计税项目、免征增值税项目而无法划分不得抵扣的进项税额,按照下列公式计算不得抵扣的进项税额:不得抵扣的进项税额=当期无法划分的全部进项税额×(当期简易计税方法计税项目销售额+免征增值税项目销售额)÷当期全部销售额,通过增值税专用发票上的进项税额总额和该公式的计算来确定最终可抵扣的进项税额。

2. 重新确认供应商纳税人身份,尽量取得增值税专用发票

为了获取更多可抵扣的进项税额,高校应该重新梳理和确认供应商的纳税人身份。由于一般纳税人才可以开具增值税专用发票,因此自2019年起,对于增值税应税业务,A高校要求报销人尽量选择一般纳税人作为供应商,淘汰小规模纳税人,同时,在日常业务中,要求树立起索要增值税专用发票、海关进口增值税专用缴款书等可以抵扣进项税额的有效凭证的意识与习惯,从而增加可抵扣进项税额,节省增值税额。

(二)企业所得税筹划要点

2017年10月,财政部印发了《政府会计制度——行政事业单位会计科目和报表》(财会【2017】25号),要求行政事业单位自2019年1月1日起开始施行。新的政府会计制度实施后,高校不再执行《事业单位会计制度》《高等学校会计制度》等制度。此次政府会计制度改革是全面深化财税体制改革的重大举措,具有划时代的意义。过去,由于会计制度的原因,收入与支出无法配比,高校对所得税管理不是很重视,税务机关的征收监管也不是很严格。此次改革通过引入权责发生制的会计核算,引出成本核算和所得税费用的基本概念,使高校的所得税会计核算与税法上的相关规定在理论上得到统一。随着新的政府会计制度的深入实施,各方面没有理由继续轻视这项工作,因此,在税务机关全面严格高校所得税征收之前,高校需尽早加强对企业所得税的筹划与管理,合理合法纳税,规避税务风险。

根据《中华人民共和国企业所得税法》(以下简称《企业所得税法》)及《中华人民共和国企业所得税法实施条例》(国务院令第512号,以下简称《企业所得税法实施条例》)的有关规定,企业所得税的计算公式为:

当期应税所得额=收入总额-不征税收入-免税收入-各项扣除-允许弥补的以前年度亏损

应纳税额=应纳税所得额×适用税率-减免税额-抵免税额

从上述公式可以看出,高校企业所得税纳税筹划的重点主要有两个方面:第一,认真梳理收入结构,区分不征税收入、免税收入与应税收入;第二,尽可能多地争取合理的扣除项目。可扣除项目越多,减税效果也就越明显。

目前,相应于企业所得税法,A高校的收入可分为三类:

(1)不征税收入:有下达指标通知书的财政拨款、教育事业收入中学历教育的学费

及住宿费、科研事业收入中的纵向科研经费。

（2）免税收入：其他收入中的国债利息收入、捐赠收入、教育事业收入中非学历教育的学费及住宿费、科研事业收入中的横向科研经费。

（3）应税收入：其他收入中的投资收益、经营收入。

要点一：区分不征税收入和免税收入，用足税收优惠政策

根据前文对 A 高校收入的分解可以发现，高校教育事业收入和科研事业收入分别都有不征税收入和免税收入。虽然从整体上不征税收入和免税收入都不承担企业所得税的纳税义务，但是不征税收入和免税收入属于两个不同的概念，不征税收入本身不属于营利性活动的收入，从税制原理上来看本身不需要缴纳所得税，因此不纳入税收优惠的范围。而免税收入本身是纳税人应税收入的组成部分，按照税制原理是需要缴纳所得税的，只是国家出于特殊考虑免予纳税，属于税收优惠的范围。为此，高校不仅需对各部分收入进行明确的会计核算，也应该对支出项目进行明确的划分。

在税收政策的落实上，这两者都强调进行明确的会计核算和成本核算。《财政部、国家税务总局关于专项用途财政性资金企业所得税处理问题的通知》（财税〔2011〕70 号）文件中将"企业对该资金以及以该资金发生的支出单独进行核算"作为不征税收入必须具备的条件之一。而对于免税收入，《企业所得税法实施条例》第一百零二条规定："企业同时从事适用不同企业所得税待遇的项目的，其优惠项目应当单独计算所得，并合理分摊企业的期间费用；没有单独计算的，不得享受企业所得税优惠。"

单独分开核算支出，是由于两者的税收待遇不同。《企业所得税法实施条例》第二十七、第二十八条规定"企业的不征税收入用于支出所形成的费用或者财产，不得扣除或者计算对应的折旧、摊销扣除。而对于企业取得的各项免税收入所对应的各项成本费用，除另有规定者外，可以在计算企业应纳税所得额时扣除。"简单来说，不征税收入对应的支出不得在税前扣除，必须进行相应的调整，而免税收入对应的成本费用可以在税前扣除。为了避免发生不必要的税务风险，高校务必对这两种对应的成本费用单独核算。

比如，A 高校取得一笔专项财政拨款 1000 万元，用于购买指定的固定资产，属于不征税收入。假设 A 高校将其计入免税收入，那么其每年的折旧费用可以税前扣除，多年累积可税前扣除的折旧费用，最终将少缴企业所得税达到 250 万元（1000×25%）。可以看出，同样一笔收入，由于错误的会计确认处理方式，竟使学校漏缴一笔税款，等到税务机关稽查时，除了补缴税款外，还需要承担滞纳金或罚款，大大增加了税务风险。

2015 年，《关于企业研究开发费用税前加计扣除政策有关问题的公告》（国家税务总局公告，2015 年第 97 号）发布，研发支出费用可以加计扣除。然而当高校将财政性资金用于研发支出时，如果该收入认定为不征税收入，相应的支出成本不得在税前扣除，那么符合条件的研发支出也不得加计扣除。因此，随着新的政府会计制度的深入实行，如果 A 高校对于各项收入对应的成本费用，尤其是科研经费收入对应的成本费用能够核算清晰的话，不妨选择放弃纵向科研经费作为不征税收入核算，而作为应税收入核算，反而能够享受成本费用加计扣除的税收优惠政策。

要点二：规范成本核算，争取更多抵扣项目

根据《企业所得税法》相关规定，A 高校属于免税收入和应税收入范围内对应的各项成本费用中，业务招待费、劳务费和固定资产等支出均属于纳税调整范围，因此也就成为其企业所得税纳税筹划的要点。

1. 业务招待费筹划要点

根据《企业所得税法实施条例》第四十三条的规定：业务招待费支出按照发生额的60%扣除，但最高不得超过当年销售（营业）收入的5‰。也就是说，只要发生了业务招待费，可抵扣的部分就至少需要进行40%的纳税调整，而且还规定了可扣除的最高上限是收入的5‰。因此，只要发生了业务招待费，就需要多交企业所得税。当前，A高校中横向科研经费中业务招待费都是据实报销，比例远远超过60%的扣除标准，其中文科科研经费中的业务招待费比理科科研经费中的业务招待费更高。

因此，未来，A高校应该严格控制业务招待的支出，通过科学合理的测算，降低业务招待费的比例。

一方面，要事先做好业务招待费的经费预算。假设某一年度A高校的应税收入为Y万元，业务招待费为S万元，则应当缴纳的企业所得税 = $60\%S \leqslant 5\%_0Y$。因此，当$S \leqslant 8.3\%_0Y$时，即当业务招待费小于应税收入的8.3‰时，业务招待费可以在60%的范围内全额充分抵扣。如果业务招待费超过应税收入的8.3‰，超过部分不允许税前扣除。

另一方面，应该严格控制业务招待费的支出范围，只有由于业务需求招待发生的餐费、住宿费才计入业务招待费，如果只是课题组成员聚餐，应计入福利费；课题组成员外出的餐费应计入差旅费，等等，从而在纳税调整范围内降低业务招待费金额，降低企业所得税。

2. 劳务费筹划要点

根据《企业所得税法》（主席令第六十三号）的规定，"企业实际发生的与取得收入有关的、合理的支出，包括成本、费用、税金、损失和其他支出，准予在计算应纳税所得额时扣除"。因此，高校实际发生的、与收入直接相关的、合理的劳务费支出能够取得合法有效凭据的，可以在企业所得税税前扣除，但前提是能够提供真实的劳务发票。当前，A高校横向科研项目中的劳务费支出大多为研究生助研费和专家咨询费等，但大多数支出的附件只是发放的签收名单，这并不符合税前扣除的规定，如果没有相关有效的凭证就去申报抵税，极易产生税收风险。

2018年，《企业所得税税前扣除凭证管理办法》（国家税务总局公告，2018年第28号）规定："企业在境内发生的支出项目属于增值税应税项目（简称"应税项目"）的，对方为已办理税务登记的增值税纳税人，其支出以发票（包括按照规定由税务机关代开的发票）作为税前扣除凭证；对方为依法无需办理税务登记的单位或者从事小额零星经营业务的个人，其支出以税务机关代开的发票或者收款凭证及内部凭证作为税前扣除凭证，收款凭证应载明收款单位名称、个人姓名及身份证号、支出项目、收款金额等相关信息。小额零星经营业务的判断标准是个人从事应税项目经营业务的销售额不超过增值税相关政策规定的起征点。"所以参考小额零星经营业务，A高校2020年12月31日前按月支付个人劳务费不超过3万元的，可以准备个人签收收据、合同及银行转账付款凭证税前列支。

因此，为了使劳务费支出符合税前扣除规定，对于研究生助研费，A高校应该与研究生签订助研协议，报研究生处、科技处、财务处各个部门审批备案，同时，将助研费用直接转入研究生的银行卡，作为转账付款凭证。对于外聘的专家，能够要求提供劳务发票的尽量要求提供，无法提供的参照研究生助研费，也签订劳务合同备案，并通过学校对公账户将劳务费转入专家银行卡。通过以上方法据实列支的劳务费方可列入企业所得税可抵扣的项目。

3. 固定资产筹划要点

在新的政府会计制度出台前，A 高校按照 2012 年出台的《高等学校财务制度》（财教〔2012〕488 号文）的第四十三条规定，对固定资产采用年限平均法和工作量法计提折旧，固定资产折旧不计入高等学校支出，而是冲减非流动资产资金，因此以往高校固定资产折旧并不能作为企业所得税的可抵扣支出项目。这种做法虽然契合以收入实现制为核算基础的预算会计体系，兼顾了预算管理和财务管理的双重需求，但是并不能充分发挥固定资产折旧和摊销在高校内部成本管理和资产管理中的作用。

2019 年，新的政府会计制度正式落地实施，《政府会计准则第 3 号——固定资产》明确提出了全面确立"实提"折旧和摊销的政策要求。基于权责发生制的会计核算基础，要求固定资产计提的折旧金额，根据固定资产的用途计入当期相关成本费用，这样既真实地反映了资产的价值，也有利于成本核算，基于此核算方式的折旧费用支出也就可以计入企业所得税的税前可抵扣支出。因此，A 高校也在根据政府会计制度的要求，对现行固定资产管理制度进行重新梳理，对固定资产进行全面清查，调整账务处理，尽量减少人为因素对教育成本核算的影响，避免今后影响企业所得税的核算。

那么，当高校可以对固定资产折旧进行正常的成本核算时，便可对固定资产折旧进行一定的税收筹划。《企业所得税法》和政府会计制度对固定资产的预计使用年限和预计净残值，只要求各会计主体在一定范围内，根据固定资产的性质和消耗方式，"合理"确定固定资产的预计使用年限和预计净残值。这样各高校便可根据自己的具体情况，选择对自己有利的固定资产折旧年限，以此来达到节税及其他理财目的。

当前，对于 A 高校这类会计主体来说，应税收入只有经营收入，所占比例和金额不高，且之前在收付实现制的会计核算基础下，基本收支相抵，因此在这个阶段只需按照合理的折旧方法对固定资产进行折旧处理即可。然而，随着市场经济的发展和教育投入体制改革的不断深化，高校教育的市场化筹资趋势凸显，随着高校经营收入规范化管理，高校经营收入将会不断上升。而且，随着新的政府会计制度的深入实施，成本核算逐渐精细化，高校经营支出也会逐渐精细化管理。在这种情况下，收支逐渐有了结余。此时，缩短固定资产折旧年限，往往可以加速固定资产成本的回收，使高校后期成本费用前移，前期利润后移，从而获得延期纳税的好处。

2018 年，财政部、国家税务总局发布《关于设备器具扣除有关企业所得税政策的通知》（财税〔2018〕54 号），规定"企业在 2018 年 1 月 1 日至 2020 年 12 月 31 日期间新购进的设备、器具，单位价值不超过 500 万元的，允许一次性计入当期成本费用在计算应纳税所得额时扣除，不再分年度计算折旧；单位价值超过 500 万元的，仍按《企业所得税法实施条例》《财政部 国家税务总局关于完善固定资产加速折旧企业所得税政策的通知》（财税〔2014〕75 号）、《财政部 国家税务总局关于进一步完善固定资产加速折旧企业所得税政策的通知》（财税〔2015〕106 号）等相关规定执行。"这些规定为 A 高校在完善固定资产制度和成本管理之后的企业所得税筹划提供了方向。

(三) 其他税种筹划要点

在 A 高校的其他税种中,印花税存在筹划的空间,而土地使用税方面曾经出现税收风险,值得注意。

1. 印花税筹划要点

A 高校对外签订经济合同、产权转移书据和设立账簿时涉及印花税业务。一直以来,A 高校对于印花税的筹划主要从两个要点,即充分利用税收优惠和递延纳税进行税务筹划。

在税收优惠方面,根据《国家税务总局关于对技术合同征收印花税问题的通知》(国税地字〔1989〕34 号)规定,"对各类技术合同,应当按合同所载价款、报酬、使用费的金额依率计税。但是为鼓励技术研究开发,对技术开发合同,只就合同所载的报酬金额计税,研究开发经费不作为计税依据。但对合同约定按研究开发经费一定比例作为报酬的,应按一定比例的报酬金额计税贴花。"因此,一直以来,A 高校要求教职工在签订技术合同时,务必将研究开发经费与报酬分开核算载入合同。因此省下的印花税金额不少。另外,根据财政部、国家税务总局《关于高校学生公寓房产税、印花税政策的通知》(财税〔2019〕14 号)的规定,"自 2019 年 1 月 1 日至 2021 年 12 月 31 日,对与高校学生签订的高校学生公寓租赁合同,免征印花税。"事实上,在上述税收政策公布之前,从 2002 年起,对与高校学生签订的高校学生公寓租赁合同一直都是免征印花税的,此次通知只是对免税时间的延续。当然,高校享受免税政策,应按规定进行免税申报,并将不动产权属证明、载有房产原值的相关材料、房产用途证明、租赁合同等资料留存备查。可以看出,对于学生人数众多的 A 高校来说,此项税收优惠政策多年来为其节省了大量的印花税税额。

在递延纳税方面,主要有以下情况:高校人员在对外签订经济合同时常会遇到计税金额不好确定的情况。比如技术转让合同中的转让收入,一般是按销售收入的一定比例收取,但有时并非如此,而是只确定了每月或每天的服务费用,很难确定服务期限,因此难以确定合同总额。根据《中华人民共和国印花税法》(征求意见稿)第六条规定:"应税合同、产权转移书据未列明价款或者报酬的,又无法按照市场价格和政府定价的,按照实际结算的价款或者报酬确定。"因此对于这类事项,可以在签订合同时先按 5 元缴税,以后实际执行时再按实际的金额计税补缴差额,这个筹划方法可用于金额较大的合同签订。

以 A 高校与其单位签订技术服务合同为例,假如该合同的技术服务费用总价为 500 万元。

方案一:直接将该总价签入合同,那么签合同的双方当场都应该缴纳 1500 元印花税(5 000 000×0.03‰)。

方案二:签订合同时不签订总价,只规定每天的技术服务费用,具体时间期限不定,那么此时双方只需先缴纳 5 元印花税,剩下的等到最终实际结算时再确定补缴。

方案二相比方案一达到了递延纳税的目的,为高校争取到了货币的时间价值。

2. 土地使用税筹划要点

根据《中华人民共和国城镇土地使用税暂行条例》(2013 年修订)第六条的规定,"由国家财政部门拨付事业经费的单位自用的土地免缴土地使用税"。但是,对于非自用

（比如出租出借）的土地应该缴纳土地使用税。

一直以来，由于A高校涉及出租出借的业务比较少，以至疏于将免税租金收入与应税租金收入分开核算，2017年当地税务机关稽查发现2014—2016年A高校某个校区的一处房产用于对外出租取得经营收入，却未申报缴纳土地使用税。因此，根据《中华人民共和国城镇土地使用税暂行条例》（2013年修订）第一条、第二条、第三条、第四条、第五条、第八条规定，被税务机关要求补缴这三年的土地使用税，并被罚滞纳金。

此事件也给了A高校的财务人员尤其是办税人员树立了一个警示，要时时关注自身业务所涉及的税收政策。我国的税收政策具有很强的时效性，而且每一项政策一般都有明确的条件上、地域上的限定。正是这些特点使得不少纳税人因为不了解税收政策，或者了解不及时、理解不透彻，或者税收筹划操作上的失误，而损失了本可以得到的税收利益，甚至造成少缴的税务风险。

其他税种虽然种类繁多，但是在高校整体税负中比重很小。不过随着A高校经济业务的丰富和进一步发展，这些税种也应该引起足够的重视。

四、税务管理优化成果

从2017年起，A高校多措并举，主动做好以上税务优化管理，节税效果非常明显。如图10-4所示，2017年比2016年总节约税额达到94.37万元，节税率达到21.88%。

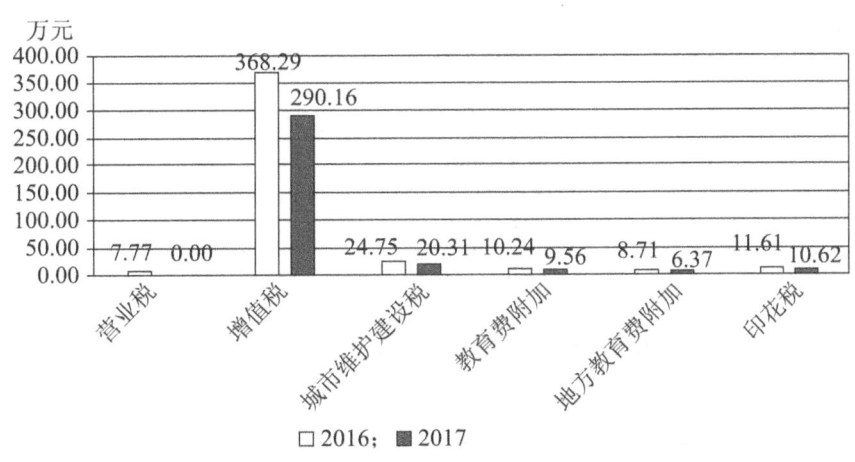

图10-4 A高校税务管理优化成果

一方面，通过对主要应税税种增值税、印花税和土地使用税的纳税筹划管理，同时对税务风险及时作出预测和判断，提出相应的规避方法，显著降低了A高校税收成本，有效提高了A高校办学净收益，又避免涉税风险，提高资金使用效益。另一方面，结合当前事业单位会计制度改革，规范征收高校企业所得税也将进入倒计时，必将迎来新一轮调整，对此，A高校对未来可能发生的企业所得税的征收进行了合理的事前规划，创造条件利用税收优惠，优化税务风险管理政策，更早地适应高校未来税务环境，有效提升A高校的竞争力，有力地推动了高水平大学建设的进程。

五、启示

西方国家高校对税收筹划一直都非常重视,而我国高校近年来才开始逐渐重视。在国家越来越重视高等教育事业发展的背景下,加强高校税务管理和优化具有十分重要的意义。当前,伴随着市场经济的发展,追求收益最大化,争取更多可用资金成为高校财务管理目标。通过税务管理,能够降低税收负担,直接增加高校收益。同时,伴随着高校等事业单位财务管理体制改革,会计核算操作趋于规范,逐渐实现成本精细化管理,这在一定程度上要求高校加强税务管理,避免税务风险。因此,如何妥善处理和解决高校经济业务的涉税问题,降低税收成本,规避税收风险,成为时下高校财会体制改革的重点问题,应引起重视。

新时期,高校可从以下几个方面加强税务管理。

(一) 从思想上重视税务管理工作

高校管理者应该从思想上重视税务管理工作,既要增强自身的税务管理意识,也要从各方面提高本单位财务人员的专业素质,加强对财务人员税务方面知识的培训,重视税务管理对于提升单位整体竞争力的作用。增强纳税筹划意识,在观念上从依法纳税逐渐转变为主动筹划,实现税务筹划工作精细化管理。

(二) 认真研究税收优惠政策,用好用活

近年来,随着国家"科教兴国""人才强国"战略的兴起,我国教育事业改革逐渐进入深水区。为了鼓励高校教育科研事业的发展,国家先后出台了针对高校的各项税收优惠政策,为高校税务优化管理提供了较大的筹划空间。因此,各高校应该结合自身实际,深入研究并灵活应用这些优惠政策,积少成多,争取最大的税收优惠,有效减轻高校税收负担。

(三) 加强与税务部门的沟通,密切关注税务政策动态

税务筹划具有较大的弹性,税务主管部门也就具有较大的自由裁量权。有时,高校自认为合理合法的税务筹划方案可能得不到税务主管部门的认同。因此,高校应该加强与税务部门的紧密联系与良好沟通。加强与税务部门的联系与沟通,一方面可以及时获得最新的税务政策动态;另一方面,通过税务主管部门的指导,可以使自身对税收法规的理解与主管部门一致,避免无效筹划与税务风险。

(四) 利用信息化手段精准预测

未来高校税务优化管理工作应该加入更多信息化手段,通过信息化手段快速测算各种税收筹划方案的优劣,为管理者决策提供更加精准的资料。

六、参考资料

[1] 蔡昌. 税收筹划——理论、实务与案例 [M]. 北京：中国人民大学出版社，2016.
[2] 陈茂芬. 最新税收筹划——经典案例与深度解释 [M]. 广州：广州经济出版社，2017.
[3] 高志勇. 纳税人身份选择对高校增值税的影响与对策——以 H 高校为例 [J]. 商业会计，2018（7）：83-85.
[4] 晋自力. 税收筹划的理论分析及其现实选择 [J]. 经济师，2018（8）：112-117.
[5] 余芳艺. 新政府会计制度下高校企业所得税问题研究 [J]. 经济研究导刊，2018（30）：65-66.
[6] 高惠. 探析高校非税收入收缴与财政票据管理的风险与控制 [J]. 财会学习，2018（7）：116-117.
[7] 吕亮，王天奇. 高校增值税应税项目销售收入进项税管理模式探析 [J]. 财会通讯，2017（28）：54-57.
[8] 陈倩. 浅谈营改增下高校涉税科研经费管理及税务筹划 [J]. 会计师，2017（18）：62-63.
[9] 饶宝红. 后"营改增"时代对高校涉税业务的影响及核算研究——以浙江高校为例 [J]. 会计之友，2015（16）：79-81.
[10] 陈力勃. 新形势下对高校增值税和企业所得税问题的浅析 [J]. 市场周刊（理论研究），2013（11）：62-63.

七、讨论问题

（1）"营改增"对高校带来的影响是利还是弊？
（2）高校何时适合放弃使用简易征税方法？如何积极获取可抵扣进项税额？
（3）新的政府会计制度对高校会计核算产生了巨大影响，也给高校企业所得税的管理提出了新的要求。在新的政府会计制度下高校企业所得税核算有何变化？需如何加强高校企业所得税管理？
（4）A 高校未缴纳土地使用税导致被罚，对其他高校进行税务管理有何警示？
（5）合理合法的税务管理方案之间并没有优劣之分，高校处于不同发展阶段，面对不同的内外部环境，在对多个筹划方案进行选择时，应该站在哪些角度上进行分析？

[案例说明书]

一、本案例需要解决的关键问题

本案例旨在引导学员针对高校的纳税筹划，应根据国家政策从多个角度制定税务管理优化方案。根据本案例的资料，帮助学员重点掌握增值税、企业所得税等税种的相关税务处理基础，并结合 A 高校实际情况，进行高校税务管理优化方案的设计，最终提供高校涉税业务管理优化指南。

二、案例讨论的准备工作

为实现本案例的教学目标，学员应在案例讨论前通过预发材料了解以下相关的知识背景。

（一）理论背景

1. 税收效应理论

税收效应是指政府课税所引起的各种经济反应，是税收作用所产生的效果，即税收对经济和社会的影响。经济决定税收，税收影响经济。税收对经济的影响十分广泛。对某一种商品、所得或行为征税，不但可能直接影响纳税人的收入，从而影响其生产、工作的积极性，以及对生产与消费商品的选择，还可能间接影响国民经济其他方面（如储蓄、投资等），甚至影响社会生活方面。税收效应在理论上常分为收入效应与替代效应、正效应与负效应、中性效应与非中性效应。

（1）收入效应与替代效应。

从税收对纳税人的影响来看，一般可产生收入效应或替代效应，或两者兼有。税收的收入效应，是指课税减少了纳税人可自由支配的所得和改变了纳税人的相对所得状况。税收的收入效应本身并不会造成经济的无效率，它只表明资源从纳税人手中转移到政府手中。但因收入效应而引起纳税人对劳动、储蓄和投资等所作出的进一步反应则会改变经济的效率与状况。

税收的替代效应是指当某种税影响相对价格或相对效益时，人们就选择某种消费或活动来代替另一种消费或活动。例如，累进税率的提高，使得工作的边际效益减少，人们就会选择休息来代替部分工作时间；又如对某种商品课税可增高其价格，从而引起个人消费者选择无税或轻税的商品。税收的替代效应一般会妨碍人们对消费或活动的自由选择，进而导致经济的低效或无效。

（2）正效应与负效应。

某税的开征必定使纳税人或经济活动作出某些反应。如果这些反应与政府课征该税时所希望达到的目的一致，税收的这种效应就称为正效应；如果课税实际产生的经济效果与政府课税目的相违背，税收的这种效应则称为负效应。政府课征某税究竟是在产生正效应还是在产生负效应，可用课征该税取得收入的环比增长率来测定。用公式表示如下：

$$收入环比增长率 = （本期收入 - 上期收入）/ 上期收入 \times 100\%$$

如果政府课征该税的主要目的是为了筹集财政收入，上式中收入环比增长率为正时，则该税产生的效应是正效应；如果比率为零或为负，则说明该税没有产生正效应或者产生了负效应。

如果政府课征该税的主要目的不是为了筹集财政收入，而是为了限制经济活动向原有方向发展或促进其向新的方向发展，那么上式中收入环比增长率为负时，则该税产生的效应为正效应，如果比率为零或为正，则说明该税无效应或产生了负效应。

（3）中性效应与非中性效应。

中性效应是指政府课税不打乱市场经济运行，能起中性效应的税则为中性税。中性税只能是对每个人一次征收的总额税——人头税，因为人头税不随经济活动的形式变化而变化，所以它对经济活动不会产生影响。

与中性效应相反，非中性效应是指政府课税影响了经济运行机制，改变了个人对消费品、劳动、储蓄和投资等的抉择，进而影响到资源配置、收入分配和公共抉择等。

2. 税收调控理论

税收调控功能是国家以税收方式参与国民收入分配过程，强制、无偿地调节各方面经济利益，从而调节社会经济生活的一种方式；是在一定经济条件下，把税收分配与利益机制有机结合起来，通过税收调节来实现各种资源最优化配置。它是经济运行中政府能动作用的体现。税收的调控功能是税收的基本功能之一，它是税收分配的内在属性。税收作为国家一种无偿的、强制性的课征，是直接将纳税人一部分收入转移到国家手中。这种价值单方面转移，直接导致纳税人的效用损失，从而不可避免地影响纳税人的行为抉择，这种影响作用就是税收的调控作用。

每一种税的设置都有它一定的经济目的和发挥作用的范围。如对投资征税是对生产领域进行调节，是税收调控的第一个层次。对流转额征税是对流通领域征税，是税收调控第二层次。它在社会商品价值实现环节进行调节，控制流通环节，波及生产、分配和消费。对所得征税是对分配领域进行调节，是税收调控的第三层次。它在国民收入分配环节进行调节，控制各方面的收入水平，从而控制投资和需求，影响生产、流通和消费。对财产和消费行为征税，是对消费环节进行调节，是税收调控的第四层次。

（二）行业背景

我国2012—2017年连续6年财政性教育经费占国内生产总值的比例保持在4.10%～4.30%之间，以雄厚的资金支持高校的大力发展。政府对地方高校的教育质量关注度逐渐加大，资金的投入量与专项项目数量逐年增加，政府对高校的教育越来越重视。但高校的资金利用缺乏系统化、精细化管理，资金的投入与产出并未达到预期效果，因此提高地方高校财政资金的使用效率，是当前紧迫的任务。

中华人民共和国成立以来，我国高等教育的发展主要是通过高等学校的数量增长和规模扩大来实现的，是以外延式增长为主的发展模式。特别是最近几年来，随着高等学校的大规模扩招，学校效益不高、学生质量不良等外延式发展模式的弊端显露出来。高等教育需要通过改革，走内涵式发展的道路，要始终把提高质量、培养世界创新型人才作为核心追求。各高校要从自身校情出发，按教育规律办事，实事求是，量力而行，形成适合自身发展的管理、师资、学风等方面的特色。党的十九大报告明确提出，要加快一流大学和一流学科建设，实现高等教育从"外延式"向"内涵式"发展转变。

三、教学组织方式

本案例可以在专门的案例讨论课中使用。如下是按照时间进度提供的课堂计划建议，仅供参考。

（一）问题清单及提问顺序、资料发放顺序

本案例探讨的题目依次为：

（1）"营改增"对高校带来的影响是利还是弊？

（2）高校何时适合放弃使用简易征税方法？如何积极获取可抵扣进项税额？

（3）新的政府会计制度对高校会计核算产生了巨大影响，也给高校企业所得税的管理提出了新的要求。在新的政府会计制度下高校企业所得税核算有何变化？需如何加强高校企业所得税管理？

（4）A高校未缴纳土地使用税导致被罚，这对其他高校进行税务管理有何警示？

（5）合理合法的税务管理方案之间并没有优劣之分，高校处于不同发展阶段，面对不同的内外部环境，在对多个筹划方案进行选择时，应该站在哪些角度上进行分析？

（二）讨论方式

本案例可以采用小组式的讨论，或者进行小组上台演示、讲解、分析的PPT演示。

（三）课堂计划

（1）梳理案例：由任课老师简单梳理案例内容，明确思考问题（5分钟）。

（2）分组讨论：学生间进行交流，形成发言提纲（20分钟）。

（3）小组发言：组长发言，其他成员补充。黑板上简要写明每个小组的观点，以利于后面的分析评价以及归纳总结（35分钟）。

（4）小组展示：分组上台展示PPT，展示小组的讨论成果（20分钟）。

（5）案例总结：教师就讨论情况进行点评，并就案例提出延伸问题引导大家进行课后探究（10分钟）。

（四）课堂讨论总结

课堂讨论总结的关键是：总结归纳每组发言者的主要观点，小组之间互相学习；重申其重点难点，明确学习目标；建议大家对案例再深入研究分析，拓展思路，提出新观点。

案例 11

教育与慈善共赢——慈善组织认定对 G 高校基金会财务管理的影响[*]

---

[*] 1. 本案例由广东工业大学的张绍婉、罗伟峰、邓彦、魏珊琳、施苏洋、陈正豪、曹子靖撰写,作者拥有著作权中的署名权、修改权、改编权。
2. 本案例授权广东工业大学产教融合 MPAcc 教学智库实验平台使用,广东工业大学产教融合 MPAcc 教学智库实验平台享有复制权、修改权、发表权、发行权、信息网络传播权、改编权、汇编权和翻译权。
3. 由于企业保密的要求,在本案例中对有关名称、数据等做了必要的掩饰性处理。
4. 本案例只供课堂讨论之用,并无意暗示或说明某种管理行为是否有效。

[案例封面]

专业领域：财务管理

适用课程：财务管理

编写目的：中国高校基金会要自觉将自身发展融入双一流建设的进程，依托学校的资源，立足国情，实现创新驱动。通过创新高校基金会财务管理思路，促进高校基金会健康可持续发展，充分发挥高校基金会慈善助学的功能与作用。

知 识 点：慈善法；高校基金会；资金募集模式；项目库管理

关 键 词：财务管理；慈善组织；高校基金会

中文摘要：2016年9月，《中华人民共和国慈善法》正式施行，已有越来越多的高校基金会申请并通过了慈善组织认定。本文以《中华人民共和国慈善法》（以下简称《慈善法》）为指导，结合民政部的《慈善组织认定办法》《慈善组织公开募捐管理办法》和《关于慈善组织开展慈善活动年度支出和管理费用的规定》等法律法规要求，以已认定为慈善组织的G高校基金会为例，详细分析了慈善组织认定对高校基金会资金募集模式、项目经费管理模式及会计核算模式产生的重要影响，并提出了慈善组织认定后高校基金会财务管理的新思路与建议。

[案例正文]

一、案例背景材料

(一) 行业背景

高校教育基金会是由高校依法成立的，在民政部门注册登记的，通过募集资金，并使自己增值保值以达到资助教育事业目的的非营利独立法人组织。高校基金会是高校与基金会的共同产物，是以基金会的形式，通过社会各界募集资金，经过基金会合法运作及管理达到基金的增值保值，最终发挥支持高校教育事业发展，资助学生学业、教学科研研究，完善学校教学基本建设等作用。高校基金会通常有"教育基金会"和"教育发展基金会"两种表述，是高校和社会互动的平台，对凝聚社会力量，加强社会对教育的重视并共同促进教育向好、持续发展有着重要意义。

1994年4月，清华大学教育基金会作为国内第一家高校教育基金会，在民政部注册成立，此后，高校教育基金会蓬勃发展。如今，我国高校办学主体逐渐呈现多样化，办学规模在不断发展，办学经费渠道也逐渐拓宽，其中，大学教育基金会是一支不可或缺的重要力量。据统计，截至2017年12月，成建制的全国高校基金会已达527家。除西藏自治区外，我国内地其他省份均有高校教育基金会组织，其中，江苏、浙江、广东、北京等省市数量较多。高校基金会数量的不断增加，为突破高校教育经费不足这一制约高校发展的瓶颈做出了重要贡献。

中国人民大学副校长杜鹏表示，"在深化高等教育改革和'双一流'建设的背景下，教育基金会的作用尚未充分发挥，如何实现创新与可持续发展是高校及其教育基金会必须直面的问题"。

(二) 发展机遇

随着中国特色社会主义的发展，我国社会主要矛盾发生的变化，新时代对我国教育事业的发展提出了新要求。党的十九大报告中明确提出，要加快一流大学和一流学科建设，这凸显了党中央对我国教育工作的高度重视，也让我国的高等教育在新时代承担了新使命。一流大学和一流学科的建设，目标是实现高等教育的内涵式发展，办出富有成效的教育。"双一流"建设是一个系统工程，这项工程不仅需要高校发挥自身的主观能动性，也离不开国家的支持和社会各界的襄助。各大高校的基金会在凝聚八方力量、助力学校发展上发挥着越来越重要的作用，同时基金会的自身建设、筹募能力、管理水平等也面临着更高的要求。

1. 聚焦"双一流"建设，紧跟发展战略

新环境下，高校基金会要聚焦"双一流"建设的核心环节，积极引入各方资源和力量，通过不断提高管理水平、筹募能力，给予高校"双一流"建设有力支撑。

(1) "双一流"建设为高校教育基金会提出了新的课题。以"双一流"的标准来看，要建设一流大学，需要有一流的教学环境、一流的师资队伍，且以培养一流人才为目标。站在高校基金会的角度，也有建设与之相匹配的一流高校基金会的需求。建设"双一流"大学所提出的新目标是大学基金会工作的指挥棒，大学基金会也应围绕学校发展的中心工作和重点任务,开展相应的、各种形式的筹募活动。在新环境下,高校基金会要不断提高管理水平、筹募能力,才能给予高校"双一流"建设有力的支撑。

(2)聚焦"双一流"建设核心环节,积极引入各方资源和力量。建设中国特色的世界一流大学,既要瞄准世界前沿的学科,争取在高精尖研究领域有所突破,又要从国家建设、社会发展的实际需要出发,努力为加快建设创新型国家做出高校应有的贡献,多出成果,多出人才。在新时代,学科发展、人才引进、人才培养仍是大学工作的重心,同时也是最需要社会各界关注和大力支持的方面。因此,大学基金会要在深入了解学校发展需求的基础上,寻找和匹配捐赠人的兴趣点,将捐赠款用在捐助人所希望的,同时也是学校亟待发展、亟待突破的方面。

(3)做好捐赠人和高校之间的联系工作发挥桥梁纽带作用,在对接捐赠与需求的过程中积极主动作为。基金会对高校的"双一流"建设的助推作用不应仅仅体现在提供资金支持上,基金会更需要积极主动介入学校发展的方方面面,了解捐赠人和高校的需求,尝试引入更多可能的社会资源,搭建多方的合作平台,维持捐赠人与高校之间的关系,积极寻找外部需求与学校发展事业的汇合点,从而成为学校和捐赠人、社会沟通的中介和桥梁。

2.《中华人民共和国慈善法》的出台

2016年3月通过的《中华人民共和国慈善法》(以下简称《慈善法》)首次明确了慈善组织的定义:慈善组织是指依法成立、符合本法规定,以面向社会开展慈善活动为宗旨的非营利性组织。慈善组织可以采取基金会、社会团体、社会服务机构等组织形式。同年,民政部出台了《慈善组织认定办法》《慈善组织公开募捐管理办法》和《关于慈善组织开展慈善活动年度支出和管理费用的规定》等政策法规。这一系列法律法规的颁布,明确了慈善活动的范围与定义,规范了慈善组织的行为,回应了社会普遍关注的慈善募捐和慈善捐赠的重大问题。

当前越来越多的高校基金会申请并通过了慈善组织认定。《慈善法》《慈善组织认定办法》和《慈善组织公开募捐管理办法》等法律法规中明确了慈善组织的募捐方式、资金管理等,必然对高校基金会财务管理产生重要的影响。

(三)面临的挑战

高校基金会是我国慈善事业中非常重要的成员。高校基金会,是为学校的发展,特别是世界一流大学的建设进行筹资。世界一流大学要有世界一流的基金会作为有力的支撑。多渠道汇集资源、大力发展教育基金事业是建设世界一流大学的有力保障。基金会除了对提升教育质量和鼓励创新有重要的作用外,还通过动员社会参与、倡导公益慈善的行动,促进了学校和各方的互动,为学校教育事业累积了非常宝贵的精神财富。"这是教育和慈善的双赢"。

高校基金会是助力大学发展的爱心平台,是连接大学与社会的重要爱心桥梁。高校基金会有独特的知识、人脉资源优势,有最具活力的爱心力量,向上、向善。社会期盼着高校基金会有更多的援手和作为。中国大学基金会发展势头猛、速度快,但也存在不少问题。

1. 高校基金会规模差异明显,"马太效应"较为明显

根据基金会网站数据可看出,我国高校基金会的分布呈现出非常明显的地域优势和名牌优势,捐赠中的"马太效应"较为明显。近5年来"985"院校基金会资产规模占到全国高校基金会的60%以上,在全国高校基金会中占据绝对优势。占全国高校14%的名校所设立的基金会拥有80%的社会捐赠,其中仅清华、北大的捐赠收入就达28.5亿元人民币,占捐赠总额的40%,而其他高校的捐赠收入仅为43.6亿元,占捐赠总额的60%。累计捐赠收入前10名中除苏州大学、汕头大学外,其余8所高校均为"985"院校。总之,我国高校基金会的捐赠收入主要集中在重点高校,大部分非重点高校基金会的筹款状况并不理想。而高校基金会所属学校不同及其表现出来的吸资能力、筹资能力的巨大差异,导致各高校基金会之间的差异也很明显。综合我国当前对各高校财政收入分配的影响因素,高校基金会对于某些高校"锦上添花"的作用多于"雪中送炭",优势资源强力集中的趋势大于教育资源均衡配置共同发展的效应。

2. 对捐赠者的后续反馈激励不足,资金信息披露不完善

捐赠者将个人或企业的部分所得捐赠给高校后,除了接受捐赠仪式的宣传、表彰外,其对于捐赠资金的后续使用情况、投入所得情况,以及是否能为高校或者捐赠者带来可持续性的发展利益都颇为关注。目前,我国高校基金会在反馈互惠回报功能上存在着明显不足,高校基金会对捐赠者的后续反馈及再激励欠缺,存在着"自愿捐赠,不求回报"的捐赠误区,未能充分挖掘捐赠者的捐赠需求或动机。个人捐赠者的根本目的更多的处于高层次的心理满足需求;企业等法人参与的捐赠,除了希望收获名誉效应外,也希望同高校互补获得长远的效益回报,公益与效益二者兼得。只有充分了解捐赠者的捐赠需求,才能更好地激发捐赠者的积极性。

高校基金会信息披露的完整性体现为两个方面:一是对社会公开基金会信息的及时性、透明性;二是对捐赠者公开经费项目信息的完整性、指导性。中国基金会中心网通过FTI指数从完善公开年度工作报告、建立独立官网、详细展现项目运作消息这三个方面对我国461家高校基金会的信息透明程度进行评分,从其披露的2015年数据中,获得80分(含80)以上的高校基金会68家,占比14.8%;得分60分(含60)以下的高校基金会226家,占比40.3%。由此可看出,高校基金会在信息披露方面的不足也较为明显,对于有信息披露的高校基金会来说,披露的信息多体现在财务数据上,这些笼统的、专业性的数字并不能满足捐赠者或其利益相关者的需求。高校基金会缺乏对捐赠者成型的、系统性的捐赠反馈报告,捐赠者对于自己的捐赠去向也只是知其大概,对于其捐赠希望达到的目的、受众的群体、提供的效益、助力转化的成品、捐赠的持久意义这一系列动态的过程和结果并没有完整的认知和清晰的概念。这种对捐赠资金"重投入、轻输出","重筹资,轻反馈"的信息披露体系,在一定程度上打击了捐赠者的积极性,也不利于发挥第三方的监管作用。

3. 高校基金会财务管理能力薄弱

高校基金会与高校行政合署办公的性质,使得基金会在日常管理、筹资融资、项目决策与投资等方面缺乏专业性和有效性,在财务管理方面尤显薄弱。在资金使用上,部分基金会财务不独立,基金会财务核算也存在制度不完善、核算不科学等问题;在资金规划上,存在着项目资金立项不够明确、清晰,项目资金的整体流向及绩效缺乏全过程的跟踪

监督；在投资理财方面，基金会缺乏专业投资理财运作，投资方向多只限于银行存款收益，资产收益率比较低，多渠道投资和多元化经营能力不足，没有充分发挥基金会基金的保值和增值功能。

伴随着我国金融市场的加快发展，货币市场与资本市场上可用于投资的产品不断增多，在这样的背景下，大多数高校基金会对资金运作采取了以安全为先的谨慎保守原则，基金会沉淀资金较大、资金运作受限和专业人员不足等因素，都是高校基金会财务管理优化的"短板"，影响着基金会对教育事业辅助作用的发挥。

（四）高校基金会创新财务管理方式的意义

高校设立教育基金会的目的主要在于资助和发展高等教育事业，以基金会自身发展与有助学校长远目标实现为原则，通过挖掘本校的教育资源，制定符合慈善事业标准且能实际解决受助者的项目，利用自身学科优势，积极调动项目参与者的积极性。但是，当前我国高校基金会的管理还存在一些不尽如人意的地方，尤其是资金管理不规范问题比较突出，这在一定程度上制约了我国高校教育基金会的发展。因此，有必要对高校教育基金会创新财务管理方式，通过建章立制，充分调用一切资源对捐赠项目进行有效管理，完善自身投资决策体系。不断加强资金运作，有效规避投资风险，实现资金的不断增值。对此，结合上文的发展概况分析，笔者认为，在新形势下，以《慈善法》为指导，结合民政部出台的《慈善组织认定办法》《慈善组织公开募捐管理办法》和《关于慈善组织开展慈善活动年度支出和管理费用的规定》等法律法规要求，对高校基金会资金募集模式、项目经费管理模式及会计核算模式进行改革，能够为高校基金会可持续健康发展提供财务支持。

二、G高校基金会的现状及其财务分析

（一）G高校基金会介绍

本案例选取G高校基金会作为研究对象。G高校是国家教育部直属重点综合性大学，始创于1904年，成立于1919年。2017年9月，入选国家42所世界一流大学建设高校，且为36所A类高校之一。G高校教育基金会是对国内外捐资给G高校教育事业的资金进行管理的专业性非营利性社会组织，是独立的非公募基金法人，致力于争取国内外的团体和个人的支持和捐助，并妥善管理和运营资金，以推动教育事业的发展，为社会公益事业服务。不同于清华大学、北京大学等国内顶级高校基金会的规模，在捐赠收入前100名的高校基金会中，G高校基金会的资金收入和净资产规模处于中上游（分别排行第30位、第40位），其于2017年被认定为慈善组织，因此对于本文所研究的大多数学校以及研究方向具有更好的参考价值。

（二）基金会概况及治理结构

自G高校拨付原始基金金额人民币200万元成立G高校教育基金会以来，经过多年的探索发展，基金会在资金筹集、运营管理、团队建设等方面日趋完善，全职员工有19人，并于2013年被国家民政部门评为"5A级社会组织"。该教育基金会组织结构设置如

图 11-1 所示。

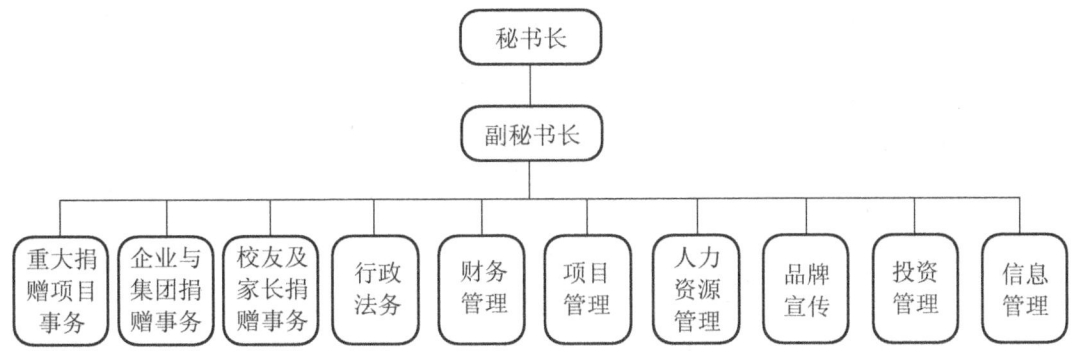

图 11-1 G 高校教育基金会组织结构

基金会的宗旨：遵守宪法、法律、法规和国家政策，遵守社会道德风尚，致力于争取国内外的团体、个人的支持和捐助，并妥善管理和运营资金，以推动教育事业的发展，为社会公益事业服务。

基金会由 12 名理事组成理事会。理事每届任期 4 年，任期届满，可以连选连任。理事会每年召开 2 次会议。理事会会议由理事长 F 负责召集和主持。理事长或召集人需提前 5 日通知全体理事、监事。理事会会议须有 2/3 以上理事参加方能召开；理事会决议须经过半数出席理事通过方为有效。本基金会设监事 1 名。监事任期与理事任期相同，期满可以连任。

（三）G 高校基金会的财务管理制度

为规范基金会财务行为，加强财务管理，G 高校基金会制定了财务管理暂行规定，分为财务管理体制、收入管理、支出管理、资金运作四个部分。

1. 财务管理体制

（1）基金会理事会定期审议基金会财务工作报告，并决定财务工作中的重大问题。在理事会休会期间，由理事长授权秘书长负责日常工作。

（2）基金会配备具有专业资格的会计人员。会计不得兼任出纳。会计人员必须进行会计核算，实行会计监督。会计人员调动工作或离职时，必须与接管人员办清交接手续。

（3）基金会的资产管理必须执行国家规定的财务管理制度，接受理事会、监事会和财政部门的监督。

（4）基金会换届和更换法人之前，必须接受社团登记管理机关和业务主管单位组织的财务审计。

2. 收入管理

（1）按照中国人民银行的有关规定，教育基金会设立本基金会专用的人民币账户和外汇账户。基金会资金的使用将严格按照本基金会业务范围的规定，不得挪作他用，并严格执行会计和审计制度。

（2）基金的募集和使用要经过基金会理事会审批，每年定期公布收支账目。

（3）资金进入基金会账户后，应单立科目、单设账户，并严格按照捐赠单位（捐款人）与本会（或学校相关部门）签署的捐赠协议执行。按照协议要求，定期向捐赠单位（捐款人）报告该基金的使用情况。

3. 支出管理

（1）定向捐款的资助项目，由基金会按照捐赠单位（捐款人）与本会（或学校相关部门）签署的捐赠协议执行，捐赠协议在双方负责人签字后生效。凡协议中已列明资金使用范围、金额和支付时间的，在协议生效后即执行。由本会秘书长和有关责任人批准后办理支出手续。

（2）非定向捐款的资助项目。资助项目1万元以下（含1万元）的由秘书长签批；资助项目在1万元以上、5万元以下（含5万元）的由理事长签批；资助项目在5万元以上的需经理事会批准后，由理事长签批。

（3）基金管理费的支付。

①基金管理费用包括基金会行政办公支出、工作人员工资福利等；

②基金管理费用一般限制在当年总支出的10%以内列支。

4. 资金运作

资金运作项目需经理事会通过，在确保资金安全的基础上力求资金增值。

（四）G高校基金会2015—2017年财务状况分析

笔者收集了G高校基金会2015—2017年的年度财务报告，总结了2015—2017的财务状况列于表11-1。

表11-1　G高校基金会2015—2017年主要财务数据　　　　单位：元

年份	净资产	公益支出	捐赠收入	投资收益
2015	110 869 513.76	27 534 018.47	68 826 258.49	1 192 197.66
2016	160 086 121.40	28 288 613.36	72 705 411.25	4 983 154.01
2017	244 438 610.66	22 506 983.13	100 999 803.06	4 989 720.14

1. 资产状况分析

由表11-1可以看出，2015—2017年，G高校基金会的净资产规模大幅度上升，从2015年末的约1.11亿元升至2017年末的约2.44亿元。G高校基金会2017年流动资产结构如图11-2所示。

2. 业务活动分析

G高校基金会的公益支出由捐赠项目成本（即公益支出）、管理费用、筹资费用等三部分组成，从表11-1来看，年度公益支出具有波动性，从2015年的约2 753万元增至2016年的约2 829万元，但在2017年又大幅度下降至约2 251万元。

捐赠收入增长趋势同净资产规模相仿，2016年比2015年小幅度提升，2017年较2016年大幅

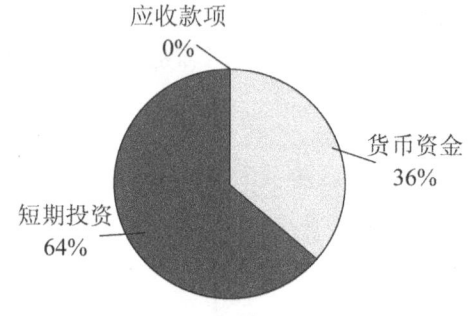

图11-2　G高校基金会2017年流动资产结构

度增长至1.01亿元。基金会的合计业务收入增加，主要还是依靠于限定性资产的捐赠收入大幅度增加，而非限定性资产的捐赠收入小幅度减少并不足以影响合计业务收入的增加。限定性捐赠收入是捐赠人要求用于特定受助对象的捐赠资金或物资，基金会在运营时更偏向执行者的角色，其责任是根据约定严格落实捐赠事项、且不得使用限定性收入开展其他活动；非限定性捐赠收入则未指定具体的受助对象，可由基金会自主决定其使用目标和方式，因此基金会仍受到限制，无法积极主动地去运营，对于实现自身的可持续健康发展还有漫长的路要走。

投资收益整体呈现增长趋势，2016年较2015年有较大增长，2017年虽然有所增长，但幅度较小。反映理财收益逐年增加，收入组成结构有了一定的优化。具体如图11-3所示。

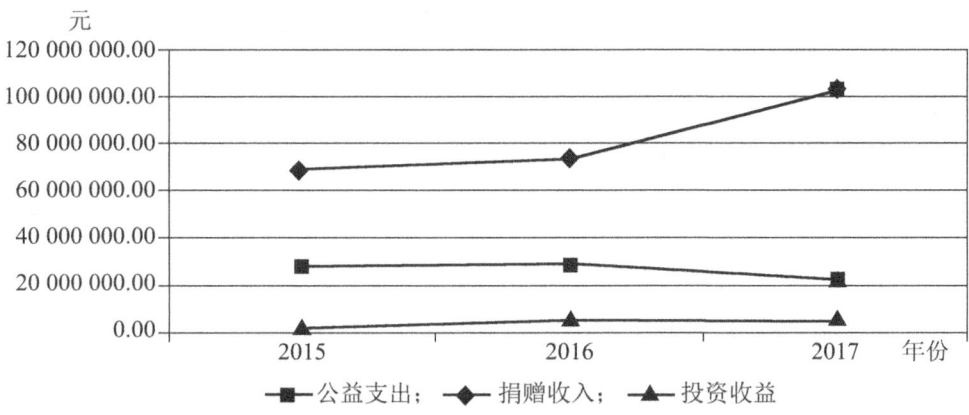

图11-3 G高校2015—2017年公益支出、捐赠收入、投资收益变化趋势

3. 净现金流量状况分析

从图11-4所示的主要业务活动的净现金流量看，2015—2017年是呈现一个上升的趋势，且与净资产规模走势相近，2016年相较2015年的增长幅度较小，但在2017年呈现大幅增长，这三年的净现金流量均在4 000万元以上，为基金会资产规模的提升提供了有力的保障。

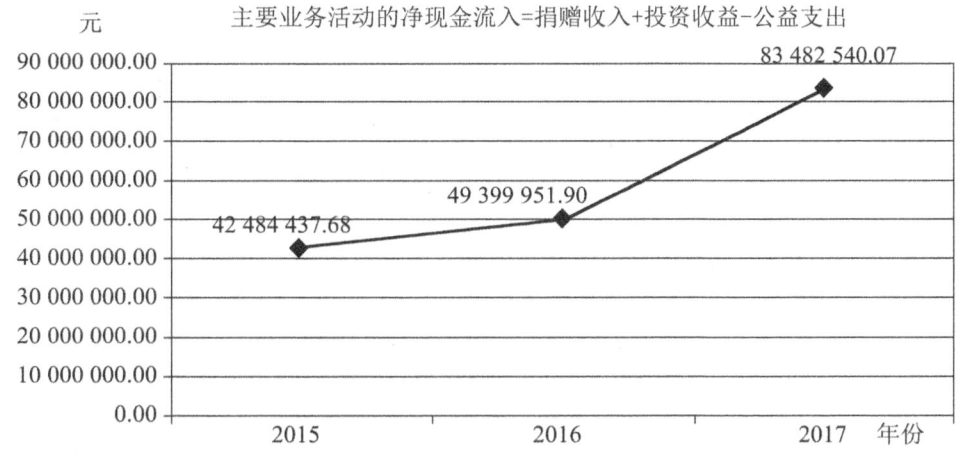

图11-4 G高校2015—2017年主要业务活动净现金流入趋势

基金会业务活动的净现金流入量逐年上升，主要是因为累计捐赠收入有所增长，收到的其他与业务活动有关的现金显著增长；而累计公益支出有所下降，业务活动的净现金流出量有了一定的减少。投资活动方面，"取得投资收益所收到的现金"有了明显增长，基金会的投资力度有了进一步加大，有望在未来为其带来可观的投资收益现金流，保障基金会的可持续健康发展。

随着 G 高校教育金会的不断发展壮大，其作为高校接受社会公益捐赠的窗口，已经成为 G 高校多元化筹资体系的重要组成部分。G 高校基金会在 2017 年被认定为慈善组织后，资金筹集渠道扩宽，捐款项目范围扩大，由学校扩张到社会，其费用支出更多地用于公益支出。

三、慈善组织认定对 G 高校基金会财务管理的影响

自 2016 年 9 月起《中华人民共和国慈善法》正式施行，当前已有很多的高校基金会申请并通过了慈善组织认定。笔者以《中华人民共和国慈善法》（以下简称《慈善法》）为指导，结合民政部的《慈善组织认定办法》《慈善组织公开募捐管理办法》和《关于慈善组织开展慈善活动年度支出和管理费用的规定》等法律法规要求，详细分析了慈善组织认定对高校基金会资金募集模式、项目经费管理模式及会计核算模式产生的重要影响。

（一）资金募集模式的对比

按照 2004 年 2 月 4 日国务院第 38 次常务会议通过的《基金会管理条例》总则第三条的规定，基金会分为面向公众募捐的公募基金会和不得面向公众募捐的非公募基金会。非公募基金会，是指不得面向公众募捐，而仅能向特定个人或组织捐款的基金会。非公募基金的信息披露、投资限制、业绩报酬、公益支出要求都与公募基金会有所区别，原则上要求更低。当前，我国基金会中非公募基金会大约占 66%。而高校基金会正快速成长为我国非公募基金会的重要组成部分和行业诚信引领者。

在我国众多高校中，绝大多数的高校基金会为非公募基金会。根据《基金会管理条例》要求，非公募基金不得面向公众募捐，即当前高校基金会的资金募集只能向特定人群进行，资金募集渠道非常单一。根据《慈善法》规定，认定为慈善组织且获得公募资格的高校基金会在资金募集渠道非常广，例如可选择面向社会公众的公开募捐和面向特定对象的定向募捐（表 11-2）。

表 11-2 高校基金会资金募集方式

类别	募集对象	募集方式	备注
非公募高校基金会	校友、校企合作单位	主动联系、合作洽谈	不得公开募捐，资金募集渠道单一
认定为慈善组织的高校基金会	公开募捐或者特定募捐	在公共场所设置募捐箱；举办面向社会公众的义演、义赛、义卖、义展、义拍、慈善晚会等；通过广播、电视、报刊、互联网等媒体发布募捐信息	可以公开募捐，或者开展定向募捐，可在发起人、理事会成员和会员等特定对象的范围内进行，资金募集渠道广阔

虽然G高校取得了慈善认定，但并没有取得公募捐赠资格证书，因此G高校基金会仍然属于非公募基金。在资金筹集模式上，具有公募资格的高校基金会拥有更多的资金来源。目前G高校基金会的主要来源是：①自然人、法人或其他组织的捐赠；②学校和政府资助；③投资收益；④其他合法收入。2017年，G高校基金募集资金中有50.54%来自于校友，且公开募集资金为0。而有公开募集资格的高校基金会除了上述几点以外，还可以通过互联网开展公开募捐活动，并可以同时在以本慈善组织名义开通的门户网站、官方微博、官方微信、移动客户端等网络平台发布公开募捐信息。例如国内某高校基金会（已获得公开募集资格），2018年通过公开募捐募集到的资金占总收入的2.33%，虽然比例不算太高，但对于高校基金会筹集资金来说已然是增加了不少机会。

根据《慈善法》第22条规定，依法登记满两年的慈善组织，可以向其登记的民政部门申请公开募捐资格。而《基金会管理条例（修订草案征求意见稿）》中，也拟决定基金会不再区分为公募和非公募。在不久的将来，"非公募基金会"的名字或将消失，但众多基金会仍将会以"非公募"的形态存在。当前，非公募基金会是否需要转型为公募基金会成为热议的话题。

前文已提到，当前，高校基金会缺乏对捐赠者成型的、系统性的捐赠反馈报告，捐赠者对于自己的捐赠去向也只是知其大概，对于其捐赠希望达到的目的、受众的群体、提供的效益、助力转化的成品、捐赠的持久意义这一系列动态的过程和结果并没有完整的认知和清晰的概念，这种对捐赠资金"重投入、轻输出"，"重筹资，轻反馈"的信息披露体系，一定程度上打击了捐赠者的积极性，也不利于发挥第三方的监管作用。

笔者认为，作为资金筹集方式，公募与私募对目前高校基金会的工作理念和工作业务并不会有太大的影响。但是相比较而言，在公募制度相关配套措施逐渐完善和落地的前提下，公募筹资方式不仅能够为高校基金会拓宽筹资渠道，创新筹资方式，而且能够借此契机，完善资金信息披露制度。同时，也倒逼高校基金会管理者对捐赠项目进行系统性的分析与管理。对于公募基金会来说，既要有将信息公开透明的意愿，也要有做到公开透明的能力，要做到将项目与社会公众说清楚，并拥有完整的工作逻辑和数据采集能力来做好透明披露工作，从而进一步完善高校教育基金会的体制机制，促进高校教育基金会的可持续发展。

（二）捐赠项目经费管理模式对比

1. 建立项目制的捐赠项目经费预算管理体制

高校基金会如果未被认定为慈善组织，则根据《基金会管理条例》中"财产的管理和使用"规定，高校基金会应当根据规定的宗旨和公益活动的业务范围使用其财产，捐赠协议如果明确了具体使用方法的捐赠，那么则需根据捐赠协议约定使用基金会的财产。尽管该条例对基金会经费管理有所规定，但并未要求必须使用项目制来进行捐赠项目管理。在被认定为慈善组织之前，G高校基金会管理条例中所列明的业务范围主要为：①支持学校教学与研究的相关设施与条件的改善以及校园设施建设；②资助教学研究、科学与技术研究项目及专著出版；③资助学术交流相关的活动和会议；④资助贫困生以及品学兼优生等。

对于认定为慈善组织的高校基金会，我国《慈善法》规定慈善组织对募集的资金要实行专款专用，开展慈善活动时应当依照法律法规和章程的规定，按照募捐方案或者捐赠协议使用捐赠财产，慈善组织确需变更募捐方案或约定规定的捐赠财产用途的，应当得到有关部门或捐赠人同意。因此 G 高校基金会在被认定为慈善组织后，需要建立项目制的管理模式。此外，G 高校基金会在未被认定为慈善组织前，开展公益资助项目时需要向社会公布所开展的公益资助项目种类以及要走申请、评审程序；被认定慈善组织后还要对项目实施情况进行跟踪监督，并且向社会定时公开捐赠项目经费使用情况。非慈善组织高校基金会与被认定为慈善组织的基金会的捐赠项目预算管理模式对比如表 11 - 3 所示。

表 11 - 3 两种类型的高校基金会捐赠项目预算管理模式对比

类别	预算编制依据	预算项目支出	区别
非慈善组织高校基金会	基金会章程、捐赠协议	基金会开展公益资助项目，应当向社会公布所开展的公益资助项目种类以及走申请、评审程序	区别主要有两点：①非公募高校基金会捐赠项目不一定要按捐赠项目进行明细管理，但认定为慈善组织的高校基金会捐赠项目须建立项目管理制度进行明细管理；②认定为慈善组织的高校基金会可自拟募捐方案，可根据高校实际自行编制捐赠项目预算方案，提高高校基金会募集自主能动性
认定为慈善组织的高校基金会	基金会章程、捐赠协议、募捐方案	应合理设计慈善项目，优化实施流程，降低运行成本，提高慈善财产使用效益；应建立项目管理制度，对项目实施情况进行跟踪监督；应向社会定时公开捐赠项目经费使用情况	

2. 明确捐赠慈善支出下限，增大管理费用支出弹性

高校基金会在未认定为慈善组织时，需要根据《基金会管理条例》的规定将每年用于从事章程规定的公益事业支出控制在上一年基金余额的 8% 及以上。《慈善法》中明确"慈善组织中具有公开募捐资格的基金会开展慈善活动的年度支出，不得低于上一年总收入的 70% 或者前三年收入平均数额的 70%"。而慈善组织中不具有公开募捐资格的基金会，年度慈善活动支出按照表 11 - 4 的标准执行。

表 11 - 4 高校基金会年度慈善活动支出和年度管理费用比例

上年末净资产金额 X/万元	年度慈善活动支出比例	年度管理费用支出比例
$X \geqslant 6000$	≥上年末净资产的 6%	≥当年总支出的 12%
$800 \leqslant X < 6000$		≥当年总支出的 13%
$400 \leqslant X < 800$	≥上年末净资产的 7%	≥当年总支出的 15%
$X > 400$	≥上年末净资产的 8%	≥当年总支出的 20%

G 高校基金会在认定为慈善组织之前的规章中就明确"基金会每年用于从事章程规定的公益事业支出不得低于上一年基金余额的 8%"。但根据《慈善法》的规定，作为非公开募捐资格且认定为慈善组织的基金会，G 高校基金会的年度慈善活动支出应依据净资产金额来决定年度慈善活动支出比例。

根据 G 高校基金会年度报告，其 2018 年的净资产为 3689 万元，所对应的年度慈善活动支出比例为不得低于上年末净资产的 6%。由此可见，G 高校基金会在被认定为慈善组织前后，对于经费的慈善支出比例有了更灵活的比例，下限得到了适当的拓展，G 高校基金会可以利用这部分资金投资其他更多的项目，且减轻了其公益支出压力。

对于年度管理费用，G 高校基金会在被认定为慈善组织之前，按规定应当将管理费用支出控制在年度总支出的 10% 之内，而认定为慈善组织之后，根据上文提到 G 高校基金会 2018 年净资产金额来看，其管理费用支出上限由原来的 10% 上升到 13%，这样一来 G 高校基金会的管理费用与公益支出比例的弹性得到了极大的提升。这使得 G 高校基金会对于资金的运作更加灵活，也对高校基金会的资金管理提出了很高的要求。另外，一些部门出台的规定，明确指出可以将志愿者补贴和保险费用纳入慈善活动支出费用中，这样就降低了管理费用。因此，进行慈善组织认定一定程度上可以增加高校基金会管理费用与公益支出比例的弹性。

（三）会计核算模式对比

高校基金会按《民间非盈利组织会计制度》进行会计核算，根据制度规定，基金会会计核算以权责发生制为记账基础，基金会资产以历史成本为计价原则。基金会捐赠收入分为限定性捐赠收入和非限定性捐赠收入，年底分别结转到限定性净资产和非限定性净资产。而捐赠项目的支出通过会计科目"业务活动成本"进行归集，年底冲减非限定性净资产。

认定为慈善组织的高校基金会，《关于慈善组织开展慈善活动年度支出和管理费用的规定》明确规定慈善活动支出在"业务活动成本"项目下核算和进行明细分类归集。慈善组织的业务活动成本包括慈善活动支出和其他业务活动成本。慈善组织活动成本用于核算捐赠项目的慈善支出，其他业务成本用于核算捐赠项目的非慈善项目支出。因此认定为慈善组织的高校基金会要单独明细核算当年度开展慈善活动的支出，而不能仅通过"业务活动成本"这个一级科目进行会计核算。

G 高校基金会被认定为慈善组织以来，通过以上明确捐赠项目必须按慈善支出进行明细账目的会计核算方式转变，会计核算更加准确，记录更加规范，核算内容更加完整。通过改进会计核算方式，将捐赠项目的账务详情完整公开，使捐赠者能够更好地了解资金使用情况，使社会公众能够更好地评价资金使用效率以及基金会的运作效率，大大提高了资金使用透明度，提高了会计信息披露质量。

四、认定为慈善组织的高校基金会财务管理新思路

从前述可以看出，高校基金会被认定为慈善组织后，在财务管理体制机制方面，拓展了平台，开阔了思路，能够为建设"国内一流大学"提供更大的支持。

（一）积极拓宽融资渠道，筹措资金

认定为慈善组织的高校基金会能更加广泛地进行多渠道公开募集资金，这样给高校基金会的发展带来更多的力量。因此，高校基金会首先应依据高校自身情况以及发展规划，

并严格按照《慈善法》的规定，合情合理地制定有捐赠资金需求的募捐方案，这样便于基金会更加高效地募集资金，也能节省不必要的开支。高校基金会可以按资金用途分类制定学校学科发展资金募集方案/校园建筑物改造资金募集方案、学生助学金/奖学金资金募集方案、教师奖教资金募集方案、学校对外合作资金募集方案和学校创新创业资金募集方案等。

其次，被认定为具有公募资格的慈善组织的高校基金会可通过各种渠道进行公开募捐。根据规定，被认定为慈善组织的高校基金会开展公开募捐的，可以通过广播、电视、报刊、互联网等媒体发布募捐信息，因此，高校基金会在进行公开募捐时可结合高校微信公众号、学校官方微博或者在学校官网开展募捐工作。

最后，高校基金会应及时向社会公布公开募捐的资金收支以及相关的资金用途情况。可在学校官网、基金会官网、微信公众号以及官方微博上及时公布经会计师事务所审计的年度财务报告，以便捐赠人及时了解捐赠项目的开展及收支情况。

（二）加强财务预算管理，建立财务公开与监督体系

目前，被认定为慈善组织的高校教育基金会预算管理尚不完善，财务预算制度还存在一定问题。因此必须加强制度建设，完善财务预算管理环节，并公开财务，建立健全监督体系。通过构建完善的全面预算管理制度，基金会的各部门在各司其职的基础上进行信息沟通，各部门根据实际情况通过滚动预算的方式编制预算方案，来实现对资金的合理使用和统筹安排。加强高校基金会财务公开与监督机制的建设，对基金会的财务预算情况进行动态化的检测，定期进行汇总分析，适时调整方案，进一步促进高校教育基金会更好地发展。

（三）建立捐赠项目库，合法编制项目年度经费预算

为了更加合理、高效地使用公开募集的捐赠资金，被认定为慈善组织的高校基金会可设置学校综合发展基金进行项目资金募集。在此情况下，由于公开募集的捐赠资金必须建立捐赠项目管理制度，因此高校基金会应建立捐赠项目库，并按《慈善法》的要求编制项目年度经费预算。首先，各捐赠经费使用部门要立足于实际情况，提出入库项目立项的依据，并提供附件内容，便于考证、对比和排序。项目库的项目主要内容要包括捐赠经费部门、项目名称、设立依据、项目内容、子项目设置、年度捐赠经费预算资金等。其次，高校基金会要对入库项目严格把关，根据支出事项的轻重缓急，建立起备选的捐赠项目库。然后，严格按照学校发展规划控制捐赠项目规模，合理安排捐献项目年度捐赠支出结构，确定当年度的预算项目库。

在项目入库过程中，尤其要注意：①所有的入库捐赠项目都应设定捐赠绩效目标，将捐赠绩效目标作为项目入库的前置条件，把捐赠绩效目标审核作为项目审核和安排预算的组成部分，根据审核结果提出捐赠项目入库建议；未按要求设定捐赠绩效目标或审核不合格的捐赠项目，不得进入捐赠项目库。②入库捐赠项目的排序工作，具体可通过设置捐赠绩效目标考核表来进行，按专家绩效打分的高低最终决定入库捐赠项目的顺序。捐赠项目绩效目标考核表可由项目实施、项目管理、项目绩效三大部分组成，并设置具体的考核目标，将每个目标赋予一定的考核权重进行具体考核；权重的设置具体可根据高校基金会的

发展需要进行科学设置。笔者认为，现阶段的捐赠项目绩效目标考核表格的设置可参考表11-5。

表 11-5 捐赠项目绩效目标考核表

项目名称	项目基本情况介绍		评审分数	佐证材料
项目实施（30分）	方案设置（15分）	完整性（5分）		捐赠项目资金申报文件、项目实施方案等相关资料
		合规性（5分）		
		可评价性（5分）		
	量化指标（15分）	预期评价指标（10分）		
		预期效果指标（5分）		
项目管理（30分）	资金管理（20分）	捐赠资金用途、分配（5分）		捐赠项目资金支出明细表、项目捐赠资金管理办法、监督检查或审计报告
		捐赠资金支付情况（5分）		
		慈善支出及财务核算规范性（10分）		
	事项管理（10分）	项目实施程序（5分）		捐赠项目管理的相关规定文件、实施情况资料
		项目管理情况（5分）		内部管理规定、捐赠项目执行情况总结等资料
项目绩效（40分）	经济性（5分）	项目预算控制（5分）		项目预算、支出资料等
	效率性（5分）	项目完成节点与进度（5分）		项目进度安排，进度完成情况检查、意见等资料
	效果性（10分）	项目社会经济效益（5分）		相关统计资料、权威部门出具的证据、纳税等原始凭证、满意度调查材料等
		项目可持续发展（5分）		稳定机构、完善项目后续管理机制等文件或相关资料
	满意度（20分）	项目受益公众满意度（20分）		受益人满意度调查材料或捐赠方结论等资料

（四）增设"业务活动成本"明细科目，按项目分类核算高校基金会慈善支出明细

按规定认定为慈善组织的基金会应按项目制核算捐赠项目的支出，因此高校基金会必须在一级核算科目"业务活动成本"下设立两个二级明细科目"业务活动成本——慈善

活动支出"和"业务活动成本——其他业务成本"。笔者认为还应根据慈善支出的具体规定用途设置"业务活动成本"的三级明细科目"业务活动成本——慈善活动支出——委托代理费用""业务活动成本——慈善活动支出——人员经费""业务活动成本——慈善活动支出——日常办公经费""业务活动成本——慈善活动支出——折旧摊销费""业务活动成本——慈善活动支出——资产减值损失"和"业务活动成本——慈善活动支出——其他费用"等会计科目,使会计核算更加精细、准确,符合利益相关者的使用要求。具体核算内容见表11-6。

表11-6 "业务活动成本"明细科目

	一级科目	二级科目	三级科目	核算内容
被认定为慈善组织的高校基金会慈善支出分类核算	业务活动成本	慈善活动支出	委托代理费用	直接或委托其他组织资助给受益人的款物
			人员经费	为提供慈善服务和实施慈善项目发生的人员报酬、志愿者补贴和保险,但不得列支高校在编人员工资薪金
			日常办公经费	办公费、水电费、邮电费、物业管理费、差旅费、折旧费、修理费、租赁费等日常办公费用
			折旧摊销费	固定资产折旧费和无形资产摊销费
			资产减值损失	年末基金会流动资产减值损失
			其他费用	其他慈善活动支出费用
		其他业务成本		非慈善活动支出费用

五、总结

随着我国高等教育和慈善事业发展速度的不断加快,越来越多的高校申请成立教育基金会,并积极进行慈善组织的认定。目前已有一大批高校基金会被认定为慈善组织。笔者认为,在当前全面实施《慈善法》的背景下,以《慈善法》为指导,结合民政部出台的《慈善组织认定办法》《慈善组织公开募捐管理办法》和《关于慈善组织开展慈善活动年度支出和管理费用的规定》等政策法规要求,通过科学合规制定募捐方案、建立捐赠项目库和增设会计核算科目等手段,能够加强高校基金会财务管理,创新高校基金会财务管理思路,促进高校基金会的健康可持续发展,为高校发展筹措资金,从而充分发挥高校基金会慈善助学的功能与作用。

六、参考资料

[1] 官皓. 高校教育基金会资金管理模式研究——以NKD教育基金会为例 [D]. 云南财

经大学，2015.

[2] 曾劼宁. Z 大学教育基金会的投资管理效率研究［D］. 广州：华南理工大学，2018.

[3] 赵醒文，罗伟峰. 慈善组织认定对高校基金会财务管理的影响研究［J］. 商业会计，2019.

[4] 杨亚辉. 世界一流大学建设需要教育基金事业的参与——"世界一流大学建设与教育基金发展的中国路径"研讨会综述［J］. 中国高等教育，2018.

[5] 罗伟峰. 高校筹建基金会的相关会计问题研究——以 G 高校基金会为例［J］. 会计之友，2015.

[6] 司琳. 我国慈善组织会计核算及财务信息披露［J］. 现代企业，2016.

[案例说明书]

一、本案例需要解决的关键问题

本案例旨在引导学员针对高校基金会财务管理工作，根据国家政策、发展机遇从多个角度创新财务管理方式。根据本案例的资料，帮助学员重点掌握被认定为慈善组织的高校基金会资金募集模式、捐款项目经费管理模式、会计核算模式等对高校基金会财务管理的影响，并结合 G 高校实际情况，进行认定为慈善组织的高校财务管理优化方案的设计，最终提供高校财务管理新思路。

二、案例讨论的准备工作

为实现本案例的教学目标，学员应在案例讨论前通过预发材料了解以下相关的知识背景。

（一）理论背景

财务管理方法是财务管理人员针对企业经营目标，借助经济数学和电子计算机的手段，运用运筹论、系统论和信息论的方法，结合财务管理活动的具体情况，对企业资金的筹集、生产资金的投入、产品成本费用的形成等企业经营管理活动进行财务预测、财务决策、财务控制、财务计量、财务分析、财务报告和财务监督的技术，它是财务人员完成既定财务管理任务的主要手段。

企业为了有效地组织、指挥、监督和控制财务活动，并处理好因财务活动而发生的各种经济关系，需要运用一系列科学的财务管理方法，通常包括财务预测、财务决策、财务预算、财务控制、财务分析等方法。这些相互配合、相互联系的方法构成了一个完整的财务管理方法体系。

（1）财务预测。财务预测是指根据活动的历史资料，考虑现实的条件和今后的要求，对企业未来时期的财务收支活动进行全面的分析，并作出各种不同的预计和推断的过程。它是财务管理的基础。财务预测的主要内容有筹资预测、投资收益预测、成本预测、收入预测和利润预测等。财务预测所采用的具体方法主要有属于定性预测的判断分析法和属于定量预测的时间序列法、因果分析法和税率分析法等。

（2）财务决策。财务决策是指在财务预测的基础上，对不同方案的财务数据进行分析比较，全面权衡利弊，从中选择最优方案的过程。它是财务管理的核心。财务决策的主要内容有筹资决策、投资决策、成本费用决策、收入决策和利润决策等。财务决策所采用的具体方法主要有概率决策法、平均报酬率法、净现值法、现值指数法、内含报酬率法等。

（3）财务预算。财务预算是指以财务决策的结果为依据，对企业生产经营活动的各个方面进行规划的过程。它是组织和控制企业财务活动的依据。财务预算的主要内容有筹资预算、投资预算、成本费用预算、销售收入预算和利润预算等。财务预算所采用的具体方法主要有平衡法、定率法、定额法、比例法、弹性计划法和前期实绩推算法等。

(4) 财务控制。财务控制是指以财务预算和财务制度为依据，对财务活动脱离规定目标的偏差实施干预和校正的过程。通过财务控制确保财务预算的完成。财务控制的内容主要有筹资控制、投资控制、货币资金收支控制、成本费用控制和利润控制。财务控制所采用的具体方法主要有计划控制法、制度控制法、定额控制法等。

(5) 财务分析。财务分析是指以会计信息和财务预算为依据，对一定期间的财务活动及其结果进行分析和评价的过程。财务分析是财务管理的重要步骤和方法，通过财务分析，可以掌握财务活动的规律，为以后进行财务预测和制定财务预算提供资料。财务分析的内容主要有偿债能力分析、营运能力分析、获利能力分析和综合财务分析等。财务分析所采用的具体方法有比较分析法、比率分析法、平衡分析法、因素分析法等。

（二）行业背景

随着中国特色社会主义的发展，我国社会主要矛盾发生了变化，新时代对我国教育事业的发展提出了新要求。党的十九大报告中明确提出，要加快一流大学和一流学科建设，凸显了党中央对我国教育工作的高度重视，也让我国的高等教育在新时代承担起了新使命。一流大学和一流学科的建设，目标是实现高等教育的内涵式发展，办出富有成效的教育。"双一流"建设是一个系统工程，这项工程不仅需要高校发挥自身的主观能动性，也离不开国家的支持和社会各界的襄助。其中，各大高校的基金会在凝聚八方力量、助力学校发展上发挥着越来越重要的作用。高校基金会是高校和社会互动的平台，对凝聚社会力量，加强社会对教育的重视并共同促进教育向好、持续发展有着重要意义。同时基金会的自身建设、筹募能力、管理水平等也面临着更高的要求，因此高校基金会在被认定为慈善组织后如何创新财务管理新思路显得尤为重要。

三、教学组织方式

本案例可以在专门的案例讨论课中使用。以下是按照时间进度提供的课堂计划建议，仅供参考。

（一）问题清单及提问顺序、资料发放顺序

本案例探讨的题目依次为：
(1) 我国高校基金会的发展情况如何？
(2) 高校基金会创新财务管理方式的意义何在？
(3) G 高校基金会在认定为慈善组织前后的财务状况有什么变化？
(4) 慈善组织认定对 G 高校基金会财务管理的哪些方面产生影响？效果怎样？
(5) 创新的财务管理方案之间并没有优劣之分，高校处于不同发展阶段，面对不同的内外部环境，高校基金会在被认定为慈善组织后应该站在哪些角度上进行创新？

（二）讨论方式

本案例可以采用小组式的讨论，或者进行小组上台演示、讲解、分析的 PPT 演示。

(三) 课堂计划

(1) 梳理案例：由任课老师简单梳理案例内容，明确思考问题（5分钟）。

(2) 分组讨论：学生间进行交流，形成发言提纲（20分钟）。

(3) 小组发言：组长发言，其他成员补充。黑板上简要写明每个小组的观点，以利于后面的分析评价以及归纳总结（35分钟）。

(4) 小组展示：分组上台展示PPT，展示小组的讨论成果（20分钟）。

(5) 案例总结：教师就讨论情况进行点评，并就案例提出延伸问题引导大家进行课后探究（10分钟）。

(四) 课堂讨论总结

课堂讨论总结的关键是：总结归纳每组发言者的主要观点，小组之间互相学习；重申其重点难点，明确学习目标；建议大家对案例再做深入的研究分析，拓展新思路和新观点。

案例 12

科技为先成清流——博世科"海淘"RX 公司成功的秘诀*

---

*1. 本案例由广东工业大学的黄青山、邓彦、陈观康、霍茵、施苏洋、钟明秀、陈正豪、骆卓为、彭紫婷、李文康撰写,作者拥有著作权中的署名权、修改权、改编权。

2. 本案例授权广东工业大学产教融合 MPAcc 教学智库实验平台使用,广东工业大学产教融合 MPAcc 教学智库实验平台享有复制权、修改权、发表权、发行权、信息网络传播权、改编权、汇编权和翻译权。

3. 由于企业保密的要求,在本案例中对有关名称、数据等做了必要的掩饰性处理。

4. 本案例只供课堂讨论之用,并无意暗示或说明某种管理行为是否有效。

[案例封面]

专业领域：财务管理
适用课程：财务管理理论与实务
选用课程：财务管理理论与实务
编写目的：本案例以博世科并购 RX 公司为研究对象，介绍博世科的崛起、并购的目的以及并购后的财务状况。环保行业的佼佼者博世科与 RX 公司进行强强联合，不仅仅是为了扩大规模，整合环保行业资源，完善其产业链平台，还必定有其他的目的。并购能够给双方带来双赢的局面才是进行并购的真正意义，此次收购采用的是跨国并购的形式，与境内并购有何不同，值得我们去探究。本案例旨在让学员了解公司并购的过程及其所带来的意义，拓宽学员对并购研究的思路，提高学员理论与实际相结合的能力。
知 识 点：税收效应；企业生命周期；财务绩效分析
关 键 词：跨国并购；环保产业链；技术驱动；全球战略布局
中文摘要：当前，经济新常态下环保企业兴起并购热潮。在这场并购环保战中，广西博世科环保科技股份有限公司基于全球战略布局，以其技术驱动出奇制胜，成为环保行业的"一股清流"。本案例介绍广西博世科环保科技股份有限公司跨国并购加拿大瑞美达克土壤修复服务公司，探究博世科跨国并购的成功秘诀。围绕本案例中的分析，针对博世科收购 RX 公司成功的秘诀，提出了一些思考并总结博世科并购成功的经验和启示。

[案例正文]

一、引言

2017年1月13日晨,广西博世科环保科技股份有限公司(以下简称"博世科")发布公告,称公司拟作价1300万元加币购买 RemedX Remediation Service Inc(以下简称"RX公司"或"RemedX公司")的100%股权,在完成股权交割后公司将取得RX公司的全部控制权。同时,为了更好地利用香港博世科在地理、资源、金融及产业政策等方面优势,快速搭建国际平台,匹配公司海外投资、并购的战略布局,拟使用自筹资金1500万美元对香港博世科进行增资。

另外,公司还以香港博世科作为投资主体,在加拿大设立其全资子公司博世科(加拿大)投资有限公司,注册资本暂定为600万美元,设立完成后加拿大博世科成为公司全资孙公司,香港博世科持有加拿大博世科100%股权。本次收购将有利于快速引入国外在土壤和地下水污染修复与咨询领域的先进成熟技术和场地实施经验,使得博世科未来在国际、国内的土壤和地下水修复市场占据领先优势。

二、环保行业的一股清流:科技为先的博世科

博世科是在1999年由广西大学科研团队在南宁高新区成立的聚焦于环保领域的高新技术企业。团队创业之初,主要根据科研成果积累,从事制浆造纸技术的转让、技术咨询、造纸助剂和一次性纸餐具助剂的生产。自2004年起,博世科坚定以技术创新解决环境问题的定位,定位于工业污水治理技术研发创新,每年推出1~2项重大产业化技术,经过5~8年的技术完善和积累,形成重大技术成果。凭借技术创新实力迅速实现成果产业化,博世科奠定了在这一领域的领头羊地位,形成了企业核心竞争力。随后,博世科通过设立院士工作站、博士后工作站等科研工作站引进行业技术领军人才参与研发,打造人才梯队,夯实了企业发展基础。博世科历年成果如表12-1所示。

表12-1 博世科历年成果

年份	成果
2008	博世科被认定为"国家级高新技术企业"
2011	博世科获评为"国家火炬计划重点高新技术企业""院士专家企业工作站"
2012	博世科与世界最大纸业集团(印尼APP金光集团)成功签约二氧化氯项目,博世科产品技术打破国际垄断,正式走出国门
2013	博世科通过"中国实验室国家认可(CNAS)"标志认可评定;"轻工过程高浓度有机废水处理关键设备及工程化技术集成创新"荣获2013年中国轻工业联合会科技进步一等奖和国家教育部科技进步一等奖
2014	完成湘江流域株洲清水塘重金属污染治理工程重点项目,被列入全国第一个获国务院批准的重金属污染治理试点方案

续上表

年份	成 果
2015	正式在创业板挂牌上市,成为广西第一家创业板上市企业
2016	自主研发的"造纸与发酵典型废水资源化和超低排放关键技术及应用"荣获国家科技进步奖二等奖
2018	博世科已经拥有授权专利 119 项,发明专利 21 项

到目前为止,博世科的业务几乎涉及了水、固、气全部领域。与众不同的是,其每进入一个领域都是以技术作为驱动先导,这种企业品质让博世科成为行业的翘楚。而博世科如此先进的技术则得力于它强大的团队,博世科的技术团队称得上是一所中小型的研究院,公司设有院士工作站,博士后工作站,人才小高地,特聘专家等技术研发平台。目前,公司拥有技术人员 400 多人,其中博士 30 余人,硕士 120 余人(图 12 -1)。

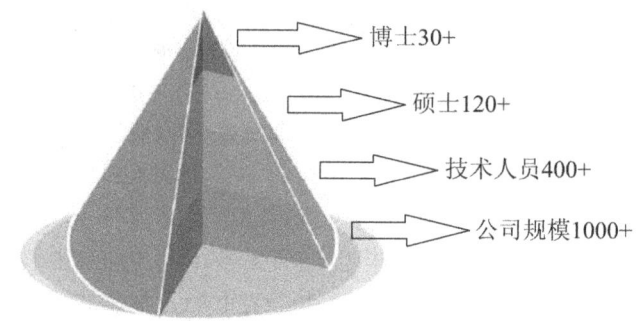

图 12 -1 博世科人才分布图
资料来源:博世科官网企业概况。

三、并购动机:"本地郎"博世科"迎娶外来媳妇"RX 公司

(一)博世科为何并购 RX 公司

"十三五"期间,全国环保投入计划增加到每年 2 万亿元左右,社会环保总投资有望超过 17 万亿元。连续两年,国务院《政府工作报告》都指出,要把节能环保产业孕育成我国第一大支柱产业。"一带一路"是我国提出的重要倡议;由于"一带一路"沿线国家生态环境脆弱,在"一带一路"大背景下环保产业输出发展空间巨大。加之"一带一路"将引入大量的基础建设,会带来环境压力,这为相关地区发展绿色发展领域的经济技术提供了契机,环保产业具有广阔发展空间。环保企业也纷纷通过收并购的手段来实现主业的壮大或多元化布局,打造综合平台,通过这两年环保上市公司的发展趋势来看,企业并购的步伐也将持续加速。博世科在工业污水末端处理、工业污水前端控制、市政污水及水体修复、土壤修复、烟气治理、固废处理等已有业务领域的工程业绩、项目实施情况均很出色。其中,工业污水处理是公司的传统强势业务板块,在以往业绩中占比较多,但目前只是公司业务的冰山一角,已完成向以供水、市政污水处理、河道治理、土壤修复等为主的业务转变。2016 年公司的业务已经基本形成水污染治理、供水和土壤修复三足鼎立的局面。

目前,博世科已在重金属污染治理与环境修复、污泥处理、水体生态修复、烟气治理、生物质能源等多个新业务方向储备技术,力图拓展。"环评 + 工业污水处理 + 市政供水、污水处理+土壤及水体环境修复+污泥处理+固废处置"的环保平台雏形已显现。

加拿大瑞美达克土壤修复服务公司（RemedX Remediation Service Inc）（以下简称"RX公司"）是一家长期从事场地污染及地下水修复咨询、工程实施的环保专业公司，在环境特性分析、工程项目咨询和工程实施等方面积累了丰富的经验和技术实力。RX公司可根据客户的预算、污染场地特征、项目周期并结合末端产物的处置，提供完整的工业、农业和市政固体废弃物处理处置方案，目前RX公司已实施了超过2 000例的地下水以及污染场地的环境修复项目，为加拿大、英国等国和非洲（如尼日利亚）地区的企业提供优质的服务，其核心技术"热解吸处理系统（RTTU）"是一种成熟可靠并能满足环境标准的快捷土壤修复技术。

与此同时，RX公司拥有工业垃圾处理场运营（BSTF）业务及拟新建Breton（布雷顿）填埋场。Breton（布雷顿）填埋场为RX公司计划在原有Drayton Valley地区的Breton土壤预处理系统的基础上，兴建的一个二类工业垃圾堆填区，用于填埋污染土壤废物。填埋场建成后仅会接受严格管制的无害的工业土壤废物，包括油田废物和其他碳氢化合物污染土壤，堆填区涵盖面积约14.4公顷，设计容量约5 220 000吨。本次收购完成后，核心资产Breton（布雷顿）填埋场的所有权及其建设运营权将成为收购后RX公司的新增核心业务；此外，其环境咨询业务、热解吸处理系统的知识产权等无形资产也是公司完善国内市场及拓展海外市场的重要基石。

（二）博世科并购的真实动机：完善产业链平台，进一步开拓国际市场

本次博世科并购RX公司，有利于快速引入国外在土壤和地下水污染修复与咨询领域的先进成熟技术和场地实施经验，为公司在污染场地的识别、评估、修复以及管理提供全面技术支持。同时充分借鉴与利用RX公司在土壤和地下水污染修复与咨询领域成熟的业务模式，增强其在这一领域的全产业链核心竞争力，使得博世科未来在国际、国内的土壤和地下水修复市场占据领先优势。

此外，为进一步构建与完善海外并购投资框架，优化公司整体并购布局，博世科收购加拿大RX公司，由博世科环保投资（香港）有限公司作为出资主体，在加拿大设立其全资子公司博世科环保控股有限公司，注册资本暂定为600万美元；同时，以博世科环保控股作为出资主体，设立其全资子公司博世科（加拿大）投资有限公司，注册资本暂定为600万美元，加拿大博世科主要作为收购RX公司100%股权的

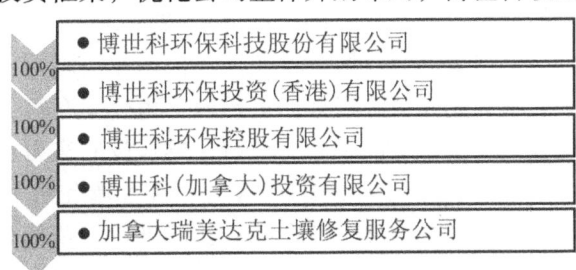

图12-2 交易后股权控制情况
资料来源：博世科年度报告整理。

并购公司。上述公司设立完成后，香港博世科持有博世科环保控股100%股权，博世科环保控股持有加拿大博世科100%股权。收购RX公司100%股权交易对价为1 300万加币，交易后股权控制情况如图12-2所示。

基于全球化战略布局和完善环保产业链平台的目的，博世科进行此次跨国并购以期获得RX公司的技术，进入石油化工污染场地修复新领域。具体来说，博世科进行此次并购

的动因如下:

(1) 推进全球化战略布局。目前博世科已经在东南亚国家、美国、俄罗斯等国开拓市场。博世科并购 RX 公司后,设立了加拿大博世科,这是博世科全球化战略布局的又一重要进程。此次并购在引进和借鉴国外先进环保技术的同时,也为博世科将自身优秀的技术与产品输出国门,不断优化海外布局、加快公司全环保产业链国际化战略发展奠定了坚实的基础。

(2) 获得核心技术,完善产业链平台。博世科并购 RX 公司,能够快速引进该公司的核心技术——热解吸处理系统(RTTU),有助于博世科进入石油化工污染场地修复新领域,进一步完善博世科的环保产业链平台。同时,博世科将充分借鉴与利用 RX 公司在土壤和地下水污染修复与咨询领域成熟的业务模式,获得污染场地的识别、评估、修复以及管理方面的技术支持,持续增强自身在这一领域的全产业链核心竞争力。

博世科通过良好的战略规划形成环保产业链,构筑商业版图:以点汇面,逐步渗透,构造全产业链环保平台。在博世科的发展壮大中,其战略功不可没。过去 20 年,博世科在环保业务中取得令人瞩目的成绩,博世科在污水处理、河道治理、土壤修复、烟气治理、固废处理等多个领域打下了坚实的桩,把这些桩连起来,构成是一个全产业链环保平台(图 12-3)。

图 12-3 博世科全产业链平台

资料来源:博世科官网。

在国内,博世科在围绕其根据地广西发展业务的同时,在全国范围如北京、湖南、云南等地也成立了分公司。此外,放眼全球,博世科通过兼并的方式来补齐短板、提升实力。在本案例中,博世科就全环保产业链国际化战略发展的需要成功收购 RX 公司,正式进入石油化工污染场地修复领域,为公司在污染场地的识别、评估、修复以及管理提供全面技术支持,巩固了公司全产业链建设的实力。

(3) 获得协同效应。RX 公司在土壤和地下水污染修复与咨询领域具备成熟的技术和场地实施经验,通过此次并购,博世科可获得与现有业务协同效应。其次,博世科可获得管理层的协同效应,RX 公司两名核心高管已在环保服务行业执业超过 20 年,环境修复、业务咨询及工程施工经验丰富,可以为公司在污染场地的识别、评估、修复以及管理提供全面技术支持。

(4) 获得资金或者其他财务利益。RX 公司在土地及地下水污染修复方面积累了丰富的经验,保证了 RX 公司的可持续盈利能力。博世科收购 RX 公司后能够获得其稳定的资金流。同时,博世科并购 RX 公司后,公司规模扩大,在国内外资本市场上获得融资的可能性加大;发展前景良好,更能够吸引投资者的投资。

(5) 分散风险。博世科并购 RX 公司后,拓展了国内外市场,有助于博世科分散风险。通过整体的战略统筹和管控，博世科从经营决策内部控制、风险防范等方面制订了行之有效的集团化内控制度体系，母公司内审部门履行监督、检查职能，确保母子公司之间、子公司之间信息的收集、传递、处理和反馈的有效性，充分发挥集团母子公司的协同效应，分散风险。

（三）特殊之处：海外并购之"税收效应"

（1）税收协同效应。博世科通过并购获得由此带来的税收协同效应如表12-2所示。其中单位利润营业税金及附加反映了每一元利润所需缴纳的营业税金及附加，单位利润所得税反映了每一元利润所需缴纳的所得税费用。

表12-2 并购前后中期税收指标变动情况

	2016-6-30	2017-6-30	2018-6-30
利润总额/万元	2 343.00	6 170.00	12 000.00
中期所得税费用/万元	308.90	947.90	1 585.00
税金及附加/万元	259.00	404.10	1 365.00
单位利润所得税费用/万元	0.1318	0.1536	0.1321
单位利润税金及附加/万元	0.1105	0.0655	0.1138

资料来源：博世科年度报告整理。

从表12-2、图12-4可以看出，博世科并购后利润呈现急剧增长的趋势，中期所得税费用、税金及附加也随之上涨。单位利润税金及附加呈现较大幅度的先降后升的变动趋势；单位利润所得税先升后降，其变动程度不如单位利润税金及附加，即在并购后负税第一年下降，第二年回升。由此表明公司的并购活动为公司带来了一定的节税效应。实际上，博世科在并购RX公司前了解到，财经事务及库务局局长陈家强2012年11月1日在香港代表香港特别行政区政府与加拿大就收入税项避免双重课税和防止逃税签署协议，加拿大国际贸易部部长兼亚太门户事务部部长埃德·法斯特则代表加拿大政府签署。并不是所有的经济活动都会出现这种特殊的国际双重课税收问题，这是海外并购活动的一种特殊征税。它主要是由纳税期间纳税项目不相同，而无法享受外国抵免制度而造成的。解决国际双重课税的方法主要是外国税收的抵免制度，但能进行抵免的前提条件是该跨国纳税人必须在所涉及的两国内发生同一个税收项目。

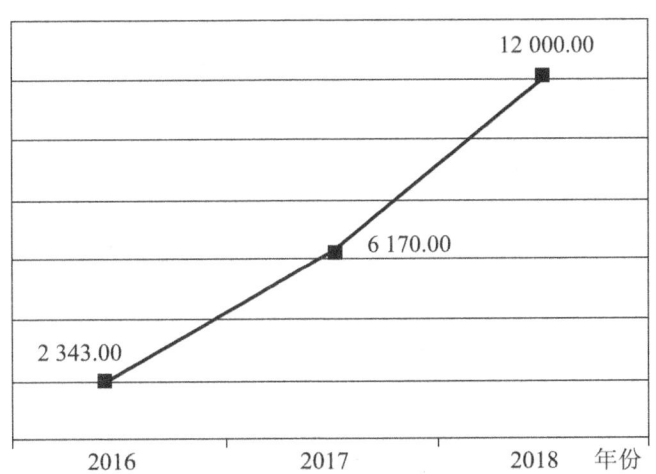

图12-4 博世科并购前后中期利润总额

资料来源：据博世科年度报告整理。

博世科选择设立三层公司进行并购,若没有存在香港与加拿大的税收协定,三层公司带来的负税比两层公司带来的负税要多得多,设立三层公司这个股权架构明显不合理。实际上香港与加拿大存在税收协议,也就是说,博世科环保科技股份有限公司选择在香港与加拿大设立子公司来并购 RX 公司,属于有税收协议的跨国并购,对于企业来说有节税作用。

(2) 税盾效应。所谓"税盾效应",是指税法规定企业利用债务融资筹集资金,企业得到融资后的收益和相应承担的利息在符合规定的情况下以抵税。税盾作用使企业贷款融资相比股权融资成本更低,从而达到节税的效果。

本次博世科收购 RX 公司 100% 股权的交易对价为 1 300 万加币,约占公司最近一期经审计的净资产的 18.45%。本次跨国收购需要公司筹措大量的资金,博世科通过自有资金、银行贷款或其他方式,按时足额筹集到资金,从而保证收购的顺利进行。博世科因此产生一笔较大的负债,而此笔负债产生的利息,可在税前抵扣,具有税盾效应。从融资成本的角度看,债务融资的成本要比权益融资低,主要原因除投资者投入外,企业的资金在企业持续经营期间内不需要偿还,故投资者要求的权益资本收益率要高于债务融资的利率。企业可以利用债务融资利息费用的税盾效应来节税,从而使企业债务融资成本率小于权益融资成本率,降低融资成本及实现企业价值最大化。

四、并购战略与博世科的总体战略相辅相成

(一)企业生命周期

企业生命周期分为导入期、成长期、成熟期和衰退期(图 12-7)。当前博世科以技术作为驱动先导拓展市场,其业务几乎涉及了水、固、气全部领域,打造环保产业链平台。同时,博世科通过并购等手段开拓海外市场,推进全球化战略布局。博世科正由单一服务型的"装备制造商"向"环境综合服务商"转型。所以博世科目前处于成长期。

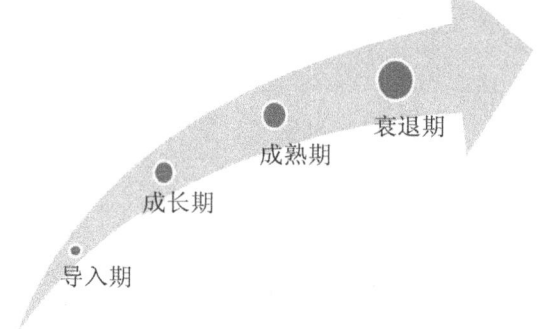

图 12-5 企业生命周期

资料来源:伊查克·爱迪思《企业生命周期》。

(二)总体战略

总体战略分为发展战略、稳定战略和收缩战略。本案例中,博世科收购 RX 公司,属于发展战略的范畴。

博世科实现发展战略的主要途径是跨国并购。博世科的并购对象是加拿大 RX 公司。博世科采取横向跨国并购途径,一方面有利于获取 RX 公司核心技术和场地实施经验,顺利进入石油化工土壤修复领域,使得博世科未来在国际、国内的土壤和地下水修复市场占据领先优势。另一方面,跨国并购 RX 公司有利于博世科扩大全球化战略布局,开拓新市场,使博世科在现有的基础上更上一层楼。

当前的环保行业被称为环境产业 1.0 时代,其主要业务集中在末端治理环节,即对已

产生的污染进行治理。这个市场的空间随着政策趋严，已经呈现出了骤减的趋势，这也意味着需要被治理的污染物的市场规模不会有大幅增长。环保行业中，大大小小企业超过50 000 家，这其中90%以上是中小企业和小微企业，这些企业随着环境产业 1.0 时代诞生，也将随着 1.0 时代的结束而结束。一些环保企业无力转型升级，自然只能被淘汰，这部分企业的数量保守估计将超过 30 000 家。这种情况下，并购应是现有企业进入下一阶段的一个重要方式，这种方式保证了企业在资金、技术、资源层面的优势，为企业的健康发展保驾护航。

当前，是以环境质量改善为出发点的环保效果时代，促使政府环境政策导向转变为区域面源的综合防治。而环境综合治理思路的确立，让综合服务能力越来越成为企业参与环保市场竞争的核心要素。由此，众多环保企业纷纷由单一服务型的"装备制造商"向"环境综合服务商"转型。

纵观博世科近 20 年的发展之路，可谓其走出了一条堪称"环保界的一股清流"的科技创新之路。从战略发展的角度来看，博世科基于发展战略，主动抓住机会，顺应国家政策，通过并购 RX 公司，分散经营风险，扩大市场范围，开发专利技术，同时引进国外先进技术和经验。经过一系列的调整和融合，博世科业绩实现持续的增长。

目前，博世科在并购 RX 公司后，发展态势良好。该公司正在逐步实施"以点汇面，逐步渗透，构造全产业链环保平台"的发展战略规划。一方面是拓展公司版图，推进全球化战略布局，进一步巩固并扩大市场份额，并计划通过技术创新、收购兼并等方式拓展土壤及地下水污染修复业务。另一方面是依托全产业链环保平台整合企业资产，增强核心竞争力，实现从单一服务型的"装备制造商"向"环境综合服务商"转型。

因此，从战略角度评价此次并购，博世科的并购是成功的，会对其长期业绩和竞争地位带来积极的影响。

五、博世科并购前后财务绩效变化

（一）盈利能力

由图 12-6 可知，博世科的三个盈利能力方面的指标在并购前都呈下降趋势，说明之前企业盈利状况不理想。而并购后短期内盈利能力未明显提升，说明并购短期效果不明显，但 2017 年中期至 2018 年中期各指标有不同程度的提升，尤其是净资产收益率，说明并购后博世科商品经营盈利能力、资产

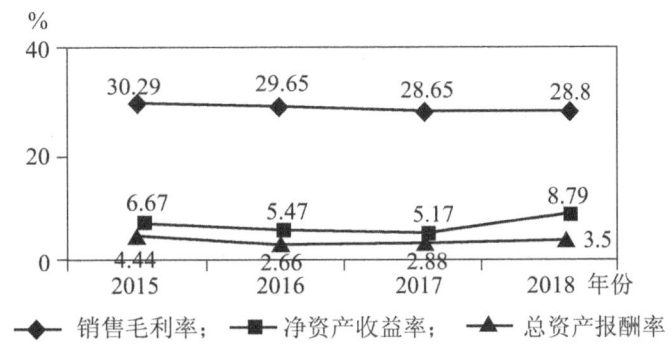

图 12-6 盈利能力分析

资料来源：据博世科年度报告整理。

运营效益改善，投资收益显著增加，创造利润能力显著增强。由此可知，并购即期对博世科盈利能力影响不大，但一年后就显效，显著提高了博世科的盈利能力，尤其是利用资产

创造利润的能力。

(二) 营运能力

从图 12-7 可以看出,2016 年之前三个指标值的明显减小,表明之前博世科的营运能力较差;2016 年流动资产周转次数和应收账款周转次数开始回升,并在 2017 年后加快速度,说明并购后企业资产利用效率加速提升、资产流动性显著改善;总资产周转次数则在 2017 年后才终止下降趋势,说明并购对企业全部资产的管理质量和利用效率有改善作用。可见,博世科在并购前已经开始改善部分资产运营效率,并购后流动资产利用效率提升得以加速,且全部资产管理质量开始提升,企业运营能力整体有明显改善。

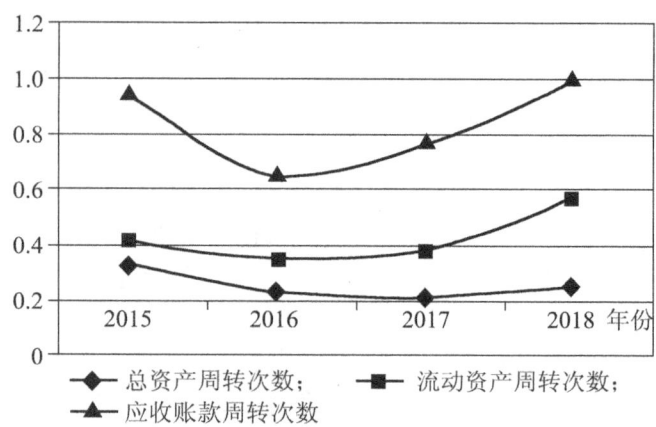

图 12-7 营运能力分析

资料来源:据博世科年度报告整理。

(三) 偿债能力

从图 12-8 可知,反映企业短期偿债能力的流动比率、速动比率 2015—2018 年皆在波动中呈下降趋势,说明企业整体短期偿债风险降低;具体来看,2017 年两指标数值有小幅上升,说明并购短期内提高了企业偿债风险但程度较轻,之后数值回降,企业偿债能力恢复并得以提升,反映长期偿债能力的利息保障倍数整体呈上升趋势,且在 2017 年突然大幅增加,可能是并购短期内带来的利润增长所致,之后指标数值有所回落,但在 2016 年之上,说明并购长期内还是能对增强企业支付利息费用能力起积极作用。虽然短期内并购增加了博世科的短期偿债风险,但长期来看企业的短期、长期偿债能力都得到了提升。

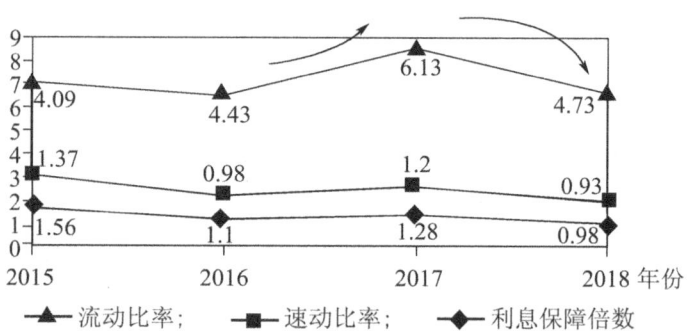

图 12-8 偿债能力分析

资料来源:据博世科年度报告整理。

（四）发展能力

从图 12-9 可以看出，营业收入增长率在并购后显著提升并持续增长到 2018 年，说明企业经营业务得到显著拓展，企业市场前景良好；净利润增长率在并购后短期内大幅提升，但一年后有所下降，说明企业短期内经营绩效得到显著改善，但

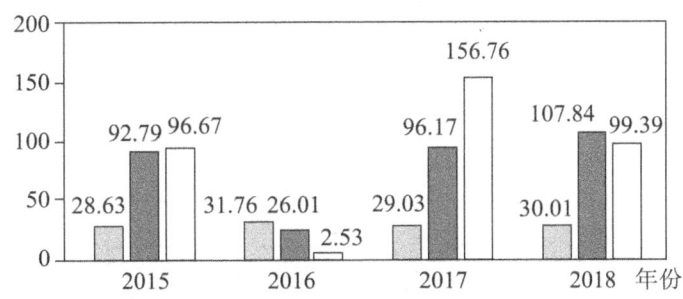

图 12-9 发展能力分析

资料来源：博世科年度报告整理。

之后效果下降；总资产收益率在平稳中增长，说明企业资产经营规模在逐渐扩张，且没有增速过快带来的盲目扩张风险。可以看出，并购短期对博世科经营盈利能力、市场占有能力改善显著，虽然前者不能长期持续，但整体看企业经营拓展趋势增强，企业长期发展能力得到提升。

（五）杜邦分析

2016—2018 年中期博世科杜邦分析图如图 12-10 ～ 图 12-12 所示。

根据杜邦分析公式：净资产收益率 = 销售净利率 × 资产周转率 × 权益乘数，可从成本费用控制、资产的使用效率和财务上的融资能力三方面探究企业获利能力的变化情况及原因。

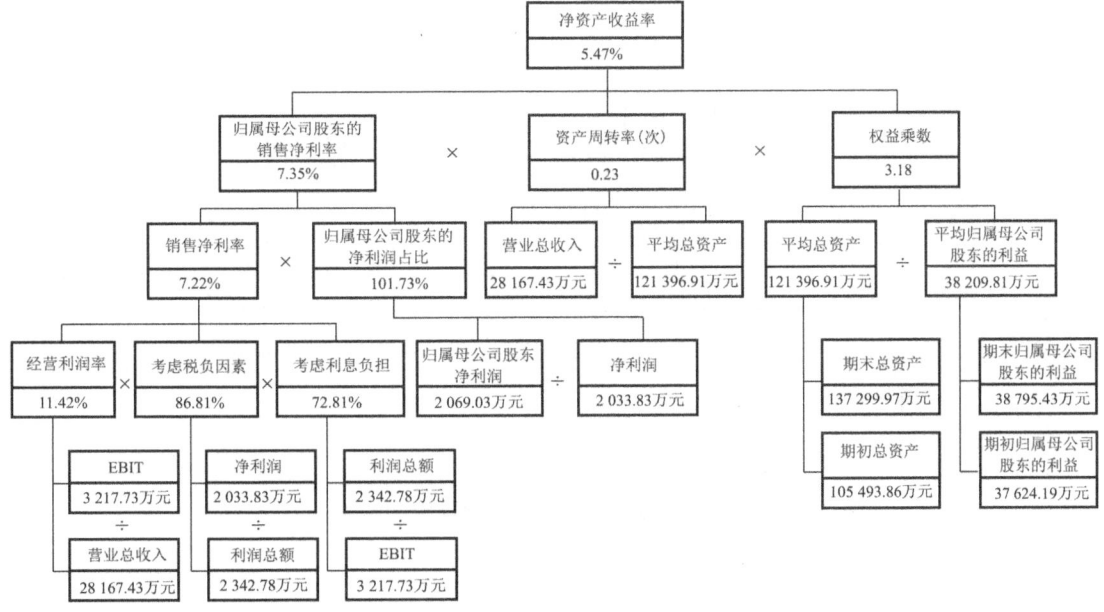

图 12-10 2016 年中期博世科杜邦分析图

资料来源：据博世科年度报告整理。

高级财务管理教学案例

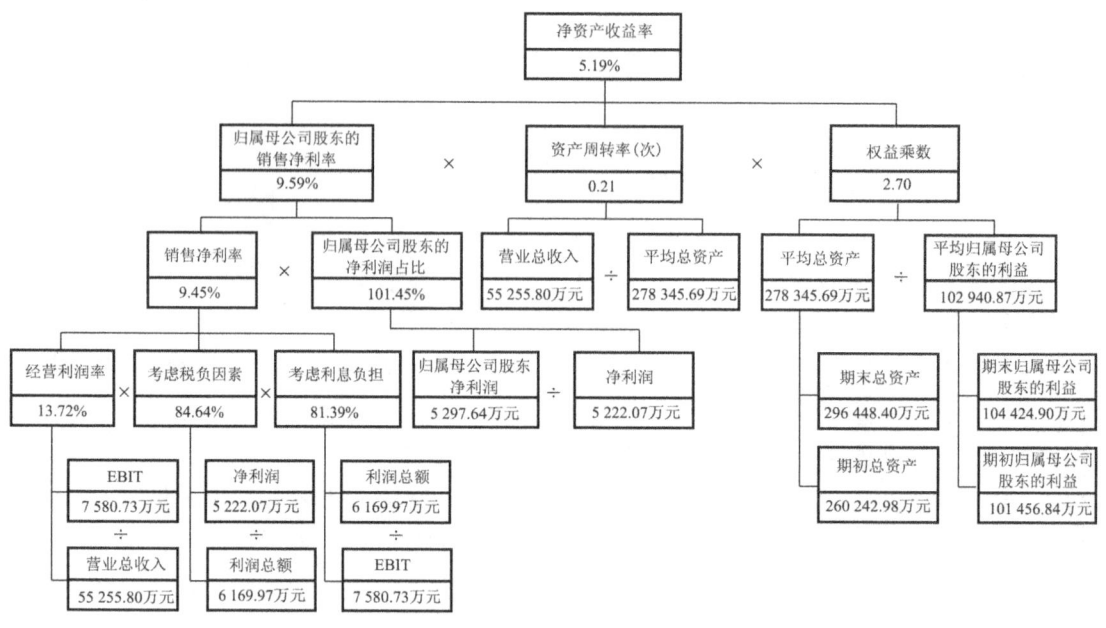

图 12-11　2017 年中期博世科杜邦分析图
资料来源：据博世科年度报告整理。

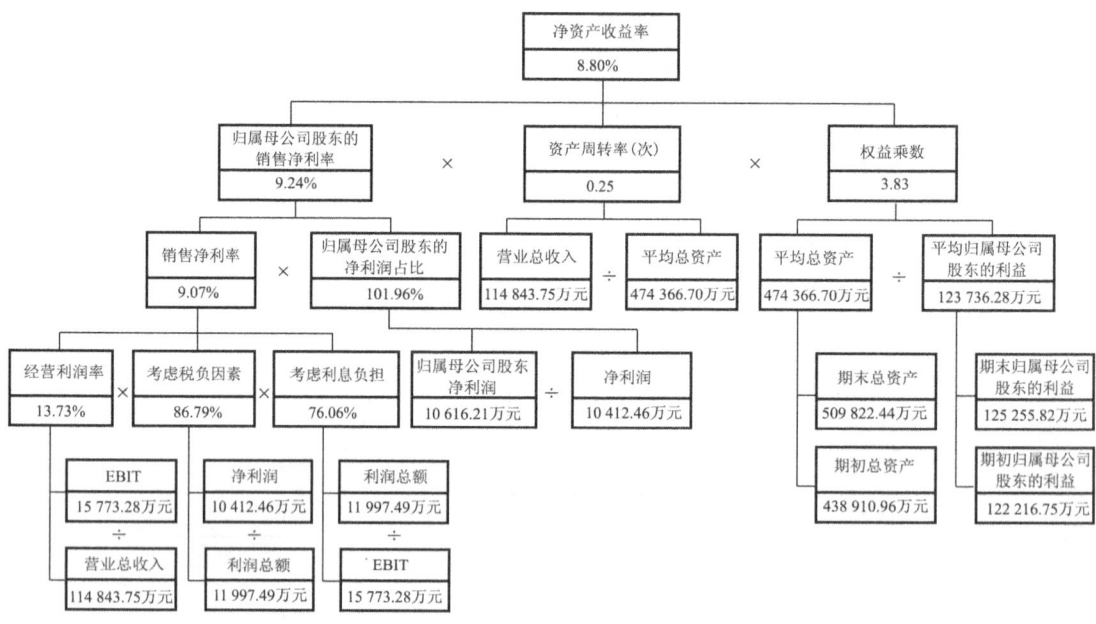

图 12-12　2018 年中期博世科杜邦分析图
资料来源：据博世科年度报告整理。

从 2016 年至 2017 年，博世科净资产收益率稍有下降，降幅为 5.12%，同期销售净利率增长了 30.48%，资产周转率、权益乘数分别下降了 -8.70% 和 -15.09%。由此可见博世科并购后短时间内整体获利能力稍有降低，主要原因是资产使用效率和债务融资能力

240

的下降。2017年至2018年博世科的净资产收益率以69.56%的幅度快速提高，而同期销售净利率稍有下降，资产周转率、权益乘数则分别有较大幅度提升，尤其后者增长率为41.85%（表12-3）。说明并购1年多后企业获利能力有显著提高，这主要来源于企业融资能力的上升或者财务杠杆作用的增大，资产利用率的提高也有推动作用。从杜邦分析结果看，博世科筹资、投资、资产运营等活动的效率在并购后短期稍有下降，主要是资产使用效率和债务融资能力的下降，而并购约1年后，整体获利水平有大幅提升，主要源于资产利用率尤其是企业融资能力的显著改善或者财务杠杆作用的增大。

表12-3 2016年中期—2018年中期博世科杜邦分析主要指标及增长率对比

时间	净资产收益率 （增长率）	归属母公司股东 销售净利率 （增长率）	资产周转率 （增长率）	权益乘数 （增长率）
2016	5.47	7.35	0.23	3.18
2017	5.19 (-5.12%)	9.59 (30.48%)	0.21 (-8.70%)	2.70 (-15.09%)
2018	8.80 (69.56%)	9.24 (-3.65%)	0.25 (19.05%)	3.83 (41.85%)

资料来源：据博世科年度报告整理。

图12-13是博世科净资产收益率变化及其与同行业的对比，从图中可知博世科净资产收益率一直处在行业中值之下，甚至在2016年低于行业平均值，说明博世科的盈利能力在整个行业中竞争力较弱，尤其是并购前期。2017年其净资产收益率上升并突破行业均值，可见此次并购大幅改善了企业经营盈利能力，对于博世科继续发展、提升行业地位有显著积极作用（图12-13）。

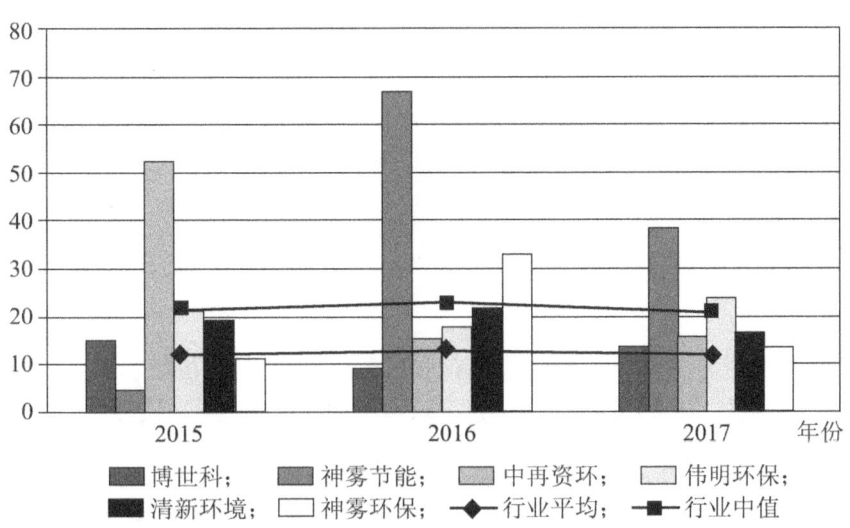

图12-13 博世科净资产收益率变化及其与同行业的对比
资料来源：据博世科年度报告整理。

六、结语

近年来,随着新环保法的出台,环保行业得到了国家政府的大力支持而飞速发展。然而在最近几年受到去杠杆的影响,环保行业出现震荡。在这场让巨头们折戟沉沙的风暴中,博世科逆风而上,实现了业绩增长。博世科跨国并购的成功秘诀在于,博世科重视人才,以技术驱动,基于全球化战略布局和构建产业链的目的,抓住了当前"环保企业并购热"的契机,通过并购的方式不断完善自身的缺陷,提升自身的实力。由税务的视角来看,通过有目的的、理性的并购,博世科并购加拿大 RX 公司借助于中间控股公司来实现间接投资开设公司,而且被并购方所在国与中间控股公司所在地区之间存在税收协议,另外博世科还采用债务筹资来进行并购,取得了良好的税收效应。这些并购方式值得企业去借鉴,以充分发挥企业协同效应,成功进行跨国并购,让企业从国内走出到国外。这种并购大力发展了全环保产业链国际化战略。

七、参考资料

[1] 张春. 民营企业海外并购融资创新——以天保重装收购圣骑士为例 [J]. 财会通讯,2018 (35): 16 – 20.

[2] 赵文君,张建章. 关联并购对国有上市公司并购绩效影响研究——基于沪市 A 股交通运输业的实证 [J]. 财会通讯,2018 (35): 44 – 49.

[3] 黄思琪. 东方园林并购申能环保的动因及绩效分析 [D]. 南昌:江西财经大学,2018.

[4] 谢野. CWI 集团并购印度尼西亚环保项目的风险分析 [D]. 深圳:深圳大学,2017.

[5] 李永坤,朱晋. 节能环保产业并购重组的驱动力、主要问题及改进建议 [J]. 南方金融,2017 (09): 64 – 69.

[6] 杜小玲. 环保企业海外并购风险控制研究 [D]. 天津:天津财经大学,2017.

[7] 刘占文. 神雾环保并购重组动机与绩效研究 [D]. 北京:中国政法大学,2017.

[8] 刘映萩. 产业链延伸背景下 J 环保集团收购 X 公司的案例研究 [D]. 对外经济贸易大学,2016.

八、讨论问题

本案例针对博世科并购 RX 公司,两者通过此次并购给双方带来了更好的发展前景。并购仅仅是一种手段,并购背后所带来的一系列联动效应才是真正值得研究的问题,是否让双方都获利才是关键所在。以下是需要讨论的几个问题:

1. 博世科为什么选择并购 RX 公司?
2. 博世科并购 RX 公司的真正目的是什么?
3. 博世科并购 RX 公司给环保行业带来怎样的影响?
4. 博世科选择海外并购 RX 公司,此种并购有何优势?

[案例说明书]

一、本案例要解决的关键问题

本案例要解决的关键问题在于：应重点把握博世科"海淘"RX 公司成功的秘诀，不同国家两个环保行业的佼佼者在完成并购后对整个环保行业有哪些影响。

理解海外并购的含义。懂得并购的类型、目的、并购后股权的变化、以及并购后带来的一系列协同效应。了解如何选择并购标的公司，为什么选择海外并购，采用海外并购的好处。

通过并购透视真实的目的。通过资料的查找以及对公司并购前后的财务绩效变化、公司战略布局以及对行业的影响，发现其真实目的所在。

二、案例讨论的准备工作

为了有效实现本案例目标，学员应该具备下列相关知识背景。

（一）理论背景

海外并购是指一国跨国性企业通过一定的渠道和支付手段，将另一国企业的一定份额的股权直至资产收买下来。海外并购涉及两个或两个以上国家的企业，两个或两个以上国家的市场和两个以上政府控制下的法律制度。

其中"一国跨国性企业"是并购发出企业或并购企业，"另一国企业"是他国被并购企业，也称目标企业。这里所说的渠道，包括并购的跨国性企业直接向目标企业投资，或通过目标国所在地的子公司进行并购两种形式，这里所指的支付手段，包括支付现金、从金融机构贷款、以股换股和发行债券等形式。

税收协同效应是财务协同效应的一种，即通过并购实现的税收节约，包括并购前实现的税收节约和并购后实现的税收节约，以及实现的并购双方总税收节约。因此，并购的税收协同效应就分为并购前的税收协同效应，并购后的税收协同效应和并购总税收协同效应。由于税收成本在整合并购成本中的地位举足轻重，稍有不慎就会影响到并购的成败。目标公司股东高额的税负会反映到标的定价上，同样增加并购成本和难度。在并购情况下，不同的并购类型（应税或免税）会影响到标的资产的入账价值，影响到并购后的折旧和摊销，最终影响到主并公司并购后的税负。尽管并购前涉及的所得税是目标公司股东的义务，主并公司在免税或应税情况下都不需要交纳所得税，我们依旧把并购过程中涉及的纳税事项归入并购前的税收协同效应，这种分析方法恰好反映了相关者利益最大化理论的内容，体现了合作共赢的商业理念。因此，我们把并购前目标公司股东的税负同等看待，视为并购税收协同效应的一部分。

所谓的税盾效应（taxshield），即债务资本本钱（利息）在税前支付，而股权资本本钱（股利）在税后支付，因此企业如果要向股东和债权人支付相同的回报，实际需要生产更多的利润。例如，设企业所得税率25%，银行贷款利率10%，企业要向债权人支付100元利息，由于利息在税前支付，则企业只需产生100元税前利润便可（企业完全是贷款投资）；但如果要向股东支付100元投资回报，则需产生100/（1-25%）≈133元的税前利润（假定企业完全为股权投资），因此税盾作用使企业贷款融资相比股权融资更加便宜。

（二）行业背景

"十五"、"十一五"、"十二五"期间，全国环保总投资规模依次为0.73万亿元、2.16万亿元、3.4万亿元。而在"十三五"期间，全国环保投入预计将增加到每年2万亿元左右，社会环保总投资有望超过17万亿元。连续两年，国务院《政府工作报告》都指出，要把节能环保产业孕育成我国第一大支柱产业。"一带一路"是近年我国提出的重要倡议；由于"一带一路"沿线国家生态环境脆弱，在"一带一路"大背景下环保产业输出发展空间巨大。而"一带一路"沿线国家发展方式粗放、人口密度大、生态环境脆弱，加之"一带一路"将引入大量的基础建设，会带来环境压力，这为相关地区发展绿色发展领域的经济技术提供了契机，环保产业具有广阔发展空间。

从目前来看，环境产业对市场资本有着足够的吸引力，也有很大的资本需求。在这样的背景下，优秀企业的成长与规模化扩张有了很大机会。另外，当前中国资本市场也提供了较好的基础，已建立主板、创业板、新三板等多元化资本市场，优秀企业可以借助资本杠杆，打通融资渠道，达到扩大市场规模的目的。

目前环保产业发展的现状可以分为以下四个方面：环保产业竞争在逐渐加强，环保产业集中度在逐步提高，环保产业的企业规模在逐步扩大，环保企业的业务在加速整合。大批资本涌入环保产业有喜也有忧，喜的是填补了污染治理资金缺口，忧的是有可能造成产能过剩和低价竞标之风。基于此，环保企业也纷纷通过并购的手段来实现主业的壮大或多元化布局来打造综合平台，通过这两年环保上市公司的发展趋势来看，企业并购的步伐也将持续加快。

但是，在并购加速的过程中，并非所有的环保企业都能实现弯道超车。目前，东方园林吃下国资的定心丸后初步脱离危险，盛运环保仍旧在重症监护室里躺着，凯迪生态还带着"ST"的帽子呼叫援手，而神雾集团旗下神雾环保、神雾节能股票将被拍卖……在这场让巨头们将折兵损将的赛道上，博世科不但未受影响，还实现了业绩的稳步快速增长。

（三）公司背景

广西博世科环保科技股份有限公司成立于1999年（证券代码300422）。总部设在广西南宁国家级高新技术产业园区，是广西首批国家级高新技术企业。主要从事工程咨询、设计、环保及清洁化生产技术的研究开发，设备制造、销售，以及工程建设，并为客户提供整体解决方案。

RemedX公司是加拿大知名环境科技公司，位于加拿大阿尔伯塔省。该省是加拿大最主要的油气产区，也是加拿大最为富裕的地区之一，上游产业旺盛的环境治理需求催生出了数量众多的环境修复企业。以环境修复为主营业务，提供技术咨询、项目管理、工程设计、BOT运营等多种服务。在加拿大、美国、英国及非洲等国家有600多个项目。RemedX公司致力于研究土壤及污泥修复技术，拥有自己的土壤修复场地。因区域特点，针对有机污染的去除技术成为该地修复企业的看家本领。其主要业务有：堆肥、填埋和生物处理的设计及操作；热处理系统的设计及建造；修复系统的评估、安装及操作等。公司还拥有固体堆肥处理厂（BSTF），其设计为开放式的混合生物处理系统（Bioreactor）。

其服务明细如下：被修复场地污染鉴定与计划制订；污染场地修复；Breton（布列塔尼，法国地名）土壤治理设备的提供；修复技术评估与选择；旧场地的拆除与新场地建设；废弃场地再开发；专业修复设备制造；油井场地修复；环保计划的执行；应急响应；企业环保工作指导；环境的审核与估值。

该公司已经操作的项目有：燃料坑与钻井污水坑的修复；关闭和清理储罐；大量的油井修复；煤焦油污染场地的鉴定与关闭；清理受农药和氯化溶剂污染的场所；处理和修复了大约4百万吨受污染的土壤。

在本收购案中，RemedX公司的核心技术就是常用于有机污染物去除的热解吸技术。博世科并购RX后，除可获得该技术知识产权之外，还可获得标的公司即将投入运营的Breton填埋场，该填埋场位于核心石油产区，被用于处理体量巨大的石油污染土壤，处理量为30万～60万吨/年。

三、教学组织方式

本案例可以在专门的案例讨论课中使用。以下是按照时间进度提供的课堂计划建议，仅供参考。

（一）问题清单及提问顺序、资料发放顺序

本案例探讨的题目依次为：
1. 博世科是一个什么样的企业？所处的行业背景如何？
2. 博世科为什么选择RX公司进行并购？
3. 博世科并购RX公司采用了什么方式？企业进行并购的方式主要有哪些？
4. 博世科选择跨国并购有什么特殊之处？
5. 博世科并购RX公司对整合环保行业的影响如何？

（二）讨论方式

本案例可以采用小组式的讨论，或者进行小组上台演示、讲解、分析的PPT演示。

（三）课堂计划

1. 梳理案例：由任课老师简单梳理案例内容，明确思考问题（5分钟）。

2. 分组讨论：学生间进行交流，形成发言提纲（20 分钟）。

3. 小组发言：组长发言，其他成员补充。黑板上简要写明每个小组的观点，以利于后面的分析评价以及归纳总结（35 分钟）。

4. 小组展示：分组上台展示 PPT，展示小组的讨论成果（20 分钟）。

5. 案例总结：教师就讨论及讨论情况进行点评，并就案例提出延伸问题引导大家进行课后探究（10 分钟）。

（四）课堂讨论总结

课堂讨论总结的关键是：总结归纳每组发言者的主要观点，小组之间互相学习；重申其重点难点，明确学习目标；建议大家对案例深入研究分析，拓展新思路和新观点。

案例 13

抛砖引玉——G 大学 A 学院暂付款管理之路[*]

---

[*] 1. 本案例由广东工业大学的曹晗抒、邓彦、郑伟健、彭紫婷、李丽娟、施苏洋、陈正豪撰写,作者拥有著作权中的署名权、修改权、改编权。
2. 本案例授权广东工业大学产教融合 MPAcc 教学智库实验平台使用,广东工业大学产教融合 MPAcc 教学智库实验平台享有复制权、修改权、发表权、发行权、信息网络传播权、改编权、汇编权和翻译权。
3. 由于单位保密的要求,在本案例中对有关名称、数据等做了必要的掩饰性处理。
4. 本案例只供课堂讨论之用,并无意暗示或说明某种管理行为是否有效。

[案例封面]

专业领域： 会计

适用课程： 财务会计理论及实务，内部控制与风险管理

编写目的： 本案例通过介绍 G 大学 A 学院暂付款账面余额存在的一系列问题，启发学员进一步思考目前 G 大学 A 学院暂付款存在的需要重点关注的问题以及如何解决现存问题；引导学员针对高校暂付款发现的问题，思考可向 G 大学 A 学院的有关单位及其职能部门提出哪些建设性的意见和建议，以进一步做好高校暂付款资金管理和使用工作。

知 识 点： 高校暂付款；事业单位内部控制

关 键 词： 高校；暂付款；管理；制度

中文摘要： 随着高等教育体制改革不断深入，中央及地方财政对高校的拨款逐年增加。高校处于快速发展时期，对资金的需求日益加大，其中，暂付款资金的使用和管理则是高校普遍存在的问题，账龄长、金额大、形成呆账等问题困扰高校多年而得不到解决。本案例以 G 大学 A 学院暂付款的现状为例，引导学员从高等院校财务人员的角度来了解如何更好地做好高校暂付款资金管理使用工作，并及时发现高等院校内部控制过程中存在的问题，思考如何进一步规范管理，并提出建设性的意见和建议。这对于保证 G 大学 A 学院正常有序的资金流动具有重要意义，可以保障高校暂付款的安全与健康发展。同时，帮助学员熟悉事业单位财务会计的相关理论知识。

[案例正文]

一、引言

2014年10月，随着财政部《关于全面管理会计体系建设的指导意见》的正式发布，管理会计迎来了前所未有的"火热"时期，财政部提出的"用5～10年使我国管理会计接近或达到世界先进水平"的发展目标，勾勒出中国管理会计发展的未来，指明了财务转型的方向就是管理会计；同时提出会计行业要加快会计职能从重核算到重管理决策的拓展，促进管理会计工作的有效开展，在服务现代财政制度、推进国家治理能力建设上迈出坚实有力的一步。

G大学是一所历史悠久、学科齐全、学术实力雄厚、办学特色鲜明，在国内具有重要影响的省属重点综合性大学。近年来G大学实现了跨越式发展，各项事业蓬勃发展，教育经费大幅增长。G大学财务部门应好好把握这个机遇，深刻体会和熟练运用管理会计，对财务全过程的相关数据进行分析、整合，为单位内部管理人员提供有效发展和最优化决策的财务与管理信息，帮助高校应对可能发生的财务风险和危机、进一步增强综合办学实力和竞争力、创造出更大的社会价值和经济价值。然而，从2014年开始，截至2018年12月底，G大学A学院暂付款总额达到6171.98万元，其中，设备预付款2008.69万元，其他应收款4163.29万元。G大学A学院存在着暂付款金额过大、账龄过长的问题，容易影响G大学A学院的正常运转。为了有效解决这些问题，各学院紧密配合，多角度思考，全方位观察，不断改进。本案例旨在帮助G大学A学院今后的暂付款工作提供思路与方向。

二、案例背景

（一）行业背景

财政部于2012年11月正式发布了《行政事业单位内部控制基本规范（试行）》，为高校内部控制建设提供了一个明确清晰的指导。高校应抓住改革机遇期，结合学校自身特点，厘清各项业务流程，尽快形成内部控制体系建设的思路与方法，有步骤、有计划地推进内部控制制度的制订与执行，反向促进高校社会实体目标的实现。高校应收及预付款项属于高校公共财政资金的一种占用形式，高校加强应收及预付款项管理是加强高校流动资金管理的重要内容，也是高校加强国有资产管理的重要组成部分，对于提高高校财务管理水平和资金使用效率具有十分重要的意义。"应收及暂付款"（以下简称"暂付款"）是指高校开展经济业务过程中暂时垫付、预付给有关单位或个人而形成的处于结算过程中的资金，体现了高校与有关单位或个人的债权关系。暂付款支出范围一般包括：基本建设和修缮过程中预付的工程进度款、备料款、仪器设备采购定金、到货预付款，以及一般物品购置和有偿服务预付款、因公外出差旅费借款、现场调查等科技费用预付款、公费医疗住院费用借款、零星采购和零星开支的备用金等。

我国从2000年前后开始高等教育的扩招，在经过了13年的扩招后，我国接受高等教育的人口已经由原来的不到10%增长为30%左右，可以说高等教育得到了普及。随着高等教育规模的逐渐扩大，高校的规模也不断加大。从硬件来看，大规模招聘教师，新建学生宿舍，扩大校园面积等，这些行为都需要强大的资金作为支撑，为了确保资金的到位，高校在很多领域开始了筹集资金的活动。在高校高速扩张的过程中，暂付款逐渐多了起来，而传统的高校财务体系对暂付款没有给予足够的重视，致使现在的高校暂付款的使用和管理不是很规范。高校的暂付款越来越多，比例越来越大，为高校的财务带来了压力。在目前高校教育经费紧缺的情况下，多方筹集资金固然重要，对经费的合理使用和规范管理亦不容忽视。加强高校的财务管理，提高教育投资效益，是建设一流大学的重要内容。暂付款对高校日常业务的正常开展起到了较好的保障作用。随着国家对高等教育及科学研究的日益重视，政府和社会对高校的经费投入也越来越多。无论是政府部门的期望，还是从发展的角度出发，都对高校的财务管理提出了越来越高的要求，而保证会计信息质量的有效性是最基本和最重要的。

我国高校办学规模的扩大，需要大量资金做后盾，这样才能在激烈的竞争中处于不败之地。这就要求高校除了积极争取外部资金投入外，还必须重视内部潜力的挖掘，增收节支，尽可能提高资金使用效益，增强自我发展能力。由于很多高校存在着暂付款所占资产比例过重、账龄过长的问题，暂付款账面数逐年上升，部分院校的暂付款达亿元甚至10亿元以上，严重影响了财务报表的真实性和高校会计信息的真实性，给有关各方的经济决策提供了虚假的财务信息。这样势必会降低高校资金的使用效率，影响高校的正常运转，甚至会影响高等学校教育事业的正常运行。暂付款数额大、账龄长已是目前高校财务中普遍现象，这种现象随着高校的规模扩张不断突出。有的借款人已经调离，但没有到财务结清挂账；有的借款人已经死亡，形成了坏账。为此，学校应从各个环节，建立内部控制制度，及时清理坏呆账，防范因管理不善造成的风险，保障学校资金的合理流动和安全，使高校财务健康发展。高校暂付款管理有着现实而深远的意义，必须加强暂付款的核算和管理。

（二）相关准则

教育部出台的《国家教育事业发展第十二个五年规划》中明确指出：高校应全面推进教育经费科学化、精细化管理，提高经费管理水平，加强经费监管，确保各级政府和学校用好教育经费，发挥最大效益。可见，进一步强化高校财务管理，不断创新管理方式及手段，走内涵式发展道路是提高办学水平及办学效益的举措。

2010年，《国家中长期教育改革和发展规划纲要》中首次提出"加强经费管理，建立科学化、精细化预算管理机制"；国务院发布的《关于进一步加大财政教育投入的意见》中指出："全面推进教育经费的科学化精细化管理"。

暂付款是学校暂时垫付或预付给有关单位或个人的各种款项，是一种停留在结算过程中的资金，主要包括购买设备、材料、资料等的预付款；零星基建、大修项目的预付款；个人因公出差支的差旅费、个人预支的公费医疗医药费、个人因公出国批汇形成的暂付款等。《高等学校财务制度》第三十一条规定："高等学校应当建立、健全现金及各种存款的内部管理制度。对应收及暂付款项应当及时清理结算，不得长期挂账；对确实无法收回的应收及暂付款项，要查明原因，分清责任，按规定程序批准后核销。"

《教育部直属高等学校会计核算手册》规定，逾期三年或以上，有确凿证据表明确实无法收回的其他应收款和预付账款,按规定报经批准后予以核销;已核销的同时在"已核销款项备查簿"中保留登记。实际工作中,我们应重点关注三年以上的借款。这类借款虽然比重仅占总借款的 5%,但形成坏账的可能性最大,因此,财务部门应派专人对这部分借款逐笔清查,认真核实,对确因特殊原因无法核销的借款,须由项目负责人写明原因,学院盖章,相关领导审批同意;同时,对确实无法核销的借款,财务部门应汇总、整理、报批,经批准后核销。

三、案例概况

(一) G 大学暂付款总体情况

2014—2018 年 G 大学 A 学院暂付款总体情况如图 13-1 所示。

从图 13-1 可以看出,2014—2017 年,暂付款余额逐年增加,2017 年末达到 9091.05 万元的峰值,增长率为 781.69%,平均每年增加约 260.56%。2017 年中期,G 大学财务处加强了暂付款的清理力度,采取了积极措施,如对某一项目经费暂付款笔数进行限制,达到限制笔数之后必须还清以前借款

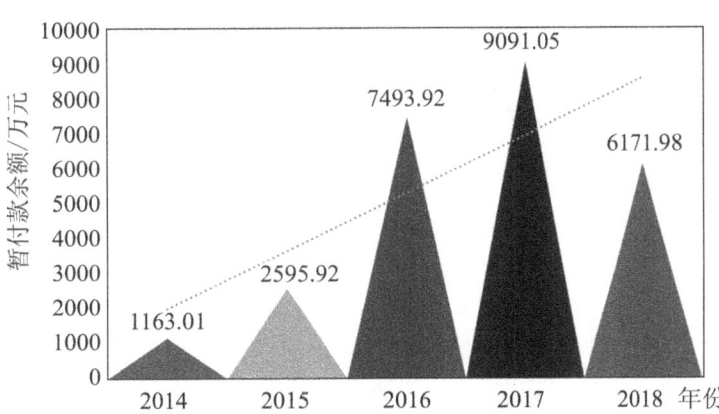

图 13-1 G 大学 A 学院 2014—2018 年暂付款余额对比

才可申请到新的借款。这在一定程度起到了催款的作用。2018 年暂付款金额较 2017 年减少 2919.07 万元,降幅为 32.11%,暂付款余额过多的问题相对往年有所改善。但是暂付款余额的问题并未得到有效解决,有效解决暂付款余额过重的问题仍然是 G 大学财务处的一大困难。

(二) 现阶段 G 大学 A 学院暂付款具体情况分析

截至 2018 年 12 月 31 日,G 大学 A 学院尚未冲账借款共 1925 笔,暂付款余额为 6171.98 万元。其中:设备预付款 201 笔,占总笔数的 10.44%,金额 2008.69 万元,占借款总金额的 32.55%;其他应收款(水电费、住院费等)773 笔,占总笔数的 40.16%,金额 3136.40 万元,占借款总金额的 50.82%(图 13-2 中)。从金额分析,其他应收款金额大约是设备预付款的 1.6 倍;从借款笔数分析,其他应收款借款笔数大约是设备预付款借款笔数的 3.85 倍(图 13-3);从每笔金额分析,设备预付款每笔借款约 9.99 万元(2008.69 万元/201 笔),其他应收款每笔借款 4.06 万元(3136.40 万元/773 笔)(图 13-4)。可见,设备预付款相对每笔金额大,笔数所占比重小;其他应收款每笔金额小,但笔数所占比重大。

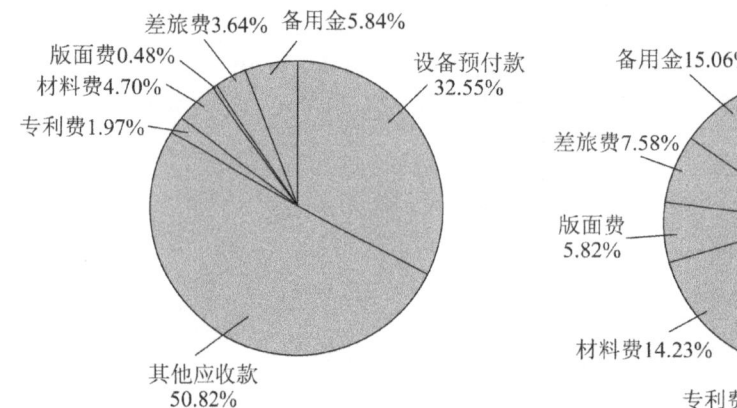
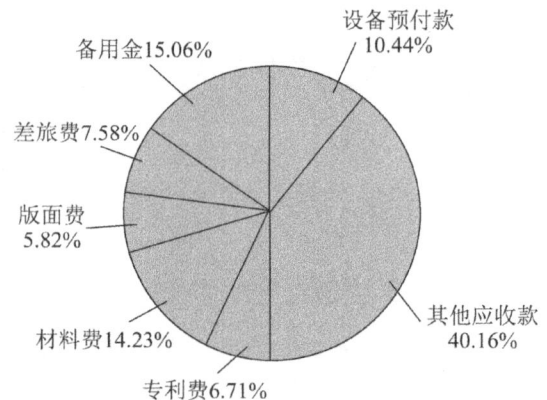

图13-2 G大学A学院暂付款按余额所占比例

图13-3 G大学A学院暂付款笔数所占比例

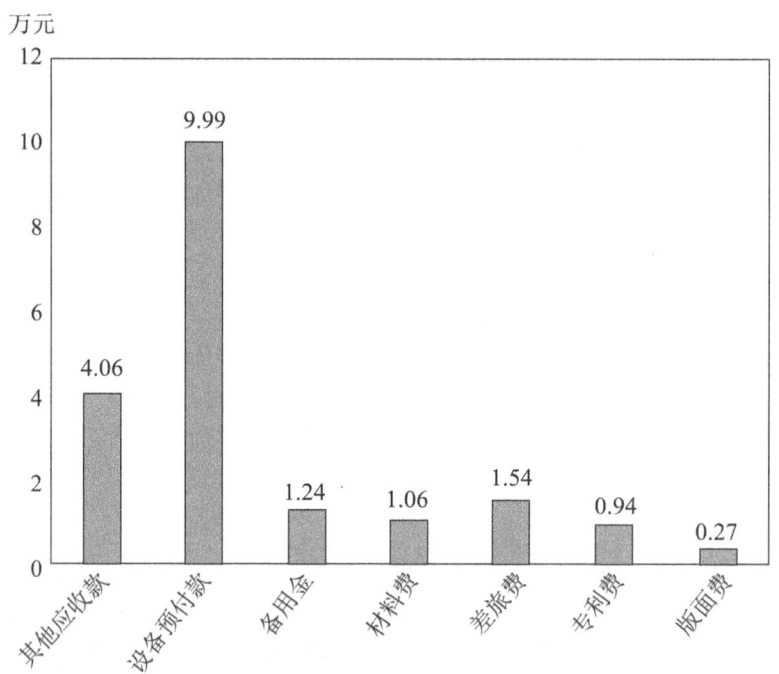

图13-4 G大学A学院暂付款按每笔余额对比分析图

对截至2018年12月31日暂付款余额具体分类分析如下：

1. 按账龄分析

截至2018年12月31日暂付款按账龄对比分析如图13-5所示。

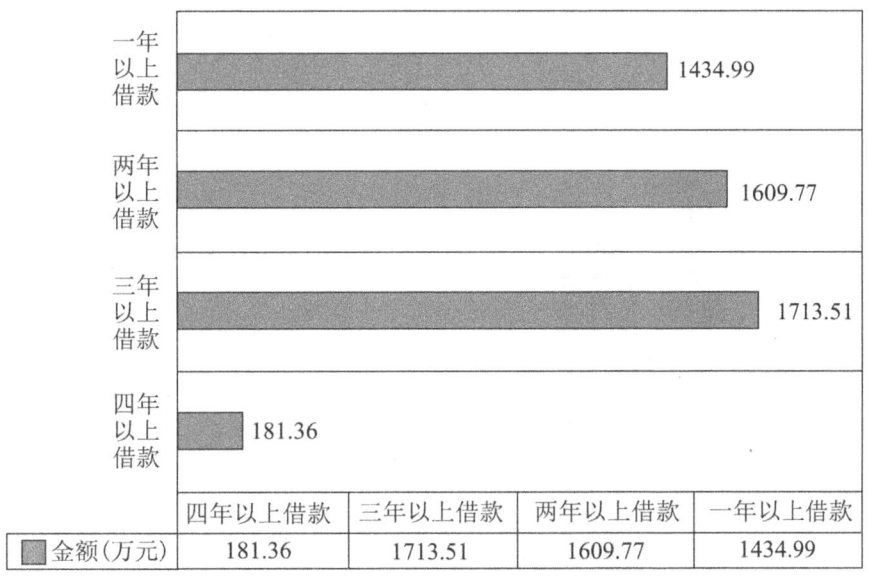

图 13-5 2018 年 G 大学 A 学院暂付款按账龄对比分析图

其中，一年以上借款 1 434.99 万元，占借款总金额的 23.25%；两年以上借款 1 609.77 万元，占 26.08%；三年以上借款 1 713.51 万元，占 27.76%；四年以上借款 181.36 万元，占 2.9%。G 大学 A 学院暂付款的账面总额居高不下，冲销不及时，长期挂账，占用高校大量资金，另外，借款账龄主要集中在 1～3 年之间，账龄为四年以上的暂付款相对较少，说明暂付款存在的问题目前来说还是很棘手的，可能存在管理制度不健全、暂付款清理工作不力等情况，这对资金运转造成不良影响。

另外，借款情况复杂，暂付款"借非所用"，领导变换，经办人离岗离校甚至死亡等等情况，清理起来往往是后任不问前任账、找不到人、不清楚等，以致长期滞留挂账，清理难度非常大。对坏账处理力度不够才导致了账龄过长的情况。

2. 按经济内容及借款笔数分析

2018 年末，G 大学 A 学院暂付款账面余额高达 6 171.98 万元，财务部通过认真分析、充分调研，发现归属于其他应收款的金额为最大，约 3 136.40 万元，占总金额的 50.82%，其次是设备预付款，高达 2 008.69 万元，占总金额的 32.55%；备用金、材料费、差旅费、专利费这四类借款，从金额上看共有 997.03 万元，占总借款 16.15%（图 13-6）。

从图 13-7 的 G 大学 A 学院暂付款的借款笔数来看，除了其他应收款这一类，设备预付款、备用金、材料费等类别的借款笔数相差不大，这从一定程度说明 G 大学 A 学院暂付款在管理和使用方面做一些内部控制，例如：在借款时就必须注明借款用途，而不是笼统地称为备用金；此外，其他应收款的借款余额和笔数为何如此之多？G 大学 A 学院是否在管理方面出现了较大的问题？是否存在暂付款"借非所用"的问题？

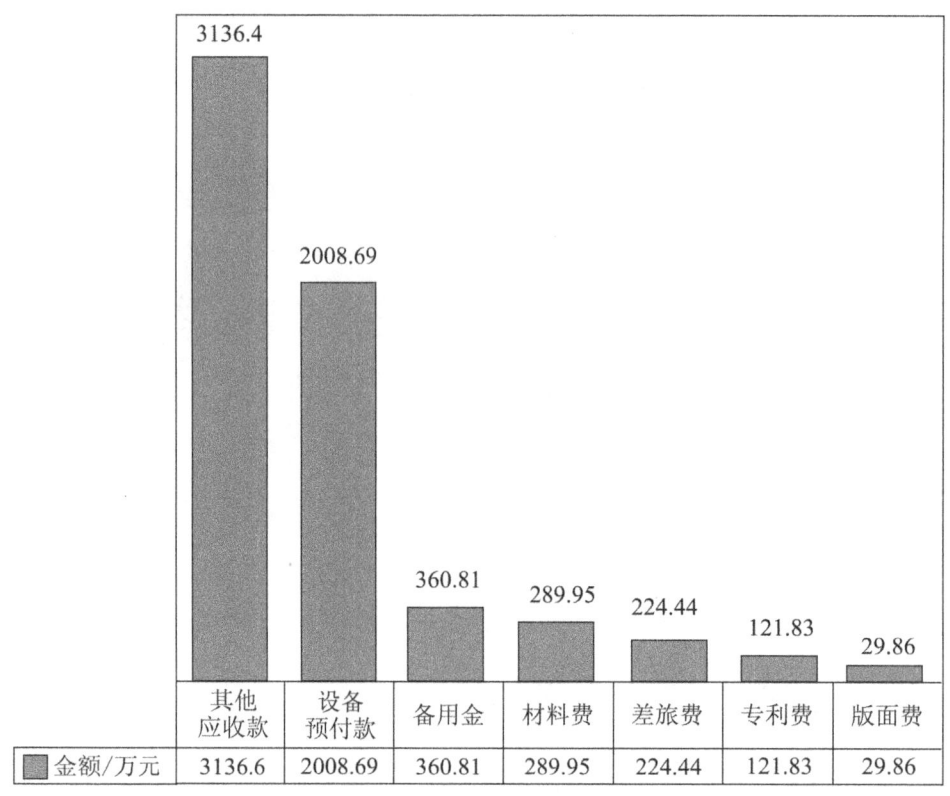

图 13-6　G 大学 A 学院截至 2018 年 12 月 30 日暂付款按经济内容对比分析图

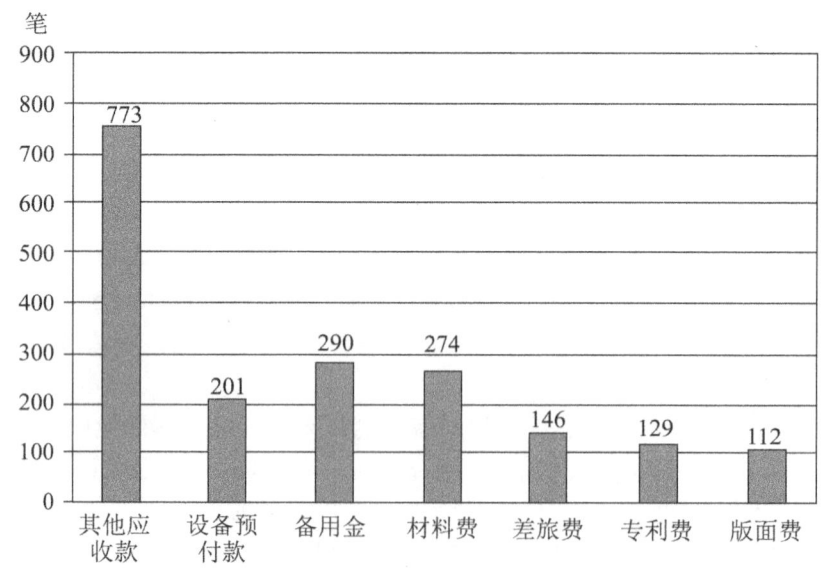

图 13-7　G 大学 A 学院截至 2018 年 12 月 30 日暂付款按借款笔数对比分析图

四、暂付款理论背景

（一）暂付款难于管理的根源

1. 信息化建设体系难以普及到财务管理每一处

随着网络信息化的发展，传统的高校校园慢慢转变为数字化校园，"一卡通"开始推广，有些只限学生生活消费，并未用在财务核算的诸多方面，如公务卡结算、消费卡结算。因高校的国库资金管理严格，不便于普遍实施，如差旅费借款、零星办公用品采购仍由学校垫支，形成暂付款。

2. 干部竞聘轮岗后未办理暂付款移交手续

高校干部聘用期一般为每3～4年一轮，竞聘上岗，组织部门将新一届干部名单公示后即交接上任，无须到财务部门办理包括暂付款在内的财务移交手续。高校财务"一支笔"，经费审批人均为院长或其授权指定的副院长，干部轮岗不办理财务移交手续，新官不理旧账，暂付款挂账时间越积越长，或成呆账。

3. 天财财务核算软件暂付款模块有待升级

高校核算普遍使用的天财软件，该软件的应收及暂付款模块，录入时只需输入工号或姓名，无电话号码之类的信息，无法将暂付款数据信息与借款人的手机号码捆绑在一起，快速便利地向借款人发送手机短信，提示冲账。采取传统的催收方法，逐一电话通知借款人，浪费人力和财力。

4. 重暂付款制度建设，轻制度的贯彻落实

制度建设关键在于执行，大多数高校暂付款相关规定都包括"前账不清，后账不借""逾期不冲账从工资中扣完为止"，实际执行过程中却并未严格执行，处处绿灯，从工资中扣回的金额先入暂存，待冲账后发放，直接冲账违背专款专用的原则，加大了财务人员清理难度。制定的暂付款制度，如果从上到下都不执行，只是一纸空文，不利于发挥资金使用效率。

（二）暂付款的风险

近年来，随着国家对高等教育经费投入量的增加以及高教事业的快速发展，参与暂付款业务办理人数与金额总量呈逐年上升趋势。暂付款具有资金双重性，它是高校事业活动开展的重要内容，一方面，为日常业务的正常运转提供了较好的保障，有效解决了临时资金需求问题；另一方面，暂付款管理不善，长期积累过多，将增大呆坏账风险，降低资金使用效率并诱发各类风险。

1. 暂付款产生的随意性大

暂付款原则上应限定于单位部门预算范围，然而高等院校在预算执行过程中往往缺乏刚性管理，无预算、超预算的借支频繁发生，暂付资金产生的随意性过大。

2. 监控难度大

暂付款是一项实时进行的工作，需要建立相应的防控体系以实施监管。目前，高职院校信息化建设水平相对滞后，缺乏成熟的数据化管理，对暂付资金重复发生的约束不够，财务人员不能运用先进的网络技术展开实时监督，管理难度大。

3. 潜在财务风险大

暂付款属于其他应收款范畴，必须在会计年度内予以冲销，以确保会计信息的真实准确。暂付款长期挂账不予清理，累积金额日益增多，经办人工作调动或岗位变动、离职，往往会造成无人承担冲销责任，呆坏账风险急剧增大，严重影响到学校财务管理效益。

（三）高校暂付款管理的必要性

随着办学资金来源渠道的增加，高校的工作重心大都放在筹措资金上，暂付款的乱象层出不穷。高校不去仔细地思考，容易忽视内部资金的合理运用，也就是我们经常说的"有了钱，还愁怎么花？"暂付款基本上是垫付款未核销数，早已不流动甚至已成为坏账，但仍然反映在高校的资产中，虚增了当期的资产总额。暂付款占用越多，可投入使用的资金就越少，这势必影响资金的正常运转，降低资金使用效益。在现代以市场为导向的社会，有些高校真不知道怎么将筹集来的资金进行合理的运用。比如在员工借款一项，一所地方普通本科院校就会在一年中出现很多坏账，原因是职工的借款没有用发票等票据进行抵消，而资金又没有归还，最后形成了坏账；还有的暂付款用于基础建设的预付款，这样做也是压制了大量的现金。暂付款数量的增多，意味着学校现金流的减少，实力强一些的高校还可以应对，但是对于财务状况本身就捉襟见肘的学校来说，便是雪上加霜，严重地影响了日常教学设备的采购，甚至影响到教职员工的福利待遇以及学生的生活质量。

为保证会计信息真实可靠，保护资产安全完整，强化对暂付款的管理显得尤为重要。第一，这是增强会计信息可靠性的要求。依据相关会计准则，高校暂付款属于流动资产范畴，从理论上说可在一个会计年度之内转化为高校的各种支出。如果暂付款年末没有及时核销，会计报表中则会虚减年度事业支出，同时造成事业结余的虚增。待以后年度核销时，又会导致核销当年事业支出的虚增和事业结余的减少，金额较大甚至会出现事业结余出现负数的情况，严重影响影响了会计信息的可靠性与财务分析工作的正常开展。

第二，这是提高资金使用效率的需要。高校开展教学科研工作，财务支持是必不可少的条件之一。然而，学校的资金总量是有限的，甚至是紧缺的。暂付款作为学校进行业务往来、资金流畅运行的一个必不可少的环节，在高校资金中占据相当大的比例。如果不对其进行有效的管理，则会引起资金的积压、分散和损失，最终影响整个学校资金的正常运转，降低资金使用效率。

第三，加强应收及暂付款管理是整个财务管理工作不可缺少的组成部分。高校财务管理，即对资金的筹措及运用的管理。开拓创新资金的筹集渠道、广开财源，对于学校教育事业的发展至关重要，将筹措来的资金管好、用好则更为重要。只有这两方面都做好，才能为高校的发展提供足够的资金。在资金的运用中，应收及暂付款的管理是做好整个财务管理工作重要一环。

因此，完善暂付款，合理划定暂付款红线，是有必要的。科学地管理暂付款是加快资金周转，提高资金使用效益的直接途径。

五、参考资料

[1] 王建华. 对高校应收及暂付款管理的思考 [J]. 时代经贸, 2016, 5.
[2] 肖红梅. 高校暂付款管理的问题及对策研究 [J]. 当代会计, 2014, 8.
[3] 雒洁, 刘利华. 高校暂付款管理探析 [J]. 中国市场, 2014, 2.
[4] 陈茜, 梁勇. 基于财务内控建设的高职学院暂付款管理思考 [J]. 财会通讯, 2013, 8.
[5] 吴超群. 新会计制度下高校应收及暂付款管理探析 [J]. 电子制作, 2015, 3.
[6] 刘强珍. 内部控制环境下高校应收及预付款项管理研究 [J]. 当代会计, 2016, 9.
[7] 于爱娟. 以风险管理为导向的高校暂付款管理规范化研究 [J]. 商业会计, 2013, 4.
[8] 张丽, 陈良凤, 卿惠. 有效控制高校应收及暂付款的关键环节研究 [J]. 中国乡镇企业会计, 2013, 4.

[案例说明书]

一、本案例需要解决的关键问题

随着高等教育体制改革的不断深入，中央及地方财政对高校的拨款逐年增加。高校处于快速发展时期，对资金的需求日益加大，其中，暂付款则是高校普遍存在的问题，账龄长、金额大、形成呆账等问题困扰高校多年而得不到解决。本案例以 G 大学 A 学院暂付款的现状为例，引导学员从高等院校财务人员的角度来了解如何更好地做好高校暂付款资金管理和使用工作，并及时发现高等院校内部控制过程中存在的问题，针对如何进一步规范管理提出建设性的意见和建议，以帮助学员熟悉事业单位财务会计的相关理论知识。

二、案例讨论的准备工作

为实现本案例的教学目标，学员应在案例讨论前通过预发材料了解以下相关的知识背景。

（一）理论背景

事业单位暂借款、内部控制制度、高等学校财务。

（二）行业背景

高校暂付款具有支付在前、结算在后的特点，属于高校的非实物形态存在的流动资产，占用公共资金，其金额大、账龄长一直是备受关注的问题。近年来，随着国家对教育的投入越来越多，高等学校的发展很快，管理跟不上导致了一系列的财务管理问题。账龄长、金额大、形成呆账等问题困扰高校多年而得不到解决。为此，高等院校应从各个环节，建立内部控制制度，及时清理呆坏账，防范因管理不善造成的风险，保障学校资金的合理流动和安全，使高校财务健康发展。其中，对高校暂付款进行有效管理有着现实而深远的意义。

（三）制度背景

《国家教育事业发展第十二个五年规划》《国家中长期教育改革和发展规划纲要》《关于全面管理会计体系建设的指导意见》《行政事业单位内部控制基本规范（试行）》《关于进一步加大财政教育投入的意见》《高等学校财务制度》《教育部直属高等学校会计核算手册》《高等学校会计制度》等的需求。

三、案例分析要点

（一）需要学员识别的关键问题

1. 什么是暂付款？暂付款的特点是什么？暂付款与应收款的关系是什么？
2. 目前 G 大学 A 学院暂付款管理存在的问题有哪些？

3. 高校应收及暂付款管理的原则是什么？
4. 高校暂付款科学化、精细化管理的目标是什么？
5. 暂付款管理不完善对高校会计信息质量有怎样的影响？
6. 通过对G大学A学院暂付款管理案例的学习，你对高等院校暂付款管理有哪些建议？

（二）解决问题的可供选择方案及其评价

1. 什么是暂付款？暂付款的特点是什么？暂付款与应收款的关系是什么？

（1）什么是暂付款？

高校的暂付款是指高等学校暂时垫付给其他有关单位或个人的各种款项，暂时垫付给职工因公出差的差旅费借款，暂付给上级单位或所属单位的各种款项等。高等学校在支付不具备报销列支条件（如材料、设备尚未验收，发票单据不完整等）的款项时，就会形成暂付款，高等学校的暂付款在大多数情况下，最终会转化为高等学校的各种支出。

（2）暂付款的特点是什么？

近年来，随着国家对高等教育经费投入量增加以及高教事业的快速发展，参与暂付款业务办理人数与金额总量呈逐年上升趋势。暂付款具有资金双重性，它是高校事业活动开展的重要内容，一方面，为日常业务的正常运转提供了较好的保障，有效解决了临时资金需求问题；另一方面，暂付款管理不善，长期积累过多，将增大呆坏账风险，降低资金使用效率并诱发各类风险。具体来说，暂付款有如下特点：

①产生的随意性大。暂付款原则上应限定于单位部门预算范围内，然而高等院校在预算执行过程中往往缺乏刚性管理，无预算、超预算的借支频繁发生，暂付资金产生的随意性过大。

②监控难度大。暂付款是一项实时进行的工作，需要建立相应的防控体系以实施监管。目前，一些高等院校信息化建设水平相对滞后，缺乏成熟的数据化管理，对暂付资金重复发生的约束不够，财务人员不能运用先进的网络技术展开实时监督，管理难度大。

③潜在财务风险大。暂付款属于其他应收款范畴，必须在会计年度内予以冲销，以确保会计信息的真实准确。暂付款长期挂账不予清理，累积金额日益增多，经办人工作调动或岗位变动、离职，往往会造成无人承担冲销责任，呆坏账风险急剧增大，严重影响到学校财务管理效益。

（3）暂付款与应收款的关系是什么？

暂付款，主要是指其他应收款与预付款项两种。其中，其他应收款是指高等学校因教学、科研及其他活动开展需要，暂时付给其他有关单位或个人的各种款项，包括垫付给因公出差教职工的差旅费、拨付给内部有关部门的备用金、拨付给校内独立核算单位用于保障其基本运行的补贴经费等。预付款项是指高等学校因购买图书、材料、设备等商品，接受劳务服务，进行基础设施改造等工程时，需要按照合同或者协议预付给供货单位和服务提供商的款项。

2. 目前G大学A学院暂付款管理存在的问题有哪些？

高校教职工的专业财务知识薄弱且防范意识不强，相关教学或科研人员在借款时缺乏警惕，疏于对经济业务事项及收款方信用进行分析和判断；有的甚至认为借款是自身工作岗位性质决定的，不是自己主观意志能够选择的，借款冲销不了，自己也没有办法，忽视了借款人对借款行为的经济责任。剔除以上主、客观因素，在当前暂付款的制度层面、技术层面、宣传层面、操作层面还有以下需要正视的问题。

（1）暂付款管理制度执行力度有待提高，G 高校 A 学院的制度缺位，管理责任不明确，清理工作不到位。

虽然已经制定了符合学校情况的暂付款管理办法，然而执行的效果却不如人意，即使学校明文规定了相关的经济责任及追究处罚措施，但经常是追究处罚停留在纸面而未实际执行。财务部门暂付款清理人员在催款过程中，少数暂付款经办人持消极态度，不配合、不支持，使得暂付款的清理受阻，暂付管理制度难以达到预期效果。

（2）科目设置口径宽泛，传统催缴方式落后于现行管理的需求。

2014 年 1 月 1 日开始执行的《高等学校会计制度》中会计科目的核算范围，与现行暂付款业务内容不完全匹配，使得无法快速提取按暂付款的经济用途分类统计的相关信息，这给高校暂付款的分析与管理带来较大的难度。与此同时，传统暂付款催缴方式、渠道简单，暂付款催缴往往花费了很长时间和较大人力，而成效却不明显。

（3）宣传力度不佳，还款环节提醒缺位。

暂付款经办人冲账意识不强，缺乏相应的财务知识，往往只考虑资金的借出环节，而忽视了经济业务的还款环节；同时，财务部门会计审核人员疏于"前账不清，后账不借"，忽视了对暂付款经办人还款环节的提醒，易导致暂付款得不到及时的清理。

（4）借出资金改变支出范围或公借私用，利用暂付款调节预算。

在实际业务中，存在借款后擅自改变借款用途的现象，未按办理借款时借款单上标注的经济用途使用经费，而是挪作其他用途，没能严格执行"一事一借、一事一清"的原则，违背暂付款管理的相关规定。利益的驱动让高校暂付款逐渐成为逃避管理的一种途径，借款到期后不及时归还或核销，导致公款私用，各类经费没有发挥应有的效果和作用，游离在学校监管之外。同时也有一些部门利用暂付款转移预算结余资金，甚至将余额全部转出挂暂付款，规避当年预算结余资金收回政策，导致财务信息失真。

（5）借出资金管控不到位，容易导致超付现象。

部分暂付款业务办理是对纸质合同履约的阶段性付款，特别是涉及基建工程及大额款项分期支付的，由于合同履约执行期间预算、签证变更等调整因素，以及竣工决算或合同验收的滞后，致使实际付款与合同实际结算时审定金额存在差异，容易导致超付现象。财务人员主要是对暂付款业务发生时的手续完备合法性等进行核验，对具体经济业务事项没有足够的专业知识，所以超付现象在实际工作中时有发生。

3. 高校应收及暂付款管理的原则是什么？

（1）预算控制原则。由于大多数暂付款最终会形成支出，因此高校要严把预算关，不能支付无资金来源、无预算指标或超预算的暂付款。

（2）公款公用原则。暂付款用于教学、科研、行政管理、后勤服务等公用性开支，除个人出差借差旅费、教工进修培训借款和个人住院借款外，不能用于私人用途的借款，单位领导审批和会计人员审核时要严格控制。

（3）按时清理和结算原则。对暂付款必须坚持"一事一借，一事一清"。不能一借多用，长期挂账，以免造成债权关系不明晰。财务处应督促相关部门或个人及时办理暂付款的报销结算手续。

4. 高校暂付款科学化、精细化管理的目标是什么？

（1）提升会计信息质量。暂付款是用来记录临时性款项的发生，在资产负债表中体现在"资产类"，在资金性质上属于过渡款项，表现为"暂付"。但它却是实质性的资金流出，进而影响资产与负债的信息，导致高校各类财务报表数据相对不准确。有部分高校的暂付款挂账金额巨大，最终影响整个高校的会计信息质量，故加强暂付款的管理可以有效提升高校会计信息质量。

（2）提高资金使用效益。流动资金是高校在日常经济活动中占用在流动资产上的资金，具有流动性强、周转快的特点。拥有较多的流动资金可以在一定程度上降低高校的财务风险。若暂付款金额过高，势必会引起高校可使用资金被挤占，甚至造成资金损失。可通过规范暂付款的借款手续、加强暂付款的监督管理来加速流动资金周转，提高资金的使用效率，降低资金成本。

（3）提高经费预算执行率。项目经费中若存在大量或大额借款，项目经费余额就会相应减少。仅就项目经费余额来分析项目预算执行情况，那该项目的预算执行率就会虚高，因为暂付款作为一种停留在结算过程中的资金，需待暂付款转化为实际支出时，该项目经费预算执行率才会趋于准确，故及时清理暂付款可以有效提高项目经费的预算执行率。

（4）强化风险导向管控。长期以来，高校作为为国家培养人才、获得财政拨款的事业单位，对资金使用的压力敏感度较差，现有的经费使用效果考核机制成效不显著。同时，高校财务预算、决算时有赤字，逐渐形成资金使用效率较低与资金不足并存的现象。在此背景下，若有经费借款因长时间挂账、未被核销，容易导致国有资产损失，无形中加大财务风险。高校若对暂付款管理采取有效的措施，及时进行结算与核销，严格控制暂付款的额度和规模，则能规避一定程度的财务风险。

5. 暂付款管理不完善对高校会计信息质量有怎样的影响？

（1）虚减年度事业支出账面数。高校暂付款实质上已支出，但因未及时办理报销结算手续，无法在事业支出科目中列支，使该笔支出不能通过事业支出明细科目反映其经济性质，造成当年财务报表中事业支出账面数小于实际支出数，减少了当年事业支出累计数，影响了会计信息的真实性和准确性，干扰了预算管理、会计核算和财务分析等财务管理工作的正常开展。

（2）影响年末事业基金账面数的真实性。如果当年发生的暂付款数额较大，则年末事业支出账面数必然小于实际支出数，造成事业结余虚增，年末转入事业基金的结余分配和事业基金账面数也虚增，导致事业基金账面数据不准确，形成虚假结余。同时，上年度未清理的暂付款在以后年度结算核销时，将虚增下年度事业支出账面数，同时虚减年末事业基金账面数，甚至出现负数，使报告年度会计报表中事业基金账面结余与实际状况严重不符，违背了真实性原则。

（3）造成固定资产账实不符。暂付款不但影响事业支出和事业基金账面数，还会影响固定资产账面数。基本建设及修缮工程项目竣工后，工程验收和审计决算时间很长，工程建设中支付的预付工程款、进度款、预付备料款等无法及时形成支出，造成一些房产已经交付使用，但其资产账面数仍为零。通过定金或预付款方式采购的仪器设备、物品，在仪器设备、物品运达验收合格并投入使用后，因报销不及时未能列入支出，无法形成账面固定资产。由于未及时办理报销结算手续，固定资产和固定基金账面数不能够根据实际支出情况相应增加，造成房屋建筑物和仪器设备等固定资产账实不符。

6. 通过对G大学A学院暂付款管理案例的学习，你对高等院校暂付款管理有哪些建议？

（1）完善制度建设。

一是坚持暂付款管理原则。虽然许多高校均普遍对应收及暂付款有相关财务管理制度，但规定较为简单笼统，缺乏操作性。为加强应收及暂付款管理，应根据实际情况，制定应收及暂付款管理细则，以明确操作，规范行为。根据高等学校会计制度，应收及暂付款管理应遵循以下原则：公款公用原则，预算控制原则，"一事一借、一事一清"原则，前账未清、后账不借原则，专款专用原则，限期还款原则，经费归口管理原则。

二是明确应收及暂付款各方工作职责。借款人作为债务责任人，必须遵循应收及暂付款管理原则，合理有效使用资金，负责按时冲账还款，承担借款主要经济责任。部门经费负责人对本部门经费应收及暂付款的办理、使用、报销结算等工作负有管理、监督、审批责任，对任期内审批的应收及暂付款负责追缴结算并承担连带责任，同时将应收及暂付款的管理工作与其年度考核、职务晋升挂钩，在岗位轮换或离岗之际，应对本单位应收及暂付款进行清理，原则上要求结清任期内应收及暂付款，对未能结清的事项应列明原因并办理交接手续，防止出现长期挂账、账务不清、互相推诿的现象。财务部门则按应收及暂付款管理原则审核监督暂付款的借出使用、冲账结算，并负责应收及暂付款的清理及坏账核销等工作。

三是清账制度化管理。首先，根据学校实际情况明确规定日常清理、定期清理、专项清理的时间及工作要求，细分各类业务并规定限期清账的结算期限，坚持应收及暂付款挂账不跨年的原则。其次明确清账工作岗位职责，对应收及暂付款进行日常跟踪催办，按规定定期清理应收及暂付款，发放并让部门经费负责人签收"应收及暂付款情况通报"及催办通知，向财务处领导及时反馈相关信息，对难以清理的应收及暂付款项，提出初步处理意见，并按程序上报主管校领导，根据反馈意见进行清理。最后，强化违反清账规定的约束：对于应收及暂付款金额大，无故不报的部门经费，应暂停其部门一切借款，超过一定时间的，冻结部门经费开支。对于个人借款未在规定期限报账的，应暂停其借款及开支，对多次催账并无正当理由而不报账者，从其个人收入中扣还借款。

四是补充坏账的确认及资产损失经济责任追究制度。应收及暂付款属于资产类流动资产范畴，但实际上，高校应收及暂付款中隐藏着长期挂账实际已成为坏账的款项，对确实无法收回或核销的应收及暂付款不得长期挂账。在经办部门及借款人前期已尽追索义务，并且非经办部门或借款人工作失误造成的，应由借款人取得相关证明材料，提交报告说明原因，经部门经费负责人审查后报财务处审核，财务处初审后上报校领导或上级部门审批确认后才能予以核销。对于坏账形成的损失难以确认的，可以委托社会中介机构核实并出具经济鉴证证明认定损失。在借款人长期借款占用学校资金但没有任何成本的情况下，更加会助长对国有资产不维权的意识。因此，为了更好地维护国有资产，规范校内经济秩序，学校应逐步建立资产损失经济责任追究制度，对由于经办部门、借款人或财务人员工作失误造成的经济损失，不得确认为坏账，必须切实追究有关部门及当事人的责任，并要求予以赔偿损失。

（2）强化会计基础工作规范化管理，完善应收及暂付款的会计核算。高校应进一步加强会计基础工作规范化的管理，严格执行高等学校会计制度和高等学校财务制度，提高对规范核算应收及暂付款重要性的认识。

①重视对财务人员的培养和教育，增强他们的事业心和责任心。首先，高校要积极为财务人员创造业务培训和理论学习的条件和机会，提高他们的专业理论水平和业务处理能力，以消除因专业知识缺乏而造成的工作失误，有效提高会计核算水平。其次，学校要结合实际出台一些相关的激励措施，比如学校设立年度目标激励、待遇激励等，以充分激发他们的工作热情，使他们把全部精力都放在做好会计核算工作上。

②细化会计核算基础工作，提升会计信息质量。首先，财务人员要规范设置应收及暂付款科目项下的二级科目，且科目名称要简明扼要。其次，会计人员在编制会计分录时，摘要内容要规范、表达要真实完整，尤其是借款人或经办人的名字要规范，如不能将"蒋"误为"姜"等。在运用会计电算化管理的情况下，当需要查询或冲账时，如果输入的关键字与原借款凭证的内容不符就不能查到原始记录或造成冲账出错。

③加大对各项应收及暂付款业务的审核力度。首先，会计人员要核实该笔业务是否有预算，对于无预算或超预算的暂付款坚决给予退回，杜绝无预算指标的借款发生。其次，要查看借款人的历史借款记录，若有未核销的借款，要认真分析借款期限，坚持在旧账未结清之前，不再办理借款，防止出现借款长期挂账的现象。

（3）充分利用网络信息平台，加强对应收及暂付款的管理。

高校可以通过校园网络与财务管理系统的无缝对接，实现应收及暂付款信息在相关经费管理部门和项目负责人范围内共享，使他们能及时掌握本部门或本人应收及暂付款项的具体情况，并能提醒他们尽快清理尚未核销的账款，减少产生呆账死账的机会。同时，也有利于各部门监督本单位的经费支出情况。

四、教学组织方式

（一）问题清单及提问顺序、资料发放顺序

1. 什么是暂付款？暂付款的特点是什么？暂付款与应收款的关系是什么？
2. 目前G大学A学院暂付款管理存在的问题有哪些？
3. 高校应收及暂付款管理的原则是什么？
4. 高校暂付款科学化、精细化管理的目标是什么？
5. 暂付款管理不完善对高校会计信息质量有怎样的影响？
6. 通过对G大学A学院暂付款管理案例的学习，你对高等院校暂付款管理有哪些建议？

（二）课时分配（60～90分钟）

本案例可供独立的案例讨论课使用，也可结合高校内部控制的相关知识使用。课堂时间控制在60～90分钟为佳。以下是课时分配建议，可结合实际调整进度。

1. 课前计划

课前分组讨论学习，布置作业，让学生们自己去查阅资料，整理信息。充分了解高校暂借款管理的相关知识以及高校内部控制的相关内容。

2. 课堂计划

教师介绍案例正文，引入情景思考。课堂分小组汇报问题，教师点评。

3. 课后计划

各小组撰写案例分析报告，提交给教师，教师进行评价。

（三）讨论方式

本案例可以采取小组形式进行讨论。

（四）课堂讨论总结

课堂讨论总结的关键是：根据小组发言与辩论情况，进行归纳总结并重申其重点及亮点；教师就学员的讨论情况进行点评，就如何运用理论知识去解决实际问题提出建议并引导学员对案例后续发展做出展望，建议大家对案例素材进行扩展研究和深入分析。

案例 14

从中国平安采用新金融工具会计准则看其对金融资产重分类的影响[*]

---

[*] 1. 本案例由广东工业大学管理学院的张卓、叶诗琪、陈曦明、阎雪菲、何施陶撰写,作者拥有著作权中的署名权、修改权、改编权。
2. 本案例授权广东工业大学产教融合 MPAcc 教学智库实验平台使用,广东工业大学产教融合 MPAcc 教学智库实验平台享有复制权、修改权、发表权、发行权、信息网络传播权、改编权、汇编权和翻译权。
3. 由于企业保密的要求,在本案例对有关名称、数据等做了必要的掩饰性处理。
4. 本案例只供课堂讨论之用,并无意暗示或说明某种管理行为是否有效。

[案例封面]

专业领域：财务会计理论与方法、财务报表分析
适用课程：财务会计理论与实务
选用课程：财务会计理论与实务
编写目的：本案例旨在通过分析中国平安采用新金融工具会计准则，引导学员深入理解和掌握金融工具准则变更的原因、新金融工具准则中金融资产的划分依据和类型、实施新金融工具准则对中国平安的影响以及新金融工具准则带来的经济后果。
知 识 点：金融资产重分类的影响；会计政策变更；新金融工具会计准则
关 键 词：会计政策变更；金融工具；金融资产重分类；中国平安
中文摘要：2017年3月31日中国财政部发布财会〔2017〕7号《关于印发修订〈企业会计准则第22号——金融工具确认和计量〉的通知》，标志着我国企业会计准则对金融工具相关的规定与国际财务报告准则趋同。中国平安保险（集团）股份有限公司是中国第一家股份制保险企业，已于2018年1月1日率先执行新金融工具准则。本案例旨在通过分析新金融工具准则对金融资产划分的依据和类型所作的规定，对新金融工具准则的执行给中国平安带来的影响进行说明，以及对该新准则带来的经济后果进行说明和探讨。

[案例正文]

2017年3月31日中国财政部发布财会〔2017〕7号《关于印发修订〈企业会计准则第22号——金融工具确认和计量〉的通知》，标志着我国企业会计准则对金融工具相关的规定与国际财务报告准则趋同。该通知规定，境内外同时上市的企业和境外上市并采用国际财务报告准则或企业会计准则编制财务报告的企业，该准则于2018年1月1日生效，对于其他境内上市企业2019年1月1日生效，执行企业会计准则的非上市企业2021年1月1日生效。对于条件具备、有意愿和有能力提前执行新金融工具和相关会计准则的企业，鼓励提前实行新准则，享受准则转换带来的红利。

中国平安保险（集团）股份有限公司（以下简称"中国平安"）是中国第一家股份制保险企业，已于2018年1月1日率先执行新金融工具准则。新金融工具准则的执行给中国平安金融工具的分类带来怎样的影响？所产生的经济后果如何？是否符合强化金融监管的方向？是否有利于企业更好地管理金融工具和更恰当地披露金融工具？能否在一定程度上防范和化解金融风险，提高企业竞争力？本案例作尝试性探讨。

一、理论背景

2008年国际金融危机发生后，金融工具会计问题受到广泛关注，业内将金融危机爆发的原因归咎于低质量的会计信息，其中金融工具分类过于主观随意倍受谴责，因此亟须更高质量的会计标准。2009年国际会计准则理事会对金融工具准则进行了较大幅度的修订，并于2014年7月正式发布了《国际财务报告准则第9号——金融工具》，定于2018年1月1日生效。2017年3月31日，我国财政部修订发布了《企业会计准则第22号——金融工具确认和计量》，这是财政部贯彻落实中央经济工作会议中要求"防控金融风险、促进经济稳中求进"的重要举措。新金融工具准则规定境内外同时上市的企业和境外上市并采用国际财务报告准则或企业会计准则编制财务报告的企业，该准则于2018年1月1日生效，对于其他境内上市企业2019年1月1日生效，执行企业会计准则的非上市企业2021年1月1日生效。

二、案例概况

（一）中国平安简介

中国平安保险（集团）股份有限公司于1988年诞生于深圳蛇口，是中国第一家股份制保险企业，至今已发展成为集融保险、银行、投资三大主营业务为一体，传统金融与非传统金融并行发展的个人综合金融服务集团。公司为香港联合交易所主板及上海证券交易所两地上市公司，股票代码分别为2318和601318。

中国平安是国内金融牌照最齐全、业务范围最广泛、控股关系最紧密的个人综合金融服务集团之一。截至2014年6月30日，平安集团旗下共有24家子公司，具体包括平安寿险、平安产险、平安养老险、平安健康险、平安银行、平安证券、平安信托，平安大华基金等，涵盖金融业各个领域，已发展成为中国少数能为客户同时提供保险、银行及投资等全方位金融产品和服务的金融企业之一。此外，在非传统业务方面，集团已布局了陆金所、万里通、车市、房市、支付、移动社交金融门户等业务。2014年，中国平安互联网金融持续创新，规模与用户数显著增长。中国平安相信，非传统业务在取得良好发展的同时，也将为传统金融业务创造新的增长空间。

中国平安拥有约60.8万名寿险销售人员和约21.2万名正式雇员。截至2018年6月30日，中国平安面对复杂多变的内外部环境带来的诸多挑战，平稳持续深化"金融+科技"、探索"金融+生态"，取得来之不易的成绩，位列《财富》世界500强第29位，首次跻身《福布斯》全球上市公司2000强第10位。其次，中国平安经营业绩亮点纷呈：实现净利润647.70亿元，同比增长31.9%；归属于母公司股东的净利润580.95亿元，同比增长33.8%。通过"一个客户、多种产品、一站式服务"的综合金融经营模式，为1.79亿个人客户提供金融生活产品及服务，客均营运利润281元，同时持有多家子公司合同的个人客户数5 533万，较年初增长17.2%。

中国平安持续优化保险资金资产配置，截至2018年6月30日，中国平安保险资金投资组合规模达2.58万亿元，较年初增长5.4%；年化净投资收益率4.2%，年化总投资收益率4.0%。中国平安深入研究宏观经济形势，把握债券市场配置机会，增配国债、政策性金融债等低风险债券，进一步优化资产负债匹配，目前信用状况良好。同时，公司动态调整权益和资产配置比例，加大长期股权投资，通过资产配置的多样化进一步分散投资组合风险，以降低权益市场波动影响。中国平安投资组合占比如表14-1所示。

表14-1 中国平安投资组合占比

投资组合		2018年6月30日	
		账面值/万元	占总额比例/%
固定收益类投资	定期存款	18 677 900	7.2
	债券投资	114 285 100	44.3
	债权计划投资	14 112 900	5.5
	理财产品投资	22 135 500	8.6
	其他固定收益类投资	12 344 800	4.8
权益类投资	股票	24 476 100	9.5
	权益型基金	4 185 300	1.6
	股权投资	12 121 000	4.7
	债券型基金	2 108 700	0.8
	优先股	7 812 500	3.0
	理财产品投资	8 580 500	3.3
	投资性物业	4 753 200	1.8
现金、现金等价物及其他		12 658 700	4.9
投资资产合计		258 252 200	100

注：数据来源于中国平安2018年半年度报告。

由表 14-1 可看出，在固定收益类投资中，中国平安对债券投资比例占比最高，为 44.3%，比 2017 年增加了 0.6%。而权益工具类工具中股票占比最高，为 9.5%，比 2017 年下降了 1.6%。

（二）按新准则首次披露金融工具信息

中国平安不满足财政部〔2017〕20 号文暂缓执行新金融工具会计准则的条件，于 2018 年 1 月 1 日开始采用新金融工具准则。从已经披露的中国平安一季度财报来看，财务报表项目变动的主要原因是受实施新金融工具准则的影响，以公允价值计量且其变动计入当期损益的金融资产规模出现较大波动，较 2017 年年底环比增幅高达 396.1%。而利润表项目公允价值变动损益由 8 500 万元增加至 47.95 亿元，变动幅度为 5 541.2%。实行新准则对于中国平安财务报表的影响十分巨大，如表 14-2 和表 14-3 所示。

表 14-2 资产负债表项目变动分析　　　　　　　　　　　　单位：万元

资产负债表项目	2018 年 3 月 31 日	2017 年 12 月 31 日	变动/%	主要变动原因
以公允价值计量且其变动计入当期损益的金融资产	70 075 900	14 125 000	396.1	主要受实施新金融工具会计准则影响
以公允价值计量且其变动计入其他综合收益的债务工具	19 560 400	—	不适用	实施新金融工具会计准则影响
以公允价值计量且其变动计入其他综合收益的权益工具	20 596 000	—	不适用	实施新金融工具会计准则影响
以摊余成本计量的金融资产	201 554 100	—	不适用	实施新金融工具会计准则影响
可供出售金融资产	—	77 509 800	(100.0)	实施新金融工具会计准则影响
持有至到期投资	—	1 24 376 800	(100.0)	实施新金融工具会计准则影响
应收款项类投资	—	84 719 800	(100.0)	实施新金融工具会计准则影响

表 14-3 利润表项目变动分析　　　　　　　　　　　　单位：万元

利润表项目	2018 年 1—3 月	2017 年 1—3 月	变动/%	主要变动原因
公允价值变动损益	479 500	8 500	5541.2	以公允价值计量且其变动计入当期损益的金融资产公允价值变动
其他综合收益	65 800	631 100	不适用	主要受实施新金融工具会计准则影响

注：数据来源于中国平安 2018 年第一季度报告。

三、讨论问题

1. 金融工具准则变更的原因是什么?
2. 旧金融工具准则中金融资产的划分类型和依据是什么?
3. 新金融工具准则中金融资产的划分依据是什么?
4. 新金融工具准则中金融资产的划分类型是什么?
5. 实施新金融工具准则对中国平安的影响有哪些?
6. 实施新金融工具准则带来怎样的经济后果?

四、参考资料

[1]《企业会计准则第 22 号——金融工具确认和计量》。
[2]《中国平安 2018 年第一季度报告》。
[3]《中国平安 2018 年半年度报告》。

[案例说明书]

一、本案例要解决的关键问题

通过本案例的讨论学习,学员要讨论解决以下问题:①金融工具准则变更的原因是什么?②旧金融工具准则中金融资产的划分类型和依据是什么?③新金融工具准则中金融资产的划分依据是什么?④新金融工具准则中金融资产的划分类型是什么?⑤实施新金融工具准则对中国平安的影响有哪些?⑥实施新金融工具准则带来怎样的经济后果?

二、案例讨论的准备工作

为了有效实现本案例教学目标,学员应该具备下列相关知识背景。

(一)理论背景

通过阅读《企业会计准则第 22 号——金融工具确认和计量》,深刻理解金融资产重分类的三个类型:以摊余成本计量的金融资产,以公允价值计量且其变动计入其他综合收益的金融资产,以公允价值计量且其变动计入当期损益的金融资产。

(二)行业背景

自 2010 年以来保险行业景气度不断提升,2011 年以后保费收入进入增长通道,并同时推动资产端规模提升。2016 年行业原保险保费收入累计实现了 3.1 万亿元,同比增长 27.5%,同期的资金运用余额达到 13.4 万亿元,同比增长 20%。2013 年以来,在行业景气度提升、保费收入增长和保险企业规模扩大推动下,保险行业资产端规模持续增长,保险资金运用余额从 2013 年末的 7.69 亿元增长至 2017 年末的 14.92 万亿元。

与此同时,随着互联网不断在整个金融行业的发展,各保险公司根据自身特点,通过借助保险公司网站、网上商城、离线平台以及第三方电子商务平台等多种形式开展互联网保险业务。未来,随着互联网和保险行业不断融合深化,以平台建设、渠道拓展、客户资源以及大数据精准营销为主要着力点的互联网保险将迎来高速发展的时代。

三、案例要点分析

(一)需要学员识别的关键问题

本案例需要学员识别的主要知识点包括:金融资产变更类型的原因、划分的依据和重分类的类型以及产生的重大影响。

(二)解决问题的可供选择方案及其评价

1. 金融工具准则变更的原因是什么?

(1)旧准则下金融工具分类和计量过于复杂,主观性强,容易被企业管理层利用来进行盈余管理。

在旧准则中，金融资产被分为四类，企业管理层在选择划分金融资产的种类时存在较大的随意性，便于操纵盈余。旧准则中金融资产划分为四类，其中持有至到期投资和可供出售金融资产之间在某些条件下可以重分类，这就给一些公司提供了通过可供出售金融资产来操纵利润的条件。

（2）原金融资产减值准则存在多方面的问题。

原金融资产减值准则存在多方面的问题，IAS39 和 USGAAP 中类似准则采用"已发生损失"减值模型受到多方批评，在全球金融危机中，这些批评更显突出，其中有：已发生损失减值模型推迟确认损失，未反映更多前瞻性的信息；现行的已发生损失减值模型未能反映预期损失，即使该损失一直预期存在，现行的减值模型与主体作出贷款决策时的情况和金融机构的风险管理方式不同，应采用更具前瞻性的"预期信用损失"减值模型；现行准则中不同类别金融资产采用不同的减值模型，过于复杂，对于所有适用的金融资产应采用单一的减值模型。

2. 旧金融工具准则中金融资产的划分类型和依据是什么？

《企业会计准则第 22 号——金融工具确认和计量》（2006）规定，金融资产应当在初始确认时划分为下列四类：以公允价值计量且其变动计入当期损益的金融资产，包括交易性金融资产和指定为以公允价值计量且其变动计入当期损益的金融资产；持有至到期投资；贷款和应收款项；可供出售金融资产。

金融资产满足下列条件之一的，应当划分为交易性金融资产：取得该金融资产的目的主要是为了近期内出售或回购；属于进行集中管理的可辨认金融工具组合的一部分，且有客观证据表明企业近期采用短期获利方式对该组合进行管理；属于衍生工具。符合下列条件之一的金融资产可以在初始确认时指定为以公允价值计量且其变动计入当期损益的金融资产：该指定可以消除或明显减少由于该金融资产的计量基础不同所导致的相关利得或损失在确认或计量方面不一致的情况；企业风险管理或投资策略的正式书面文件已载明，该金融资产组合，以公允价值为基础进行管理、评价并向关键管理人员报告。在活跃市场中没有报价、公允价值不能可靠计量的权益工具投资，不得指定为以公允价值计量且其变动计入当期损益的金融资产。持有至到期投资，是指到期日固定、回收金额固定或可确定，且企业有明确意图和能力持有至到期的非衍生金融资产。贷款和应收款项，是指在活跃市场中没有报价、回收金额固定或可确定的非衍生金融资产。可供出售金融资产，是指初始确认时即被指定为可供出售的非衍生金融资产，以及除下列各类资产以外的金融资产：贷款和应收款项；持有至到期投资；以公允价值计量且其变动计入当期损益的金融资产。

3. 新金融工具准则中金融资产的划分依据是什么？

新金融工具准则主要参照国际金融工具会计准则，按照企业管理金融资产的业务模式与金融资产的合同现金流量特征对金融资产进行了不同的分类。

企业管理金融资产的业务模式，是指企业如何管理其金融资产以产生现金流量。业务模式决定企业所管理金融资产现金流量的来源是收取合同现金流量、出售金融资产，还是两者兼有。企业管理金融资产的业务模式，应当以企业关键管理人员决定的对金融资产进行管理的特定业务目标为基础确定；企业确定管理金融资产的业务模式，应当以客观事实为依据，不得以按照合理预期不会发生的情形为基础确定。

4. 新金融工具准则中金融资产的划分类型是什么？

企业应当根据其管理金融资产的业务模式和金融资产的合同现金流量特征，将金融资产划分为以下三类：以摊余成本计量的金融资产；以公允价值计量且其变动计入其他综合收益的金融资产；以公允价值计量且其变动计入当期损益的金融资产，具体如图 14-1 所示。

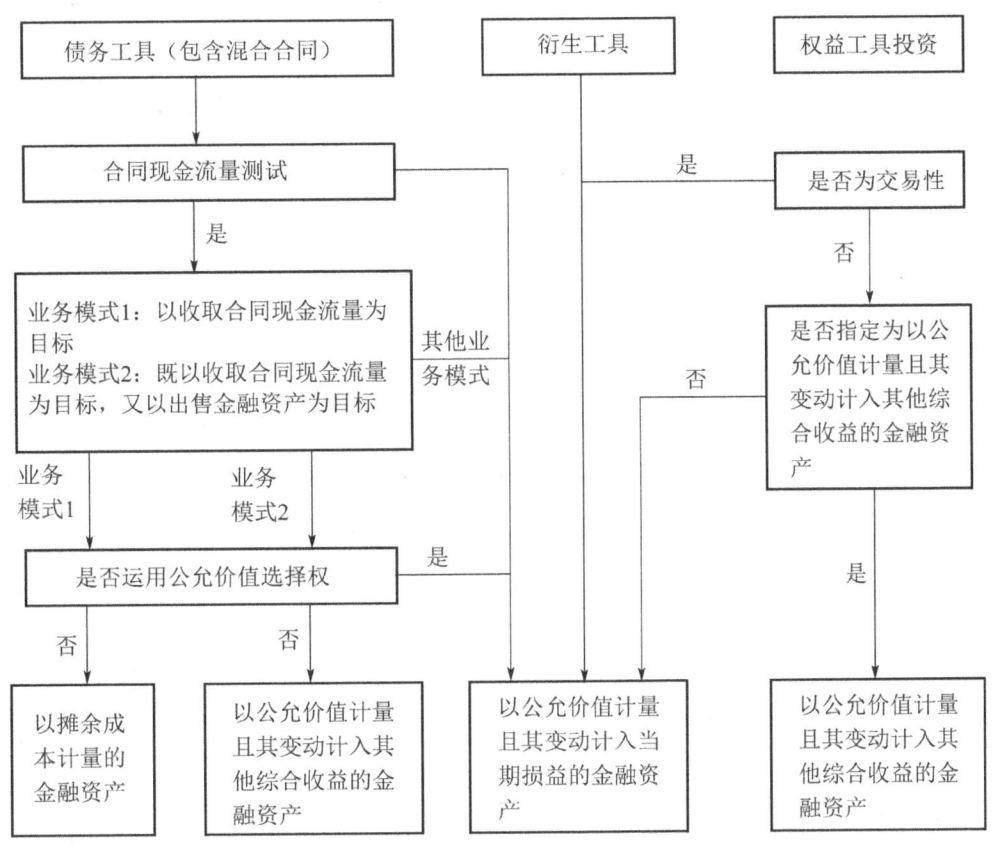

图 14-1　金融工具业务模式分类示意图

（1）金融资产同时符合下列条件的，应当分类为以摊余成本计量的金融资产：

①企业管理该金融资产的业务模式是以收取合同现金流量为目标。

②该金融资产的合同条款规定，在特定日期产生的现金流量，仅为对本金和以未偿付本金金额为基础的利息的支付。

（2）金融资产同时符合下列条件的，应当分类为以公允价值计量且其变动计入其他综合收益的金融资产：

①企业管理该金融资产的业务模式既以收取合同现金流量为目标，又以出售该金融资产为目标。

②该金融资产的合同条款规定，在特定日期产生的现金流量，仅为对本金和以未偿付本金金额为基础的利息的支付。

（3）分类为以摊余成本计量的金融资产和以公允价值计量且其变动计入其他综合收益的金融资产之外的金融资产，企业应当将其分类为以公允价值计量且其变动计入当期损益的金融资产。在初始确认时，企业可以将非交易性权益工具投资指定为以公允价值计量且其变动计入其他综合收益的金融资产，并按照《企业会计准则第 22 号——金融工具确认和计量》中第六十五条规定确认股利收入。该指定一经做出，不得撤销。企业在非同一控制下的企业合并中确认的或有对价构成金融资产的，该金融资产应当分类为以公允价值计量且其变动计入当期损益的金融资产，不得指定为以公允价值计量且其变动计入其他综合收益的金融资产。

5. 实施新金融工具准则对中国平安的影响

新金融工具会计准则规定，金融资产按照"合同现金流量特征"和"业务模式"作为分类标准，划分为以摊余成本计量的金融资产、以公允价值计量且变动计入其他综合收益的金融资产、以公允价值计量且其变动计入当期损益的金融资产三大类，提高了分类的客观性和会计处理的一致性。

由表 14-4 可知，中国平安调整前以公允价值计量且其变动计入当期损益的金融资产、可供出售金融资产分别占比 2.18%、11.94%。调整后以公允价值计量且其变动计入当期损益的金融资产、以公允价值计量且其变动计入其他综合收益的债务工具、以公允价值计量且其变动计入其他综合收益的权益工具分别占比 10.42%、2.91%、3.06%；调整前持有至到期、应收款项类投资合计占比约 32.21%，调整后以摊余成本计量的金融资产占比约 29.97%。

表 14-4 中国平安一季度资产重分类的情况

	2018 第一季度		2017 回溯		2017	
	金额/万元	占比/%	金额/万元	占比/%	金额/万元	占比/%
以公允价值计量且其变动计入当期损益的金融资产	700 759	10.42	692 389	10.89	141 250	2.18
以公允价值计量且其变动计入其他综合收益的债务工具	195 604	2.91	219 555	3.38	—	—
以公允价值计量且其变动计入综合收益的权益工具	205 960	3.06	215 229	3.32	—	—
以摊余成本计量的金融资产	2 015 541	29.97	1 947 974	30.03	—	—
可供出售金融资产	—	—	—	—	775.098	11.94
持有至到期投资	—	—	—	—	1 243 768	19.16
应收款项类投资	—	—	—	—	847 198	13.05
小计	3 117 864	4 636	3 075 147	47.41	3 007 314	46.32
资产总计	6 725 766		6 486 756		6 493 075	

注：数据来源于中国平安 2018 年第一季度报告。

6. 实施新金融工具准则带来怎样的经济后果？

旧准则下金融资产分类容易被管理层利用来进行盈余管理。上市公司有将持有的股权投资划分为可供出售金融资产的偏好,如表 14-5 所示。当所持股票市价下跌时,其公允价值变动计入其他综合收益,不会影响当期损益;当股价上升时,处置可供出售金融资产时,将取得的价款与该金融资产账面价值之间的差额,计入投资收益,同时将原直接计入其他综合收益的公允价值累计变动的金额转出至投资收益,从而影响当期利润。可供出售金融资产成为调节利润的蓄水池。

表 14-5 2007—2012 年上市公司持有金融资产情况分析

年份			2007	2008	2009	2010	2011	2012
持有金融资产的公司	交易性金融资产金额总计/亿元		1 997	3 866	3 642	2 743	4 129	6 241
	持有可供出售金融资产总计/亿元		16 037	31 475	33 950	40 921	50 652	51 104
出售金融资产的公司	出售交易性金融资产总计/亿元		358	833	1353	167	316	163
	持有可供出售金融资产金额总计/亿元		895	1675	1712	945	2726	822
出售可供出售金融资产的公司	上一年亏损公司的数量及占比	数量	5	15	8	16	9	9
		占比	11.11%	6.05%	12.50%	9.41%	3.86%	7.63%
	利润下滑公司的数量及占比	数量	6	149	24	42	97	67
		占比	13.33%	60.08%	37.50%	24.71%	41.63%	56.78%

注:数据来源于案例《两面针:卖牙膏还是卖股票》。

从 2007 年至 2012 年上市公司持有金融资产情况分析表中,我们可以看出,我国上市公司在 2006 年企业会计准则实施时将持有的大部分股票投资划分为可供出售金融资产。其中 2008 年受金融危机的影响,股价下跌,大多数公司选择不出售可供出售金融资产,从而达到调节利润的目的。

然而,根据新金融工具准则,企业可以将非交易性权益工具投资指定为以公允价值计量且其变动计入其他综合收益的金融资产,并按规定确认股利收入,该指定一经做出,不得撤销。在这种规定下,公允价值正负波动将不再影响当期损益,并且出售时也不会转入当期损益,只影响所有者权益,从而降低利润的波动,降低利用此类金融资产进行盈余管理的机会。

新金融工具准则对交易、其他事项及情况采用新的要求,需要对 2017 年度的金融资产进行重分类。其中交易性金融资产、持有至到期投资在新会计准则下分别划分为以公允价值计量且其变动计入当期损益的金融资产、以摊余成本计量的金融资产,可供出售金融资产则面临重分类压力。可供出售金融资产中主要包括以公允价值计量的债券、股票、非标资产,以成本计量的股权资产,其中可供债券类、基金类、非标类资产的处置方式比较灵活,可以通过以摊余成本计量的金融资产、以公允价值计量且其变动计入其他综合收益的金融资产或以公允价值计量且其变动计入当期损益这三种方式中的一种计量,股票类资产可以通过以公允价值计量且其变动计入其他综合收益的金融资产或以公允价值计量且其变动计入当期损益的方式计量,考虑到前者不可回转损益,因此在兑现的时候无法增厚净利润,预期更多股票类资产将通过以公允价值计量且其变动计入当期损益计量。

从表 14-6 可以看出,不止对于中国平安,对于其他券商会计新金融工具准则落地后以公允价值计量且其变动计入当期损益的金融资产规模将大幅提升。从已经披露2018年一季报的平安和A+H券商（不含招商）财报来看，以公允价值计量且其变动计入当期损益的金融资产均较年初有显著增长，其中中国平安环比增幅高达396.11%，增幅最大；从同比来看，以公允价值计量且其变动计入当期损益的金融资产亦较上年同期有显著提升。

表14-6 使用新准则的保险、券商公司一季报FVTPL规模　　　单位：亿元

公司名称	2017第一季度	2017	2018第一季度	环比	同比
中国平安	1 391.29	1 412.5	7 007.59	396.11%	403.68%
中信证券	1 683.61	1 781.54	2 262.30	26.99%	34.57%
海通证券	1 035.59	998.57	1 343.79	34.57%	29.76%
华泰证券	850.23	845.5	1 330.94	57.41%	56.54%
东方证券	294.21	480.29	570.65	18.81%	93.96%
中国银河	271.10	290.10	497.71	71.56%	83.59%
光大证券	188.76	374.47	461.58	23.26%	144.53%

注：数据来源于公司公告，长江证券研究所。

四、教学组织方式

（一）问题清单及提问顺序、资料发放顺序

本案例讨论题目依次为：
1. 金融工具准则变更的原因是什么？
2. 旧金融工具准则中金融资产的划分类型和依据是什么？
3. 新金融工具准则中金融资产的划分依据是什么？
4. 新金融工具准则中金融资产的划分类型是什么？
5. 实施新金融工具准则对中国平安有哪些影响。
6. 实施新金融工具准则带来怎样的经济后果。

（二）课时分配

1. 课后自行阅读资料：约2小时。
2. 小组讨论并提交分析报告提纲：约2小时。
3. 课堂小组代表发言、进一步讨论：约1小时。
4. 课堂讨论总结：约0.5小时。

（三）讨论方式

本案例可以采用个人或小组式进行讨论，选代表进行发言，当学员就某一问题有争议时进一步深入讨论。

（四）课堂讨论总结

课堂讨论总结的关键是：归纳发言者的主要观点；重申其重点及亮点；提醒大家对焦点问题或有争议观点进行进一步思考；建议大家对案例素材进行扩展研究和深入分析。

案例 15

大族激光盈利能力的驱动因素分析[*]

---

[*] 1. 本案例由广东工业大学管理学院的张卓、李迪迪、周雯君等共同撰写,作者拥有著作权中的署名权、修改权、改编权。
2. 本案例授权广东工业大学产教融合 MPAcc 教学智库实验平台使用,广东工业大学产教融合 MPAcc 教学智库实验平台享有复制权、修改权、发表权、发行权、信息网络传播权、改编权、汇编权和翻译权。
3. 由于企业保密的要求,在本案例中对有关名称、数据等做了必要的掩饰性处理。
4. 本案例只供课堂讨论之用,并无意暗示或说明某种管理行为是否有效。

[案例封面]

专业领域：财务会计
适用课程：财务报表分析
选用课程：财务报表分析，高级财务会计理论与实务
编写目的：本案例旨在通过分析大族激光科技产业集团股份有限公司 2015 年至 2017 年度财务报表，指出传统杜邦分析法的不足，引入改进后的杜邦分析法，并以此对大族激光的盈利能力进行分析，进一步研究财务报表分析的步骤与方法，提高学生分析企业实际财务状况的能力。
知 识 点：盈利能力分析；改进后杜邦分析法；管理用财务报表重构
关 键 词：盈利能力；传统杜邦分析法；改进后杜邦分析法
中文摘要：杜邦分析体系是利用各主要财务比率之间的内在联系，对公司财务状况和经营成果进行综合评价的系统方法。但是传统的杜邦分析体系存在诸多局限，基于财务报表重新设计的管理用财务分析体系应运而生。本文介绍了传统的杜邦分析法、改进后的杜邦分析法，并运用这两种方法对大族激光的盈利能力进行分析。

[案例正文]

一、行业概况

中国激光产业市场起步较晚，但随着中国装备制造业的迅猛发展，近年来，中国激光产业获得了飞速发展。中国是活跃的制造业市场及工业激光设备的主要市场，受宏观经济发展、制造业产业升级、国家政策支持等因素影响，中国工业激光产业成为受高度关注的产业之一，市场发展迅速。2015年，中国取代欧洲，首次成为激光器最大的消费市场，市场规模增长至28亿美元左右，约占全球市场规模的29%。

据前瞻产业研究院数据显示，2010—2016年，我国激光行业整体保持稳健增长态势，行业复合增长率达到10.11%。截至2017年，我国激光产业的市场规模在265亿元左右，同比增长约12.28%（图15-1）。

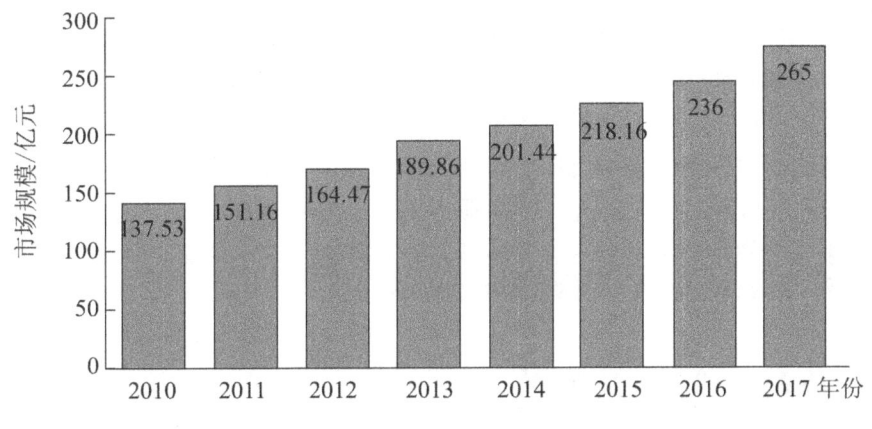

图15-1 激光产业市场规模

数据来源：前瞻产业研究院。

我国激光技术发展迅速，在各应用领域都占有较为重要的地位。中国激光市场结构主要分为激光加工设备、光通信器件与设备、激光测量设备、激光器、激光医疗设备、激光元部件等。中国激光加工设备市场占据激光应用市场最大市场份额，占激光应用市场的43%。

至今激光行业已形成了较为完备的产业链分布。产业链上游主要包括光学材料及元器件，中游主要为各种激光器及其配套设备，下游则以激光应用产品、消费产品、仪器设备为主。大族激光是激光下游设备企业的龙头企业。

二、公司概况

大族激光科技产业集团股份有限公司于1996年创立于深圳，是亚洲最大、世界排名前三的工业激光加工设备生产厂商。公司于2004年在深圳证券交易所上市，目前全球员工超过1万人，总资产逾70亿元。

公司主要产品包括激光打印机系列、激光焊接机系列、激光切割机系列、新能源激光焊接设备、激光演示系列、PCB钻孔机系列、工业机器人等200余种工业激光设备及智能装备解决方案。产品涉及IT制造、新能源动力电池制造、电子电路、仪器仪表、计算机制造、手机通信、家电厨卫、汽车配件、精密器械、食品及医药包装等多个行业。

大族激光在国内拥有行业内完善的销售及售后服务网点，覆盖全国范围，海外拥有数十家分支机构及代理，并成立了专门的行业服务部门，为不同行业的客户提供激光加工工艺分析和全方位的激光应用解决方案，使激光技术与各行业的制造工艺实现无缝对接。

近年来我国传统制造业正处于加速转型阶段，国家大力推进高端装备制造业的发展，原有激光加工技术日趋成熟，激光设备材料成本不断降低，新兴激光技术不断推向市场，激光加工的突出优势在各行业逐渐体现，激光加工设备行业市场需求保持持续增长。世界各国相继出台关于机器人产业发展的国家级政策，机器人产业发展已提升至各国国家战略的层面，全球智能制造迎来了巨大的市场机遇。由于激光加工设备工作过程具有智能化、标准化、连续性等特点，通过配套自动化设备可以提高产品质量、提高生产效率、节约人工等，因此未来激光+配套自动化设备的系统集成需求成为趋势。

激光加工设备及机器人、自动化设备的应用广泛，并且下游行业众多，因而大族激光的业务受某个领域周期性波动的影响较小，行业周期性不明显。

在激光加工设备领域，大族激光的主流产品已实现同国际竞争对手同质化竞争，并确信主流产品将在全球范围内保持市场主导地位。与国内外激光设备公司相比，大族激光在技术储备、产品性价比、定制能力、销售服务网络、紧密客户关系、响应速度等方面具有明显优势。这些优势在产品市场占有率不断提升中得到了充分印证。大族激光成为行业内唯一列入国家工信部智能制造试点示范项目名单的企业。

三、大族激光盈利能力概况

大族激光2015年至2017年度财务报告数据显示，这三年间，大族激光营业收入和营业成本都呈上升趋势，2017年营业收入为115.60亿元，比2015年同期增长106.90%。这破百亿的骄人业绩，主要是国内消费类电子、新能源、大功率及PCB设备需求旺盛，大族激光的产品订单较上年度大幅增长。尤其是收购加拿大光纤供应商CorActive HighTech，进一步巩固了大族激光在光纤激光器技术领域的专业知识，使其在2017年最终以115亿元营业收入的好成绩完美收官。大族激光2015—2017年度利润表部分财务数据如表15-1所示。

表15-1 大族激光2015—2017年利润表部分数据

年 份	2017	2016	2015
营业收入/亿元	115.60	69.59	55.87
营业成本/亿元	99.06	62.90	50.12
投资收益/亿元	-0.17	0.23	0.39
净利润/亿元	17.11	7.54	7.46

数据来源：2015—2017年大族激光利润表。

近三年来,大族激光的业绩确实可观,且其盈利能力具有可持续性。根据表15-2所示,2015—2017年公司的净利率和营业利润率都十分接近,毛利率呈增长趋势,非经常性损益占比在不断下降且占比都非常小,说明公司的利润大部分来源于经营活动,持续盈利能力较强。

表15-2 大族激光2015—2017年盈利能力变动情况

年份	营业外收入/亿元	利润总额/亿元	非经常性损益占比/%	毛利率/%	营业利润率/%	净利率/%
2017	0.13	17.86	0.73	41.27	16.15	14.8
2016	1.83	8.67	21.11	38.23	9.93	10.84
2015	2.32	8.44	27.49	37.85	11.00	13.36

[案例说明书]

一、本案例要解决的关键问题

本案例要解决的关键问题：通过指出传统杜邦分析法不足，引入改进后的杜邦分析法，并以此对大族激光的获利能力进行分析，同时引导学员进一步了解财务报表分析的步骤与方法，使学员能够结合所学的知识分析企业的实际财务状况，培养学员分析财务数据的思维与能力。

二、案例分析思路

（一）具体问题

1. 什么是传统的杜邦分析法？利用传统的杜邦分析法对大族激光2016—2017年盈利能力的驱动因素进行分析。

杜邦分析体系是利用各主要财务比率指标间的内在联系，对企业财务状况及经济效益进行综合系统评价的方法。

该体系的核心指标是净资产收益率，利用指标间的内在联系，围绕核心指标进行不同维度的分解，化大为小，逐个分析，根据企业运营的资产、资本结构、销售规模、成本水平等特征，将净资产收益率分解成总资产净利率和权益乘数，系统地评价与分析企业的总体生产经营能力。再根据总资产收益率的特征，将它转化为销售净利率和资产周转率。运用杜邦财务体系来分析企业的经济活动情况，能够有针对性地反映指标的变动趋势和解释指标变动的原因。

现代财务管理的目标是股东财富最大化，净资产收益率是衡量一个公司获利能力的最根本最核心的指标。净资产收益率表示使用股东单位资金（包括股东投进公司以及公司赚了以后该分给股东而没有分的）赚取的税后利润。杜邦分析法就是从净资产收益率入手：

$$净资产收益率 = \frac{净利润}{股东权益} = \frac{净利润}{总资产} \times \frac{总资产}{股东权益}$$

$$= \frac{净利润}{销售收入} \times \frac{销售收入}{总资产} \times \frac{1}{1 - \frac{负债}{总资产}}$$

以上式子很好地揭示了决定企业获利能力的三个方面：

①成本费用控制能力。由以下式子可得出：

$$\frac{净利润}{销售收入} = 1 - \frac{生产经营中成本费用 + 财务费用 + 所得税}{销售收入}$$

，而成本费用控制能力影响了 $\frac{生产经营中成本费用 + 财务费用 + 所得税}{销售收入}$ ，从而影响了销售收入净利润率。

②资产的使用效率。资产的使用效率用资产周转率（销售收入/总资产）反映。它表示融资活动获得的资金（包括权益和负债），通过投资形成公司的总资产，每一单位资产带来的销售收入。虽然不同行业资产周转率差异很大，但对同一个公司，资产周转率越

大，表明该公司的资产使用效率越高。

③财务的融资能力。财务上的融资能力用权益乘数（总资产/股东权益）反映。若权益乘数为4，表示股东每投入1个单位资金，公司就能借到3个单位资金，即股东每投入1个单位资金，公司目前就能用到4个单位的资金。权益乘数越大，即资产负债率越高，说明公司过去的债务融资能力越强。

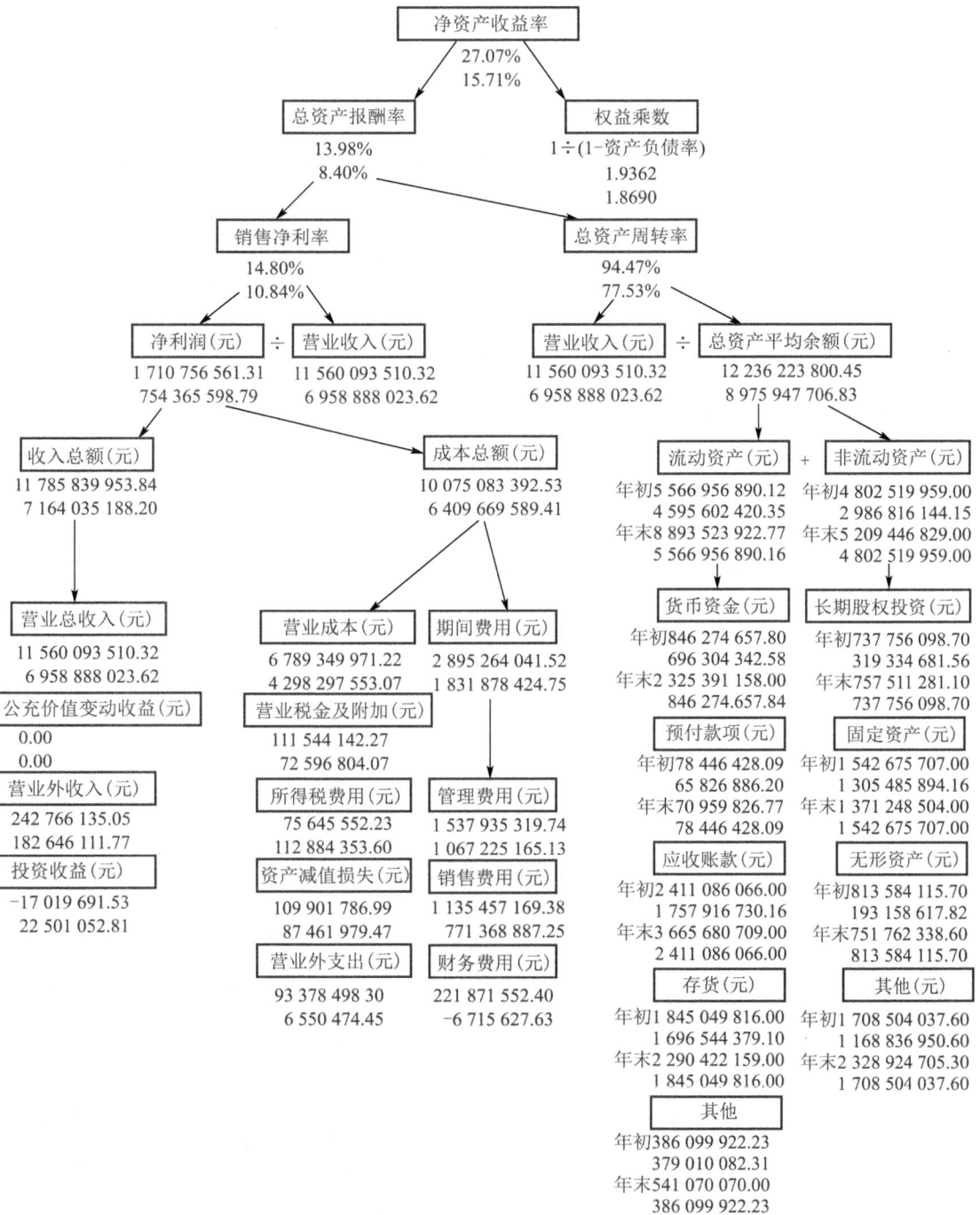

图15-2 大族激光2016年、2017年杜邦分析图（上方数字为2017年数据，下方数字为2016年数据）

通过杜邦分析法，可以对公司三方面活动进行剖析。利用一系列财务比率层层深入，找出目前的获利能力得益于哪些方面，又受哪些方面的不利影响。图15-2为大族激光2016年、2017年的杜邦分析图。

对比公司2016年的净资产收益率（15.71%），2017年（27.07%）上升幅度较大，杜邦分析法揭示了决定企业获利能力的三方面的变化：

（1）成本费用控制能力提升。2016年的销售净利率为10.84%，2017年的销售净利率为14.80%。

（2）资产的使用效率提升。2016年的总资产周转率为77.53%，2017年的总资产周转率为94.47%。

（3）财务上的融资能力提升。2016年的权益乘数为1.8690，2017年的权益乘数为1.9362。

2. 传统的杜邦分析法有什么缺陷，如何对杜邦分析法进行改进？

前述杜邦分析体系虽然被广泛使用，但也存在某些局限性，主要表现为没有区分经营活动和金融活动。

首先，没有区分经营活动损益和金融活动损益。传统的杜邦分析体系不区分经营活动和金融活动。对于大多数公司来说，金融活动是净筹资，它们在金融市场上主要是筹资，而不是投资。筹资活动不产生净利润，而是支出净费用。这种筹资费用是否属于经营活动费用，在会计准则制定过程中始终存在很大争议，各国的会计准则对此的处理不尽相同。从财务管理角度看，公司的金融资产是尚未投入实际经营活动的资产，应将其与经营资产相区别。与此相应，金融损益也应与经营损益相区别，才能使经营资产和经营损益匹配。因此，正确计量基本盈利能力的前提是区分经营资产和金融资产，区分经营损益和金融损益。

其次，没有区分金融负债与经营负债。既然要把金融活动分离出来单独考察，就需要单独计量筹资活动成本。负债的成本（利息支出）仅仅是金融负债的成本，经营负债是无息负债。因此，必须区分金融负债与经营负债，利息与金融负债相除，才是真正的平均利息率。此外，区分金融负债与经营负债后，金融负债与股东权益相除，可以得到更符合实际的财务杠杆。经营负债没有固定成本，本来就没有杠杆作用，将其计入财务杠杆，会歪曲杠杆的实际效应。

针对上述问题，人们对传统财务报表进行了反思，并尝试和探索了新的管理用财务报表体系。管理用财务报表是在传统财务报表基础上发展而来，在财务分析中占有非常重要的地位。它首先对通用财务报表进行调整，并灵活运用企业现金流量，提高了财务报表的决策有用性和可理解性。

管理用财务报表的特点就是对企业的经营活动进行区分，分为经营活动和融资活动进行列报。例如：管理用资产负债表在通用的资产负债表的基础上把资产和负债重分类，分为经营性负债和金融性负债两大类。报表中的列报项目分为用历史成本计量的经营性资产和负债、用公允价值计量的金融性资产和负债，增加了计量的准确性和报表的可理解性。而管理用利润表，不仅得出经营损益，还计算出金融损益，细化了利润表，在一定程度上实现了财务报表的明晰性、决策相关性和可靠性，满足了信息使用者多元化的需求。

改进的财务分析体系的核心公式：

净资产收益率＝净经营资产净利率＋（净经营资产净利率－税后利息）×净财务杠杆＝税后经营净利率×净经营资产周转次数＋（净经营资产净利率－税后利润率）×净财务杠杆

上面改进的财务分析体系核心公式与传统的相比较，更加清楚地揭示了净资产收益率取决于三个驱动因素：净经营资产净利率（可进一步分解为销售税后经营净利率和净经营资产周转次数）、税后利息率和净财务杠杆。改进后的杜邦分析法的优越性体现在：

①区分经营资产和金融资产、经营负债和金融负债。改进的杜邦分析体系要求对资产和负债重新分类，分为经营性和金融性两类。根据会计科目的重分类，调整资产负债表。资产负债表左侧为净经营资产，净经营资产为经营资产与经营负债之差；右侧为净负债和股东权益，净负债为金融负债与金融资产之差，左右两侧账面平衡。

②区分经营损益和金融损益。有息负债有资金成本，财务杠杆作用强，利息支出构成企业财务费用的一部分，也是企业项目投资决策的重要参考依据。改进的杜邦分析体系中，通常以财务费用作为金融损益，调整的利润表中，将财务费用剔除，由此得到税前经营利润，上缴所得税得到税后净经营利润，以反映企业的经营盈利成果。由于财务费用具有抵税作用，因此，常用税后财务费用（净利息）衡量企业的有息负债成本，税后经营净利润与税后财务费用相差得到企业的净利润。

③改进的杜邦分析体系的核心工具。杜邦分析体系的核心工具是权益净酬率，该指标最终反映上市公司为股东创造财富的能力，即为股东实际带来的报酬。因此，对股东来说，它的结果重于总资产报酬率。

④改进的杜邦分析体系的应用。改进的杜邦分析体系更适用于股东回报分析，真正反映企业盈利能力的是总资产收益率，是企业利用可控制或支配的资源进行增值的能力，如果企业财务杠杆非常高，而总资产收益率一般，反映的股东回报率仍可能会很高，不过这种高的股东回报率是建立在高风险而不是高的盈利能力之上的。因此在进行杜邦分析时，应注意净财务杠杆的大小，分析一下企业的偿债能力。因此新的杜邦分析体系的自身因素决定了改进的杜邦分析只适合进行股东回报能力的分析，并且要注意指标的波动性以及净财务杠杆大小和企业的偿债能力。

3. 如何利用改进后的杜邦分析法对大族激光 2015—2017 年的盈利驱动因素进行分析？

以大族激光的财务报表为例，改进的财务分析体系主要财务比率及其变动如表 15-3 所示。

表 15-3 大族激光 2015—2017 年杜邦分析（改进后）

年份	2017	2016	2015
净负债/元	1 742 022 436	1 258 334 829	344 330 031
股东权益/元	7 283 720 894	5 548 247 982	4 911 930 679
净财务杠杆（净负债/股东权益）	0.24	0.23	0.07
税后利息费用（税后金融损益）/元	210 159 042	-7 859 032	-12 518 162
税后利息率（税后利息费用/净负债）/%	12.06	-0.62	-3.64

续上表

年份	2017	2016	2015
税后经营净利润/元	1 920 915 603	746 506 566	733 852 418
净经营资产/元	9 025 743 329	6 806 582 811	5 256 260 710
净经营资产报酬率（税后经营净利润/净经营资产）/%	21.28	10.97	13.96
经营差异率/%	9.22	11.59	17.60
杠杆贡献率（经营差异率×净财务杠杆）	2.20	2.63	1.23
营业收入/元	11 560 093 510	6 958 888 024	5 587 344 729
税后经营净利率（税后经营净利润/营业收入）/%	16.62	10.73	13.13
净经营资产周转次数（营业收入/净经营资产）	1.28	1.02	1.06
净利润/元	1 710 756 561	754 365 599	746 370 581
净资产收益率（净利润/股东权益）/%	23.49	13.60	15.20
净资产收益率（净经营资产净利率+杠杆贡献率）/%	23.49	13.60	15.20

根据管理用财务报表，改进的杜邦分析体系的基本框架如图15-3所示。

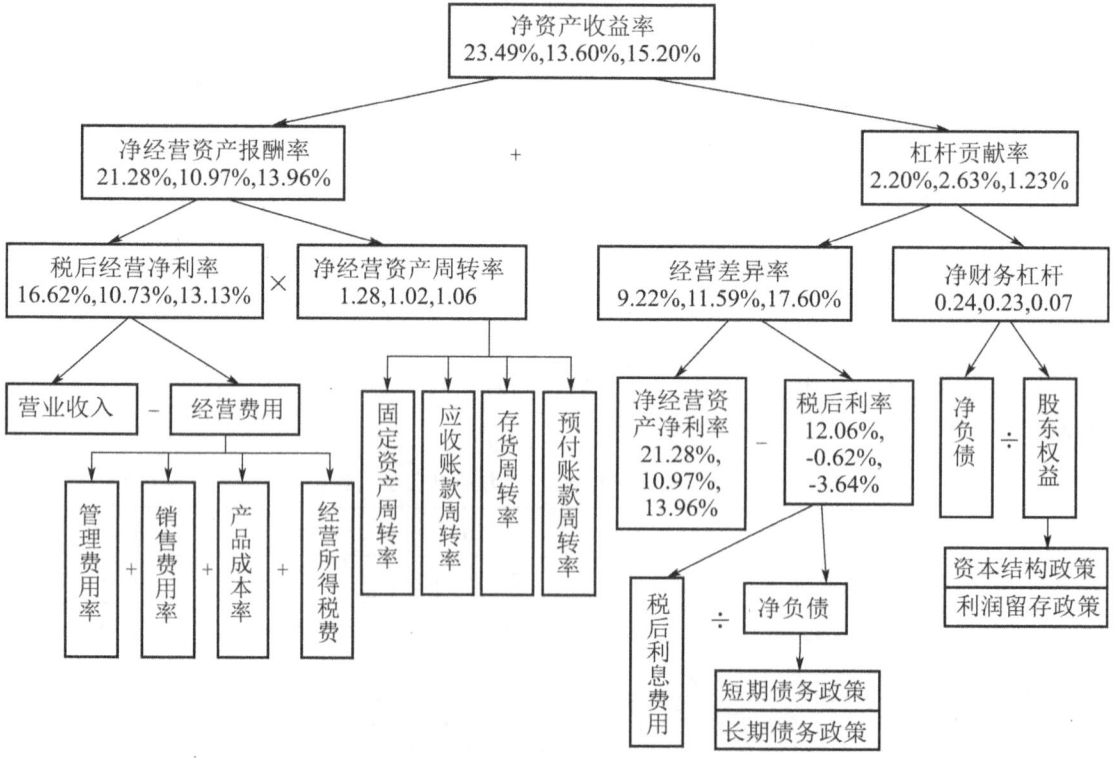

图15-3　大族激光杜邦分析图（改进后）（三个数据由前往后分别为2017年、2016年、2015年指标）

大族激光近三年的净资产收益率呈现先下降后上升的趋势，其中，净财务杠杆 2015—2017 年逐年上升，由 0.07 经 0.23 上升至 0.24。净经营资产报酬率 2015—2017 年由 13.96% 先下降至 10.97% 后上升至 21.28%。税后利息率 2015—2017 年逐年上升，由 -3.64% 经 -0.62% 上升至 12.06%。

三年的经营差异率均为正，净财务杠杆逐年上升，好的债务传导效应促使 ROE 呈现上升的趋势，但由于净经营资产报酬率先下降后上升，导致净资产收益率呈现先下降后上升的趋势。

三、教学组织方式

（一）问题清单及提问顺序、资料发放顺序

本案例讨论题目依次为：

1. 什么是传统的杜邦分析法？
2. 改进后的杜邦分析法的优越性体现在哪里？
3. 如何利用传统的杜邦分析法对大族激光 2016—2017 年盈利能力的驱动因素进行分析？
4. 如何利用改进后的杜邦分析法对大族激光 2016—2017 年盈利能力的驱动因素进行分析？

（二）课时分配

1. 课外自行阅读资料：约 2 小时。
2. 小组讨论并提交分析报告提纲：约 3 小时。
3. 课堂小组代表发言：约 2 小时。
4. 课堂讨论总结：约 0.5 小时。

（三）讨论方式

本案例适宜采用小组讨论方式。

（四）课堂讨论总结

课堂讨论总结的关键是：对发言者的主要观点进行归纳；引导大家对焦点问题做进一步思考；建议大家对案例素材进行更深一步的研究和分析。

案例 16

政府补助"新桃"换"旧符",异在何处?——以比亚迪为例*

---

* 1. 本案例由广东工业大学管理学院的张卓、张颖圣、伍璘睿、阎雪菲、何施陶撰写,作者拥有著作权中的署名权、修改权、改编权。
2. 本案例授权广东工业大学 MPAcc 教学智库实验平台使用,广东工业大学 MPAcc 教学智库实验平台享有复制权、修改权、发表权、发行权、信息网络传播权、改编权、汇编权和翻译权。
3. 由于企业保密的要求,在本案例中对有关名称、数据等做了必要的掩饰性处理。
4. 本案例只供课堂讨论之用,并无意暗示或说明某种管理行为是否有效。

[案例封面]

专业领域：财务会计理论与实务、财务分析
适用课程：财务会计理论与实务
选用课程：财务报表分析
编写目的：本案例开发目的在于引导学员进一步理解新旧《企业会计准则第 16 号——政府补助》的区别，以及了解新准则的政府补助在新能源行业的作用。学员在掌握新旧《企业会计准则第 16 号——政府补助》会计处理差别的同时，还能思考它们对于企业的业绩影响。
知 识 点：新旧《企业会计准则第 16 号——政府补助》及会计处理
关 键 词：修订后政府补助准则；会计处理；财务状况；业绩影响
中文摘要：随着社会经济的发展，政府体制的不断完善，政企关系已经成为企业需要面临的一个很重要的问题。政府为了倡导企业进行创新和更好地服务大众，对于各行各业尤其是公益性质的行业的补助越来越多，具体的方式一般是进行货币补助，也有一些土地、固定资产等非货币的补助。如何正确处理这些资金应当有明确的规范。我国政府就政府补助前后颁布了两次规定，本文将以比亚迪为例深入探究政府补助修订前后的区别以及对企业的影响。

[案例正文]

一、案例背景

（一）理论背景

1. 关于政府补助的会计准则修订情况

为适应社会主义市场经济发展需要，规范政府补助的会计处理，提高会计信息质量，财政部对《企业会计准则第16号——政府补助》进行了修订，由原来的3章总计10条内容修订为5章总计20条内容。

2017年5月10日，财政部印发修订后的《企业会计准则第16号——政府补助》，包括总则、确认和计量、列报、衔接规定和附则。新准则自2017年6月12日起施行。新准则规定，企业对2017年1月1日存在的政府补助采用未来适用法处理，对2017年1月1日至本准则施行日之间新增的政府补助，根据本准则进行调整。

2. 新准则下政府补助的亮点

（1）新准则新增了政府补助的特征的内容。其政府补助的特征：第一，来源于政府的经济资源。对于企业收到的来源于其他方的补助，有确凿证据表明政府是补助的实际拨付者，其他方只起到代收代付作用的，该项补助也属于来源于政府的经济资源。第二，无偿性。即企业取得来源于政府的经济资源，不需要向政府交付商品或服务等对价。

（2）适用其他会计准则变化。新准则的相关会计准则取消了旧准则适用《企业会计准则第12号——债务重组》的债务豁免；新增了适用《企业会计准则第14号——收入》等相关会计准则。企业从政府取得的经济资源，如果与企业销售商品或提供服务等活动密切相关，且是企业商品或服务的对价或者是对价的组成部分，则适用《企业会计准则14号——收入》。

（3）确认的变化。与资产相关的政府补助，确认时，可以选择两种确认方法。一是直接冲减相关的资产的账面价值；另一种是确认为递延收益，并在相关资产使用寿命内平均分配，计入当期损益。但是，按照名义金额计量的政府补助，直接计入当期损益。相关资产在使用寿命结束前被出售、转让、报废或发生毁损的，应当将尚未分配的相关递延收益余额转入资产处置当期的损益。

与收益相关的政府补助，旧准则规定用于补偿企业以后期间的相关成本费用或损失的，确认为递延收益，并在确认相关成本费用或损失的期间，计入当期损益；而新准则下，还可以选择冲减相关成本。旧准则规定用于补偿企业已发生的相关成本费用或损失的，直接计入当期损益；而新准则下可以选择冲减相关成本。

（4）计量的变化。新准则下，与企业日常活动相关的政府补助，应当按照经济业务实质，计入其他收益或冲减相关成本费用。与企业日常活动无关的政府补助，应当计入营业外收支。新准则下，企业取得政策性优惠贷款贴息的，应当区分财政将贴息资金拨付给贷款银行和财政将贴息资金直接拨付给企业两种情况，分别按照新准则第十三条和第十四条进行会计处理。

财政将贴息资金拨付给贷款银行，由贷款银行以政策性优惠利率向企业提供贷款的，企业可以选择下列方法之一进行会计处理：第一种，以实际收到的借款金额作为借款的入账价值，按照借款本金和该政策性优惠利率计算相关借款费用。第二种，以借款的公允价值作为借款的入账价值并按照实际利率法计算借款费用，实际收到的金额与借款公允价值之间的差额确认为递延收益。递延收益在借款存续期内采用实际利率法摊销，冲减相关借款费用。

财政将贴息资金直接拨付给企业，企业应当将对应的贴息冲减相关借款费用。

对于已确认政府补助需要退回的，应该在需要退回的当期分情况处理。新准则下，若初始确认时冲减相关资产账面价值的，调整资产账面价值。

（5）列报新增内容。企业应当在利润表中的"营业利润"项目之上单独列报"其他收益"项目，计入其他收益的政府补助在该项目中反映。

（6）衔接规定。企业对 2017 年 1 月 1 日存在的政府补助采用未来适用法处理，对 2017 年 1 月 1 日至新准则施行日之间新增的政府补助根据本准则进行调整。

（二）行业背景

1. 新能源汽车发展现状

新能源汽车包括混合动力汽车（HEV）、纯动力汽车（BEV，包括太阳能汽车，燃料电池电动汽车（FCEV）、氢发动汽车、燃气汽车、生物乙醇汽车以及其他新能源（如高效储能器、二甲醚）汽车等。

经过多年来的研究开发和示范运行，我国新能源汽车行业已经具备了产业化基础。原材料供应、动力电池、整车控制器等关键零部件的研发生产以及整车设计制造也基本成熟，充电基础设施也在逐步完善。图 16-1 为我国新能源汽车 2011—2018 年产销量规模。

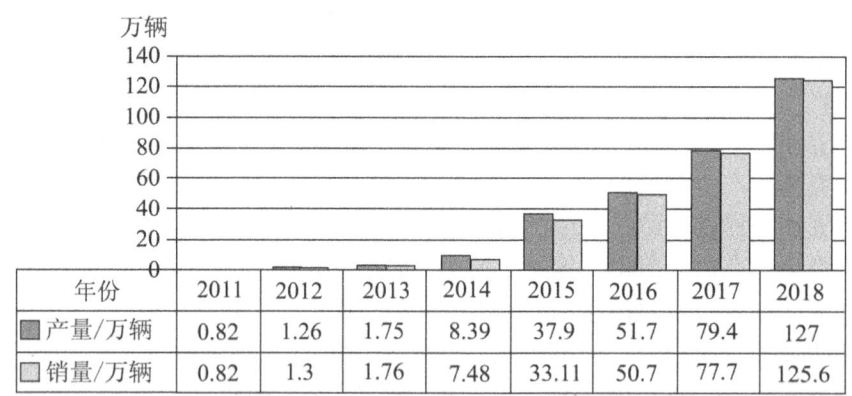

图 16-1 2011—2018 年中国新能源产销规模图

从图 16-1 及图 16-2 可以看出，我国新能源汽车的规模在不断扩大。2013 年之前我国新能源汽车产销均不足 2 万辆，但从 2014 年开始，该行业的产销量实现了飞跃，尤其是 2014 年、2015 年连续两年增长近 4 倍；2017 年的产销量相较于 2013 年，4 年的时间增长了近 44.4 倍。可见，自 2014 年开始，我国新能源汽车产销呈现出爆发式增长。此外，新能源汽车的销量占比也从 2014 年开始逐年上升，甚至出现近似于直线的上升趋势。

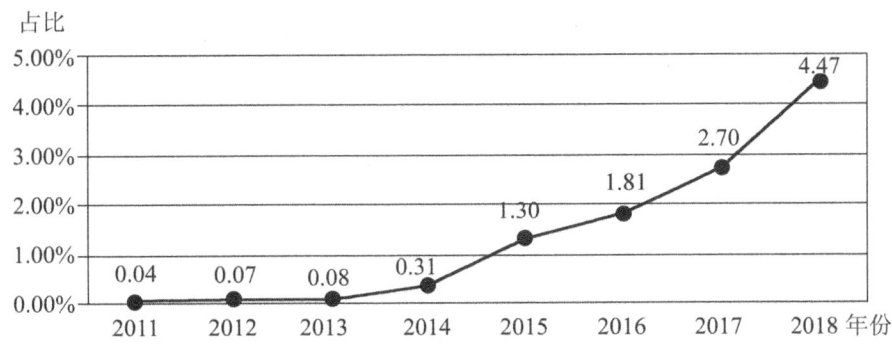

图 16-2 新能源汽车销量占比

数据来源：中国汽车工业协会。

从图 16-3 不难看出，我国 2017 年销售新能源乘用车超过 10 万辆的企业有比亚迪集团和北汽集团。比亚迪集团的新能源乘用车销量为 113 669 辆，约占市场份额的 20.43%；北汽集团销量为 103 199 辆，约占市场份额的 18.55%，以微弱劣势位于亚军。而比亚迪集团和北汽集团却有着不同的发展方向，据统计，2017 年北汽集团在纯电动乘用车方面首屈一指，其 EC 系列占市场份额的 17.4%；而比亚迪集团则在插电式混合动力乘用车上独占鳌头，旗下比亚迪宋 DM 占市场份额的 28.73%，比亚迪·秦占 19.28%，比亚迪·唐占 13.56%。

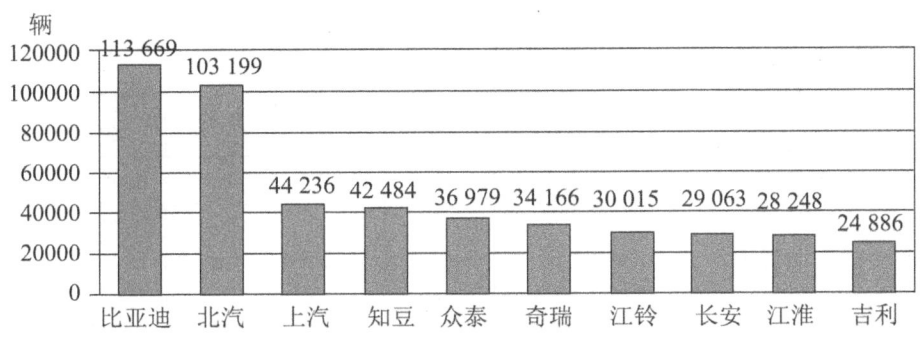

图 16-3 2017 年我国新能源乘用车销量车企前 10 名

2. 对新能源汽车的政府补助现状

众所周知，政府对新能源汽车行业的扶持力度一直是很大的。在行业方面，从"九五"开始将电动汽车技术研发持续列入国家科技计划，"十五"启动了"863"计划电动汽车重大专项，国家投资加上地方和企业配套资金总计高达约 24 亿元。在"十一五"期间还确定了"节能与新能源汽车"专题，启动节能与新能源重大项目。在 2009 年，国务院通过《汽车产业振兴计划》，首次提出新能源汽车战略，计划用 100 亿元的财政拨款来支持新能源汽车及关键零部件产业化。在汽车生产商方面，2007 年先后颁布了《新能源汽车生产准入管理规则》和《产业结构调整指导目录（2007 年本）》，使得新能源汽车正式进入发改委的"鼓励产业目录"。

新能源汽车推广应用政府补助标准的发展（部分）如图 16-4 所示。

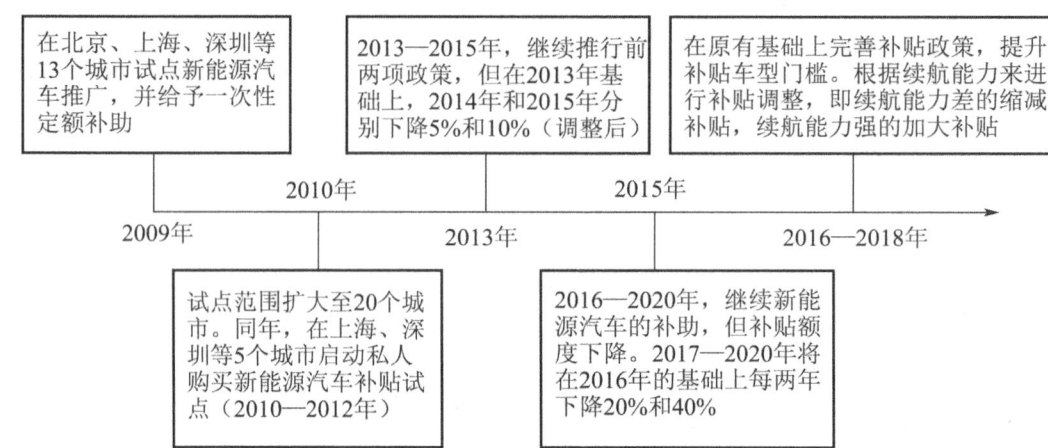

图 16-4 新能源汽车推广应用政府补助标准的发展

（1）纯电动乘用车、插电式混合动力（含增程式）乘用车推广应用的政府补助标准见表 16-1、表 16-2。

表 16-1 2013—2015 年纯电动、插电式混合动力（含增程式）乘用车推广应用的政府补助标准

	2016 年		2015 年		2014 年		2013 年	
	里程	补助标准	里程	补助标准	里程	补助标准	里程	补助标准
纯电动乘用车/（万元/辆）	$100 \leqslant R < 150$	2.5	$80 \leqslant R < 150$	3.5	$80 \leqslant R < 150$	3.325	$80 \leqslant R < 150$	3.15
	$150 \leqslant R < 250$	4.5	$150 \leqslant R < 250$	5	$150 \leqslant R < 250$	4.75	$150 \leqslant R < 250$	4.5
	$R \geqslant 250$	5.5	$R \geqslant 250$	6	$R \geqslant 250$	5.7	$R \geqslant 250$	5.4
插电式混合动力（含增程式）乘用车/（万元/辆）	$R \geqslant 50$	3	—	3.5	—	3.325	—	3.15

表 16-2 2017—2018 年纯电动、插电式混合动力（含增程式）乘用车推广应用的政府补助标准

	里程 R/km	补助标准/（万元/辆）	
		2018 年	2017 年
纯电动乘用车	$100 \leqslant R < 150$	0	2
	$150 \leqslant R < 200$	1.5	3.6
	$200 \leqslant R < 250$	2.4	4.4
	$250 \leqslant R < 300$	3.4	4.4
	$300 \leqslant R < 400$	4.5	4.4
	$R \geqslant 400$	5	4.4
插电式混合动力（含增程式）乘用车/（万元/辆）	$R \geqslant 50$	2.2	2.4

(2) 纯电动客车、插电式混合动力客车（含增程式）推广应用的政府补助标准，见表 16-3。

表 16-3　2013—2015 年纯电动、插电式混合动力（含增程式）客车推广应用补助标准

车辆类型	车长 L/m	补助标准/（万元/辆）		
		2015 年	2014 年	2013 年
纯电动客车	6≤L<8	30	30	30
	8≤L<10	40	40	40
	L≥10	50	50	50
插电式混合动力客车（含增程式）	L≥10	25	25	25
超级电容、钛酸锂快充纯电动客车（定额）	—	15	15	15

(3) 燃料电池车推广应用的政府补助标准见表 16-4。

表 16-4　2013—2018 年燃料电池车推广应用的政府补助标准　　单位：万元/辆

车辆类型	2018 年	2017 年	2016 年	车辆类型	2015 年	2014 年	2013 年
燃料乘用车	20	20	20	燃料乘用车	18	19	20
燃料电池轻型客车、货车	30	30	30	燃料商业车	45	47.5	50
燃料电池大中型客车、中重型货车	50	50	50				

在纯电动汽车补贴缩水的情况下，燃料电池汽车补贴的力度却维持不变，表明国家对燃料电池汽车技术非常重视。燃料电池乘用车按照搭载燃料电池系统的额定功率进行补贴，燃料电池客车、货车采取定额补贴的方式。国家对新能源汽车行业的财政补贴体现了国家的战略布局。在纯电动汽车逐步成熟的情况下，大力发展燃料电池汽车，加快燃料电池汽车技术产业化。此外，提高补贴门槛将有利于企业进一步开展技术创新，这对于新能源汽车行业顺利度过瓶颈期有着很大的作用。在 2018 年的《调整完善新能源汽车推广应用财政补贴政策的通知》中，还明确提出各地政府不得采取任何形式的地方保护措施，并建立企业、地方、国家三级联动新能源汽车监管平台，实现从生产准入到运营里程等环节监管的全覆盖。

(三) 公司简介

1. 比亚迪公司概况

比亚迪股份有限公司（以下简称"比亚迪"）成立于 1995 年。2002 年 7 月 31 日在香港联合交易所上市；2011 年 6 月 30 日在深圳证券交易所上市。其经营范围覆盖新能源及其产品的生产和销售（太阳能发电、电动汽车、电动叉车、云轨、储能设备、节能灯、碳酸锂矿等）、传统汽车生产和销售、IT 部件生产和销售三大领域。作为全球新能源汽车产业的领跑者之一，比亚迪始终坚持"技术为王，创新为本"的发展理念，目前已经拥有庞大的技术研发团队和强大的科技创新能力。此外，比亚迪还是全球唯一一家横跨汽车和电池两大领域的企业集团，拥有全球领先的电池、电机、电控等核心技术以及全球首创

的双模二代技术和双向逆变技术。

比亚迪拥有四大绿色梦想——太阳能电站、储能电站、电动车和轨道交通，这也是比亚迪的主要发展方向。在太阳能电站方面，比亚迪采用独特工艺研制的多晶硅，并运用新的提炼技术大幅度降低了太阳能的应用成本；在储能电站方面，比亚迪依托于先进的铁电池技术，储能电站的转换效率达到了90%以上，比传统抽水蓄能效率提高了20%；在电动车方面，比亚迪新能源汽车已在日本、美国、英国等逾48个国家及地区成功投入运营，实现了公交电动化在全球六大洲布局；在轨道交通方面，比亚迪发布的"云轨"属于中小运力的轨道交通，造价仅为地铁的1/5，建设周期仅为地铁的1/3，爬坡能力强，转弯半径小，可广泛用于一、二线城市的交通接驳线、加密线，三、四线城市的交通主干线，发展势头迅猛。

工业4.0强调智能、互联、数字，以电动化、智能化、共享化为代表的汽车新科技与之不谋而合。比亚迪也在不断拓展自身的业务，加快全球的布局。目前，比亚迪已经宣布建厂的目标国有美国（2013）、巴西（2014）、匈牙利（2016）、法国（2017）、厄瓜多尔（2017）等。海外工厂的建设无疑给比亚迪进一步拓展海外市场奠定了坚实的基础。

2. 比亚迪能源汽车发展之路

如图16-5所示，2003年，比亚迪电池收购秦川汽车。作为全球第二大的充电电池生产商，比亚迪紧跟汽车行业发展浪潮，开始布局汽车行业。2004年，三洋公司起诉比亚迪对其锂电池生产专利侵权，但在这次诉讼中，比亚迪胜诉，并且此次事件成为比亚迪开发新能源汽车的助推器。2006年6月，比亚迪自主研发的ET-POWER技术成功运用在新研发成功的纯电动轿车F3e中，这标志着比亚迪在纯电动汽车领域已经名列前茅。2008年，比亚迪不断更新技术，成功研发出F3DM，并推出新款纯电动汽车E6，2010年5月，在深圳进行商业运营。由于试运营期间E6的出色表现，深圳市政府计划将电动出租车作为未来发展的目标，这为比亚迪新能源汽车未来市场的迅速拓展埋下了伏笔。2009年7月24日，比亚迪成功收购湖南美的客车制造有限公司100%的股权，具备了制造电动大巴的资质。同年，比亚迪成立了洛杉矶分公司，准备将旗下的新能源车F3e、规划中的S6DM（唐）和电动大巴（K9），拿到美国市场进行测试，并在同年底开始电动大巴的实际测试。2010年，比亚迪同戴姆勒汽车公司签署合作协议，双方达成一致意见——共同出资成立深圳比亚迪戴姆勒新技术有限公司。这一举动无疑为比亚迪新能源汽车发展海外市场添砖加瓦。2011年，比亚迪在深圳交易所挂牌上市。同年，首批纯电动车E6在深圳作为出租车交付使用。比亚迪E6是一款纯电动四驱轿车，是比亚迪继F3DM之后再次打造的第二款新能源车型。之后，2013年比亚迪推出秦，比亚迪秦是比亚迪股份有限公司自主研发的DM二代（在纯电动和混合动力两种模式间进行切换）的高性能三厢轿车。自从与德国戴姆勒合资后，比亚迪的造车工艺水平大幅提升。2015年和2017年分别又推出新款电动SUV汽车，用以满足消费者的需求。

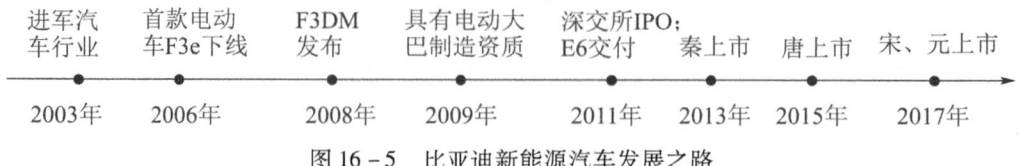

图16-5 比亚迪新能源汽车发展之路

二、案例概况

(一) 比亚迪政府补助概况

1. 政府补助的类型

(1) 地方政府补助。比亚迪自 2011 年上市以后,就收到了来自各地政府的财政支持。比亚迪每年获得不同类型的政府补助,而且金额巨大。2012 年比亚迪收到的增值税返还、汽车及相关产品研发活动补助、节能汽车扶持奖励以及其他补贴收入总计 10 亿多元。这些政府补贴主要来自当地的政府补贴,比如深圳市政府和长沙市政府每年给予比亚迪高额的补助。2011 年以及 2012 年,长沙比亚迪汽车分别取得政府拨付的汽车产业发展资金 59 亿元,其中 27.9 亿元用于补贴长沙汽车城项目生产、研发以及固定资产投资。

(2) 地方政府提供信贷支持。针对出租车及公交大巴市场,比亚迪推出"零元购车·零成本·零排放"解决方案,国家开发银行股份有限公司(下称国开行)为该方案提供金融战略支持。这一方案旨在解决出租车公司及公交公司一次性购买电动车的资金压力,为公交电动化开辟一条现实可行的道路。由于购买成本高,比亚迪此次共推出三种操作模式:融资性租赁、经营性租赁和买方信贷,同时满足出租车公司和公交公司的不同需求。借助于国开行的融资优势,该方案解决了比亚迪汽车由于前期购买成本高而导致产品销量不景气的问题。同时国开行与比亚迪的投融资模式,可以实现制造商、投资商、经营商和消费者互惠互利的共赢局面,真正推动电动公交的规模化运营,实现可持续发展。

(3) 地方政府给予土地与税收优惠。为吸引比亚迪,西安市政府不仅许诺零地价,还花费数亿元为比亚迪兴建各类基础设施。在长沙,当地政府为配合比亚迪项目,仅"三平一通"和征地拆迁就已从国家开发银行湖南省分行贷款垫资超过 20 亿元。在深圳,当地政府与比亚迪达成协议,给予比亚迪土地与税收方面的相关优惠,并且还承诺对比亚迪产业园区的办公楼给予优惠。此外,新能源汽车产业享受以所得税优惠为主的税收优惠。国家近年来重点扶持高新技术企业的发展,一旦被认定为高新技术企业之后,企业减按 15% 的优惠税率纳税。比亚迪被认定为高新技术企业后实行优惠税率,这也是一种比较重要的财税补贴方式。

2. 政府补助近年明细

根据《企业会计准则第 16 号——政府补助》,政府补助分为与资产相关的政府补助和与收益相关的政府补助。与资产相关的政府补助,是指企业取得的、用于购建或以其他方式形成长期资产的政府补助。与收益相关的政府补助,是指除与资产相关的政府补助之外的政府补助。比亚迪 2014 年至 2017 年的政府补助情况通过比亚迪账面递延收益反映,如表 16-5 所示。

表 16-5 2014—2017 年比亚迪公司递延收益变化情况　　　　单位：万元

	年份	2017	2014	2015	2016
与资产相关的补贴	长沙汽车城项目生产研发固定资产投资补贴	62 038.40	57 357.60	51 305.30	44 051.80
	插电式乘用车深度混合动力系统项目		10 652.60	10 621.40	14 973.70
	汽车及相关产品研发活动补贴	2 612.80	1 300.90		
	深圳汽车研发基地技术补贴	5 043.20	4 547.30	4 054.40	3 625.30
	新型动力总成及零部件研发和产业化项目	3 587.80	4 033.80	3 163.20	2 296.50
	深圳汽车及零部件检测中心项目补助	1 864.20	3 407.70	3 048.80	1 455.50
	上海研发基地技术补贴	2 663.70	2 535.40	2 313.60	2 097.20
	深圳新能源产业发展补助	4 489.40	3 684.20	2 965.20	2 343.20
	商洛陕南突破发展项目补助	1 396.40	1 118.50	258.90	
	电动汽车车载 DC-DC 项目补助	1 554.70	1 239.50	929.60	
	太阳能光伏项目贷款贴息补助	1 351.40	62.60	482.60	
	深圳汽车 1MW 光伏发电站补贴	316.00	311.10		
	商洛 110kV 供电线路补贴	554.00	473.20		
	长沙新型工业化专项引导资金	817.60	456.00		
	长沙纯电动客车产业化项目财政贴息	1 148.80	1 263.50		
	新型电力电子用半导体器件产业化改扩建项目	178.20	34.30		
	铁动力锂离子电池项目	14 000.00	19861.20	14 183.80	9 994.50
	杭州纯电动大巴项目	—	1 500.00		
	其他	7 385.50	23 516.30	35 144.20	39 713.50
与收益相关的补贴	长沙汽车城项目生产研发费用补贴		16 355.10		
	汕头比亚迪珠三角优质企业转移扶持资金				8 400.00
	汕尾比亚迪红草工业园项目专项奖励资金			15 000.00	
	淮安实业产业扶持引导基金				8 466.00
	其他			2 000.00	29 823.00
	总计	111 002.10	154 610.80	145 471.00	167 240.20

数据来源：比亚迪公司 2014—2017 年年报。

比亚迪收到了各种形式的政府补助：财政拨款、财政贴息等。在补助中占比最大的为与资产相关的补助。公司的政府补助主要源于长沙比亚迪汽车共取得政府拨付的汽车产业发展资金，从 2010 年至 2016 年，长沙比亚迪每年均取得金额比较大的政府补助。

2010—2012 年，长沙比亚迪汽车共取得政府拨付的汽车产业发展资金 87 418.4 万元，用于补贴长沙汽车城项目生产、研发及固定资产投资，2017 年有人民币 7 305.5 万元确认为政府补贴收入（2016 年补贴人民币 7 978 万元）。2015 年，长沙比亚迪汽车取得政府拨付的汽车产业发展资金人民币 16 355.1 万元。2016 年，政府再次拨付汽车产业发展资金人民币 15 045 万元。根据相关政府文件，两笔补助资金均用于 2015 年及以后长沙比亚迪汽车或比亚迪汽车工业有限公司对长沙比亚迪汽车城项目生产车型的基础研究支出，2017 年有人民币 10 005.1 万元（2016 年补贴人民币 21 395 万元）确认为政府补助收入。

其他非流动负债每年期末余额 = 年初余额流动部分的递延收益 + 年初余额非流动部分递延收益 + 当年新增的政府补助金额 − 计入其他收益的金额 − 计入营业外收入 − 重分类到其他流动负债的未来一年递延收益产生的其他变动。可见比亚迪公司使用的是总额法对政府补助进行会计核算。

新准则下，与资产相关的政府补助，应当冲减相关资产的账面价值或确认为递延收益。与资产相关的政府补助确认为递延收益的，应当在相关资产使用寿命内按照合理、系统的方法分期计入损益。按照名义金额计量的政府补助，直接计入当期损益。相关资产在使用寿命结束前被出售、转让、报废或发生毁损的，应当将尚未分配的相关递延收益余额转入资产处置当期的损益。

与收益相关的政府补助，应当分情况按照以下规定进行会计处理：用于补偿企业以后期间的相关成本费用或损失的，确认为递延收益，并在确认相关成本费用或损失的期间，计入当期损益或冲减相关成本；用于补偿企业已发生的相关成本费用或损失的，直接计入当期损益或冲减相关成本。2014—2017 年比亚迪当期收到的政府补助明细情况如表 16 - 6 所示。

表 16 - 6　2014—2017 年比亚迪公司当期收到的政府补助明细　　单位：万元

年　份		2014	2015	2016	2017
与资产相关的补助	长沙汽车城项目生产研发固定资产投资补贴		3 333.00	1 833.00	
	插电式乘用车深度混合动力系统项目		10 652.60		4 565.40
	汽车及相关产品研发活动补贴				
	深圳汽车研发基地技术补贴				
	新型动力总成及零部件研发和产业化项目		1 710.00		
	深圳汽车及零部件检测中心项目补助		1 926.30		

续上表

	年 份	2014	2015	2016	2017
与资产相关的补助	上海研发基地技术补贴				
	深圳新能源产业发展补助				
	商洛陕南突破发展项目补助				
	电动汽车车载DC-DC项目补助				
	太阳能光伏项目贷款贴息补助				
	深圳汽车1MW光伏发电站补贴				
	商洛110kV供电线路补贴				
	长沙新型工业化专项引导资金	200.00			
	长沙纯电动客车产业化项目财政贴息		300.00		
	新型电力电子用半导体器件产业化改扩建项目				
	铁动力锂离子电池项目	14 000.00	6 500.00		
	杭州纯电动大巴项目		1 500.00		
	其他	1 064.00	18 182.20	13 909.20	12 055.70
与收益相关的补助	长沙汽车城项目生产研发费用补贴		16 355.10	15 045.00	
	汕头比亚迪珠三角优质企业转移扶持资金				8 400.00
	汕尾比亚迪红草工业园项目专项奖励资金			15 000.00	
	淮安实业产业扶持引导基金				8 466.00
	其他			30 943.00	104 124.90
	总计	15 264.00	60 459.20	76 730.20	137 612.00

数据来源：比亚迪公司2014—2017年年报。

2015—2017年，汽车工业共收到深圳市财政委员会拨付的人民币15 218万元，用于补助汽车工业及惠州电池插电式乘用车深度混合动力及建设项目的土建安装和设备材料购置，该项目少量设备已投入使用，2017年有人民币99.3万元确认为政府补贴收入（2016年补贴人民币2.8万元）。

2014年12月，国家发改委、工业和信息化部拨付给比亚迪锂电池的关于铁动力锂电子电池项目的补助资金人民币1 400万元，用于扶持年产3GWH铁动力锂电池一期工程的生产线建设。2015年收到深圳财政委员会人民币6 500万元，用于扶持二期工程生产线建设。生产线上各项设备已投入使用，2017年有人民币4 111.3万元（2016年补贴人民币2 288.7万元）确认为政府补贴收入。

2016年，汕尾比亚迪实业有限公司取得汕尾市政府拨付的比亚迪红草工业园项目专项奖励资金人民币15 000万元，用于项目研发与创新。2017年有人民币13 530.5万元

(2016年补贴0元）确认为政府补贴收入。

2017年，汕头比亚迪实业有限公司取得汕头市政府拨付的"鼓励珠三角优质转移企业发展扶持资金"人民币8 400万元，用于基础研发支出。由于项目处于初期阶段，故计入递延收益非流动部分。

2017年，淮安比亚迪实业有限公司取得江苏淮安工业园区财政局拨付的产业扶持发展基金人民币8 466万元，用于基础研发支出。由于项目处于初期阶段，故计入递延收益非流动部分。

三、案例结语

在新能源汽车行业的发展中，政府补助发挥着不可或缺的作用。作为新能源汽车企业重要的资金来源，企业如何对其进行处理也是至关重要的。我国有关政府补助的会计准则也在不断地更新与完善，给予企业更大的自主选择权，而非一刀切。新旧政府补助不仅仅在会计处理方法上有区别，还对满足收入准则的政府补助进行划分，将政府补助进行了更细的划分。

作为企业，尤其是像比亚迪这种获得巨额的政府补助的企业，其政府补助的用途是较为广泛的，我国新政府补助会计准则的修订使得这类企业对政府补助的会计处理更加规范、更加灵活，更能符合企业自身的情况。

四、讨论问题

在新的《企业会计准则第16号——政府补助》的情况下，与资产或收益相关的政府补助，企业可以选择总额法或者净额法，而对于以前计入"营业外收支"的政府补助则必须改计入"其他收益"等。比亚迪在总额法与净额法的选择上，仍旧选择总额法进行会计处理。本案例要求学生理解新旧会计准则政府补助，并结合行业情况及公司经营、财务情况，对以下问题进行深入思考：

（1）新旧准则政府补助的差异在哪？
（2）总额法与净额法会计处理差别是什么？
（3）新会计准则政府补助对比亚迪财报披露以及报表科目有何影响？
（4）新旧会计准则下政府补助对比亚迪业绩有何影响？

五、参考资料

[1] 比亚迪股份有限公司年报．
[2] 企业会计准则第16号——政府补助．
[3] 关于2016—2020年新能源汽车推广应用财政支持政策的通知．
[4] 郭军．财税补贴对比亚迪财务绩效的影响研究［D］．上海：华东交通大学，2017．
[5] 杨欣．浅谈新准则下政府补助的会计核算对企业的影响及存在的问题［J］．纳税，2018，12（24）：62-63．

［6］戚长兰."企业会计准则第16号——政府补助"修订前后准则变化及信息披露影响探析［J］.纳税,2019（3）:63-64.

［7］比亚迪:关于公司会计政策变更的公告,公告编号:2017-059.

［8］唐蕾.新能源行业上市公司的政府补助研发投入与环境绩效［D］.重庆:重庆工商大学,2018.

［9］徐佳佳.新能源汽车行业不同类型政府补助的绩效研究［D］.上海:上海国家会计学院,2018.

［10］章洁倩.政府补助会计准则的修订对上市公司财务列报影响分析［J］.天津:天津农学院经济管理学院,2018.

[案例说明书]

一、本案例要解决的关键问题

本案例拟通过了解新旧会计准则政府补助的区别,分析新能源汽车企业对于政府补助的会计处理方式,旨在引导学生思考和解决如下几个关键问题:首先,新旧会计准则政府补助在会计处理上具体有何区别;其次,新会计准则政府补助对比亚迪财报有何影响;最后,新会计准则政府补助对比亚迪业绩有何影响。本案例通过解决这几个关键问题,帮助学生深入了解新旧会计准则政府补助的会计的相关知识点,启发学生思考企业在相关政策的引导下如何进行会计处理。

二、案例分析的要点

(一) 需要学员识别的关键问题

(1) 新旧会计准则政府补助的差异在哪?
(2) 总额法与净额法会计处理差别是什么?
(3) 新会计准则政府补助对比亚迪财报披露以及报表科目有何影响?
(4) 新旧会计准则下政府补助对比亚迪业绩有何影响?

(二) 解决问题的可供选择方案

1. 新旧会计准则政府补助的差异在哪?

此次修订将原准则应用指南和企业会计准则讲解中的部分内容加入了准则正文,定义更加完整明晰,会计政策、会计核算方法更全面具体,主要修订内容有:重新定义了政府补助的特征,将"政府补助是企业自政府处直接取得资产"变更为"政府补助是来源于政府的经济资源"。强调来源而非直接取得,将收到其他方代收代付政府拨付的资源也划分为政府补助,更加精准完整。

调整了政府补助准则的适用范围,将原准则中"债务豁免适用《企业会计准则第12号——债务重组》"删除,增加了适用《企业会计准则第14号——收入》的相关条款,规定企业获得的与销售商品或提供劳务等日常经营活动密切相关,且构成了企业商品或劳务的对价或者是对价的组成部分的政府补助适用《企业会计准则第14号——收入》。

新增了"其他收益"作为会计科目和利润表项目,取代原计入营业外收入的部分核算内容,将与日常活动相关但与商品或劳务对价无关的政府补助计入"其他收益",与企业日常活动无关的政府补助仍然计入营业外收入。

允许选择总额法或净额法对政府补助进行核算,递延收益的摊销由平均法改为按照合理、系统的方法进行摊销,会计政策更具科学性。

规范了财政贴息的会计处理,提出可以采用简化处理或按公允价值计量实际利率法摊销对财政贴息进行核算。

2. 总额法与净额法会计处理的差别是什么?(以比亚迪和福田汽车为例)

由于比亚迪2017年并未改变对政府补助的会计处理方法,即依旧采用总额法,而北汽福田汽车股份有限公司（简称福田汽车）对于部分与收益相关的政府补助在2017年改为净额法，所以我们将比亚迪与福田汽车就2017年与收益相关的政府补助的会计处理进行比较。

首先我们看到福田汽车2017年的审计报告中，明确指出"福田西路拆迁补助"的财政拨款项目采用净额法冲减相关成本（管理费用），金额为2 225 930.33元。因此，福田汽车收到这笔拨款时，先计入"递延收益"，待冲减相关成本时，再转入"管理费用"。

而比亚迪2017年的财务报表中，当年新增的与收益相关的政府补助项目是"汕头比亚迪珠三角优质企业转移扶持资金"和"淮安实业产业扶持引导基金"，金额分别是84 000元和84 660元。那么比亚迪与收益有关的政府补助在总额法下，收到这两笔政府补助时，先依次计入"递延收益"，再在日后各期通过递延收益分摊计入当期收益。

3. 新准则政府补助对比亚迪财报披露以及报表科目有何影响？

在旧准则下，政府补助的划分只有与资产相关和与收益相关，比亚迪在公布报表时只有一种选择，即将政府补助通过"递延收益"科目分期计入"营业外收入"科目。而在新准则下，政府补助进行了细分——与资产相关、与收益相关、满足收入准则、与日常活动相关等。而与企业日常活动相关的政府补助，准则明确规定应当按照经济业务实质，计入其他收益或冲减相关成本费用，并且在利润表中的"营业利润"项目之上单独列报"其他收益"项目，同时，将计入其他收益的政府补助在该项目中反映。因此，比亚迪在2017年的报表披露中，将与日常活动有关的政府补助从利润表"营业外收入"项目调整为"其他收益"科目列报；另外，财政将贴息资金直接拨付给公司，公司可以将对应的贴息冲减相关借款费用，即财政贴息从利润表"营业外收入"项目调整为冲减"财务费用"项目。该调整下受影响的报表项目主要包括"营业外收入""其他收益""财务费用"。其中"其他收益"增加604 538 255元，营业外收入减少604 538 255元；财政贴息影响：财务费用减少14 410 000元，营业外收入减少14 410 000元。

4. 新旧会计准则下政府补助对比亚迪业绩有何影响？

（1）比亚迪政府补助变化情况。

由图16-6可知，比亚迪公司2014年至2017年递延收益余额总体呈上升趋势，2014

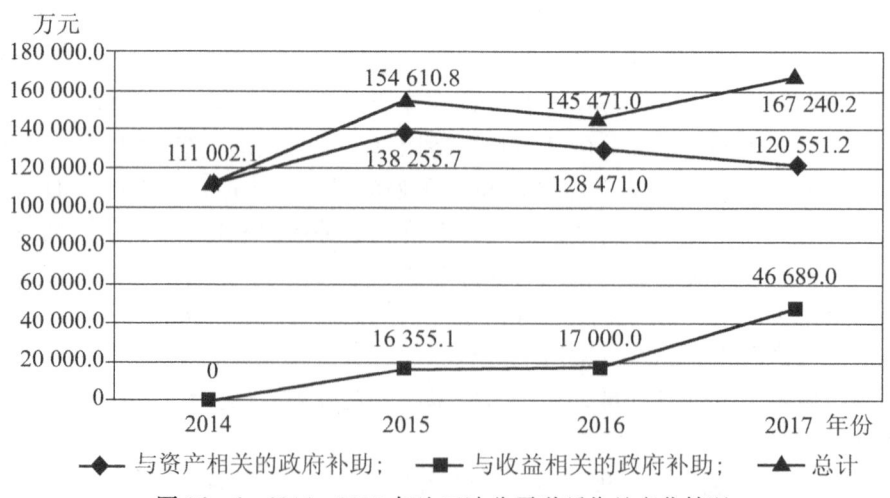

图16-6 2014—2017年比亚迪公司递延收益变化情况

年递延收益为 111 002.10 千元,2015 年上涨至 154 610.80 千元,2016 年有所回落,为 145 471.00 千元,2017 年再次上涨至 167 240.20 千元。由 2014 年 111 002.10 千元上涨到 2017 年 167 240.20 千元,涨幅为 50.66%。长沙汽车城项目生产研发固定资产投资补贴和插电式乘用车深度混合动力系统项目占比较重,随着补助金额的确认,该补助金额逐年减少。

由图 16-7 及表 16-7 可知,比亚迪公司 2014 年至 2017 年四年间收到的政府补助逐年上涨,由 2014 年收到 152 640 千元到 2015 年的 604 592 千元,增加了近 3 倍,2016 年持续增长,并且 2017 年增加到 1 376 120 千元,相比 2016 年 767 302 千元增长了近 80%。比亚迪公司收到的政府补助金额逐年上涨。由图 16-8 可知,2015 年增长百分比为 296.09%,

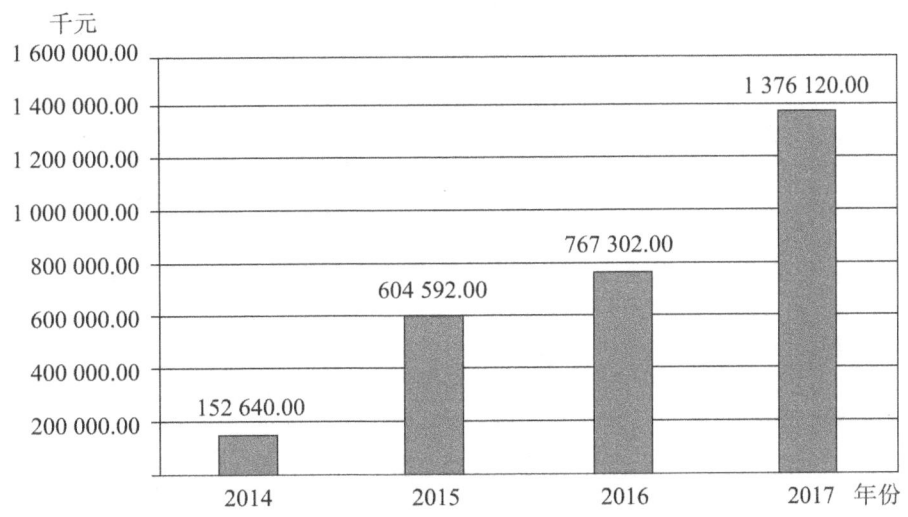

图 16-7　2014—2017 年比亚迪公司政府补助新增情况

表 16-7　2015—2017 年比亚迪公司递延收益逐年增长百分比

年份	递延收益/千元	较上一年增长百分比	年份	递延收益/千元	较上一年增长百分比
2014	152 640.00	—	2016	767 302.00	26.91%
2015	604 592.00	296.09%	2017	1 376 120.00	79.35%

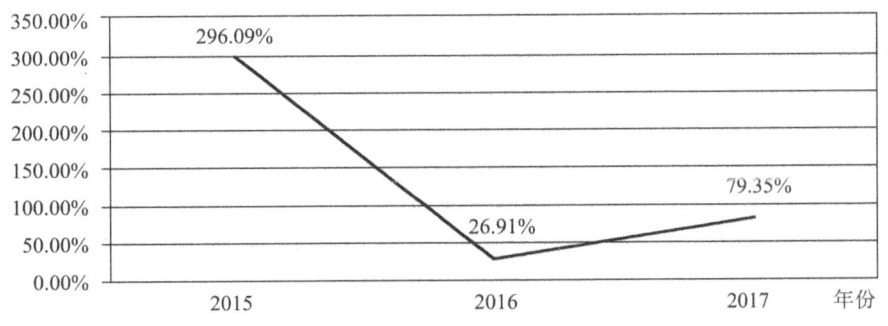

图 16-8　2015—2017 年比亚迪公司递延收益逐年增长趋势

2016 年回落至 26.91%，增长百分比回落较大，可见在 2015 年新增政府补助较上一年增长显著，而 2016 年至 2017 年递延收益增长平缓，但 2017 年较 2016 年递延收益有所回升。

（2）盈利能力变化情况。

通过图 16-9 和表 16-8 可知，当期收到的政府补助所占当年营业总收入的比重并不大，2014—2017 年的营业总收入总体呈现增长趋势，但 2017 年增速放缓（只有 1059.15 亿元）。而净利润的变化趋势与其不同，2014 年至 2016 年呈现增长状态，但 2016 年到 2017 年有所回落，从 2016 年的 50.52 亿元回落至 2017 年的 40.66 亿元，但 2017 年的政府补助 13.76 亿元相对于上一年是有所增加的，可见尽管政府补助增加，其净利润依然回落，2017 年盈利能力下降，盈利能力的提升作用变低。

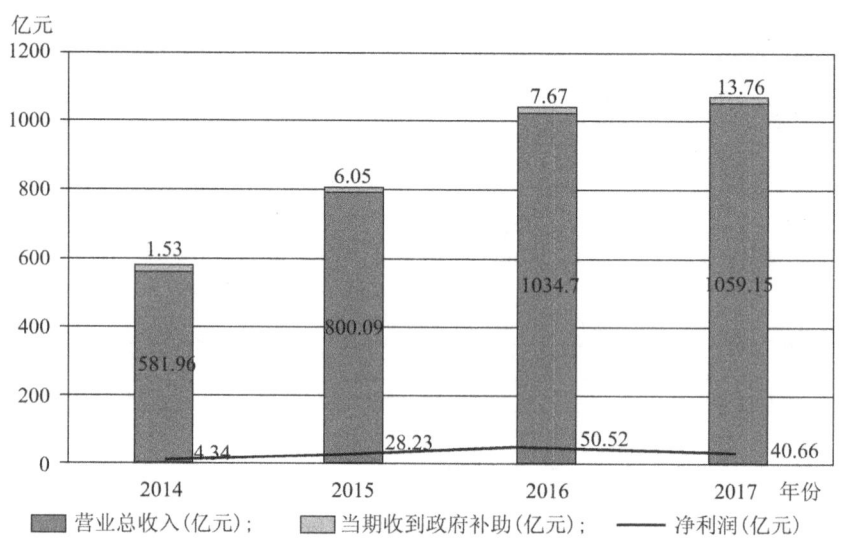

图 16-9　2014—2017 年政府补助对比亚迪盈利能力影响情况走势图

表 16-8　2014—2017 年政府补助对比亚迪盈利能力影响情况

年份	2014	2015	2016	2017
净利润/亿元	4.34	28.23	50.52	40.66
营业总收入/亿元	581.96	800.09	1034.7	1059.15
当期收到政府补助/亿元	1.53	6.05	7.67	13.76

数据来自新浪财经、同花顺。

（3）偿债能力变化情况。

出于对总体偿债能力的考虑，这里分别选取资产负债率、流动比率和速动比率作为偿债长短期能力衡量指标，整理相关数据如图 16-10 及表 16-9 所示。

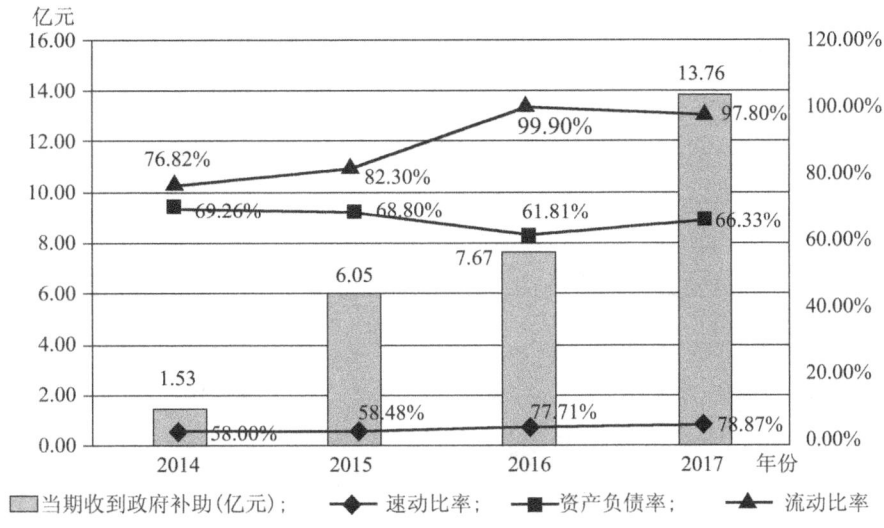

图 16-10 2014—2017 年政府补助对比亚迪厂偿债能力影响趋势图

表 16-9 2014—2017 年政府补助对比亚迪偿债能力影响表

年 份	2014	2015	2016	2017
资产负债率/%	69.26	68.80	61.81	66.33
流动比率/%	76.82	82.30	99.90	97.80
速动比率/%	58.00	58.48	77.71	78.87
当期收到政府补助/亿元	1.53	6.05	7.67	13.76

数据来自新浪财经、同花顺。

通过图 16-10 和表 16-9 可知，2014—2017 年，比亚迪资产负债率由 2014 年的 69.26%下降至 2016 年的 61.81%；而流动比率由 2014 年的 76.82%上涨至 2016 年的 99.90%；速动比率也从 2014 年的 58%上涨至 2016 年的 77.71%，然而 2016 年至 2017 年，资产负债率又上涨至 66.33%，流动比率和速动比率分别降至 97.80%和 78.87%。另一方面，当期收到的政府补助 2014 年至 2017 年一直处于增长状态，由 1.53 亿元上涨至 13.76 亿元，尽管政府补助不断增加，但是企业的短期偿债能力并没有得到很大改善，比亚迪偿债能力 2014 年至 2016 年略有提高，而 2017 年反而有所下降。

（4）营运能力变化情况。

这里选取存货周转率作为盈利能力衡量指标，整理相关数据如图 16-11 和表 16-10 所示。

从图 16-11 和表 16-10 中的比亚迪 4 年来的平均总资产周转率的变化可以看出，其总资产周转率是不断下降的，说明企业的营运能力在不断减弱，资产利用效率不断降低。这可能是由于政府的不断补助使得新能源汽车企业的经营对政府的大额补助产生了依赖，失去了不断提升自身经营状况的能力，导致营运状态不断变差；而政府为了缓解这种不断恶化的经营状况，继续加大补助的力度和范围，这样一来就形成了一种恶性循环，不仅对提升企业的营运能力没有积极作用，而且使企业产生了依赖，失去了提升的能力，可说是适得其反。

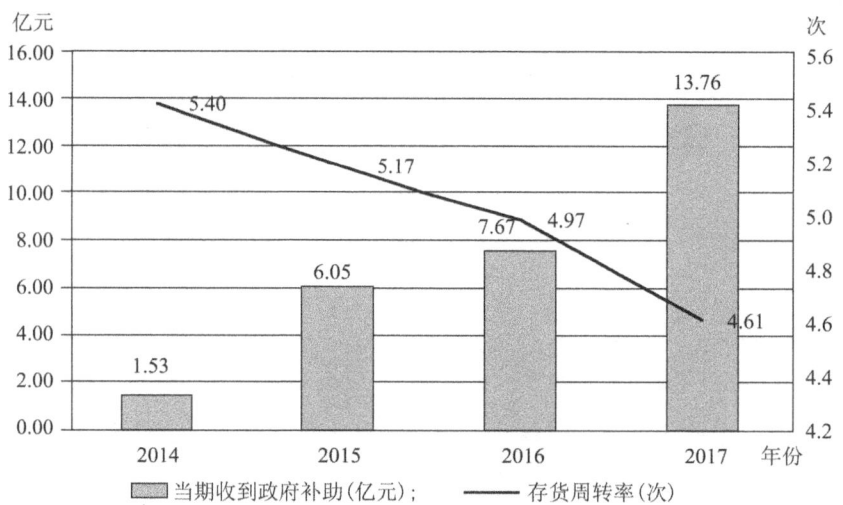

图 16-11　2014—2017 年政府补助对比亚迪营运能力的影响趋势图

表 16-10　2014—2017 年政府补助对比亚迪存营运能力影响情况

年　份	2014	2015	2016	2017
存货周转率/次	5.4	5.17	4.97	4.61
当期收到政府补助/亿元	1.53	6.05	7.67	13.76

数据来自新浪财经、同花顺。

（5）发展能力变化情况。

这里选取净资产收益率、营业总收入同比增长率及净利润同比增长率作为发展能力衡量指标，整理相关数据如图 16-12 和表 16-11 所示。

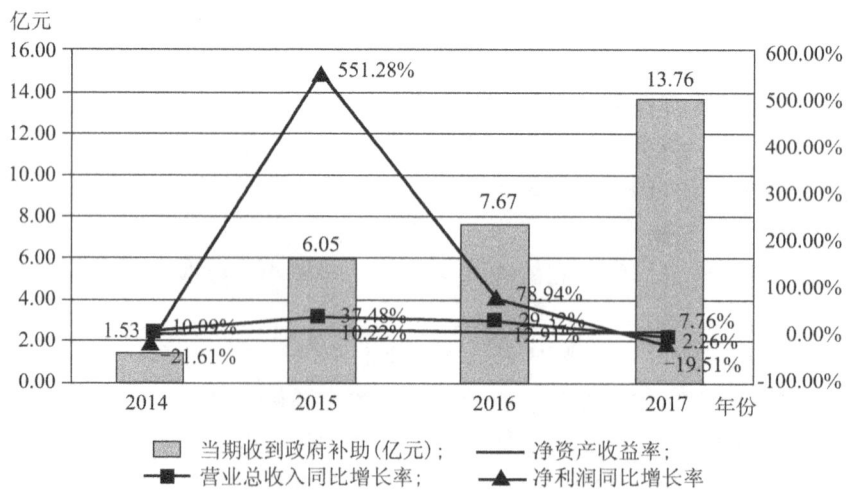

图 16-12　2014—2017 年政府补助对比亚迪发展能力的影响趋势图

表 16-11　2014—2017 年政府补助对比亚迪发展能力影响情况

年　份	2014	2015	2016	2017
净资产收益率/%	1.84	10.22	12.91	7.76
营业总收入同比增长率/%	10.09	37.48	29.32	2.36
净利润同比增长率/%	-21.61	551.28	78.94	-19.51
当期收到政府补助/亿元	1.53	6.05	7.67	13.76

数据来自新浪财经、同花顺。

从图 16-12 和表 16-11 中可以看出，政府补助与比亚迪净利润同比增长率、净资产收益率及营业总收入同比增长率基本不存在明显的相关性，也就是说政府补助并不能为比亚迪的发展能力带来积极的影响。但是这种分析仅仅是针对当期而言，长期的递延型影响当期并不能很好地显现出来。

按照政府对新能源汽车企业进行补助的原因和最终目标来看，政府补助必定会对企业长久的发展带来积极正面的影响，当然这种影响的效果会随政府补助力度、企业利用效率和行业发展所处阶段等因素的变化而产生变化，不可一概而论。

三、教学组织方式

（一）问题清单及提问顺序、资料发放顺序

本案例提问的题目依次为：

（1）新能源汽车行业现状如何？

（2）会计准则新政府补助对新能源汽车企业财务报表披露有何影响？

（3）会计准则新政府补助对比亚迪的财务报表科目有何影响？

（4）会计准则新政府补助有哪些地方还需要进行完善？

（二）课时分配

（1）课前阅读资料：学生自行搜索资料，约 2 小时。

（2）课堂基础知识回顾：任课教师对课程相关知识点进行回顾讲解，约 15 分钟。

（3）阅读案例，小组讨论并进行抢答；运用所学知识，对案例进行深入且多角度分析，约 3 小时。

（4）课堂小组补充拓展性发言（教师可以适当提醒与补充），约 0.5 小时。

（5）课堂讨论总结：教师对学生发言进行总结，并做出相关引申，约 0.5 小时。

（三）讨论方式

本案例可以采用小组讨论方式。

（四）课堂讨论总结

课堂讨论总结的关键是：归纳发言者的主要观点，并将其重点与亮点再次说明；对有争议的地方引导学员进行深入思考。

案例 17

完美布局，完美回归——完美世界私有化退市回归 A 股*

---

* 1. 本案例由广东工业大学管理学院张军波、林佳涵、张思缘、陈雪婉撰写，作者拥有著作权中的署名权、修改权、改编权。
2. 本案例授权广东工业大学产教融合 MPAcc 教学智库实验平台使用，广东工业大学产教融合 MPAcc 教学智库实验平台享有复制权、修改权、发表权、发行权、信息网络传播权、改编权、汇编权和翻译权。
3. 由于企业保密的要求，在本案例对有关名称、数据等做了必要的掩饰性处理。
4. 本案例只供课堂讨论之用，并无意暗示或说明某种管理行为是否有效。

[案例封面]

专业领域：资本运营、财务管理
适用课程：资本运营，财务管理理论与实务
选用课程：资本运营，财务管理理论与实务
编写目的：通过本案例的教学和讨论，旨在帮助学员了解中概股公司的缘起、回归动因，帮助学员运用资本运作的相关知识，讨论分析完美世界私有化退市、拆除VIE、回归A股的过程、回归后的表现，以及深入分析完美世界快速回归的核心要素。
知 识 点：资本运作；中概股回归；动因分析
中文摘要：中概股从炙手可热，到备受冷落，再到回归浪潮，是海内外资本市场的飞速发展的结果。相比于花费3年2个月时间实现私有化并回归的分众传媒以及2年6个月时间的巨人网络，完美世界仅用了15个月便超高速完成私有化退市并登陆A股回归，其中奥妙值得探讨。本案例基于此次事件，梳理了完美世界发展历程及回归的主要内容，分析了完美世界回归的动因、回归的资本运作，其快速回归的因素及其回归后的评价。

[案例正文]

一、引言

曾几何时，国内资本市场上市的高门槛，使得众多本土新兴企业不得不背井离乡，远赴美国上市。这些在境外证券交易所上市的中国内地股市，被称为"中国概念股"，简称"中概股"。资本雄厚、投资者数量庞大、市场规模大的海外资本市场，为中概股解决了融资问题，还推动着它们的成长与发展。这使得越来越多的公司奔赴海外上市，形成海外上市潮。据统计，2003—2014年，共有270家中概股公司赴美上市，IPO首发募集资金规模超过340亿美元。美国资本市场流行着这样一种理念："信息比物质更重要，比特比原子更重要"。这个理念反映了美国投资者的投资意向，表明了他们对互联网公司的认同与支持。远赴海外的中概股公司中有很大比例是互联网公司，而这使得它们颇受海外投资者的喜爱。

然而自2011年以来，中概股在海外却屡遭重创。高昂的上市维护成本，大规模的集体诉讼、证监会的天价罚款、市值被整体低估以及接二连三的做空风暴，使得众多中概股对海外资本市场心灰意冷。与此同时，在中国经济发展的新阶段，实体经济的证券化趋势加速，居民财富日益证券化推动着国内的资本市场逐渐完善，使得中概股踏上回归浪潮。国务院定调中概股回归政策后，针对具有特殊股权结构企业回归的具体监管政策陆续出台，进一步推动回归浪潮。

相较于退市再上市耗时3年2个月的分众传媒和2年6个月的巨人网络，完美世界仅用15个月的时间就完成完美回归，令人惊叹。在此背景下，本案例以完美世界为对象，对中概股回归中的资本运作及其绩效进行剖析与研究。

二、案例公司概况

2004年3月，池宇峰创立了北京完美时空网络技术有限公司，并于2007年7月26日在美国纳斯达克上市。其2011年更名为完美世界（北京）网络技术有限公司。2015年7月28日，完美世界从纳斯达克退市。2016年4月，通过发行股份购买资产的方式，完美世界游戏注入上市公司完美环球，在深圳证券交易所完成上市，股票代码002624。公司发展历程如图17-1所示。

完美世界股份有限公司是完美世界控股集团旗下的上市公司，涵盖完美世界影视和完美世界游戏两大业务板块。完美世界是我国最大的影游综合体，经营范围包括广播电视节目制作与经营（范围详见《广播电视节目制作经营许可证》）、动漫、平面设计、制作，网站开发，网页设计，设计、制作、代理、发布国内各类广告，软件开发与销售等。完美世界自2011年至2018年，7次位列中国文化企业30强，并多次获评国家文化出口重点企业。2016年，完美世界荣获最具社会责任上市公司奖。2017年，完美世界荣获2016—2017年度中国最受尊敬企业。

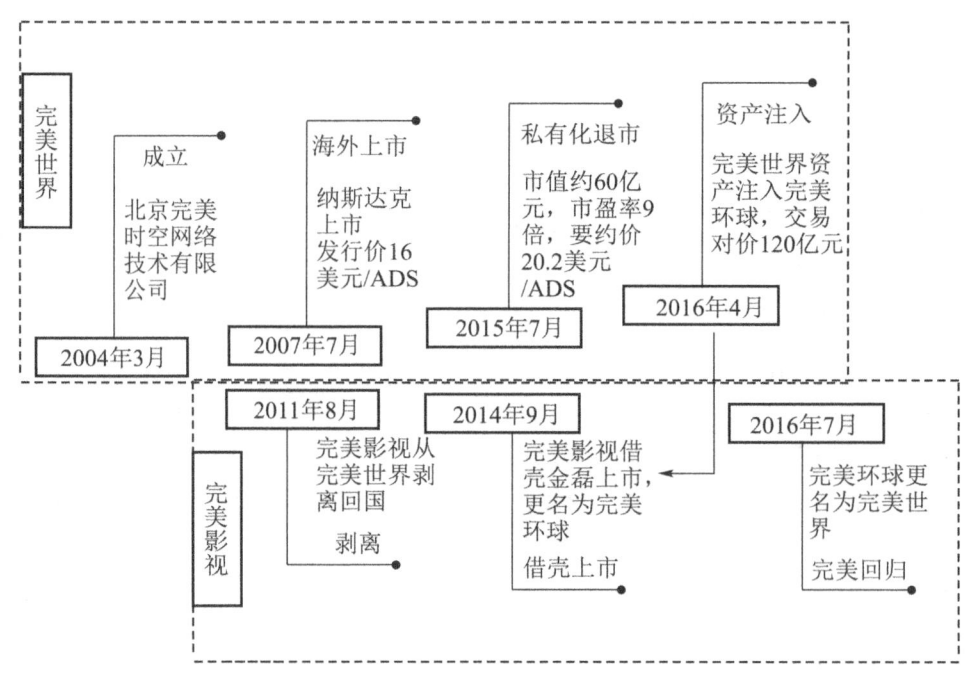

图 17-1 完美世界发展历程

2004年，池宇峰创立完美世界游戏，致力于 3D 网络游戏的研发，成功研发出 Element 3D 引擎，并陆续推出《完美世界》《武林外传》《诛仙》等自主研发的 3D 网络游戏，取得了不俗的成绩，为完美世界在中国游戏行业立足打下了坚实基础。2007 年 7 月，完美世界随着浪潮奔赴美国纳斯达克上市。作为中国内地最早进行海外运营的网络游戏公司，完美世界游戏在中国内地网络游戏海外出口中连续多年排名第一，用户群体覆盖全球 100 多个国家和地区。完美世界游戏在北美洲、欧洲和亚洲均设有全资子公司，并已成功将旗下游戏授权至亚洲、拉丁美洲、俄罗斯联邦等多个国家和地区进行运营，既为全球用户提供优质的互联网娱乐服务内容，也为中国文化在全球传播起到了积极的作用。

三、旅美八年，游子思归

完美世界在美上市后一直表现优异，2007 年 7 月 26 日，发行价 16 美元/ADS，上市首日大涨 27.5%，在随后的第二个交易日内再次大涨 25.74%，最终收报于 25.65 美元/ADS。这在当时正处于大幅下跌的美国股市的背景下，显得尤其亮眼。

然而，自从 2010 年浑水公司和香橼研究专注于做空中概股公司开始，中概股的诚信就被蒙上一层黑纱，期间像东方纸业（ONP）、网秦（NQ）的股价分别暴跌 50% 和 57%；绿诺科技（RINO）、中国高速传媒（CCME）惨遭退市；分众传媒（FMCN）、傅式科普威（FSIN）虽击退做空，但也主动退市。再加上 2011 年 9 月 30 日，美国司法部协助 SEC 调查在美上市中概股的财务问题，曾经被视为华尔街的"新宠"的中概股，变成了过街老鼠。完美世界也随之遭殃，当日价格跌至 11.58 美元/ADS，跌幅达 8.17%。

为了企业的长期发展，提高长期竞争力而造成短期的盈利低谷，这对于完美世界来说,是战略性紧缩,是欲扬先抑,但华尔街的投资人不这么认为。自 2011 年以来,完美世界 ADS 交易价格持续低迷,公司价值被严重低估,甚至跌破亿元大关。2014 年,完美世界的市盈率只有 10.50,而同为游戏行业,在 A 股上市的游戏企业可谓风生水起。昆仑万维和掌趣科技的市盈率分别为 107.48 和 118.67,中青宝和游久游戏的市盈率更是高达 1278.45 和 4606.47。在退市前夕,在美拼搏 8 年的完美世界市值约为 9 亿美元,折算下来,大概 60 亿元人民币,而 2012 年登陆 A 股的掌趣科技市值却为 488 亿元人民币。"8 年纳斯达克,市值仅为掌趣科技 1/8,不如做私有化和退市吧",就这样,面对华尔街的冷淡面孔,以及国内资本市场不断抛来的橄榄枝,完美世界的创始人兼董事长池宇峰在 2015 年 1 月 3 日发布私有化提议公告,私有化要约价格为 20.2 美元/ADS,完美世界自此正式启动私有化计划。

四、资本无忧,挥手退市

(一) 私有化合并

2015 年 4 月 26 日,完美世界宣布已与池宇峰控制的开曼群岛关联公司 Perfect World Merger Company Limited 签署《合并协议与计划》,从而成为母公司 Perfect Peony Holding Company Limited 的全资子公司。收购价格调整为 4.04 美元/普通股或 20.20 美元/ADS,相比于发布私有化提议公告前最后一个交易日(即 2014 年 12 月 30 日)收盘价格 15.91 美元/普通股,溢价 26.96%。

按照以往,中概股公司的私有化是在财团的支持下进行管理层收购,然而此次私有化的合并主体是池宇峰的关联公司,并无其他买方财团。完美世界退市前的市值仅为 60 亿元,而在私有化前,公司账面留存现金加上办公楼等,价值就超过 40 亿元。因此池宇峰从招商银行纽约分行、招商银行离岸金融中心及永隆银行获得 9 亿美元贷款融资后,便以充足的资本完成私有化合并。2015 年 7 月 28 日,完美世界宣布完成私有化合并,且在隔日便暂停在美国纳斯达克挂牌交易。2015 年 8 月 7 日,完美世界正式从美国纳斯达克退市,自此,结束了长达 8 年的美国之旅。

(二) 拆除 VIE

完成私有化退市后,接着便要拆除 VIE 架构。2015 年 8 月 10 日,北京完美时空、完美数字科技及完美数字科技股东签署《解除协议》,同意解除各方 2013 年 12 月 10 日签署的《独家技术支持和技术服务协议》《开发合作协议》《业务经营协议》《购买选择权协议》和《股权质押协议》,并确认自《解除协议》签署之日起各方基于前述协议所享有的一切权利、义务、债务和责任均告终结。VIE 拆除前的股权架构如图 17-2 所示。

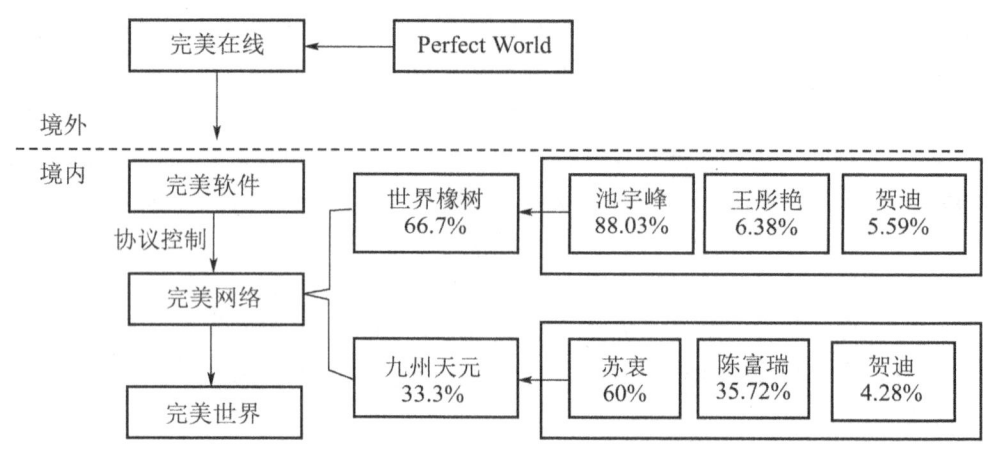

图 17-2 完美世界 VIE 拆除前股权结构

2016 年 1 月，池宇峰与其一致行动人完美世界（北京）数字科技有限公司（简称"完美数字科技"）、石河子快乐永久股权投资有限公司先后收购世纪橡树和九州天元对完美网络持有的股权，VIE 协议得以解除。VIE 拆除后的股权架构如图 17-3 所示。拆除后完美世界股权权属清晰，不存在诉讼等法律风险。VIE 协议控制架构拆除前后，完美世界的主营业务均为网络游戏的研发、发行和运营，符合国家产业政策及相关法律法规等的规定。

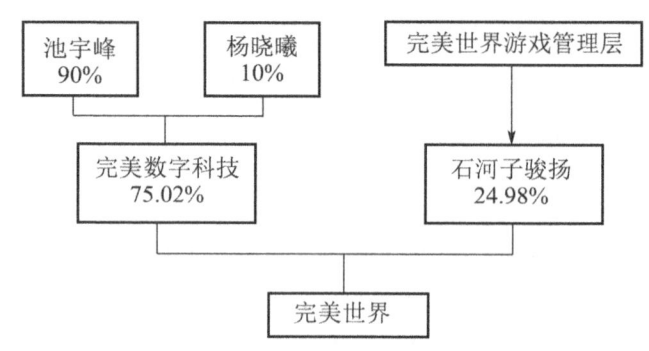

图 17-3 完美世界 VIE 拆除后股权结构图

五、完美布局，火速回归

完成私有化退市，解除 VIE 架构后，便要着手回归 A 股的事宜。私有化退市的公司有很多，而成功完成回归再上市的却很少。据不完全统计，从 2015 年 1 月至 2016 年 12 月，有 42 家在美国上市的中概股发布董事会收到私有化要约的公告，截至 2017 年 12 月 31 日，上述中概股中已完成私有化并退市的企业有 29 家。而相比于私有化的声势浩大，迈开步伐走向回归的却不多。截至 2018 年 5 月，上述 29 家成功私有化退市的中概股中只有 11 家在再上市这一环节有实质性的进展，而已经顺利实现回归的只有 6 家，如图 17-4 所示。由此可见，回归 A 股才是完美世界的重头戏，而这更是让人惊叹于池宇峰的完美布局。

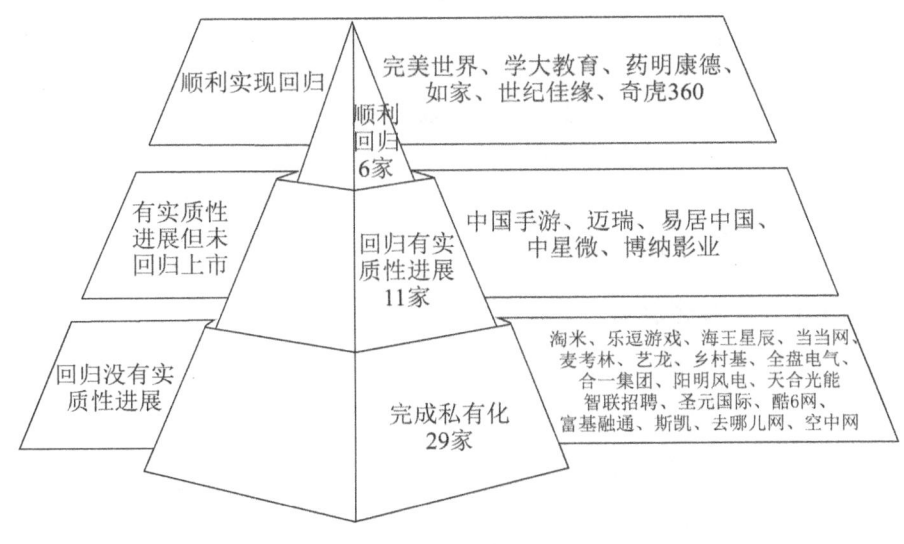

图 17-4 私有化回归情况

（一）另辟蹊径，资产注入

回归 A 股，有几条路可以选，学大教育、世纪佳缘、如家选择的被资产收购，奇虎 360 选择的借壳上市，药明康德选择的分拆上市，另可选择 A 股 IPO。但这些都存在着许多客观困难。资产收购会面临企业经营和管理层、实际控制人的重大变动；借壳上市，一是得苦苦寻觅壳公司，二是证监会的紧盯不放、穷追猛打；直接 IPO 还得领个号码牌，排起望不到尽头的长队；分拆上市也是难上加难。完美世界的实际控制人池宇峰巧妙地绕开以上的回归途径，快、准、狠地开展回归行动——资产注入，而资产注入的对象便是池宇峰所控制的完美环球。

2015 年 7 月，在完美世界完成退市的前夕，在深交所中小板上市的一家名为完美环球娱乐股份有限公司（简称"完美环球"）开始停牌，在停牌半年之后，上市公司完美环球发布了《发行股份购买资产并募集配套资金暨关联交易》的重组预案，拟向完美数字科技和石河子骏扬这两个股权投资合伙企业（有限合伙）发行股份，以 19.53 元/股的价格发行 6.14 亿股，购买其持有的完美世界 100% 股权，交易对价 120 亿元。

（二）运筹帷幄，预先搭台

这看起来似乎是借壳上市的老套路，但细细研究，才知其中奥秘。完美环球的核心资产和核心业务便是完美影视，完美影视是 2008 年 8 月 18 日由池宇峰创立的，投资拍摄了《钢的琴》《失恋 33 天》等影片，在业内颇有声望。2011 年 2 月完美影视被注入在美上市的完美世界，但却在 6 个月后，被火速剥离回到境内。被剥离时，完美影视的对价很低，只有 1.65 亿元的股权转让款和 5 年期 1.95 亿元的无息股东贷款。而到了 2014 年，影视板块的资产业务格外受国内 A 股市场的青睐，池宇峰便趁机带着完美影视冲进 A 股。

浙江金磊高温材料股份有限公司（简称"金磊股份"）于 2011 年在深交所中小板上市，是一家主要生产炉外精炼设备必备内衬耐火材料的高新技术企业。其主要客户为生产钢炉外精炼设备的公司，因为钢铁行业产能过剩，对炉外精炼设备的需求减少，因而减少了对金磊股份耐火材料的采购，公司并没有达到预期盈利。公司一直希望通过引入优质的业务来实现企业的转型，使企业的盈利能力能够得到一定的提升。亟待转型的金磊股份与完美影视这样优质的资产一拍即合。2014年9月，完美影视以27亿元的对价借壳金磊股份上市，更名为完美环球娱乐股份有限公司，实际控制人变更为池宇峰。由此，池宇峰所控制的完美帝国，便在国内有了完美的上市公司。

（三）避开借壳，快速过审

2016年3月，就在完美环球发布重组预案的2个月后，证监会便审核通过了该预案，完美环球在通过的次日便复牌。如此快速地过审的重要原因，便是完美世界不构成借壳上市。根据完美世界资产重组时适用的《上市公司重大资产重组管理办法》（2014）的规定，借壳上市是指自控制权发生变更之日起，上市公司向收购人及其关联人购买的资产总额，占上市公司控制权发生变更的前一个会计年度经审计的合并财务会计报告期末资产总额的比例达到100%或以上的重大资产重组行为。也就是说，判断完美世界重组是否构成借壳上市，得看两个指标，一是实际控制权的变更，二是资产变更的比例。对于前者，无论是完美世界还是完美环球，其实际控制人都是池宇峰，且交易后还加强了实际控制人池宇峰的控股地位，所以也就不存在变更实际控制人的问题。交易前后实际控制人池宇峰的持股比例如图17-5所示。这就是完美世界通过完美环球回归A股而不构成借壳的关键。

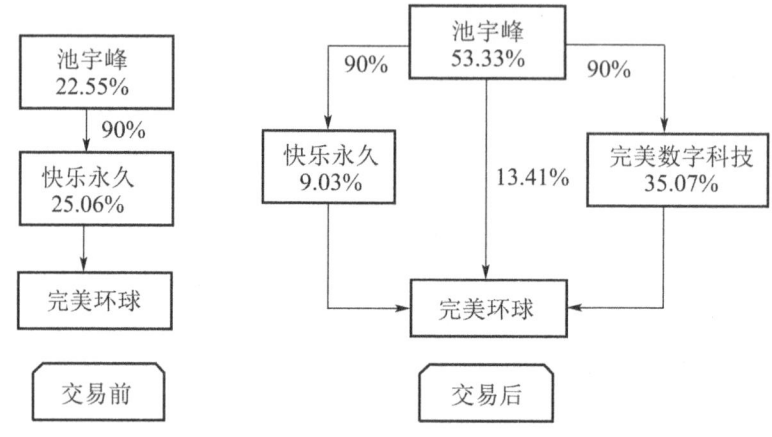

图17-5 完美环球交易前后实际控制人的持股比例

六、讨论问题

1. 完美世界私有化退市的动因是什么？
2. 中概股回归的路径有哪些？
3. 为什么完美世界选择以资产注入的方式来实现回归A股？
4. 为什么完美世界能快速回归A股？
5. 如何评价完美世界回归后的表现？

[案例说明书]

一、案例需要解决的关键问题

近年来,随着海外资本市场对中概股的不友好,以及国内资本市场制度逐渐健全与完善,许多中概股公司选择私有化退市,然后回归国内资本市场。但是由于回归程序的复杂性及花费时间较长,成功回归的公司并不多。本案例分析了完美世界回归的动因、回归的资本运作、快速回归的决定性因素以及对它的回归评价,其他中概股企业可以借鉴,吸取经验。

二、案例分析思路

案例分析思路见图17-6。

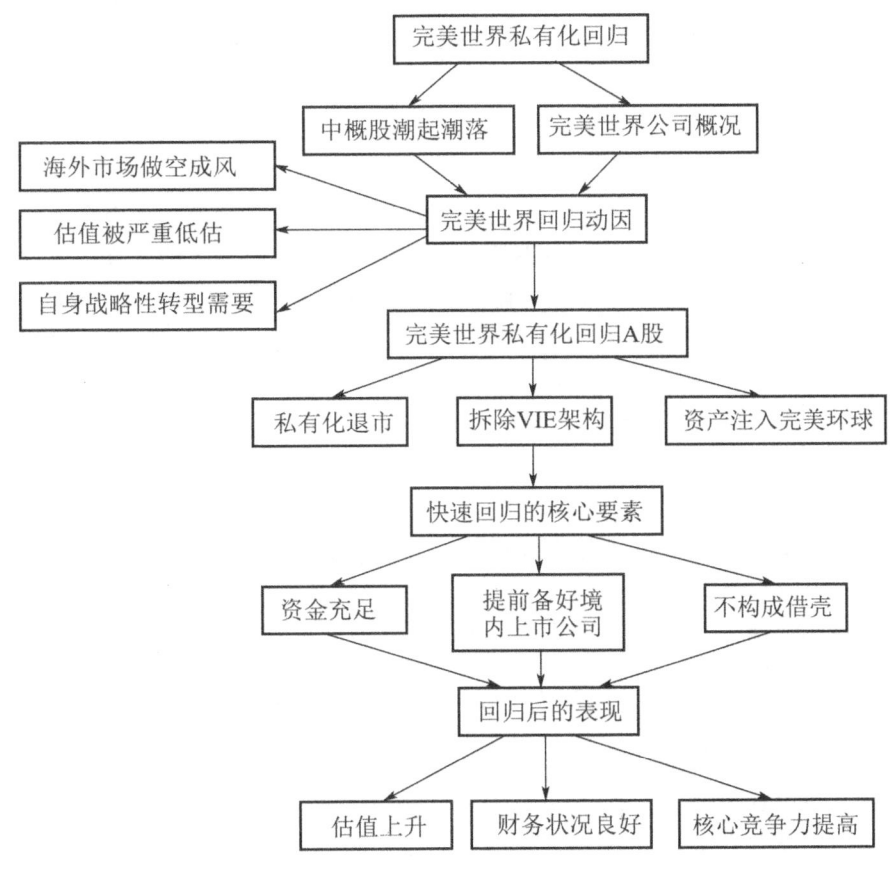

图17-6 案例分析思路图

三、案例分析要点

(一) 完美世界私有化退市的动因

1. 做空成风,中概股沦为过街老鼠

何为"做空"?做空是股票期货市场常见的一种操作方式。该操作是操作者预期股票期货市场会有下跌趋势,将手中筹码按市价卖出,等股票期货下跌之后再买入,赚取中间差价。2009 年,一家名为"浑水研究"的公司因在美国证券市场上成功狙击多家中概股公司而声名鹊起。"浑水"起名源于"浑水摸鱼",表明了该公司的目标就是掀开中概股公司华丽的外表,暴露其存在的各种各样的问题,导致其股票跳水,从中牟取暴利。

早期赴美上市的某些中概股公司,在运营上或者财务上都存在严重的问题,但为了尽早上市,他们不惜代价采用了财务造假等恶劣手段。这些公司是最早遭遇做空的,很多都被逼退市。而这也让浑水和香橼等公司尝到了做空的甜头,于是他们便无视对象是否真的存在造假问题,把矛头直指中概股,这使得许多没有造假的中概股公司也受到连累,一时间中概股公司被贴上"造假"的标签,信誉直线下滑,股价纷纷下跌。曾经被视为华尔街的"新宠"的中概股,变成了过街老鼠。海外投资者纷纷逃离中概股。在这股妖风中,完美世界也随之遭殃,2011 年 9 月 30 日,其股价跌至 11.58 美元/ADS,跌幅达 8.17%。

2. 估值偏低,落差巨大

自 2011 年以来,完美世界 ADS 交易价格持续低迷,公司价值被严重低估,甚至跌破亿元大关。2014 年,完美世界的市盈率只有 10.50;而同为游戏行业,在 A 股上市的游戏企业可谓风生水起,昆仑万维和掌趣科技的市盈率分别为 107.48 和 118.67,中青宝和游久游戏的市盈率更是高达 1278.45 和 4606.47。在退市前夕,在美拼搏 8 年的完美世界市值约为 9 亿美元,折算下来,大概 60 亿元人民币,而 2012 年登陆 A 股的掌趣科技市值却为 488 亿元人民币。对此,完美世界实际控制人池宇峰表示:"8 年纳斯达克,市值仅为掌趣科技 1/8,不如做私有化和退市吧"。

3. 自身战略性转型需求

外有海外资本市场戴着有色眼镜的异样眼光,内是完美世界自身战略性转型的困境。2011—2013 年,随着移动互联网的快速发展,网络游戏这块大蛋糕也成为各大游戏公司的主战场。完美世界是以传统端游起家打天下的,但随着端游渐入瓶颈期,完美世界也需谋求新的方向,于是完美世界便开始对手机移动游戏下手。游戏行业本就是资本密集型行业,从传统端游向移动游戏转移,需要大笔资金的投放,而这便使得完美世界的资金链备受压力,

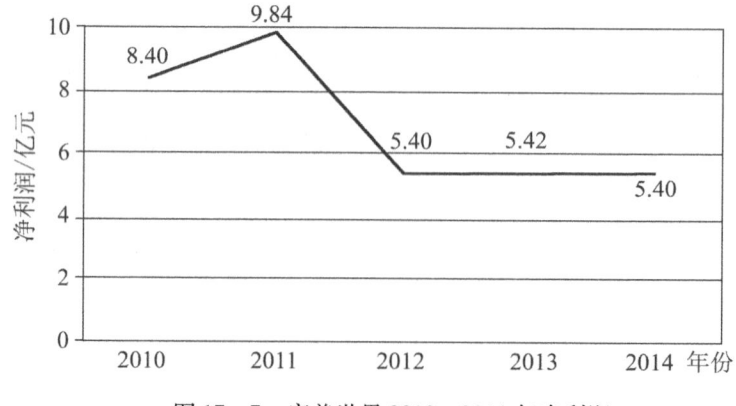

图 17-7 完美世界 2010—2014 年净利润

业绩也陷于低迷。从如图 17-7 所示完美世界退市前五年的净利润值可以看出，2010—2011 年净利润保持在较高水平，但自 2012 年后，净利润大幅下滑，并连续三年在 5.4 亿元水平线徘徊；而从完美世界 2014 年财报来看，完美世界第三季度净利润为人民币 6070 万元，较 2013 年同期的 1.209 亿元下滑在 50% 左右。

（二）中概股回归的路径有哪些？

目前中概股回归路径选择如表 17-1 所示。

表 17-1 中概股回归路径选择类型

企业	回归路径	类型
完美世界	资产注入完美环球	资产注入
学大教育	被银润投资收购	被收购
中国手游	被世纪华通收购	
如家	被首旅酒店收购	
中星微	被综艺股份收购	
世纪佳缘	被百合网收购	
迈瑞	A 股 IPO	A 股 IPO
易居中国	A 股 IPO	
博纳影视	A 股 IPO	
巨人网络	借壳世纪游轮	借壳上市
分众传媒	借壳七喜控股	
奇虎 360	借壳江南嘉捷	
药明康德	新三板挂牌、香港主板 IPO、A 股 IPO	三管齐下

（三）为什么完美世界选择以资产注入的方式来实现回归 A 股？

完美世界私有化回归 A 股，在回归路径上有多个选择。如借壳上市、A 股 IPO、被收购等。而完美世界选择资产注入完美环球。这主要有以下几方面考量：一是时间成本，借壳要考虑与壳公司的沟通过程；IPO 需要排队且审核手续繁琐；战略新兴板刚刚提出，落实需要等一段时间；二是资金压力，随着中概股回归而带来的炒壳热使得借壳成本攀升，IPO 的费用高昂；三是政策不确定性，2015 年国内资本市场对中概股企业回归持以鼓励态度，但在 2016 年，回归政策转冷，审核监管日趋严格。《上市公司重大资产重组管理办法》政策的出台，让借壳变得并不容易，而对已在 2015 年 7 月完成了退市的完美世界来说，必须在政策大门完全关闭前完成 A 股上市；四是自身战略考量，完美环球影视业务积攒了优质 IP，与完美世界游戏业务相结合，通过影游双引擎驱动，组成综合性泛娱乐产业集团。

（四）为什么完美世界能快速回归 A 股？

完美世界快速回归，表面上看是得益于其资产注入的回归方式，而实际上是池宇峰多年的铺垫与布局才使得完美世界能够完美回归。

1. 资金充足

在私有化环节,许多上市公司为了将所有在外流通股收购回来,需要大量资金,会由于资金短缺,而忙于债券融资或股权融资来寻求资金。与各路机构投资者、外部的 PE 基金和银行等博弈费时费力,且可能面临失去控制权等风险。

而完美世界完全不存在这个问题。完美世界私有化的合并主体是池宇峰的关联公司。完美世界私有化整个流程几乎是公司创始人兼董事长池宇峰一手包办,无需各路机构资本插手。完美世界网游的现金流一直十分稳定,据说在提出私有化之前,公司账上留存现金加上办公楼,价值就已经超过 40 亿元,而由于估值偏低,退市前完美世界市值不到 60 亿元。因此,除了取得招商银行纽约分行的 9 亿美元贷款外,其他资本都是靠池宇峰全包了。强大的资本一是缩短了私有化的时间,二是使得公司的股权占比非常大,除了大股东持有的股权之外,其余部分可以分给公司员工。完美世界拆除 VIE 之后变为由完美数字科技和石河子骏扬共同持股,而石河子骏扬是完美世界的管理层持股平台,其最终自然人合伙人均是完美世界以及其子公司的核心管理层与核心技术人员。

2. 选择合适的回归路径

中概股实现 A 股上市一般有四个途径:IPO、借壳上市、分拆上市和被并购上市。根据万得资讯的统计分析,2016 年 A 股市场尚有 600 多家公司在排队等待 IPO 审核,如果按照每年 200 家的过审速度计算,完美世界排队等 IPO 大约需要 3 年时间,即使扣除未能通过审核和主动撤回申请材料的公司,排队时间也不会低于 2 年,这时间成本太高了,而且 IPO 费用高昂。因此完美世界没有选择 IPO。

因为从审核制到核准制,都没能很好解决发行速度跟不上公司发行上市需求,所以借壳上市作为能缩短排队等候的曲线上市途径,几乎成了中概股回归 A 股的首选。然而能否找到合适的"壳"以及高难度的审批,也让借壳上市的失败率大大提高。从完美世界的回归来看,其实很接近借壳上市,然而完美世界却完美绕开了借壳上市的两座"大山"。

3. 占壳为王

许多借壳上市的公司,其私有化之后的首要任务便是寻找合适的壳资源,但壳何其多,好壳却不好找。例如分众传媒私有化后,选中了宏达新材这个壳,可是在宏达新材发布重大资产重组预案半个月后,宏达新材及其董事长就被证监会立案调查,这对分众传媒的打击很大,因为距离分众传媒的 CEO 江南春签下的对赌协议"最终上市期限不迟于 2015 年年底"的期限只剩几个月了。从中概股借壳上市回归情况来看,许多公司都是在私有化之后才去选壳,这就面临着谨慎选壳、快速回归的矛盾。而完美世界的池宇峰,却是早在私有化开始前,便未雨绸缪,占壳为王。

在 2011 年 8 月,乘着国内 A 股市场格外重视影视板块这个东风,池宇峰将完美影视从完美世界剥离出来。之后在 2014 年的 9 月,完美影视借壳金磊股份,完成了 A 股上市,而在 A 股上市后不到半年,池宇峰便宣布了完美世界私有化。这便是池宇峰的巧妙安排,先在 A 股搭好一个完美的台架子,再实行私有化,私有化完成后便不会踏其他公司的后路,不会陷于找壳的泥沼,直接资产注入,顺利避开第一座"大山"。

4. 不构成借壳，快速过审

根据我国规定，借壳上市是上市公司重大资产重组中一种特别重大的情形，按照近年来的规定，借壳标准已与首次 IPO 上市的标准趋同。根据证监会《关于提高借壳上市审核标准的通知》《上市公司重大资产重组管理办法》（2014）的规定，构成借壳上市的，会面临重组完成后公司是否具有持续经营能力、是否符合有关治理与规范运作的相关规定等严格审批，这就大大增加了时间成本以及可能过不了审批的风险。

完美世界回归，由于交易前后实际控制人没有改变，不构成借壳，顺利避开对借壳上市的严格监管。从表 17-2 交易前后主要股东持有完美环球股份情况中可以看出：本次注资交易中涉及配套资金的筹集，而且配套融资中池宇峰通过非公开发行的股票认购公司股票，单独持有公司 13.41% 的股份。假设公司的配套资金不存在，站在整个公司控制权的角度上看：池宇峰通过完美数字科技间接持有 37.64%，池宇峰通过快乐永久间接持有 9.28%，公司的实际控制人控制的股权合计为 46.92%。完美环球的实际控制人也未发生本质的变化。

表 17-2 交易前后主要股东持有完美环球股份情况

股东名称	本次交易前		本次交易后募集配套资金前		本次交易后募集配套资金后	
	股数/万股	比例/%	股数/万股	比例/%	股数/万股	比例/%
快乐永久	12 222.47	25.06	12 222.47	11.09	12 222.47	9.03
完美数字科技	—	—	46 094.47	41.82	46 094.47	35.07
池宇峰	—	—	—	—	17 614.60	13.41

（五）如何评价完美世界回归后的表现

1. 估值、市值上升

随着 2016 年 3 月底证监会通过完美环球重组预案，完美世界便完成了从私有化退市到登陆 A 股的完美回归，历时仅用了 15 个月。时间短并不意味着回归的质量低。从估值上看，2015 年 7 月完美世界退市时，市盈率只有 9 倍多。估值约为 60 亿元人民币。而在注入完美环球时，完美世界 100% 股权估值为 120 亿元，产值翻了一倍，完美世界获得了更高的估值水平。2016 年 12 月 13 日完美世界收盘时股价为 30.61 元，以此计算上市公司的动态市盈率为 43.50 倍，远高于美国退市时的 9 倍多。而对于完美环球，自从其借壳登陆 A 股后，股价基本稳定在 20 元附近。2016 年 1 月，完美环球发布了重组公告，停牌时的收盘价为 21.03 元/股，总市值 102.56 亿元，上市公司复牌后 6 个涨停涨幅 77%，股价上涨较大，如图 17-8 所示。2016 年 4 月 22 日，重组交易完成当天，完美环球总股本上升为 11.02 亿股，收盘价为 37.12 元/股，总市值为 411.76 亿元。上市公司总市值上升了 301.47%，本次交易的市场反应较好。

图 17-8　完美环球股价变动图

2. 财务表现稳步上升

如表 17-3 所示，完美世界 2016—2018 年各类主要财务数据表现良好，稳步上升。随着公司产业链的延伸及业务规模的扩大，多款精品游戏及影视作品表现良好。2016 年至 2018 年，完美世界经营业绩稳步提升，营业收入分别为 61.49 亿元、79.30 亿元和 80.34 亿元，同比增长 25.67%、28.97% 和 1.31%。其中 2018 年游戏板块营业收入为 54.21 亿元，营业成本为 18.13 亿元，毛利率为 66.56%，同比增长 1.90%；影视板块营业收入 26.13 亿元，营业成本为 17.37 亿元，毛利率为 33.50%，同比下降 5.78%。而 2018 年经营活动产生的现金流量净额为净流出，主要系本期新游戏上线因行业阶段性版号政策原因而延迟，现金流入因此受到影响，同时影视剧业务规模扩大，相关回款按照合同约定存在一定周期。

表 17-3　完美世界 2016—2018 年主要财务数据　　单位：亿元

年　份	2018	2017	2016
资产	159.78	165.85	162.73
负债	66.69	77.98	78.45
流动负债	39.21	52.15	42.23
所有者权益	93.09	87.86	84.53
营业收入	80.34	79.30	61.49
营业利润	18.92	15.89	13.35
净利润	17.59	14.60	11.80
经营活动产生的现金流量净额	-1.30	8.04	11.55
投资活动产生的现金流净额	29.76	17.15	86.11

3. 核心竞争力提升

（1）坚守匠心，内容为王。完美世界公司始终贯彻"精品化"的产品策略，依托国内领先的研发、制作实力，致力于打造高品质、长生命周期的作品。端游产品《诛仙》、《完美世界国际版》等，手游产品《诛仙手游》《神雕侠侣》等，均为上线多年依然保持稳定流水的精品游戏。多部热门影视作品相继上映，精良的制作为上述作品赢得了广泛的受众及良好的口碑，并获得主流媒体的认可。

（2）多元化的产业布局。完美世界集游戏、影视等业务于一身，打造成为"影游双擎"的泛娱乐集团。公司旗下业务涵盖客户端游戏、移动游戏、主机游戏等多平台游戏产品的研发、发行和运营；电视剧、电影的制作、发行及衍生业务；综艺娱乐业务；艺人经纪服务等相关业务。丰富的业务布局降低了业务类型单一所导致的经营风险，强大的业务协同、转化能力则使得公司在激烈的市场竞争中脱颖而出。公司参与出品的电视剧《烈火如歌》在影视领域表现不俗，同期推出的《烈火如歌》手游也备受好评，两者相辅相成，成功实现了不同群体之间的引流、转化，既提升了两款作品的影响力，又为公司带来了良好的经济收益。

四、教学组织方式

（一）问题清单及提问顺序、资料发放顺序

1. 完美世界私有化退市的动因是什么？
2. 中概股回归的路径有哪些？
3. 为什么完美世界选择以资产注入的方式来实现回归 A 股？
4. 为什么完美世界能快速回归 A 股？
5. 如何评价完美世界回归后的表现？

（二）课时分配

1. 课后自行阅读资料：约 3 小时。
2. 小组讨论并提交分析报告提纲：约 3 小时。
3. 课堂小组代表发言、进一步讨论：约 3 小时。
4. 课堂讨论总结：约 1 小时。

（三）讨论方式

本案例可以采用小组式进行讨论。

（四）课堂讨论总结

课堂讨论总结的关键是：归纳发言者的主要观点；重申其重点及亮点；提醒大家对焦点问题或有争议观点进行进一步思考；建议大家对案例素材进行扩展研究和深入分析。

案例 18

从云南白药混改看国企混改之路*

---

*1. 本案例由广东工业大学管理学院张军波、刘秋娟、黎绮华、钟颖等共同撰写,作者拥有著作权中的署名权、修改权、改编权。
2. 本案例授权广东工业大学产教融合 MPAcc 教学智库实验平台使用,广东工业大学产教融合 MPAcc 教学智库实验平台享有复制权、修改权、发表权、发行权、信息网络传播权、改编权、汇编权和翻译权。
3. 由于企业保密的要求,在本案例中对有关名称、数据等做了必要的掩饰性处理。
4. 本案例只供课堂讨论之用,并无意暗示或说明某种管理行为是否有效。

[案例封面]

专业领域：财务会计
适用课程：财务会计理论与实务
选用课程：财务会计理论与实务
编写目的：通过本案例的教学和讨论，帮助学员进一步了解：如何分析一家国企的混改，如何选择混改路径和战略投资合作者，怎样设计混改的股权结构，而混改又会为公司未来的发展带来什么样的影响。
知 识 点：盈利模式；财务指标；毛利率分析；可持续发展分析
中文摘要：云南白药集团股份有限公司是一家致力于医药以及相关产业发展的国有控股公司。云南省将 2017 年定为"国企改革攻坚年"，改革力度最大，有望成为混改突破新样本的当属云南白药控股的混改。本文就云南白药混改历程，分析其混改路径、股权结构设计，以及混改之后的影响。

[案例正文]

一、引言

2013年,党的十八届三中全会审议通过的《中共中央关于全面深化改革若干重大问题的决定》提出"积极发展混合所有制经济";2014年的政府工作报告进一步提出"加快发展混合所有制经济";2015年中共中央、国务院印发《关于深化国有企业改革的指导意见》,从分类改革、完善现代企业制度和国资管理体制、发展混合所有制经济、强化监督、防止国有资产流失等方面提出了国企改革目标和举措;2016年,国务院国资委公布"十项改革试点",强调混合所有制改革(以下简称"混改")是国企改革的重要突破口。2017年,混改成了全国两会最热的议题之一,国企民企融合成为新一轮国资国企改革重头戏,混改进入"突破"阶段。而地方层面,至今共有近20个省市出台地方混改指导文件。从改革进程看,深圳国资混合所有制企业比例已达到75%,领先于全国。广东、上海、山东、北京已进行混改的上市公司的比重较高,推行进度较快。云南省将2017年定为"国企改革攻坚年",改革力度最大、有望成为混改突破新样本的当属云南白药控股的混改。而云南白药到底是采用了怎样的混改路径,又有怎样的特点,混改之后股权结构又如何设计,对公司治理产生了怎样的影响,是否对国内的国企混改有借鉴作用呢?

二、案例介绍

(一)公司介绍

云南白药控股于1996年建立,原名为云南医药集团有限公司,2009年正式改名为云南白药控股有限公司。云南白药控股底下有4家控股或全资子公司,其中云南白药是旗下唯一的上市公司,也是云南白药控股的主要资产;此外,云南白药控股还投资了多家联营公司。云南白药控股占云南白药集团41.52%的股权份额,是云南白药集团的控股股东。云南白药集团经历了几次变革,在1971年成立时叫作云南白药厂,1993年5月,云南白药厂进行了企业的改制,成立了一家云南白药实业股份有限公司,到月底成为深圳证券交易所的上市公司,1996年正式改名为云南白药集团股份有限公司。"云南白药"是云南的龙头国企,拥有良好的成长性与投资价值,为云南经济的发展做出了巨大的贡献,目前注册资本已经达到了33.3亿元。而作为控股股东的白药控股,在云南白药快速发展的情况下也获得了巨大的经济利益。

云南白药事业部主要分为四部分:药品事业部、健康产品事业部、中药资源业务与医药商业事业部。药品事业部负责中央/透皮、普药等,它定位在于提供稳定的现金流;健康产品事业部负责牙膏产品、洗发护发、卫生巾等日用品,目前的业绩主要是由牙膏支撑,而未来云南白药打算从更多的健康产品中寻找盈利点,包括养元清洗发护发系列、清逸堂卫生巾系列、玫瑰精油、薰衣草蒸汽眼罩等限量产品;中药资源事业部为公司解决上源资源供应的问题;而医药商业事业部为公司批发零售的流通平台,直接对外进行药品的销售。随着医疗制度的改革,两票政策持续推进,从药厂到一级经销商开一次发票,经销商卖到医院再开一次发票,这一政策能够减少原来七票八票流通环节的层层盘剥,是医药商业的新的增长点（图18-1）。

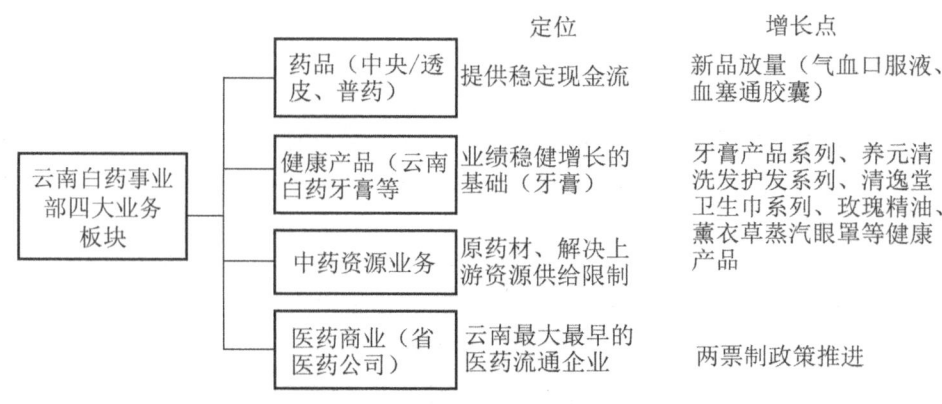

图18-1 云南白药事业部业务板块

在云南白药的四个板块中，营业收入占比最高的是医药商业，达到58%，由于医药为流通平台，药品事业部和健康产品事业部与医药商业间存在未抵消的内部收益，因此实际上医药商业的收入部分包含了药品事业部和健康产品事业部的收入。其次是药品事业部的营业收入，占到总收入的20%。而健康产品是近年来公司重点拓展的领域，营业收入占总收入的17%，中药资源业务收入占比5%，由于中药资源事业部旨在为云南白药提供原材料，因此不是以盈利为主，收入占总收入比重最低（图18-2）。

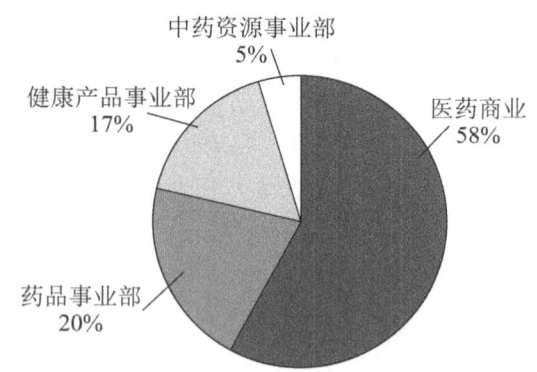

图18-2 云南白药事业部四大业务板块占比

由表18-1我们可以看到，近几年云南白药营业收入及净利润年增长率非常高。2014年云南白药的营业收入就已经达到了约188亿元，2015年至2017年这个数字保持在243亿元左右。实际上，自1993年以来保持了营业总收入连续24年持续增长、归母公司净利润23年增长，年均增速分别高达33.72%和32.13%。而最近几年，云南白药集团正在告别高速增长，步入"新常态"。尤其是2016年，公司实现营业总收入约224亿元，同比增长8.06%；实现净利润29.31亿元，同比增长6.36%。这是其1993年上市以来营业总收入增速第二次低于10%，自1998年以来净利润增速第二次低于8%，而在进行了混改以后，云南白药的营业收入、营业利润和净利润增长率均有了不同程度的上升，尤其是营业利润的增长率，从2016年的4.98%上升到了2017年的8.86%。

表18-1 云南白药2014—2017年营业情况

年 份	2014	2015	2016	2017
营业收入/元	18 814 366 372.74	20 738 126 205.08	22 410 654 404.31	24 314 614 044.21
营业收入增长率/%	—	10.22	8.06	8.50
营业利润/元	2 829 825 545.49	3 168 241 317.67	3 325 900 944.50	3 620 723 532.36

续上表

年份	2014	2015	2016	2017
营业利润增长率/%	—	11.96	4.98	8.86
净利润/元	2 497 326 678.30	2 755 581 110.10	2 930 889 603.08	3 132 534 170.45
净利润增长率/%	—	10.34	6.36	6.88

由表 18-2 可知，云南白药收入按行业分为工业销售收入、商品销售收入、技术服务收入、种植业销售收入及其他业务收入，其中主要为工业销售收入与商业销售收入，分别占总收入的 40.97% 与 58.74%，工业销售收入主要为自制产品的销售，即下面按照产品分类的工业销售，而商业销售是指药品的批发零售收入，即下面的批发零售（药品）的销售，两者的收入相比 2016 年均有了一定程度的上升，按地区分类，云南白药的收入来源几乎全来自国内，而国外收入只占 1.19%，但是与 2016 年相比，2017 年的国外收入增长了 87.02%，尽管基数与国内相比相差很远，但是也说明了云南白药向国外市场拓展的初步打算。

表 18-2 云南白药 2016—2017 分类收入情况

	2017 年		2016 年		同比增减/%
	金额/元	占收入比重/%	金额/元	占收入比重/%	
营业收入合计	24 314 614 044.21	100	22 410 654 404.31	100	8.5
分行业					
工业销售收入	9 962 024 664.97	40.97	9 080 384 243.53	40.52	9.71
商业销售收入	14 283 554 301.40	58.74	13 275 890 439.05	59.23	7.59
技术服务	1 336 652.03	0.01	1 475 324.20	0.01	-9.40
种植业销售收入	2 072 158.45	0.01	4 426 104.00	0.02	-53.18
其他业务收入	65 626 267.36	0.27	48 478 293.53	0.22	35.37
分产品					
工业产品（自制）	9 962 024 664.97	40.97	9 080 384 243.53	40.52	9.71
批发零售（药品）	14 283 554 301.40	58.74	13 275 890 439.05	59.23	7.59
其他产品	3 408 810.48	0.01	5 901 428.20	0.03	-42.24
其他	65 626 267.36	0.27	48 478 293.53	0.22	35.37
分地区					
国内	24 026 113 690.17	98.81	22 256 393 823.69	99.31	7.95
国外	288 500 354.04	1.19	154 260 580.62	0.69	87.02

数据来源：云南白药公司年报。

新华都实业集团股份有限公司（简称新华都）的实际控制人为陈发树先生，其直接持有新华都实业 76.87% 的股权（图 18-3）。集团以百货、超市为主，并投资工程机械、房地产等行业,并积极参股旅游发展公司和矿业等。

江苏鱼跃医疗设备股份有限公司(简称江苏鱼跃)专业从事医疗设备研发、制造和营销。现公司主要制造出品血压计、听诊器等基础诊断器械和氧气吸入器、医用雾化装置、医用吸引装置、光学仪器、制氧机等医院设备,以及轮椅车、

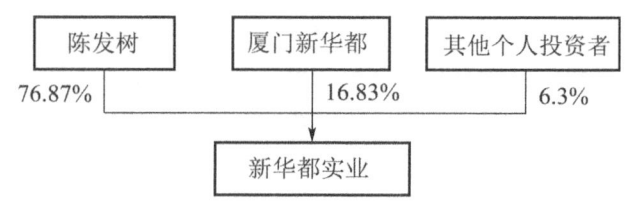

图 18-3 新华都实业股权结构

防褥疮床垫等健康护理器材,共 36 个品种、225 个规格。制氧机、雾化器、轮椅车、血压计、听诊器等产品居于全国领先地位,鱼跃牌血压计在 2005 年获得了"中国名牌"称号,使鱼跃公司拥有了在整个中国医疗器械行业中第一个"中国名牌"。

(二) 混改过程

根据公司公告,本文对云南白药控股混改进程进行了梳理,具体如下:

2016 年 12 月 28 日,云南省国资委、新华都和白药控股签订合作协议,新华都作为增资方取得 50% 股权,云南省国资委持股比例降至 50%。

2017 年 3 月 16 日,增资事项完成,云南省国资委与新华都各持白药控股 50% 股权;白药控股的注册资本由 15 亿元变更为 30 亿元。

2017 年 4 月 17 日召开股东会,选举王建华、汪戎、陈春花、纳鹏杰担任董事,选举王建华担任董事长。新华都、云南省国资委董事席位 50% : 50%。

2017 年 6 月 6 日,引进第三方投资者江苏鱼跃科技发展有限公司,拟增资 56.38 亿元。2017 年 6 月 20 日,云南省国资委、新华都和江苏鱼跃分别持有白药控股 45%、45%、10% 股份。三方约定持有的白药控股股份锁定 6 年。

2017 年 6 月 28 日,完成增资的工商变更,白药控股和云南白药均变更为无实际控制人企业,注册资本由 30 亿元变更为 33.3 亿元。

由此,历经大半年,备受关注的云南白药控股混改最终尘埃落定。引入鱼跃集团 10% 股权之后,云南白药股权架构由 50%、50% 转变为 45%、45% 和 10%(图 18-4),决策机制也更为完善,任何两方的持股都大于第三方,也保证云南白药控股的决策至少需经过两个股东的同意。云南白药控股资金实力、运营能力都得到加强。白药控股董事会将有五名董事,形成"2+2+1"的新格局,即云南省国资委和新华都各提名两名董事,江苏鱼跃提名一名董事。

对比三者的资本力量,江苏鱼跃的加入,让白药控股在民营上的资本力量要大过于国营资本力量,不过在这次交易中,规定了江苏鱼跃在任何情况下都不能成为云南省国资委、新华都的一致行动人。这也表明了民营资本或是国营资本都不能通过拉帮结派的方式获得企业的控制权,江苏鱼跃在其中起到了平衡的作用。

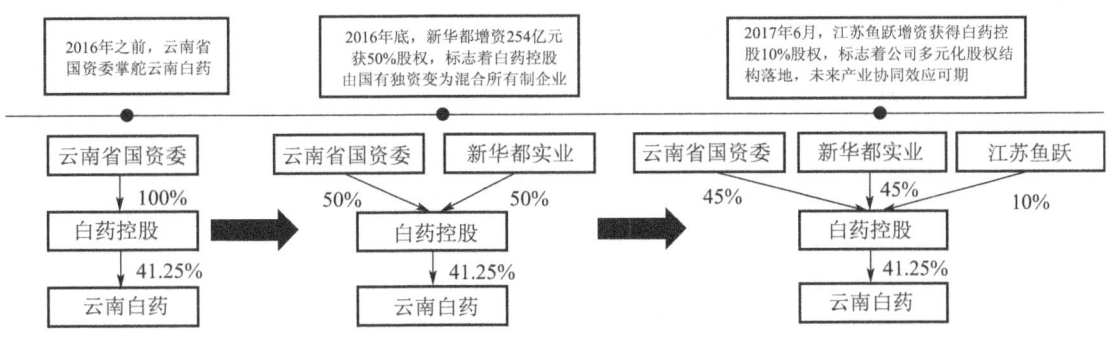

图 18-4 云南白药股权架构

三、混改后公司的变化

在云南白药混改尘埃落定以后，云南白药的股权结构、董事会构成及管理层薪酬体系均发生了巨大的变化。

（一）公司股权的变化

云南白药在混改前白药控股占 41.25%，而白药控股又由云南国资委 100% 控股，云南国资委实际上是云南白药的实际控制人，而云南白药的第二大股东为云南红塔集团有限公司，占比 11.03%，同样为国有控股企业，第三大股东为中国平安人寿保险，占股 9.36%，而新华都在混改前通过在二级资本市场买入股票，获得云南白药 3.39% 的股份，同时，新华都的实际控制人陈发树自己购入了 0.86% 的股份。在混改后云南国资委与新华都各占白药控股 45% 的股份，江苏鱼跃占 10% 的股份，因此新华都加上陈发树自己持有的云南白药股份已经达到 22.81%，成为云南白药的最大股东，国资委持股比例为 18.68%，为第二大股东，红塔集团与中国平安人寿，江苏鱼跃占股分别为 10%、9.36%、4.15%，云南白药成为没有实际控制人的企业。由云南国资委控制到现在的无实际控制人企业，云南白药的投资决策也从一方决定转变为多方抗衡的结果。

（二）董事会层面变革

董事会层面，云南白药董事长依然为王明辉，王建华（新华都）、邱晓华（国家统计局）和宋成立（平安保险）接替陈德贤、路东红以及杨勇的职位，与原来的董事会组成新一届的董事会。混改前，云南白药内部董事的平均年龄为 52.4 岁，并且 7 名执行董事中，只有两名为硕士以上学历，比例不到 30%；混改后，平均年龄提高到 54 岁，且高学历人群比例超过了 50%，并首次有博士学历人群参与到董事会中，提高了董事会决策的科学性。改革前云南白药董事会人员均属于国资委管辖范围内人员，具有极强的内部性；混改后，董事会成员有 3 名不属于国资委管辖范围内，董事会的独立性得到提高。而在白药控股层面，改革终结了王明辉的董事长职位，仅保留其总经理的职位，董事会成员中有两人由新华都委派，且新华都的王建华担任新一任董事长，新华都在董事会中具有实质性的话语权。董事会成员的组成更加多样化，学历普遍提高，且平均年龄有所提升，这些变化会让云南白药的决策更加谨慎。

(三) 管理层"去行政化"

新华都与白药控股达成了"去行政化"条款,买断了高管的行政性职级,成为彻底的职业经理人。在改革前,白药控股的薪酬体系沿用2001年的,2002年薪酬最高人员年薪为13万元,2016年为102万元,仅仅上涨了8倍,而云南白药的市值上涨了近28倍,高管人员薪酬与市值相近的康美药业、天士力等相比明显偏低。而在"去行政化"以后,高管人员的薪酬与市场接轨,与公司的业绩挂钩,能大大提高管理人员的积极性。公司在召开的第八届董事会——2017年第九次会议上通过了2项薪酬管理议案,分别为关于高管人员的《云南白药集团股份有限公司高级管理人员薪酬管理与考核办法》,以及关于独立董事的《云南白药集团股份有限公司独立董事津贴管理办法》。具体执行标准为独立董事津贴每人每年人民币21.6万元(税后),折算为月度津贴人民币1.8万元(税后),高管人员的薪酬也做出了相应的调整,打破了原有的国企僵化的体制,公司的发展与管理层绑在了一起,管理层在做出投资决策时更多地要考虑公司的未来发展,而不是自身的利益。

(四) 完善激励机制,推出员工持股计划

公司配合吸收合并,同步推出了员工持股计划,由上市公司采用集中竞价、大宗交易及法律法规允许的方式从二级市场回购不超过2 000万股社会公众股,并在股份回购完成后实施员工持股计划。回购股份比例约占上市公司回购前总股本的1.92%,占吸收合并交易完成后总股本的1.57%。员工持股计划将实现公司与核心团队长远利益的有效绑定,维持核心团队长期稳定,向资本市场传递对公司未来发展的信心。公司核心管理团队也将继续带领团队持续创新突破,实现云南白药的跨越式发展。

四、机遇还是挑战

不过这一变革也引起业界质疑,北京鼎臣医药管理咨询中心负责人史立臣告诉《投资者报》记者:"云南白药作为优质资产,应该早就被多家资本盯上了,新华都和鱼跃在资本界和医疗界并非顶尖选择,不排除是其他资本对云南白药前景不看好;另外,混改后股东之间互相制衡,不排除发生控制权之争的可能。除了进入300亿资金外,两位新进股东对白药发展能否起到良好的作用,目前并不明朗。"

新华都和江苏鱼跃超过300亿现金进入白药控股,使云南白药拥有雄厚的资本。云南白药在2016年也公开表示,其通过混改为白药控股引入的巨量资本,计划将产业布局拓展到涵盖医药产品、个人健康护理、中药资源、现代医疗及康复服务板块、健康食品板块五大重点业务领域。

史立臣认为,目前国际医药企业都开始聚焦主业,剥离其他多元化业务时,云南白药开始寻求进入大健康领域,这实际上对主业并没有帮助。目前我国医疗市场已向全球开放,其他企业会陆续进入中国市场。因此中国也向世界发展,但存在的问题是主业不行,无力与全球其他巨头抗衡。云南控股主业优势不突出。云南白药近几年产品结构优化速度

放缓,除了传统产品,在大健康布局方面,云南白药牙膏的成功并没有得到复制,云南白药的研发水平在同行业中属于中等水平。以白药膏、气雾剂及胶囊为代表的白药核心产品仍有提升空间,特色产品中的气血康及感冒系列产品有望快速成长。在研发投入方面,与2015年相比,云南白药2016年研发投入金额及研发投入占营业收入比例就出现了"双降"。其中,2016年投入研发的金额约8993万元,比2015年降低10.41%,2016年研发投入占营业收入比例为0.40%,这一比例在2015年为0.48%。而新华都并非出身医药行业,究竟能在多大程度上助力白药发展,目前还不明确。鱼跃医疗以医疗器械起家,与药品是两个细分领域,入股云南白药能发挥的作用有限,目前云南白药主营产品恐怕很难从中借力。

除了主业不聚焦外,云南白药股权问题也受到关注。在云南白药层面,大股东为新华都实际控制人陈发树,总控制股份比例为22.81%,第二大股东为云南省国资委,持股比例为18.68%,第三大股东为红塔集团,持股比例10%左右,第四大股东为中国平安人寿保险公司,持股9.36%,江苏鱼跃实际排第五,换算而成的持股比例为4.15%。

有报道指出,云南省国资委再次引入江苏鱼跃加盟,实际上想达到一举两得的目的。一是可以获得更充足的资金用于运营;二是可以通过鱼跃医疗制衡云南白药实际上的第一大股东——新华都。"原来的改革,表面是谁说了都算,实际上难免谁说了都不算。鱼跃医疗以医疗器械起家,与药品是两个细分领域,入股云南白药能发挥的作用有限。"史立臣认为,这或会引起管理混乱。因为在白药控股的董事会层面,除云南省国资委、新华都各提名两名董事外,江苏鱼跃也将提名一名董事。

(1) 两种不同体制的碰撞冲突。混改后,云南省国资委和新华都集团,各持45%的股权,江苏鱼跃持股10%,这也为未来的发展埋下隐患。特别是公司决策方面,如果出现分歧,难以调和,反而会降低决策效率,与改革初衷相违背。新常态下国有资本与民营资本能不能正确处理混改关系,能不能充分发挥各自优势、实现体制机制的改革、创新和融合,这都是未知数。

(2) 未实施管理层持股激励。对比联想、绿地等企业改制后最终形成"国资+管理层+社会资本"的三方持股架构,本次云南白药控股改制,公司核心管理层未参与入股,加之云南白药从未推出过股权激励计划。这或许在一定程度上挫伤高管团队的积极性,造成人心不稳,不利于公司长远发展。

五、讨论问题

1. 什么是混合所有制改革?混合所有制改革的路径有哪些?云南白药采用的是哪种路径?
2. 结合案例分析云南白药的混改有哪些特点?
3. 结合案例探讨云南白药如何选择战略投资者?股权结构如何设计?
4. 结合案例探讨云南白药对公司的治理产生了哪些方面的影响?
5. 结合案例分析企业混改后将面临哪些挑战?应该如何应对?

[案例说明书]

一、教学目的与用途

(1) 本案例适用于本科生、研究生与MBA"公司治理""并购理论与实务""企业组织理论"等课程的教学与案例讨论。

(2) 本案例适用对象为公司治理、企业管理及财务管理专业的本科生、研究生、MBA、企业管理人员等。

(3) 本案例以国企混合所有制改革中云南白药为研究对象,旨在通过描述云南白药从混合改革方案的制定到实施的混改之路,介绍云南白药混改之路,从而帮助学员了解混合所有制改革的路径、内容和特点,全面理解混合所有制改革对云南白药的意义。在此基础上,引导学员思考混合改革方案中混改路径的选择、战略投资者的选择和股权结构设计的具体内容,分析云南白药混合改革具体方案的合理性,为后续国企的混改工作提供借鉴。最后,以案例提供的信息为基础,综合学员课前搜集的资料,讨论企业混合改革未来将面临的挑战,并为解决这些难题提供建议。

二、案例讨论的准备工作

(一) 相关政策法规

国有企业混合所有制改革起步于20世纪90年代,1992年邓小平同志南方视察之后,中共中央于十四届三中全会提出建立社会主义市场经济体制,允许国内民间资本和外资参与国有企业改革。

(1) 2013年11月12日,中共中央十八届三中全会审议通过《关于全面深化改革若干重大问题的决定》。

(2) 2015年8月24日,中共中央、国务院发布《关于深化国有企业改革的指导意见》(中发〔2015〕22号)。

(3) 2015年9月23日,国务院发布《关于国有企业发展混合所有制经济的意见》(国发〔2015〕54号)。

(4) 2015年10月26日,发改委、财政部、人力资源和社会保障部、国资委联合发布《关于鼓励和规范国有企业投资项目引入非国有资本的指导意见》。

(5) 2016年2月26日,财政部、科技部、国资委联合发布《国有科技型企业股权和分红激励暂行办法》(财资〔2016〕4号)。

(6) 2016年8月2日,国资委、财政部、证监会联合发布《关于国有控股混合所有制企业开展员工持股试点的意见》(国资发改革〔2016〕133号)。

(7) 2017年4月24日,国务院办公厅发布《关于进一步完善国有企业法人治理结构的指导意见》(国办发〔2017〕36号)。

(8) 2017年11月10日,财政部、科技部、国资委作出关于《国有科技型企业股权和分红激励暂行办法》的问题解答。

(9) 2017年11月29日,国家发展改革委、财政部、人力资源和社会保障部、国土资源部、国资委、税务总局、证监会、国防科工局联合发布《关于深化混合所有制改革试点若干政策的意见》（发改经体〔2017〕2057号）。

（10）2018年8月16日，国资委发布《关于印发〈国企改革"双百行动"工作方案〉的通知》（国资发研究〔2018〕70号）。

（11）2018年9月18日，财政部、科技部、国资委发布《关于扩大国有科技型企业股权和分红激励暂行办法实施范围等有关事项的通知》（财资〔2018〕54号）。

（12）2019年初，根据权威机构信息显示，国资委将进一步推动2～3家央企集团层面实施"混改"，预示着"混改"的力度和深度将持续加强。2019年11月，国务院国有资产监督管理委员会《关于印发〈中央企业混合所有制改革操作指引〉的通知》。

（二）混合所有制改革

所谓混改，就是国有资本、非国有资本共同出资于同一个企业。一个企业也可以有两个或更多的国有资本共同出资，但这不能叫混改，可称之为股权多元化。按出资来源，中国的企业可分为国有企业和非国有企业，它们共存于中国经济之中。既然它们可以各自出资建立企业，那么它们也就应该可以共同出资组建一个企业，即混合所有制企业。进行混改，可以在国有企业中引入非国有资本建立混合所有制企业，也可以在非国有企业中引入国有资本建立混合所有制企业。我们现在所说的混改更多指的是国有企业引入非国有资本，而在民营企业中引入国有资本也已经有了一些很好的实践。

推行混改，其原因主要有两个方面：第一，改革国有企业的体制机制，更好地实现市场化经营。国有企业不仅是由国家出资，它更是一种企业的制度安排，如政府机构任免企业高管、考核经营业绩、审批企业投资和战略规划等，而民营企业就没有这些事情。这样的制度安排很可能使国有企业行政化，影响经营效率，弱化企业的市场竞争力。而通过混改引入非国有资本，则可促使国有企业进行体制机制上的变革。若变革得以实现，混改就容易达到预期的效果。混改就操作来说并不难，若非国有资本愿意，根据《中华人民共和国公司法》设计一个企业制度，再在工商部门做个登记即可实现两种资本的混合。但非国有资本进入后，要真正实现体制机制的改革就要下些功夫。因此，进行混改时，在非国有资本进入前，需要先将混改后的企业制度做好设计，而且要将新制度的实施做好安排，然后再进行混改。这样效果将会更好。至于说，这是一个什么样的企业制度，企业自己应该很清楚，能否将它很好地付诸实施，才是问题的关键所在。

第二，发挥国有企业、非国有企业各自优势，做大做强混合所有制企业。一般来说，国有企业在资源、信誉、融资、人才等方面有优势，而非国有企业在体制机制上有优势。通过两种资本的结合建立混合所有制企业，不仅增强了企业的资本实力，而且可以发挥两种不同类型企业的各自优势，从而实现优势互补，发展壮大混合所有制企业。但优势的发挥，对国有企业来说需要进行制度上的变革；而民营企业在引入国有资本后，则不能伤害它的体制机制，更不宜将国有企业的一套制度安排植入民营企业中，将其变成国有企业，否则混改很难达到预期效果。当然，民营企业混改后，为发挥国有资本的优势及国资监管的需要应做些制度上的调整，但这样的调整则在于促进两种资本的融合，进而增强企业的竞争力。如央企的中国建材、国药集团，它们进行混改，混改后企业迅速发展，实现了做强做大。现在，中国建材、国药集团都已进入世界500强，混改起到了决定性作用。

国务院国有资产监督管理委员会《关于印发〈中央企业混合所有制改革操作指引〉的通知》，其中有"制定混合所有制改革方案中的科学设计改革路径，即科学设计混改路径"。

正所谓，条条大路通罗马，混改的路径也有多条，但是最终的目的地都是成功混改。根据目前的论文期刊，总结了如下的混改路径：

第一，改制上市。改制上市就是将国企的原有体制进行改制，改为股份制企业。改制上市之后，国有企业不仅可以引入更多的资金，提升企业规模与危机应对能力，还可以完善自身的治理体系，优化原有的治理监督机制，引进更好的资源，更加有利于企业稳定可持续发展。改革上市可分为以下两种方式：

（1）分拆上市。是指国企在改制上市时，为符合一些硬性要求，而把企业进行拆分，将优质资产投入即将上市的公司，原有的公司仍然保留。这种情况下上市的公司一般拥有比较优质的资源，而原公司通常保留非主营业务或者低质资源。

（2）整体上市。是指国有企业将所有资产投入即将上市的公司。整体上市既可以是集团将全部资源注入母公司，母公司上市后原有企业撤销；又可以通过买入其他公司股权，反向收购自己的资产，借壳上市。

第二，并购重组。国企并购重组就是将各类资产重新配置，以便完善企业内部结构，提升企业绩效。这种途径能够有效盘活企业资产，是达到混改目的的有效途径。并购重组可分为以下3种形式：

（1）水平并购重组。指的是国企并购与自身产品相似或相同的企业。这些企业与自己处于同一个市场，分食同一块蛋糕，并购后，不仅能壮大国企原有的规模，吸收现有的资源和技术水平，还能够增加市场份额，提高品牌的竞争力。另外，并购同类型企业还能够达到规模经济的效果。在并购后，企业能够在一定程度上合理避税，降低企业的成本，进而增加利润率。一般来讲，企业进入新行业、新领域有一定的困难，相比之下，在原有基础上增加企业的竞争力，扩大市场份额，就更加稳妥高效。

（2）纵向并购重组。纵向并购，简单来说就是指并购自己的上下游企业。当企业发展到一定规模，拥有一定的竞争力和声誉后，自身的发展可能会进入瓶颈期，此时并购企业上下游企业不失为一条明智的策略。由于多数企业尚未达到从产品原材料采购到商品出售整条生产链的一体化，即使市场份额足够大，也无法再有效地降低成本，增加利润率。但是通过并购同一生产链不同环节的企业，这些国企就可以拥有更完整的生产链，不仅可以有效降低各环节的生产成本，还能够丰富企业产品，提高企业竞争力与危机应对能力。

（3）混合并购重组。指的是同时进行上述两种并购。在具体实践操作中，单一化的并购往往难以达到企业的最终目标，倘若只进行水平并购难以有效降低生产成本，但如果只进行纵向并购又难以高效扩大市场份额，抢占市场资源。而通过混合并购，横向和纵向同时进行，不仅达到了上述两种目的，还能分散投资，降低风险。在这种方式下，能够同时增加企业的利润率和市场份额。但是这种并购对企业自身的要求较高，需要本身拥有一定的经济实力和市场份额，否则难以开展。

第三，引入战略投资者。战略投资者以战略发展为导向，谋求企业的长远发展。一般来讲，战略投资者在某些方面拥有比本企业更先进完善的机制、经验、技术等，企业希望通过引入战略投资者能够学习对方先进的治理模式，或借由对方的商业途径拓宽本企业的市场等。通过引入战略投资者能够形成优势互补，提升核心竞争力。引入战略投资者有助于企业开拓市场份额，增加市场竞争力，提升企业长久的利益。

第四，股权激励。

（1）员工持股计划（ESOP）。ESOP的本质是使员工与公司的利益达成一致，进而达到激励的目的。员工往往只是领取固定的工资，企业经营状况会与工资挂钩，但影响不大。这种情况下会导致员工对工作没什么积极性，每天的工作仅局限于完成分内的事，做事缺少一定的主动性。而通过给予员工本公司的股票或期权，使员工也成为公司的股东，共同分享公司的利益，这样员工自身的工作情况与企业发展可以更好地联系起来，从而激发出员工的工作热情和责任心，达到激励的目的。这种情况下一般会设立员工持股会，统一管理员工股东的出资。此外，通过员工持股计划将员工与企业的利益连接在一起，还能够使得员工更好地行使监督职责，企业的损失就是员工的损失，员工更有动力进行监督举报，促使企业减少贪污腐败事件的发生，进而保护国有资产的安全。

（2）管理层持股。管理层持股是对公司高级管理人员实施的中长期激励。管理层作为代理人，与股东人的利益在某些情况下可能会发生冲突，这种冲突必然会影响企业的发展。那么如何将二者利益趋于一致呢？通过授予管理层一定份额的股票，就能将管理层与股东的利益联接起来，使二者的利益方向一致。这不失为一种有效的办法。这种情况下，管理层会由于自身的持股而更多地为企业的发展考虑，而不是拘泥于当下自身的发展，更加有利于企业的长远发展。

三、问题启发

（一）什么是混合所有制改革？混合所有制改革的路径有哪些？云南白药采用的是哪种路径？

所谓混改就是国有资本、非国有资本共同出资于同一个企业。一个企业也可以有两个或更多的国有资本共同出资，但这不能叫混改，可称之为股权多元化。

第一，改制上市。①分拆上市；②整体上市。第二，并购重组。①水平并购重组；②纵向并购重组；③混合并购重组。第三，引入战略投资者。第四，股权激励。①员工持股计划（ESOP）；②管理层持股。

云南白药，采用了以引入战略投资者为主和员工持股激励为辅的改革路径。

（二）结合案例分析云南白药的混改有哪些特点？

采用了双重改规格路径，形成了三足鼎立的局面。

（三）结合案例探讨云南白药如何选择战略投资者？股权结构如何设计？

云南白药控股股权架构由50%、50%转变为45%、45%和10%，新华都、江苏鱼跃和国资委三方的股份数，任何两方加起来都要大于第三方的股份数，这一点说明白药控股的决策无论如何都需要经过其中两方的一致同意才能奏效。在云南白药混改的条件下，云南白药控股的资金和运营能力都能够得到一定的加强。云南白药控股董事会将有五名董事，形成"2+2+1"的新格局，即云南省国资委和新华都各在云南白药控股中派有两位董事，而江苏鱼跃派有一名董事。对比三者的资本力量，江苏鱼跃的加入，让云南白药控股在民营资本力量要大过于国有资本力量，不过在这次交易中，规定了江苏鱼跃在任何情况下都不能成为云南省国资委、新华都的一致行动人。这也表明了民营资本或是国有资本都不能通过拉帮结派的方式获得企业的控制权，江苏鱼跃在其中起到了平衡的作用。

（四）结合案例探讨云南白药混改对公司的治理产生了哪些方面的影响？

1. 公司股权的变化

由云南国资委控制到现在的无实际控制人企业，云南白药的投资决策也从一方决定转变为多方抗衡的结果。

2. 董事会层面变革

白药控股董事会将有五名董事，形成"2+2+1"的新格局，即云南省国资委和新华都各在白药控股中派有两位董事，而江苏鱼跃派有一名董事。

3. 管理层"去行政化"

新华都与白药控股达成了"去行政化"条款，买断了高管的行政性职级，成为彻底的职业经理人。

4. 员工持股激励计划

员工持股计划将实现公司与核心团队长远利益的有效绑定，维持核心团队长期稳定，向资本市场传递对公司未来发展的信心。

（五）结合案例请分析企业混改后将面临哪些挑战？应该如何应对？

1. 对主业并没有帮助

存在的问题是主业不行，主业优势不突出。云南白药近几年产品结构优化速度放缓，除了传统产品，在大健康布局方面，云南白药牙膏的成功并没有得到复制，云南白药的研发水平在同行业中属于中等水平。

2. 股权问题

两种不同体制的碰撞冲突。混改后，云南省国资委和新华都集团，各持45%的股权，江苏鱼跃持股10%，这也为未来的发展埋下隐患。特别是公司决策方面，如果出现分歧，难以调和，反而会降低决策效率，与改革初衷相违背。新常态下国有资本与民营资本能不能正确处理混改关系，能不能充分发挥各自优势、实现体制机制的改革、创新和融合，这些都是未知数。

3. 未实施管理层持股激励

这在一定程度上会挫伤高管团队的积极性，造成人心不稳，不利于公司长远发展。

4. 建议

混改尚处于探索期，国企与民资更多的是对改革方案的摸索与创新。云南白药混改有助于集团大健康产业布局，并有助于突破企业近几年的发展瓶颈。本次混改有亮点、有魄力，有助于公司进一步调整体制、改善资本结构、建立高效的现代企业市场化管理制度，让企业成为真正的市场主体。但同时也有待解决的问题和风险，期待两种体制成功整合，激励机制得以突破，企业主业得以突显，产业链布局得以完善；"白药模式"能成为混改又一标杆，企业未来能成长为全球领先的健康服务供应商。

四、教学组织方式

（一）问题清单及提问顺序、资料发放顺序

本案例讨论题目依次为：

1. 什么是混合所有制改革？混合所有制改革的路径有哪些？云南白药采用的是哪种路径？
2. 结合案例分析云南白药的混改有哪些特点？
3. 结合案例探讨云南白药如何选择战略投资者？股权结构如何设计？
4. 结合案例探讨云南白药对公司的治理产生了哪些方面的影响？
5. 结合案例分析企业混改后将面临哪些挑战？应该如何应对？

（二）课时分配

本案例可以按照如下的课堂计划进行分析和讨论，仅供参考。可根据具体情况调整时间或略去其中某一部分，整个案例的课堂时间控制在 90 分钟左右。

1. 课前准备

提前发放案例正文和思考问题，请学生在课前完成阅读和初步思考，并了解国企的行业特征、云南白药企业概况、混改的流程等。另外，也请班长对班内学生进行合理的分组。

2. 课堂计划

（1）教师简要介绍案例及主题，约 5 分钟。
（2）案例故事回顾：采用随机提问方式对案例故事进行回顾，为下一步讨论打好基础，约 10 分钟。
（3）案例分析与讨论：按照研究问题的顺序逐个提出问题，学生以小组方式选一名发言人进行抢答，每个问题的讨论时间控制在 10～15 分钟，总约 60 分钟。
（4）教师进行案例总结：教师对整个案例以及问题、学生的讨论进行一个全面的概括总结，约 15 分钟。
（3）课后计划：以本案例为基础，关注其他同行业公司，进一步对比分析，并请每位学生撰写案例讨论心得，约 1000 字。

（三）讨论方式

本案例可以采用小组式进行讨论。

（四）课堂讨论总结

课堂讨论总结的关键是：归纳发言者的主要观点；重申其重点及亮点；提醒大家对焦点问题或争议观点进行进一步思考；建议大家对案例素材进行扩展研究和深入分析。